元寇後の城郭都市博多

佐藤鉄太郎

海鳥社

はじめに

平成十七年、「蒙古襲来絵詞と竹崎季長の研究」（錦正社）を出版し、元寇の全体像を伝える唯一の史料である蒙古襲来絵詞についての研究を世に問うことができ、学界より評価を受けることができた。蒙古襲来絵詞についてのそれまでの研究は、どのような研究者であってもただ同絵巻の絵と詞書を並べて、これはどこそこの戦いの場面である等と、或は絵巻の研究者が適当に解釈したことに更に適当に枝葉を付けて解釈するような研究方法が中心であった。史料としての絵巻を正確に見ることや、絵巻が描いている絵を正確に読み取ること等、研究者としての基本的な視点を欠いた研究であった。

博多についての研究も同様であり、江戸時代の貝原益軒の筑前国続風土記、青柳種信の筑前国続風土記拾遺等を種本として、鋏《はさみ》と糊《のり》で書いているために、誰の研究、著書にしても大同小異となる金太郎飴のような博多の歴史となっている。単に江戸時代のこれらの著書を現代語訳している程度か、それに適当に枝葉を付けた説明に過ぎなかった。このような博多の歴史の研究方法は正しい博多の歴史像を明らかにし得ていない。このような博多の研究方法から脱却しなければ、正しい博多の実像を明らかにできない。中世の博多について本書を執筆するにあたって、心がけたことは、筑前国続風土記や筑前国続風土記拾遺等の記述を鵜呑みにしないで、歴史史料をきちんと正確に見ること、そして、それらの史料を正しく構成することであった。

日本の歴史上に於いて鎌倉幕府が博多に設置した鎮西探題は極めて重要な役割を果たした。以前、中学校の歴史の教科書は全て鎮西探題について記していた。現在、中学校の歴史の教科書は全て、鎌倉幕府が承久の乱後、京都に設置した六波羅探題については記している。しかし、鎮西探題が六波羅探題と同じような役割を管掌していたというだけではなく、日本の歴史上最大の事件である二度に及ぶ元寇後、日本の最前線の機関として設置され、当時の日本に於いて重要な役割を果たしていたにも係わらず、鎮西探題について記している中学校の歴史の教科書は皆無である。高等学校の日本史の教科書でさえ、鎮西探題が設置されたこと、及び、鎮西探題について言及している教科書は全てではない。

また、博多に於いて鎮西探題やそれとの関連施設を表示する掲示板や標識は皆無である。これは博多の研究者や九州の中世史研究者の怠慢の結果である。鎮西探題が日本の歴史上いかに重要な役割を果たしていたのか、どのような権限を管掌していたのか、鎮西探題がどこに位置していたのか、どのような構造であったか、鎮西探題の具体的なことについて、研究者はほとんど明らかにしていない。鎮西探題の位置と構造についての研究がないこともないが、発表されている研究論文は極めて不十分な内容である。これは福岡、博多についての研究者に責任がある。特に博多や九州の中世史研究者が明らかにすべきであったことであろうし、博多や九州の中世史研究者の怠慢であったとしか言いようがない。そのために地元の人でも鎮西探題について具体的に知っている人はいない。鎮西探題の館の敷地があった場所で生活している人でも、鎮西探題の館の敷地と気付いている人はいない。博多の都市についても同様である。博多の都市がいつ頃、構築され、どのような都市であったか、誰も明らかにしていない。

佐藤進一氏の「鎌倉幕府訴訟制度の研究」（岩波書店）は一分の隙もない驚嘆するばかりの名著である。この書には鎮西探題の職掌にも触れてある。このために鎮西探題については著書、研究論文、辞典に至るまで、誰が書いても佐藤進一氏の研究がそのまま現在まで引用されて引き継がれている。しかし、佐藤進一氏がこの名著を出版されてから半世紀以上を経過している。この名著の中身を少しでも補うのが、鎮西探題が設置されていた地元福岡、博多で歴史の研究をする者としての務めであると思う。

佐藤進一氏は、博多に於いて検断権は筑前国守護が管掌し、鎮西探題は検断権を管掌していなかった、と説明され、以後、どの研究者も佐藤進一氏の説をそのまま受け継いで、そのとおりに説明してきた。しかし、検断権は鎌倉に於いては幕府の侍所が管掌し、京都に於いては六波羅探題の侍所が管掌していた。このような鎌倉幕府に於ける侍所と検断権のあり方からすれば、博多に於いても鎌倉、京都と同様に鎮西探題に侍所が設置されて、その侍所が検断権を管掌していたのではないか、と考えるのが当然であり、それを検証するのが九州の中世研究者、博多の研究者としての役割であろう。

博多日記に鎮西探題による菊池武時勢の追捕が記されている。博多日記が「焼失ハ菊池所行トテ」と記しているように、博多市中で菊池武時勢が放火したことに対する追捕である。放火は検断権の行使の対象である。鎌倉幕府の検断権の内容、侍所の構成員がどのようになっていたか、を理解しておれば、この討伐こそ鎮西探題の侍所による博多市中に於ける検断権の行使であることが分る。鎮西探題には侍所が設置され、博多市中の検断権を管掌していたことを確認することができる。博多市中に於いて検断沙汰である放火について、その取締りを行っているのは筑前国守護少弐貞経ではない。つまり、博多市中に於いて筑前国守護が検断権を行使していることはない。

鎌倉に於ける幕府の侍所、京都に於ける六波羅探題の侍所と同様に、博多に於ける鎮西探題に侍所が設置されていたことを検証できたことは、博多が鎌倉幕府によって政権の所在地である鎌倉、朝廷の所在地である京都と並ぶ重要都市と見なされて構築されていた大都市であったことを証明する。

歴史史料を正確にきちんと読み取ることは歴史研究の基本である。博多日記の記述を、従来の研究のように菊池武時勢と鎮西探題の単なる攻防とのみしか読まなかったならば、鎌倉幕府が鎌倉、京都と並ぶ重要都市として構築していた博多の都市の実像と重要性は理解できない。

平成八年、博多下川端地域の再開発事業として博多リバレインが建設されたのに伴い、そこにあった大水道の発掘調査が行われた。大水道は、鎌倉幕府が元寇に備えて築いた防塁を海岸の第一防衛線とし、その後ろの第二防衛線として構築した堀である。後世、大水道と呼ばれた堀は、また、その後ろに土塁が構築されていた構造となっていた。その名残が土居町という地名で残っているのである。

なぜ、博多に土居町という地名があるのか、博多の研究者は誰も考えようともしない。中世史の権威者と称する研究者もいる。博多についての研究者も多い。しかし、既成の中世史の研究者や博多についての研究者の誰も、大水道が元寇防塁の後ろの第二防衛線として博多を守るために掘られた堀であり、また、その後ろには土塁が構築され、それが現在、土居町という地名になって残っていることに気付いていない。

六六三年の白村江の戦いの後、当時の政府でさえ、防衛のために金田城、大野城、基肄城、水城等を築き、国内にいく重にも防衛網を構築した。また、博多湾頭を守る城として大津城を築いていた。そのずっと後世の鎌倉時代になり、情報も技術も発達し、鎌倉幕府は文永の役を経験し、元軍についての情報をそれなりに収集していたはずである。それにも係わらず元軍の再来襲に備えて、海岸にただ元寇防塁を構築した、とするのみでこと足れりとしていたのであろうか。そんな馬鹿なことがあるはずがない。鎌倉幕府は元軍の意図を正確に把握し、元軍の再来襲に備えて、博多に厳重な防備を施し、博多を城郭都市として構築していた。中世史の研究者や博多についての研究者はそのことに思い至っていない。

元寇防塁は貴重な歴史的建造物として国指定史跡に指定されている。大水道はそれに劣らない貴重な歴史的建造物である。それだけではなく大水道が博多の都市部にある鎌倉時代の建造物であることは、大水道は、博多の都市が鎌倉時代にどのように計画、設計されていたかを明らかにすることができる貴重な基準の一つであり、鎌倉時代の博多の都市のあり方を明らかにすることができるキー・ストーンの一つであり、元寇防塁と同様か、それよりももっと貴重な歴史的遺産である。

しかし、九州の中世史の研究者も、博多の研究者も、福岡市教育委員会の発掘担当者も、福岡市の文化財保護審議会も、大水道がそのようなものであることに気が付かず、江戸時代の下水道と誤解して破壊してしまった。

鎌倉幕府は元寇に際して博多湾岸に元寇防塁を構築して、それだけで防衛として十分な対処であるとは決して考えてはいなかったことは当然である。そうしたことから博多の防衛のために元寇防塁の後ろに第二防衛線として、後に大水道と呼ばれた土塁を伴った堀を構築し、南側には後世に房州堀と呼ばれた土塁を伴った堀を構築していたのである。このような土木工事の例に見られるように、博多に於いて厳重な防備体制が構築され、博多は城郭都市として構築された。鎌倉幕府のこのような対処と、本来、その事実をきちんと明らかにしなければならない九州の中世史研究者が、鎌倉幕府の元寇に対する対処は文永の役の後、博多湾岸に元寇防塁を構築した、としているだけで完了している研究内容とのあまりの落差に驚きを禁じえない。その結果が大水道を江戸時代の下水道としか認識できなかった九州の中世史研究者である。

鎌倉幕府は弘安の役の異国警固番役に於いて、今津後浜に大隅国・日向国、青木・横浜に豊前国、生の松原に肥後国、姪浜に肥前国、博多に筑前国・筑後国、箱崎に薩摩国、香椎前浜に豊後国という割り振りの配置を何故に行ったのであろうか。異国警固番役の配置は合戦の帰趨《きすう》を決定する。従って、鎌倉幕府の為政者達は異国警固番役の配置に熟慮に熟慮を重ね、心血を注いで戦略を練ったはずである。それを解き明かすことが九州の中世史研究者の使命である。しかし、川添昭二氏の「注解元寇防塁編年史料 —— 異国警固番役の研究」(福岡市教育委員会) はそのような配置が何故行われたのか、全く触れていない。現在に至るまで誰も解き明かしていない。というよりも異国警固番役に於いて何故にそのような割り振りが行われたか、ということに視点を向けようとさえしていないのが博多や九州の中世史研究者の実情である。

八幡愚童訓は元寇に際しての日本の武士達の戦い振りを講談調に、おもしろおかしく書き立てている。そのような八幡愚童訓を多くの研究者が元寇の正しい史料として使用している。しかし、八幡愚童訓のこのような内容は鎌倉幕府の戦略、戦術、日本の武士達の気概と戦い振りに全く無知であり、同書の元寇の戦いの部分が後世の加筆である証拠である。また、八幡愚童訓は博多の都市の景観を具体的には全く記述していない。このことは同書が当時の博多の都市の景観に全く無知であることを証明しており、同書の元寇の戦いの部分が後世の加筆である証拠である。同書のこのような内容をきちんと検討しないで看過している博多の研究者や九州の中世史研究者にも責任があるであろう。

「はじめに」が冗長になったが、最近の博多の研究に於いて看過できないことがある。最近、博多を「博多浜」とする呼び方を、福岡市教育委員会の発掘調査報告書に堂々と使用している等、博多についての研究者が常態的に使用している。川添昭二氏も福岡市史編纂の広報誌の「市史研究　ふくおか創刊号」、同氏の近著「中世・近世博多史論」(海鳥社)で使用している。

広辞苑は浜について、①に「海または湖に沿った水ぎわの平地。はまべ。」と記している。浜とはそのような概念であり、何々浜という地名は汀《みぎわ》に面した地域に付ける地名である。博多は海に面した都市ではあるが、博多湾の汀に面した地域を何々浜と言うことはあっても、博多全体を博多浜と称するようなことや、博多湾の汀から離れた町並みを浜と称することはない。博多の都市全体が浜であることはあり得ないことである。承天寺や聖福寺が所在する地域を博多浜と記したりしているが、承天寺や聖福寺の境内のどこに浜があるのであろうか。境内のどこに海岸の水ぎわがあるのであろうか。鎌倉に於いて鶴岡八幡宮がある地域を鎌倉浜と称するような造語である。最近の博多の研究者が博多の沖浜に対する地名としてこのような奇妙、珍妙な造語を作製、使用しているようである。

鎌倉時代から博多に沖浜という地名が見られるようになったからといって、それ以外の博多をどうして博多浜と称するのであろうか。博多を博多浜と称するのは浜という言葉の概念を全く理解していない造語である。

奥村玉蘭は筑前名所図会に於いて「冷泉の津より陸を守護領といゝ、海手を澳浜といふ、」(筑前名所図会春日古文書を読む会校訂　文献出版　二一五頁）と記し、海岸部を沖浜と記しているが、沖浜に対して「陸《おか》を守護領とい、、」という表現をしている。博多の人々の通常の認識である。博多の人々が汀から離れた陸《おか》を何々浜という表現をするはずがない。

　史料としても博多の中心都市部を博多浜と記している史料はない。地名を根拠として論証する研究は多い。それは地名が地形等の事実、実情に基づいて名付けられているからである。土居町という地名が残っているからこそ、第三章のような事実を証明することができた。地名は極めて重要な歴史史料である。海岸でないのに博多浜と名付けたり、地名として存在したこともない博多浜という地名を恣意的に造語して使用しているのは歴史史料の破壊である。研究者としての見識を疑う。まして、それが福岡市教育委員会の公的出版物である発掘調査報告書にも使用されていることに驚きを禁じえない。

　更に、福岡市教育委員会の公式の記録である福岡市埋蔵文化財調査報告書第２４５集に於いて「２度にわたる元寇で、博多の街は焼かれ、」と、文永の役、弘安の役に於いて、元軍は博多を攻撃し、二度にわたって焼き払った、と記述していることである。

　文永の役の時、元軍は博多を直接攻撃したり、占領したりしてはいない。百道、姪浜等の博多の西方に上陸した元軍は博多を攻撃、占領するために博多を一望する現在の福岡城跡である赤坂に進出し、博多を守るために沖浜に集結した日本の武士達と対峙したが、菊池武房によって赤坂から追い落とされ、元軍の本隊は麁原に、はぐれた一部が別府の塚原に逃げた。その後、はぐれた一部が本隊に合流しようと別府の塚原から麁原に逃げるのを日本の武士達が追っ駆けたのをきっかけに、日本の武士達と元軍は鳥飼潟塩浜（塩屋）に於いて合戦を行い、元軍は百道、姪浜に追い落とされ、撤退してしまった。

　この間の日本の武士団と元軍の戦いについては、蒙古襲来絵詞は正確に描き、記している。また、近世に写された古文書であり、現物は既に所在不明となっているが、内容は信頼できる福田文書「中世九州社会史の研究」（外山幹夫　吉川弘文館　一三三四頁）がある。その肥前国彼杵荘の御家人福田兼重の建治元年九月廿五日付申状に次のように記されている。

右、去年十月廿日異賊等襲来渡于寄来畢早良郡之間、各可相向当所蒙仰之間、令馳向鳥飼塩浜令防戦之処、就引退彼山（凶）徒等、令懸落百路原、

この史料によれば、日本の武士達は文永十一年十月二十日に元軍と鳥飼潟塩浜に於いて合戦を行い、その後、「彼山」の「凶徒」が「引退」と、つまり、麁原山の敵軍（元軍）が引き退いた、逃げ出したので、「令懸落百路原」と、日本の武士たちが百路原に戦って追い払って、逃亡させた、ことを明確に記している。

同じく豊後国の御家人日田氏の子孫が記した「日田記」（芥川龍男・財津永延編著　文献出版　六一・六二頁）がある。この日田記は文政六年（一八二三）四月の年月があり、近世に記されたものであるが、古文書を基に記しており、古文書は既に失われているが、その記述は信頼できる。それには次のように記されている。

文永十一年十月二十日蒙古ノ賊襲来ス　日田弥二郎永基左衛門督永信子筑前国早良郡ニ軍ヲ出シ　姪ノ浜百路原両処ニ於テ一日二度ノ合戦ニ討勝テ異賊ヲ斬ル事夥シ

この史料によれば日田弥二郎永基は文永十一年十月二十日に元軍と姪浜と百路原に於いて一日に二度合戦し、大勝利したことを記している。福田兼重の申状と同様に元軍との合戦は百路原、姪浜と博多の西部で行い、日本の武士達が赤坂、鳥飼潟の戦い以後、その後も軍を進め、元軍を上陸した百路原、姪浜から追い落とした戦いをしたことを記している。日田記の記述も赤坂、鳥飼潟より西側で合戦が行われたことを記し、東側で合戦が行われたことは記していない。

文永の役に於いて、このように当時の武士達の記録は、元軍は赤坂まで進出したのみで、日本の武士達は元軍と鳥飼潟で戦い、その後も軍を進め、元軍を百路原、姪浜に追い落とす合戦を行い、元軍は博多には至っていないことを記している。

また、弘安の役に於いては元寇防塁が構築されていたために元軍は上陸し得なかった。従って、元軍によって博多が焼かれたことはない。どのような史料を根拠として、博多は元寇によって二度焼かれた、と記しているのであろうか。このような正確さや事実に欠ける記述をしている福岡市の教育委員会の当事者、博多の歴史研究者の見識を疑う。

以上、本書は江戸時代の地誌である筑前国続風土記や筑前国続風土記拾遺等の記述をそのまま口語訳したような従来の中世の博多の研究を脱却し、歴史史料を正確に捉えて博多の都市としての真実の姿を明らかにすることを目指した研究である。

尚、史料として引用した吾妻鏡の記述は全て「新訂増補 国史大系 吾妻鏡」（吉川弘文館）を使用した。

筑前国続風土記附録所収の大乗寺の絵、志賀島の絵は、平岡邦幸氏が福岡県立図書館に寄託されている同書の写真フイルムから使用した。同書の大乗寺の絵、志賀島の絵の使用を御許可戴いた平岡邦幸氏、並びに同書の写真フイルムを御貸与戴いた福岡県立図書館に記して謝します。

時衆過去帳は、大橋俊雄編著「時衆過去帳　時衆史料第一」（時宗教学研究所）を使用した。大橋俊雄編著時衆過去帳について、時宗教学研究所に電話で問い合わせたところ、同研究所の長澤昌幸氏に応対して戴き、同書は既に絶版である旨、御教授戴いた。そして、御多忙中にも係わらず、御自分の研究に使用されている同書をコピーして御送り戴いた。長澤昌幸氏の御高意に心より感謝申上げますとともに記して謝します。

兵庫県多可郡多可町八千代区中野間の極楽寺の六道絵は兵庫県八千代町公民館（現多可町八千代公民館）の所蔵写真である。わざわざ同絵の写真を送って戴いた同公民館の御好意に記して謝します。

平成二十年五月

佐藤鉄太郎

目次

第一章　鎮西探題の位置、範囲、構造、施設

第一節　鎮西探題の位置、敷地の範囲

（一）鎮西探題と櫛田神社、櫛田浜口、犬射馬場、大乗寺

蒙古襲来を機に博多に設置された鎮西探題は、鎌倉幕府の幕府自体や六波羅探題につぐ重要な機関であり、その探題職には北条氏が任命された。鎮西探題は蒙古襲来直後に設置された鎮西談義所の後身として設置された。これより以前、中央政府の九州統治機関は大宰府に置かれていた。これに対して鎮西探題は博多に置かれ、本格的な九州統治の機関が大宰府より博多に移り、現在の福岡市が九州の中枢都市として発展していく基となった。しかし、現在、鎮西探題についての研究は、鎮西探題の成立の時期、裁判の管轄権、探題職の補任等についで研究が行われているのみである。鎌倉幕府の重要な機関の一つとして博多に設置されていたにも係わらず、その所在地については勿論のことであるが、施設、構造についても全くと言っていいほど研究されていない。

僅かに川添昭二氏が「『博多日記』を見ると、鎮西探題の役所は櫛田《くしだ》神社（福岡市博多区上川端）の近くに

あったようである。[1]」と、博多日記の記述から鎮西探題は櫛田神社の近くにあったと述べたり、それよりもう少し具体的に、「武時は錦旗を捧げて松原口辻堂から櫛田神社の東北方にある探題館に押し寄せようとした。[2]」と、鎮西探題は櫛田神社の東北方にあったと述べている。また、佐伯弘次氏は「鎮西探題館の位置と構造――文献史料から見た――」[3]に於いて、鎮西探題の位置と構造について見解を発表しているが、この論考では「鎮西探題館の正確な位置は、文献史料からは判明しないが、関連の史料からすると、都市博多の南部に存在したと推定される。」と、鎮西探題の位置は文献史料から判明しないが、関連史料から博多の南部に存在していたと説明している等、鎮西探題の位置について非常に大雑把な見解を述べている程度である。一見盛んであるが、内実は貧弱な博多の研究の現状を物語っている。

尚、佐伯弘次氏のこの論考は、目次の題目は「鎮西探題館の位置と構造　――文献史料からみた――」であり、本文の題目は「鎮西探題館の位置と構造　――文献史料から見た――」となっており、題目が目次と本文とで違っているので、以後本文の題目を引用する。

このような鎮西探題の研究の現状を少しでも打破するために、また、博多の都市としての在り方を明らかにするために、鎮西探題は博多のどこに、どのような範囲で所在していたか、鎮西探題にはどのような施設があり、鎮西探題の館はどのような構造をしていたか、博多に於いてどのような権限があったのか、について明らかにしてみる。

鎮西探題の所在地について、江戸時代に記された諸誌がどのように記しているかを見てみる。

①北肥戦誌「此時、九州の探題をば武藤修理亮英時と申す。……五月廿五日探題英時が居たりし博多姪浜城へ押寄せむとす。[4]」

②筑前国続風土記「姪浜　凡姪浜は福岡博多の外、……北条家鎌倉の執権の時は、筑前に探題職を置、鷲尾山則其居域（城）なりしかは、[5]」

③歴代鎮西志巻八　「北条越後守兼時任鎮西探題、下筑前姪浜或ハ博多又ハ鳥飼、是探題之始也」[6]

④太宰管内志　「北条探題ノ館も沖ノ浜にあり[7]」

鎮西探題の所在地について、①の北肥戦誌は姪浜、現福岡市西区姪浜地域と記している。北肥戦誌の記す姪浜は西区姪浜の地域と、更に姪浜地域より東の愛宕神社が所在する鷲尾山の丘陵地域を指している。②の筑前国続風土記は①の後者と同様に鷲尾山と記している。③の歴代鎮西志は①、②と同じ姪浜とも、博多（現福岡市博多区の博多地域）とも、鳥飼（歴代鎮西志が鳥飼としているのは現在の福岡市中央区から城南区にかけての鳥飼地域ではなく、中央区六本松地域から福岡城址あたりにかけての丘陵地域である）とも記している。④の太宰管内志は、沖浜と記すが、これは、③に記す博多地域の海岸寄りの地域である。

鎮西探題の所在地について以上のように記しているが、これらの鎮西探題の所在地について記している諸誌はいずれも江戸時代に編纂されたものであり、鎌倉時代の鎮西探題の所在地を直接的に伝えている史料によって記述しているのではない。従って、鎮西探題の所在地について記しているこれらの諸誌の記述はいずれも当を得たものとは言い難い。但し、③の博多に鎮西探題が所在していたとする記述は、沖浜にあったとするのはともかくとして、一般的な鎮西探題の所在地としては当然であろう。

以上のような江戸時代に編纂された諸誌の記述と違って、鎮西探題の所在地について記している鎌倉時代の記録である博多日記がある[8]。博多日記は京都東福寺の僧良覚が鎌倉時代の元弘三年（一三三三）三月十一日より同年四月七日迄の博多で起きた菊池武時が鎮西探題を襲撃した事件、それに対する鎮西探題の対応、鎮西探題による菊池武時勢や後醍醐天皇方の反幕府勢力の討伐、長門探題と長門、伊予等の反幕府勢力の攻防、鎮西探題と長門探題との連携等を、日を追って日記体風に記録したものである。鎮西探題が滅亡する直前の、鎌倉幕府自らは元弘三年五月二十四日に滅亡し、ついで鎮西探題はその直後の五月二十五日に滅亡するという鎌倉幕府が将に終焉する直前の緊迫した政治状況をリアルに細かく記録している。東福寺領肥前国彼杵荘重書目録の裏に、楠木合戦注文とその後ろに若干の余白を置いて博多日記は書き続けられている。大型の紙十六紙に書かれている部分が残存している。東福寺領肥前国彼杵荘重書目録、楠木合戦注文、博多日記のそれぞれが同じ字体で整然と書かれている。

彼杵荘重書目録は彼杵荘内の土地それぞれについて、その地の地頭と抑留、横領等の相論状況をまとめたものであり、彼杵荘重書目録の末尾には「嘉暦四年七月三日　良覚（花押）」と、年月日、良覚の署名、花押が記されているが、この花押と楠木合戦注文の末尾に「正慶二年閏二月二日　（花押）」とある日付の後ろの花押や博多日記の処々に押されている花押はいずれも同じであり、良覚の花押である。彼杵荘重書目録、楠木合戦注文、博多日記は良覚が東福寺の正式な記録として記したものであろう。

また、このような博多日記の在り方からして良覚は東福寺が地頭等に抑留されたり、横領されている彼杵荘の所領を回復するために鎮西探題に訴訟を行った時の東福寺の責任者でもあったのであろう。博多日記はその訴訟のために訴訟の担当者が博多に滞在した時、見聞したことを記録したものか、或は東福寺の行為はもっと積極的であり、緊迫してきた京都や博多を中心とした地域の情勢の情報を収集し、それを記録したものであるのかもしれない。

博多日記は楠木合戦注文の後ろに若干の余白を置いて書き続けられている。従って、楠木合戦注文と博多日記とは一体の記録である。楠木合戦注文の内容は良覚が直接、見聞した事情を記した部分もあるであろうが、単独の僧侶が直接、見聞したことだけを記しているのではない。六波羅探題による楠木正成討伐軍の行動、動向の全容をまとめて記したものであり、多数の情報をまとめた記録である。つまり、多くの人々からの報告をまとめた記録である。そして、まとめて記録した僧が良覚である。

博多は京都に比べたら都市の規模は狭小である。博多市中で起きたことは少し情報に関心のある人物であったら単独の僧であっても知り得たことは容易であろう。しかし、楠木合戦注文と博多日記の記録の方法が同じであるとすれば、博多日記もいくつかの報告を良覚がまとめたのであろう。但し、彼杵荘の訴訟の担当者として博多に滞在した東福寺の僧が良覚自身であるか、その代官であるかは明らかではない。

また、博多日記は、三月十三日のことを記している中に、「寂阿三郎覚勝三人カ頸ハ、始四五日ハ不被懸、後ニ被懸之」と、三月十三日から四、五日経過した後に行われたことを記していたり、「十ケ日計アテ、以釘被打付、札銘ニ云」と、三月十三日から十日後の二十三日頃に行われたことを記している。博多日記が単純にその日に起きたことを、その日その日ごとに書き足していったのであれば、前者は三月十七日、十八日の箇所辺りに記されていなければならない。後者は三月二十三日の箇所辺りに記されていなければならないが、行為があった日より前の十三日の中にまとめて記している。従って、博多日記は起きた事件をその日その日ごとに記した単なるメモではない。後日、整理してまとめて記したものである。

ところで、大庭康時氏は「当時、博多の聖福寺に寄宿していた京都東福寺の僧良覚が記した『博多日記』によると、」と、[9]博多日記を記した良覚について、同人は聖福寺に寄宿していた、と記している。良覚は聖福寺に寄宿したと記しているのはどのような史料に基づいているのであろうか。良覚が聖福寺に寄宿していたとする史料はない。

良覚は東福寺の僧である。東福寺は承天寺の開山となった円爾弁円を開山とし、東福寺と博多に於いて関係が深い寺院は承天寺である。承天寺は現在も東福寺派の寺院である。この時期に於いても東福寺と承天寺とが極めて密接な関係にあったことは新安沈船の木簡が雄弁に証明している。また、良覚は東福寺領の彼杵荘重書目録を作製したり、楠木合戦注文、博多日記を作製していることから、東福寺に於いてかなりの立場にいた身分の役僧である。従って、良覚がもし博多に滞在していたとしたら、東福寺と関係のある承天寺に滞在したであろう。どのような史料から良覚は聖福寺に寄宿していた、としているのか、理解しがたい。

楠木合戦注文の末尾には正慶二年閏二月十二日の日付と良覚の署名、花押があり、良覚が東福寺に於いて楠木合戦注文を書上げたのは正慶二年閏二月十二日である。博多日記の始まりは同年の三月十二日からであり、両者の間には一箇月間の期間があり、良覚が楠木合戦注文を書上げた後に博多に来る時間的余裕は十分にある。従って、良覚が楠木合戦注文を書上げた後に博多に来ることは十分に可能である。

良覚は彼杵荘重書目録を作製していることから、東福寺が地頭等に抑留されたり、横領されている彼杵荘の所領を回復するために鎮西探題に訴訟を行った時の東福寺の責任者としての立場にあったのであろう。従って、その訴訟のために良覚が博多に来たことは十分にあり得たことである。しかし、良覚自身は直接博多に来ず、代官を派遣していた可能性もあり、博多日記は、良覚が直接博多に来て見聞したことを記したものである、と断定することはできない。代官を派遣していた可能性もある。

また、東福寺の僧が彼杵荘の横領された所領を回復するための鎮西探題への訴訟のために博多に来た時は、訴訟についての情報の収集等の便宜のためにも東福寺と関係のない聖福寺に滞在するよりも、同じ円爾弁円派の承天寺等の寺院に滞在したとする方が当然であろう。良覚が聖福寺に寄宿、滞在したとすることは根拠のないことであり、あり得ないことである。

話を元に戻そう。博多日記には元弘三年三月十三日、菊池武時が鎮西探題を襲撃する状況、鎮西探題の状況、その後の鎮西探題を中心とした状況等が細かに記録されており、その記録から鎮西探題の位置、構造、組織を知ることができる。

先に見た北肥戦誌、筑前国続風土記、歴代鎮西志、太宰管内志が江戸時代の編纂物であり、内容の信憑性に疑問があり、鎮西探題については明らかにし得ていないのに対して、博多日記は東福寺の僧良覚が鎮西探題について見聞したことを記したものであり、大変信憑性のある記録であり、鎮西探題の位置、構造、組織について多くのことを明らかにしてくれる史料である。

博多日記が鎮西探題の位置について記している部分を抜き出してみる。

①（正慶二年三月十三日）サテ菊池捧錦旗、松原口辻堂ヨリ御所ニ押寄之処、辻堂ノ在家ニ火付タル間、不及押寄シテ、早良小路ヲ下リニ、ヲメイテ懸、宣旨ノ御使七人ニ参テ、可付著到之由ノ、シリテ、櫛田浜口ニ打出、錦旗一流、菊池旗并一門等旗アマタ棒テ、ヒカエタリ
②次武蔵四郎殿、武田八郎以下、焼失ハ菊池所行トテ相向息浜菊池宿之処、早ク菊池打出タル間、息浜ノスサキヨリ廻テ、櫛田浜口ニ菊池引ヘタル処ニ追懸タリ、即及合戦
③サテ御所ニ押寄及合戦、菊池入道、子息三郎二人ハ、犬射馬場ニテ被打、菊池舎弟二郎三郎入道覚勝以下若党等打入御所中、既ニ御壺責入致合戦之間、敵七十余人被討止畢
④サテ合戦過テ筑州、江州以下鎮西人〻被参御所、即菊池入道、子息三郎、寂阿舎弟覚勝頸以下若党等頸、被懸犬射馬場
⑤凡今度合戦ニ不思儀事アリ、炎御所ニ懸リ、既アフナク見ケル所ニ、御所中ニ光物出来、……本ノ風ハ西風ニテアリケルカ、ニワカニコチ風ニ吹ナヲリテ、御所不焼、爰菊池旗サシ錦旗ヲウチステ顛畢、菊池モ旗指ヲ失テ仰天ス、其上自櫛田浜口打入櫛田宮、此ハ御所カト云テ、二三反宮ヲ打廻

①から⑤を少し分かり易いように要約すると、

①正慶二年三月十三日、菊池武時（寂阿）は錦旗を掲げて兵を挙げ、「松原口辻堂」から「御所」（鎮西探題の館）に押し寄せようとして、まず、松原口辻堂の家々に火を付けた。しかし、自らが火を付けた家々の火勢が強く、松原口辻堂から博多の市中に打ち入ることができなかった。そのために「櫛田浜口」に廻り、博多市中の鎮西探題の館に打ち入るために、そこに待機した。
②武蔵四郎殿、武田八郎等鎮西探題方は、松原口辻堂の家々が放火されて焼けたのは菊池武時の所行であるとして、菊池武時の「息浜」の宿所に向かったが、菊池武時はそれより前に「息浜」から出撃してしまっていたために、菊池武時を追っ懸けて「息浜ノスサキ」を廻って、菊池武時が博多市中の鎮西探題の館に打ち入

るために陣を構えていた「櫛田浜口」に追っ懸けて、そこで合戦となった。
③その後、菊池武時勢は「御所」に押寄せて合戦となったが、菊池武時とその子の三郎は「犬射馬場」で討たれてしまった。武時の弟の二郎三郎覚勝以下若党達は「御所」に攻め入り、その後、「御所」の「御壺」まで攻め込んだが、七十余人が討たれてしまった。
④合戦が終った後、少弐筑前守貞経、大友近江守貞宗ら九州の御家人達が鎮西探題の館にやって来た。少弐貞経、大友貞宗等九州の御家人達は打ち入った菊池武時が勝利するか、鎮西探題が勝利するかの模様を見ていたが、鎮西探題が勝利したのを見て、鎮西探題の館にやって来たのである。
そして、菊池武時（寂阿）、舎弟覚勝以下の頸が「犬射馬場」に梟《さら》された。
⑤燃える櫛田神社の火が、西風によって、「御所」に燃え移ろうとした時、それまでの西風が急に東風に変わって、櫛田神社の火は吹き返されて「御所」は無事であった。また、「自櫛田浜口、打入櫛田宮、此ハ御所カト云テ」と、菊池武時勢は「櫛田浜口」から「御所」に打ち入る時、櫛田神社と「御所」とを間違えて櫛田神社に打ち入った。
と、以上のように記している。
①より、菊池武時は鎮西探題を攻撃するにあたって、始めは「松原口辻堂」から鎮西探題に攻め込もうとしたが、自らが放火した松原口辻堂の家々の火勢が強く、そこから進攻することができなくなった。そのために「櫛田浜口」に廻り、櫛田浜口から鎮西探題を攻撃しようとして、「櫛田浜口」に陣を構えたとある。
従って、鎮西探題は菊池武時が鎮西探題を攻撃するために、始めに進攻しようとした松原口辻堂から博多市中にはいった位置に近い場所にあったとすることができる。松原口辻堂は、現在の辻堂に設置されていた口、つまり、出入り口である。大宰府方面からの博多への出入り口として、江戸時代に「博多東の郭門」、通称、辻堂口門が設置されていた辻堂にあった博多市中への出入り口である。鎌倉時代も江戸時代と同様に辻堂は南

側からの博多市中への出入り口であった。博多日記のこのような記述から、鎮西探題は松原口辻堂、現在の辻堂に近い位置にあったことが分かる。

更に菊池武時は松原口辻堂からの進攻ができなかったために櫛田浜口から鎮西探題を攻撃しようと櫛田浜口に待機したとある。このことから鎮西探題は櫛田浜口の近くに位置していたことが分かる。櫛田浜口とはどこにあったのであろうか。櫛田浜口という地名からして櫛田神社の傍らの地名であり、また、浜という呼称から海岸に面している、或は海岸に近接した地域であることは容易に推察できる。櫛田浜口という地名は更に②にも触れられており、②からも考察してみよう。

②によれば、櫛田浜口に陣を構えた菊池武時を北条氏一族の武蔵四郎等が「息浜」の菊池武時の宿所から追っ懸けるにあたって、「息浜」の「スサキ」を廻って櫛田浜口に至ったとある。息浜（沖浜）は博多湾に面した博多の北辺である。スサキは現在も博多地域にその地名が遺っており、現在の博多区須崎である。現在、須崎は海辺から離れて那珂川の川口より少し上流の右岸に位置しているが、海岸線がもっと内陸にあった当時の地形からすれば博多沖浜西海岸に位置していた地域である。従って、武蔵四郎等が櫛田浜口に陣を布いていた菊池武時を追っ懸けるにあたっては、博多沖浜の西海岸から博多の西海岸を経由して櫛田神社の方に至ったと考えることができる。

現在、櫛田神社の西側は福岡市を代表する商店街である賑やかな川端通の商店街が連なっており、福岡平野で最も大きい河川である那珂川の分流である博多川に面している。しかし、鎌倉時代の鎮西探題が設置されていた時期の同地域の地形は那珂川の川口にあたり、博多湾が大きく入り込んでいた地形であったことが推定される。

蒙古襲来絵詞によれば、元寇の文永の役の時、竹崎季長は筥崎から蒙古軍が集結していた赤坂に向かった。途中、沖浜を経由して、沖浜に陣を布いていた少弐景資の前を馬に乗ったまま通り過ぎたのは周知のとおりである。それから、沖浜の位置から赤坂へは真直ぐに西へ向かう方向が直行した方向となり、最短距離であるにも係わらず、そこから真直ぐに西へ直行せず、海と反対の方向の南に向かい、住吉神社の前を通り、そこの南からようやく向きを変えて西の方に向かうというように、大きく迂回して赤坂に向かっている。竹崎季長が沖浜から真直ぐ西へ向かい、赤坂へ直行しないで、一端、海岸と反対の南に迂回したのは言うまでもなく、当時、那珂川の川口はずっと上流であり、当時は海が大きく入り込んでいたためである。現在では川口より二・五キロメートル程上流となっている住吉神社の、更に南側辺りまで遡らないと徒渉できなかったのであり、住吉神社のずっと下流にある櫛田神社辺りは海が大きく入り込んでいたことを物語っている。当時の櫛田神社の後ろは海に近い川口であり、岸辺は浜となっていたのであろう。

また、櫛田神社は平忠盛が上皇領であった肥前国神崎荘の鎮守の櫛田神社を勧請したものである。平忠盛が上皇領の鎮守の櫛田神社を現在の地に勧請したのは言うまでもなく、上皇の権威を借りて日宋貿易を行い、その根拠地にするためである。このことからも平忠盛が櫛田神社を現在の地に勧請した平安時代の末期頃は、櫛田神社の後ろは宋の貿易船が出入りしていた那珂川の川口で、海に接していた浜であったのであろう。

櫛田浜という地名は櫛田神社の境内と一体となっている浜という意味の地名である。櫛田神社の後ろの地形について、以上のように見てくると、櫛田浜という地名は現在の櫛田神社の後ろ、櫛田神社の西側の当時大きく入り込んでいた那珂川の川口の右岸の岸辺である。従って、櫛田浜口というのは櫛田神社の西側か、それに近い位置にあったことになる。それに近い位置は北側しかない。櫛田浜口は博多市中への出入り口であり、そのような出入り口は後述するように木戸構えの構造となっている。通常、鎌倉幕府が構築した木戸構えは木戸を挟んで、木戸の両側が木戸より高所となり、両側から矢を射かけるという構造になっている。このような木戸の構造から片方が海同様であった櫛田神社の後ろの浜そのものに置かれるよりも、その浜に近い櫛田神社と一体の場所にあったことになる。櫛田神社の北側には、第五章　第三節（二）で触れるが、鎮西探題金沢実政が菩提寺として再興した大乗寺があった。櫛田神社と一体の場所で、また、浜に近く、木戸を設置するのに適した場所は櫛田神社と大乗寺とで挟んでいる間しかない。そして、浜という呼称から、そのような櫛田神社と大乗寺とで挟んでいる間の浜に近い場所である。つまり、櫛田神社の境内の西北寄りの櫛田神社と大乗寺との間にあったことになる。そして、菊池武時が鎮西探題を攻撃するために、その櫛田浜口に陣を布いたことは、鎮西探題は櫛田神社と大乗寺との間に設置された櫛田浜口に近い位置にあったことを物語っている。

更に③について見てみる。③を合戦の経過に従って順序を追って並べてみると、次のような経過に整理することができる。

㋐菊池武時は櫛田浜口から進攻し、「御所」に押寄せて合戦となった。
㋑菊池武時とその子三郎は「犬射馬場」で討たれた。
㋒菊池武時の舎弟の二郎三郎覚勝以下若党達は「御所」中に打ち入った。その後、「御所」の「御壺」にまで攻め込んだ。

の順序で合戦の経過を記している。

菊池武時は「櫛田浜口」から「御所（鎮西探題の館）」に押寄せ、打ち入ろうとしたが、菊池武時とその子三郎は「御所」に打ち入る前に「犬射馬場」で討たれてしまった。そして、「犬射馬場」で討たれなかった菊池武時の弟の二郎三郎覚勝と若党達が「御所」中に打ち入った。このような合戦の経過から、櫛田浜口→犬射馬場→御所（鎮西探題の館）の位置関係となっており、また、櫛田浜口、犬射馬場、御所は菊池武時が櫛田浜口から御所に打ち入るために合戦を続けた場所であることから、これらの三つの場所は連続していた地域である。

櫛田浜口の位置については先に見たように、櫛田神社の境内の西北に近い位置で、櫛田神社と大乗寺の間にあった。これと犬射馬場とを隔てた位置に鎮西探題の館は存在していた。また、④について見てみると、合戦が終った後、菊池武時、その子三郎、弟覚勝、その外若党らの頸が犬射馬場に梟された。博多日記はそれについて次のように記している。

即菊池入道子息三郎寂阿舎弟覚勝頸以下若党等頸被懸犬射馬場、寂阿三郎覚勝三人カ頸ハ、始四五日ハ不被懸、後ニ被懸之、寂阿并子息三郎覚勝頸ハ、別ニ被懸之、夜ハ取テ被置御所、十ケ日計アテ、以釘被打付札銘ニ云、謀叛人等頸事、菊池二郎入道寂阿、子息三郎、寂阿舎弟二郎三郎入道覚勝云々、菊池方手負人等落行之処、国ミヨリ博多ニ馳上ル勢共行向打取之、頸ヲ取進之間、犬射馬場ニ三重ニ被懸之、五所ニ木ヲユイワタシテ被懸、其後亦連ミニ自所ミ取進落人頸二百余也、

犬射馬場に梟された頸は後には二百余りであった、と記している。頸を梟すということは多くの人々の目に触れさせて見せしめにするわけであるから、犬射馬場は通行量があり、また、馬場として広場的な広い空間の場所であったことが分かる。尚、昭和五十三年八月、福岡市博多区祇園町の地下鉄工事の店屋町工区から、十四世紀初めのものと思われる火葬施設から多量の肉付きのまま火葬した頭蓋骨のない火葬骨と、それに隣接した遺構から刀創の痕があり火葬された頭蓋骨一一〇体程が発見された。これらはこの時、犬射馬場に梟された菊池武時以下の頭蓋骨であるか、これから二箇月後の五月二十五日に滅ぼされた鎮西探題北条英時以下の頭蓋骨であるか、断定しがたいとされたが、人骨、頭蓋骨は火葬されていることから犬射馬場に曝された菊池武時以下の頭蓋骨であることは間違いない。北条英時以下の頸であるとしたら、鎌倉幕府滅亡の時期の混乱があり、火葬する余裕はなかったであろう[10]。

犬射馬場について少し見てみよう。犬射馬場の犬射という言葉は、鎌倉時代の武芸の鍛錬である騎射三物の一つの犬追物を連想させる。筑前国続風土記拾遺は犬飼村について、

此村の名……又鎌倉の比北条探題など博多に住せられし時犬追物を興行有しよりおこれる村名か。今も博多に馬場町の名あるも其遺名にして当村に由あり。筥崎八幡宮社家の蔵する古證文又は博多称名寺の古文書に

博多犬馬場と云あり。……他国にも犬馬場といふ地名あるは多くむかし大家の武士ありて犬追物を興行せし跡なり。(11)

と記している。犬飼村の地名の由来の一つが鎌倉時代の鎮西探題の頃に犬追物を行っていたことに由来しているのではないか、そして、犬飼村の隣の博多に馬場町という地名があるのもそれに由来している、また、犬馬場という地名の多くは昔、犬追物を行っていたことに由来している、としている。筑前国続風土記拾遺は犬射馬場の地名の由来は昔、犬追物を行っていたことに由来しているのであろうとしている。

佐伯弘次氏は犬射馬場について「『犬射馬場』とは、名称から類推して、武士たちが犬追物等の武芸を行った馬場と考えられる。『博多日記』の記事からすると、探題館の近辺にあったと考えられる。鎮西探題に付属する馬場であったかもしれない。馬場が刑場としても利用されたのである。」と説明している。(12)佐伯弘次氏は犬射馬場について、犬追物を行った馬場であると、筑前国続風土記拾遺と全く同じように説明している。というよりも、佐伯弘次氏は筑前国続風土記拾遺の先の説明を知らないはずはないから、それを借用されたのであろう。また、「角川日本地名大辞典　40　福岡県」（角川書店）も、犬射馬場について、「犬射馬場という地名からすると、鎌倉期に武士たちが犬射（犬追物）を行った馬場があったものと考えられる。……鎌倉期には犬追物のための馬場でしかも刑場であったのが、室町期になると屋敷地になっていたことがわかる。(13)」と、犬射馬場の地名は鎌倉期に武士たちが犬追物を行ったことに由来するとしている。先の佐伯弘次氏の論稿の説明とほぼ同文で同じ説明となっている。

犬射馬場とは筑前国続風土記拾遺が説明したり、佐伯弘次氏がそれをそのまま引用しているように犬追物を行っていた馬場に由来する地名であろうか。そうではないであろう。

「犬射」は本来、方向の「いぬい」であり、「乾」の当て字である。つまり、犬射馬場とは乾馬場のことである。筑前国続風土記拾遺を著した青柳種信は「犬射馬場」について犬追物しか想い浮かばなかったために、それにこじつけた説明をしただけであろう。当然のことであるが、青柳種信が説明しているように、犬射馬場という地名があったとしてもその地名の多くが犬追物を行っていたことに由来しているということはない。例えば、長崎県大村市に乾馬場という地名がある。乾馬場の乾は犬射と同じ音であり、従って、犬射馬場と同じであると考えていい。しかし、この馬場は犬追物を行っていたことに由来して乾馬場という名称の馬場になったのではなく、大村城の乾の方向にあることから名付けられている名称である。馬場の名称は犬追物を行ったということよりも馬場が所在する方向、位置で決まっているのである。他人が書いた説明を簡単に孫引きしないことである。大体、犬射の表記は犬が主格で射が述語である。従って、犬が射るということになる。犬追物は人が犬を射るのであるから、犬は目的語であり、表記は射犬とならなければならない。犬射馬場は一見したところ犬追物に関係している馬場であるかのような名称であるが、犬射の語にはそのような意味はない。筑前国続風土記拾遺が適当に記しただけである。いずれにしろ、犬射馬場というのは誰もが知っていて目印になる大規模な建造物等の施設や構造物の乾の位置にあったために名付けられた馬場の名称である。

その後、平成十六年に出版された「福岡県の地名　日本歴史地名大系41」（平凡社）は犬射馬場について、「犬射馬場《いぬいばば》　鎮西探題に関係する地名。……鎌倉時代に犬射すなわち犬追物を行った場所と考えられるが、乾（北西）の馬場とする説もある。」と説明している。犬射馬場は「犬追物を行った場所と考えられるが、」と、犬射馬場の地名は犬追物を行った場所に由来するとしつつも、その外に、「乾（北西）の馬場という説もある。」という説明を付け加えているのである。(14)犬射馬場は犬追物を行った馬場に由来するのではなく、乾の位置に因んだ馬場であることを証明したのは佐藤のみであり、拙稿を御覧戴いて引用したのであろう。しかし、同書の参考文献には拙稿は掲載されていない。少なくとも「乾（北西）の馬場とする説もある。」と、引用している以上は、同書には参考文献を掲載している部分があるのであるから、そこに掲載すべきである。

また、佐伯弘次氏は犬射馬場が刑場であったとしているが、梟首《きゅうしゅ》をしたからといって、そこが刑場であるとは限らない。斬首や梟首は見せしめに行う刑罰であり、そのような要件を充たす適当な場所があれば、そこで行うだけのことだけである。先に触れたように福岡市博多区祇園町の地下鉄工事の店屋町工区から、多量の肉付きのまま火葬した頭蓋骨のない火葬骨と、それに隣接した遺構から火葬された刀創の痕がある頭蓋骨一一〇体程が発見された。鎮西探題が菊池武時勢を処刑した場所はここである可能性もある。この場所と犬射馬場とは後述するように別の場所であり、菊池武時勢を梟首した場所が犬射馬場であるからといって、そこが処刑した場所、刑場であるとは限らない。

それではどのような施設の乾の位置にあったためにそのように呼ばれたのであろうか。大村市の乾馬場は大村城を基準にして、それの乾の位置にあったために名付けられた名称である。乾馬場という地名が付けられたのは江戸時代である。江戸時代の大村は城下町である。従って、城下町大村の中心は言うまでもなく大村城である。だから大村城を基準にしたのである。このような例に見られるように、方向によって付けられる地名等の名称は、都市の中で最も中心となるような施設や都市の中で最も目立つ施設等を基準にして、その施設からすればどの方向に当たるかによって付けられる。元寇後の博多に於いて、博多の中心であったのは言うまでもなく「御所」と呼ばれていた鎮西探題である。鎮西探題を基準にした方向で付けられた名称である。

つまり、犬射馬場は鎮西探題の乾（西北）の位置、または範囲にあったことから犬射馬場と称したのである。そして、逆に犬射馬場からすれば乾（西北）の反対の方向は巽《たつみ》（東南）となり、鎮西探題は犬射馬場の巽（東南）の方向、範囲にあったことが分かる。

以上、これまで明らかにしてきたことをまとめると、櫛田浜口、犬射馬場、鎮西探題は連続した位置にあり、そして、鎮西探題と犬射馬場の位置関係は、鎮西探題は犬射馬場の東南の位置に、逆に犬射馬場は鎮西探題の西北の位置にあったのである。

⑤から鎮西探題の位置を見てみよう。燃える櫛田神社の火が西風によって、「御所」（鎮西探題の館）に燃え

移りそうになった、とあり、西風によって櫛田神社の燃える火が鎮西探題に燃え移りそうになったとあることから、鎮西探題は櫛田神社の東側にあり、それに隣接した位置に存在していたことが分かる。また、西風によって櫛田神社の燃える火が鎮西探題に燃え移ろうとした時、風向きが急に東風に変わって鎮西探題は無事であった、とあることからも、鎮西探題は櫛田神社の東側に位置していたことが分かる。つまり、鎮西探題は櫛田神社の東側にあり、櫛田神社は鎮西探題の西側にあるという隣合っている位置関係にあったのである。また、菊池武時勢が櫛田浜口から鎮西探題に攻め込む時に、櫛田神社を鎮西探題と間違えて櫛田神社に攻め込んだとあることからも、鎮西探題と櫛田神社は相互に近接した位置にあったことが分かる。⑤は博多日記の中で、鎮西探題がどこに位置していたかを一番良く示している箇所である。この記述から鎮西探題は櫛田神社の東側に、櫛田神社と隣接して存在していたことが分かる。

鎮西探題と櫛田神社の位置関係、鎮西探題と犬射馬場の位置関係を明らかにすることができたので、これらの位置関係から、更に鎮西探題、櫛田神社、犬射馬場、櫛田浜口の位置関係を確認してみよう。

㋐鎮西探題は櫛田神社の東側にあった。
㋑犬射馬場は鎮西探題の乾（西北）の位置、範囲にあった。
㋒櫛田浜口から鎮西探題に打ち入る時、犬射馬場を通過しなければならなかった。

以上のような位置関係にあったことを確認できる。

鎮西探題は櫛田神社の東側に位置し、そして、犬射馬場は鎮西探題の北西の位置に存在している。鎮西探題、櫛田神社、犬射馬場がこのような位置関係にあり、更に、櫛田浜口から鎮西探題に向かうには鎮西探題の北西に位置する犬射馬場を横切らなければならないという位置関係にあるとしたら、櫛田浜口は櫛田神社の北側になければならないという位置関係になる。

もし、櫛田浜口が櫛田神社の南側にあったとした場合、櫛田浜口と鎮西探題の南側とは近接した位置となる。

櫛田浜口から鎮西探題へ進攻するには櫛田浜口からは直接、鎮西探題の南側へ進攻するルートが最短となり、このルートから鎮西探題を攻撃するのが普通である。櫛田浜口から鎮西探題に向かう時に鎮西探題の北西に位置する犬射馬場を通ることはあり得ないことになる。従って、櫛田浜口が櫛田神社の南側に存在していたことはあり得ないことになる。

また、櫛田神社の北側は鎮西探題金沢実政の意向によって再建された大乗寺であり、大乗寺は櫛田神社と南北に並んで存在しており、大乗寺の境内はかなりの規模であったはずであり、それに伴い、大乗寺の後ろの浜も長くなって櫛田神社の後ろから離れることになり、大乗寺の後ろの浜をも櫛田浜といったかどうか疑問であり、櫛田浜口が大乗寺の北側にあったことは考えられない。また、櫛田浜口が櫛田神社の北側に位置する大乗寺の北側にあったとしたら、菊池武時勢は櫛田浜口から大乗寺に入り込むことはあっても、櫛田神社に入り込むことはない。博多日記は、菊池武時勢が櫛田浜口から鎮西探題と間違えて櫛田神社に入り込んだと記しており、櫛田浜口が大乗寺の北側にあることは有り得ないことであり、櫛田浜口は櫛田神社の北側、つまり、櫛田神社と大乗寺との間にあったことになる。従って、櫛田浜口というのは櫛田神社の西側か、それに近い位置にあったことになる。それに近い位置は北側しかない。

櫛田浜口は博多市中への出入り口であり、そのような出入り口は、後述するように木戸構えの構造となっている。通常、鎌倉幕府が構築した木戸構えは木戸を挟んで、木戸の両側が高所となり、両側から矢を射かけるという構造になっている。このような木戸の構造から片方が海同様であった櫛田神社の後ろの浜そのものに置かれるよりも、その浜に近い櫛田神社と一体の場所にあったことになる。櫛田神社と一体の場所で、また、浜に近く、木戸を設置するのに適した場所は櫛田神社と大乗寺とで挟んでいる間しかない。そして、浜という呼称からそのような櫛田神社と大乗寺とで挟んでいる間の浜に近い場所である。つまり、櫛田神社の境内の西北寄りの櫛田神社と大乗寺との間にあったことになる。

以上のように櫛田浜口は櫛田神社と大乗寺との間に存在していた。つまり、櫛田神社の北側にあったことを確認できたが、菊池武時勢はここから鎮西探題の北西の位置にある犬射馬場を通り、鎮西探題に攻め込んだ。もし、鎮西探題の北側と櫛田神社の北側とが同じ一直線上に並んでいたとしたら、犬射馬場は鎮西探題の北西の位置に存在していることから、犬射馬場はこのラインより北側に位置することになり、櫛田浜口より鎮西探題に攻め込んだ菊池武時勢が犬射馬場を通ることはない。つまり、櫛田神社の北側にある櫛田浜口から犬射馬場を通り鎮西探題に攻め込むというルートは、櫛田浜口の東側に犬射馬場があり、犬射馬場の北側が櫛田浜口と同じ東西のラインに並ぶという位置関係にあることを物語っている。そして、犬射馬場の南東側に鎮西探題が存在しているという位置関係となる。また、鎮西探題は櫛田神社の東側にある。従って、鎮西探題は櫛田神社の東側に位置しているが、その北西にある犬射馬場の分だけ南側にズレて存在するという位置関係となる。

川添昭二氏は冒頭に見たように「櫛田神社の東北方にある探題館」と、鎮西探題は櫛田神社の東北にあったと述べているが、これは明らかに鎮西探題の位置を誤っている。博多日記をどのように読んだらこのような鎮西探題の位置となるのであろうか。

また、佐伯弘次氏も冒頭に見たように「鎮西探題館の正確な位置は、文献史料からは判明しないが、関連の史料からすると、都市博多の南部に存在したと推定される。」と、鎮西探題の位置は文献史料から判明しないとし、そして、博多の南部に存在したと述べている。博多日記の記述を子細に見てみると、先に見たように明らかである。また、「都市博多の南部に存在したと推定される。」といった大雑把な位置ではなく、櫛田神社を基準にすれば、その東側に鎮西探題と犬射馬場、北側に大乗寺、櫛田神社と大乗寺の間に櫛田浜口という位置関係を明確に知ることができる。

尚、櫛田浜口は櫛田神社と大乗寺の間に位置していることを確認したが、櫛田浜口がこの位置にあるということは、櫛田神社の東側、つまり、鎮西探題の西側を通って櫛田浜口に到るという経路はあり得ないので、櫛田神社の後ろを経由して櫛田浜口に到ったことになる。当時、住吉方面から博多市中に至るにはこの道を通っていたのである。現在、櫛田神社の後ろは福岡市を代表する賑やかな商店街の川端通となっているが、鎌倉時代にはこの通りと重なる住吉方面からの道があり、これが櫛田浜口に到る道であった。

尚、犬射馬場の名残を残している地名として馬場新町だけが注目されている。例えば、佐伯弘次氏は「犬射馬場は現地名に残らないが、馬場新町の町名が近世博多の町名としてあり、その名残りと考えられる。」、「犬射馬場及び犬馬場の現地比定であるが、近世博多の町名に馬場新町（現博多駅前一〜四丁目）の名がある。『馬場』という名称の共通性からすると、犬射馬場は馬場新町付近にあった可能性が高い。[15]」と、犬射馬場に因む地名として馬場新町だけが近世博多の町名として残っていた町名としている。しかし、馬場新町という地名はその元になる町の馬場町があってこそ成立する。櫛田神社の前の通りから一本だけ東側の通りが、かつて万行寺前町と呼ばれた通りである。万行寺前町は昔、馬場町と言ったという。万行寺前町、つまり、馬場町の通りの北端は犬射馬場と接しており、馬場町が犬射馬場に由来する地名であることを物語っている。馬場新町はこの馬場町の枝町であり、犬射馬場からは少し離れた町並である。万行寺前町となっている昔の馬場町が馬場新町よりももっと直接、犬射馬場に因む地名としてちゃんと残っている。筑前国続風土記拾遺も馬場町について「今も博多に馬場町の名あるも其遺名にして当村に由あり。」と記し、馬場町が存在していたことを記している。

（二）鎮西探題の敷地の範囲と奥堂屋敷

――鎮西探題の館の前面の防護壁として配置された巨大屋敷――

次に鎮西探題、犬射馬場、奥堂屋敷の在り方について見てみよう。まず犬射馬場と奥堂屋敷について見てみる。犬射馬場と奥堂屋敷との所在地について、両者に関係があるとして語られたことは現在までの研究にはない。鎮西探題、奥堂屋敷、犬射馬場の三者についても、三者が博多の中でどのような位置関係にあるかについても同様で、三者の関係について語られたことはない。

筥崎八幡宮に有名な油座文書がある。油座文書の実物は既に所在不明であり、現在、筥崎八幡宮に伝えられているのは写しである。油座文書に次のような史料がある。犬射馬場に関連した史料である。

博多犬馬場屋敷事、先月預置矢上彦四郎之処、尚以及違乱候由歎申候、不便次第候、所詮任理運、急速彼仁ニ可被打渡候也、恐々謹言、

八月十八日　　貞頼（花押）

青柳兵部殿(16)

以上のように筥崎八幡宮の油座文書には「博多犬馬場屋敷」という屋敷が記されている。油座文書に記されている犬馬場屋敷は何のことであろうか。犬射馬場の犬射は乾の当て字であることは先に確認した。その乾が犬という表現に転化している地名は各地にある。例えば、長崎県五島市犬ノ馬場の犬ノ馬場は乾馬場の地名が転化して犬ノ馬場となっている地名であり、福岡県八女市犬馬場の犬馬場の地名もそうであろう。犬射馬場の犬射と乾と犬の地名は以上のような関連になっているのを見ると、この史料に記されている博多犬馬場屋敷は博多犬射馬場屋敷が転化した地名であり、博多犬射馬場屋敷が元々の名称であろう。

また、博多犬馬場屋敷、犬射馬場に関係した文言として、筑前国続風土記拾遺は「筥崎八幡宮社家の蔵する古証文又博多称名寺の古文書に博多犬馬場と云あり。(17)」と、博多犬馬場という文言が筥崎八幡宮の油座文書だけでなく、称名寺の古文書にも記されていたことを記している。青柳種信が筑前続風土記拾遺を編纂していた頃には称名寺の古文書にも博多犬馬場屋敷、犬射馬場に関係した博多犬馬場という文言を記した古文書が存在していたのである。しかし、筑前国続風土記拾遺が収めている現在の称名寺の古文書には見られない。犬射馬

場である博多犬馬場という呼称が博多日記だけでなく、油座文書、称名寺の古文書に記されていることは、犬射馬場、博多犬馬場が博多に於いてよく使用されていたということであり、それが博多市中の極めて著名な施設であり、都市の中心的、主要施設であったことを物語っている。勿論、「角川日本地名大辞典　40　福岡県」（角川書店）も、「福岡県の地名　日本歴史地名大系41」（平凡社）も犬射馬場、博多犬馬場について称名寺の古文書が記していたことについては触れていない。

博多犬射馬場屋敷とは何のことであろうか。

八幡筥崎宮御油神人奥堂弥次郎大夫知行分畠地弐町半居屋敷在此内、幷諸公事課役事等、任先例、被閣候証文明白之上者、旁々以不可有相違候、若違乱輩候者、其名字於可有注進候、聽可致成敗之状如件、

永享六年五月廿日　　盛国（花押）

奥堂弥次郎大夫所[18]

博多犬馬場屋敷のことが記されている史料と同じ油座文書に、「奥堂弥次郎大夫知行分畠地弐町半居屋敷在此内、」と、御油神人の奥堂弥次郎大夫が知行している「畠地弐町半居屋敷在此内、」が記されている。奥堂弥次郎大夫の奥堂氏は筥崎八幡宮の御油座神人であり、博多商人を代表する商人であり、奥堂氏を知らない人はいないであろう。そして、その奥堂氏について、あまりにも有名であるが、確認をしておこう。次のような史料がある。

八幡宮筥崎御油神人弥次郎大夫申、博多奥堂屋敷畠等事、任代々免許状旨、所被閣諸役之也、仍状如件、

永享九年五月十三日　　秀家（花押）[19]

この史料に奥堂弥次郎大夫が自らの屋敷について、「博多奥堂屋敷畠等」と称しているように、奥堂弥次郎大夫の屋敷を博多奥堂屋敷と称している。この博多奥堂屋敷と記されている屋敷が、先の史料に「奥堂弥次郎大夫知行分畠地弐町半居屋敷在此内、」と記されている屋敷である。そして、博多奥堂屋敷と呼ばれていた奥堂弥次郎大夫の屋敷は二町半に及ぶ広大な屋敷である。油座文書の中では博多奥堂屋敷に関する史料は多い。

の中の博多奥堂屋敷と呼ばれている奥堂弥次郎大夫の屋敷が始めに挙げた史料に記されている博多犬馬場屋敷であろう。つまり、博多犬馬場屋敷とは博多奥堂屋敷のことである。

奥堂氏の屋敷が博多奥堂屋敷という形や名称で所見できるようになるのは、永享三年（一四三一）になってからである。つまり、十五世紀に入ってからである。しかし、奥堂氏の筥崎八幡宮の油座神人としての活動は、油座文書から見てみると鎌倉時代には遡ることができる。油座文書の中には鎌倉時代の大宰府守護所の下文がある。この大宰府守護所下文の信憑性はともかくとして、このような文書があることは、鎌倉時代の後期には奥堂氏が、大宰府守護所がからむような大規模な活動をしていたことを物語っているであろう。従って、このような奥堂氏の活動からすれば、奥堂氏の博多奥堂屋敷の存在は明確な史料としては十五世紀にしか所見できないが、実際は既に鎌倉時代には存在していたとすることができる。

奥堂屋敷は、鎮西探題が設置されていた時期には既に存在していたことを確認してみる。始めに見た史料に犬馬場屋敷と記されている奥堂屋敷はいつ頃の時期であろうか。少弐頼澄とその子貞頼の没年月日について、佐賀県三養基郡三根町西島の光浄寺文書は次のように記している。

頼澄　士峯本富　年四十一　永和四年十一月十一日　同（筑後守）

貞頼　怡雲本恵　年三十三　応永十一年六月廿日　同（筑後守）[20]

少弐貞頼の父頼澄が歿したのは永和四年（一三七八）十一月十一日とし、少弐貞頼が歿したのは応永十一年（一四〇四）六月二十日であるとしている。従って、少弐貞頼が少弐氏の総領として活動したのはその間であり、十四世紀の終わりから十五世紀の極初の時期となる。従って、犬馬場屋敷と記されている史料の時期は十四世紀の終わり頃を中心とした時期となる。つまり、十四世紀の終わり頃を中心とした時期には奥堂屋敷は犬馬場屋敷と称されて存在していたことを確認することができる。

更に、奥堂屋敷が犬射馬場に因んで犬馬場屋敷と呼ばれていたことは、奥堂屋敷が犬射馬場が存在していた時期には既に存在していたことを物語っている。その犬射馬場は鎮西探題の館の前にあった鎮西探題の馬場である。つまり、奥堂屋敷が鎮西探題の馬場に因んで犬馬場屋敷と呼ばれていたことは、鎮西探題が設置されていた時期には既に存在していたことを物語っているのである。奥堂屋敷が成立していた時期については以上のように確認できる。

ところで、佐伯弘次氏は博多犬馬場屋敷と犬射馬場とについて、「この『博多犬馬場屋敷』の『犬馬場』が、先の『犬射馬場』と同一の地名であることは十分に考えられる。犬射馬場から犬馬場屋敷への変化を考えると、鎌倉末期に馬場・刑場であった場所が、鎮西探題の滅亡によって一旦荒廃し、その後の博多の復興によって屋敷地と化したのである。」と、犬馬場と犬射馬場とは同一の地名、つまり、同一の地であろうとし、犬射馬場がその後、博多の復興によって屋敷地と化した、それが博多犬馬場屋敷であるとしている[21]。

佐伯弘次氏が指摘しているように、犬射馬場は後に犬馬場屋敷になったのであろうか。確かに犬馬場屋敷は犬射馬場に因んだ地名であり、犬馬場屋敷が犬射馬場に因んだ名称で呼ばれているのは、犬射馬場に関連した土地にあったために犬馬場屋敷と呼ばれたのである。しかし、犬射馬場に関連しているからといって犬馬場屋敷と犬射馬場とは同一の土地であったとは限らない。犬馬場屋敷は犬射馬場に関連した地名であるが、関連の仕方は犬射馬場と犬馬場屋敷は同一の土地であるとする在り方だけではなく、別の在り方もある。先に明らかにしたように、犬馬場屋敷は奥堂氏の奥堂屋敷のことである。その奥堂屋敷は既に犬射馬場があった鎌倉時代末期には存在していた。つまり、犬射馬場と犬馬場屋敷とが同一の土地であるということはあり得ないことである。従って、佐伯弘次氏が指摘しているように、犬馬場屋敷は犬射馬場が使用されなくなり、そこが後に屋敷地となり、犬射馬場に因んで犬馬場屋敷となった、ということはあり得ないことである。犬射馬場と奥堂屋敷とは、佐伯弘次氏が説明しているような在り方と別の関係となっている。

それでは奥堂屋敷が犬射馬場に関連した土地にあったとすれば、具体的には犬射馬場と奥堂屋敷はどのような位置関係になっているのであろうか。鎮西探題、犬射馬場、櫛田神社、大乗寺の位置関係をもう一度、犬射馬場を中心に見てみると、犬射馬場の南側に鎮西探題、犬射馬場と鎮西探題の西側に櫛田神社、櫛田神社の北側に大乗寺、という位置関係にある。犬射馬場を中心としたこのような位置関係で、犬射馬場と関係している土地、つまり、犬射馬場と隣り合う土地は、犬射馬場の北側か、東側しかない。奥堂屋敷は二町半に及ぶ広大な敷地であることは先の史料に見たとおりである。奥堂屋敷について、次の史料を見てみよう。

博多内筥崎領畠地壱町五段半并屋敷方壱町事、依為同宮御油役人、国清寺殿・澄清寺殿様御成敗上者、諸御公事臨時果役等被免許了、仍可専社役之状如件、

嘉吉三年四月三日

秀　家（花押）

寿　忠（花押）

重　澄（花押）

奥堂弥次郎大夫所㉒

嘉吉三年（一四四三）四月三日、奥堂弥次郎大夫は「畠地壱町五段半并屋敷方壱町」を安堵されているが、この「畠地壱町五段半并屋敷方壱町」が、先の史料に見た「博多奥堂屋敷」であり、また、「奥堂弥次郎大夫知行分畠地弐町半（居屋敷在此内、）」である。この史料は奥堂の敷地二町半の屋敷を具体的に記している史料である。この史料によれば、奥堂屋敷は畠地一町五段と方一町の居屋敷からなっていると記している。居屋敷が方一町、つまり、一辺が一町の正方形の敷地と記されていることは、居屋敷だけが一辺一町の正方形の敷地となっているのではなく、それに連続している畠地の一町五段（半）の敷地も一辺が一町で、他の一辺は一町半の長方形の敷地となっているのである。勿論、畠地の一町である一辺の部分が居屋敷と接する地形となっているのである。奥堂屋敷についてこのように見てくると、奥堂屋敷は短辺が一町（一〇九メートル）、長辺が二町半（二七三メートル）の長方形の敷地となっていることが分かる。

奥堂屋敷が犬射馬場の東側にあったとしたら、犬射馬場は東西に長さ二町から二町半に及んだと考えられるから、更に、それから二町半、東に及ぶことになり、その東にある聖福寺の境内の中まで至ってしまうことになり、有り得ないことになる。従って、奥堂屋敷は犬射馬場の北側にあったことになる。奥堂屋敷は犬射馬場の北側にあり、この位置はまた、大乗寺の東側になる。この位置に屋敷の長辺の二町半を、犬射馬場とその南側にある鎮西探題の北側に向かい合うようにして存在していたのである。奥堂屋敷は犬射馬場を挟んで鎮西探題と向かい合うように存在していたのである。そして、その西側には大乗寺があった。昭和四十一年の町名整理が行われる以前、奥堂の町名は聖福寺の西側、東長寺の北側の黒田家の廟所の裏手に上、下奥堂町があり、その西側に中奥堂町はあった。奥堂屋敷の東南部分はこれらの町名があった地域に囲まれるようにあり、奥堂屋敷は間違いなく中奥堂町、上、下奥堂町の地名がある地域に関係した位置にあったことを物語っている。

「福岡城下町、博多・近隣古図」には、これらの上、下、中奥堂町に続いて櫛田神社の境内の東北隅の筋向いの位置、大乗寺の東側、犬射馬場の西端の北側に接した位置、厨子町の町並の南端に「奥堂町……」の記載があり、奥堂町の町並がここまで続いていることを表示している[23]。この地図だけの表示であり、他の地図には見られない表示である。この地図は文化九年（一八一二）に写したと記されているが、「瓦堂厨子町上　三十三軒　厨子町下　三十五軒　九拾三間三尺五十五歩」というように、町名とその町並の長さ、軒数が記載されており、この地図の町名とその注記は正確である。従って、この位置に記載されている「奥堂町……」の記載はこの地図だけにしか記載されていないが、信用できる記載であるとしてよいであろう。

町名整理が行われる以前の上、下奥堂町、中奥堂町に続いて、奥堂町が櫛田神社の前、大乗寺の東側まで記載があるのは、奥堂町はここまで続いていたとする表示である。この位置は犬射馬場の北側であり、大乗寺の東側の位置である。東西二町半、南北一町の範囲であった奥堂屋敷の東側が上、下奥堂町にあったとした場合、奥堂屋敷のちょうど西端の位置にあたる。この位置に奥堂屋敷に関係している地名があることは、奥堂屋敷が

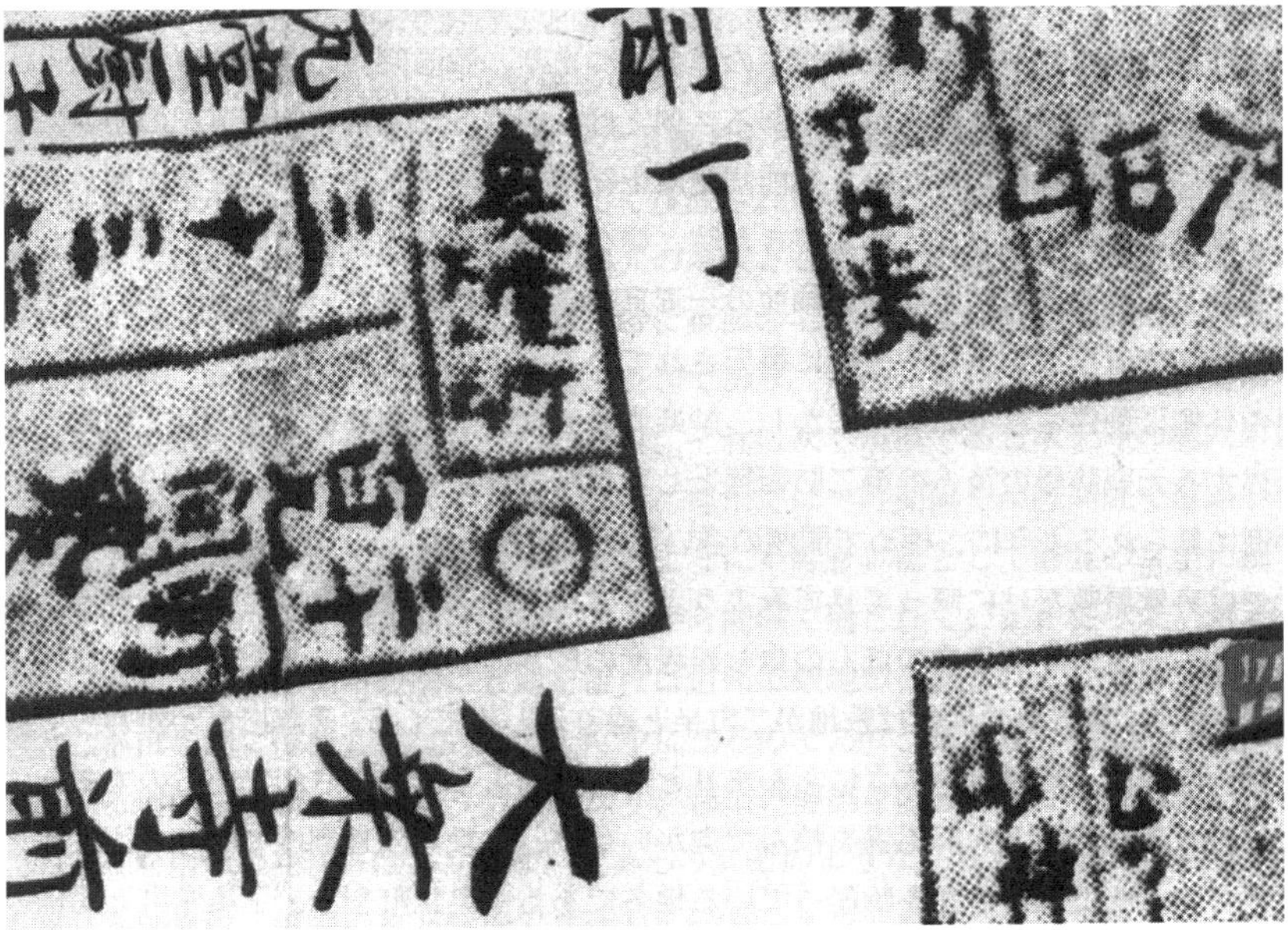

福岡城下町、博多・近隣古図に記されている奥堂町

奥堂町の位置から離れた櫛田神社の直近の東北の位置の大乗寺前町、つまり、大乗寺の東隣りに奥堂町の表示があり、この位置も奥堂屋敷に関係があり、奥堂屋敷は上・下・中奥堂町から大乗寺の東側、櫛田神社の東北まで広がっていたことを証明している。
博多・近隣古図　九州大学附属図書館付設記録資料館九州文化史資料部門蔵

犬射馬場の北側に、大乗寺の東側から、上、下、中奥堂町の位置にあったことを裏付けており、奥堂屋敷がこの位置にあったことは間違いないことを証明している。

尚、奥堂屋敷の長辺の二町半が南北の方向となることはない。奥堂屋敷は犬射馬場に接した位置にあり、そして、屋敷の長辺の二町半が南北の方向であるとしたら、奥堂屋敷は上、下厨子町や上土居町にあったことになり、奥堂屋敷の名残として現在に伝えられている地名である旧上、中、下奥堂町と離れた位置になってしまうからである。また、以上のように奥堂屋敷が大乗寺の東側に、且、犬射馬場の北側にしか存在し得ないこと、つまり、犬射馬場に関係してしか存在し得ないことは、油座文書に記している奥堂屋敷は間違いなく犬馬場屋敷と同一の屋敷であることを証明している。

平成四年、福岡市立博物館は開館一周年記念に特別展を行った。「堺と博多 ——

展　よみがえる黄金の日々」である。この特別展の図録に、一五五〇年頃の博多、つまり、戦国時代の博多の復元図が掲載されている。この復元図に誤りが多々ある。例えば、龍宮寺は宗祇の筑紫道記の記述によれば海岸近くになければならない。筑前国続風土記拾遺は、龍宮寺は黒田長政が一六〇〇年の関ヶ原合戦後、筑前国の大名として入部してきた時、楊ケ池から現在の位置に移転したと記している。しかし、復元図は関ヶ原の合戦前の一五五〇年頃と想定しているにも係わらず、楊ケ池の傍らではなく、現在の位置に復元されている。万行寺も現在地に復元されているが、万行寺は天文十年（一五四一）、馬場町（万行寺前町）に創建され、現在地に寺地を移したのは寛文五年（一六六五）頃であり、一五五〇年頃は同位置ではなく、馬場町にあった。また、後述するように妙楽寺は元寇防塁の外側に創建されている。しかし、妙楽寺は元寇防塁の内部に復元されている。また、後述する元寇防塁の後ろの第二防衛線として構築された大水道も描かれていない。これらの例に見られるように、極めて問題の多い復元図である。

ここでは奥堂屋敷だけに限って見てみよう。奥堂屋敷は「奥堂屋敷」として、東西、南北それぞれの一辺が半町程度のほんの申し訳程度の広さで、聖福寺の西北の位置に復元されている。油座文書に奥堂屋敷は敷地が二町半と繰り返し出てくる。それにも係わらず、奥堂屋敷は四分の一町程度の広さにちんまりと形だけのように復元されているのである。また、位置も鎮西探題と犬射馬場を挟んで向かい合い、大乗寺の東側にではなく、また、奥堂屋敷があった位置の名残を物語っている地名である中奥堂町や上、下奥堂町と関係のない、旧中魚町か、旧北舟町と思われる位置の聖福寺の西北の位置に誤って復元されている。地元の博物館の特別展の作業として、復元・図示されるのであれば、せめて屋敷の考証や地名の考証ぐらいはきちんとすべきであろう。

その他、大庭康時氏も奥堂屋敷の復元をされているが、「堺と博多――展　よみがえる黄金の日々」の図録と位置が違っているだけで、全く同じように聖福寺の総門の前の北西の位置にメーン・ストリートを挟んで、屋敷のそれぞれの一辺が半町程度の規模で箱崎八幡宮の油座文書に記載されている奥堂屋敷の規模と全く無関係に復元している[24]。

また、佐伯弘次氏は「中世の奥堂と綱場　―　日明貿易商人が住んだ町―」に於いて、奥堂氏と奥堂屋敷について考証している。尚、佐伯弘次氏のこの論稿は、目次の題目は「中世の奥堂と綱場　―　日明貿易商人の住んだ町―」であり、本文の題目は「中世の奥堂と綱場　―　日明貿易商人が住んだ町―」となっており、題目が目次と本文とで違っているので、本文の題目を引用する。佐伯弘次氏は奥堂屋敷について「奥堂氏が所有していた畠地1町5段半と居屋敷方1町は、奥堂氏の名字の地である博多の奥堂に存在したのである。」と説明している[25]。

奥堂屋敷は居屋敷と畠地合わせて二町半の広大な屋敷である。この二町半に及ぶ広大な屋敷は長辺が二七三メートルになる。この長さを博多の町中の実際の長さに比定すれば、櫛田神社の楼門の前から東長寺の西側の大博通りの東側の車道に至るような極めて長い距離である。そのような奥堂屋敷の在り方を検討することもなく、また、二町半に及ぶ広大な奥堂屋敷が具体的にどのように存在していたかを検討することもなく、奥堂屋敷について研究した結果、ただ、奥堂屋敷は奥堂にあったという結論の説明をしているだけである。いくらなんでもそれだけの説明では研究という意味がないであろう。さすがに佐伯弘次氏は「若干の検討を加えた。史料の残存状況の問題もあり、十分に論を展開することはできなかった。今後さらなる史料の博捜が必要である。」と、十分ではない若干の検討を加えた、十分に論を展開することはできなかった、と述べ、自らの奥堂屋敷についての論が不十分であることを自覚されているようである。

奥堂屋敷は大乗寺の東側に、犬射馬場の北側に接して、南北は一町、東西は二町半に及ぶ長大な屋敷であった。福岡市博物館の復元図では敷地四分の一町程度の小ぢんまりとした屋敷として復元されていることについて見てみたが、普通に考えたら、いかなる商人であっても、商人の屋敷としてはこの程度にしか想像できないであろう。博多の都市の中で、南北一町、特に東西の二町半に及ぶ敷地は非常に長大にして広大である。敷地の東西は、博多の建造物の中では、聖福寺の境内の正面である南北の長さには及ばないが、それに次ぐ規模である承天寺の境内の正面と同じ長さとなり、非常に広大である。通常、都市では一町間隔や半町間隔で道路が作られる。博多は第六章　第一節で明らかにするように半町を単位として碁盤の目型に都市計画されていた都市であり、道路は原則として半町間隔で通されていた。従って、承天寺や聖福寺の敷地のように都市の端に敷地を置けば道路で敷地が分断されることはないが、奥堂屋敷は都市の端に位置してはいない。町中にあるのであり、通常ならば半町間隔に設けられている道路を遮断してしまう敷地となり、都市の機能を阻害してしまう構築物であり、このような屋敷の在り方はあり得ないであろう。そのような在り方であるにも係わらず、奥堂屋敷は東西二町半に及ぶ敷地で存在している。また、奥堂屋敷の東西二町半に及ぶ敷地は道路で分断されていないのである。このような長大な奥堂屋敷の在り方は、奥堂氏は博多商人として抜きん出た経済力を誇っていた、その経済力で大規模な屋敷を構えていたということだけでは説明がつかない在り方である。

奥堂氏が東西二町半に及ぶ長大な、このような屋敷を構えることができたのには理由があるであろう。つまり、都市の町中でありながら、ここは半町間隔で道路を通す必要がない地域であったために、奥堂氏は東西二町半の長さに及ぶ屋敷を構えることができたのである。それでは博多の中でこの地域は何故に半町間隔に道路を設ける必要がなかったのであろうか。言うまでもなく先に見たように、奥堂屋敷の南側は犬射馬場である。犬射馬場は奥堂屋敷の南側に、櫛田神社の東側にあった。更にその南側に鎮西探題の敷地があった。鎮西探題の敷地の東西は奥堂屋敷の東西の長さと同じ二町半であったのであり、鎮西探題が東西二町半の敷地で犬射馬場の南側に広がっていたために、これらの敷地の北側に、鎮西探題と同じ二町半の幅である奥堂屋敷は半町間隔で南北に走る道路を分断することなく存在することができたのである。つまり、奥堂屋敷が東西二町半の長大な敷地で町中に在りながら、都市の機能を阻害することなく存在できた理由は、奥堂屋敷がそのような在り方であったためである。

尚、鎮西探題の敷地の東西の範囲が、例えば二町であるというように、奥堂屋敷の東西の二町半より短いというようなことがあり得たであろうか。もし、そうであれば奥堂屋敷の敷地は市中を南北に走る道路を遮断してしまうようなことになることもあり、そのようなことはあり得ないであろう。鎮西探題の敷地の東西の範囲については以上のようなことが言える。奥堂屋敷の在り方から、鎮西探題の在り方を繙《ひもと》いていくと、鎮西探題の東西の範囲が以上のように浮かび上がってくる。

更に、奥堂屋敷は何故に鎮西探題の敷地の北側に、それと同じ東西二町半の範囲で存在していたのであろうか。奥堂屋敷は鎮西探題の敷地が東西二町半の範囲であったために、東西二町半という同じ敷地の幅であるという関係からのみ単純に鎮西探題の敷地に向い合って位置していたのであろうか。また、奥堂氏は経済力のある油商人であるために、ただ単にその経済力にまかせて鎮西探題の敷地の傍らに東西二町半の範囲に及ぶ巨大な屋敷を構えただけであろうか。そうではないであろう。奥堂氏がいかに経済力のある油商人であるからといっても、鎌倉幕府・鎮西探題の許可がなければ博多市中に於いてこのような巨大な屋敷を構えることはできない。つまり、奥堂屋敷は鎌倉幕府・鎮西探題の意向によってそこに構えられているのである。鎮西探題の館からすれば、鎮西探題の敷地と同じ幅の巨大な屋敷がその北側に配置されていることは、前面に巨大な防護壁を構築しているのと同じ役割をもっているのである。奥堂屋敷は鎮西探題からそのような防護壁としての役割を担わされて意図的に配置された屋敷である。鎌倉幕府・鎮西探題は博多の前面に元寇防塁、その後ろに第三章で証明するように、大水道と呼ばれた土塁を伴った第二防衛線を構築していた。更にその後ろに、鎮西探題の館を守るために構えられた防護壁が奥堂屋敷である。鎌倉幕府・鎮西探題は館の防備体制のために奥堂屋敷を配置していたのである。

鎮西探題の館を防禦するためにその正面に館と同じ幅の奥堂屋敷を配置するという、このような配置は特別な在り方ではない。次の第二節で、吾妻鏡の嘉禎二年十二月十九日に記されている北条泰時邸について説明するので、北条泰時邸の構造については次の第二節に於いて御覧戴きたい。簡単にその記述の一部を見てみよう。吾妻鏡は「十九日壬寅。亥刻。武州御亭御移徒也。日来御所北方所被新造也。」と記している。北条泰時邸が将軍の御所の北側に新築された。将軍の御所の北側にある北条泰時邸は南側が正面であるので、北条泰時邸の正門の前、正面に将軍の御所が在ることになる。北条泰時邸も将軍の御所も西側は若宮大路まで、東側は小町大路までで同じ幅である。つまり、北条泰時邸の正門の前、正面に将軍の御所が北条泰時邸と同じ幅で配置されている。このような北条泰時邸の在り方は将軍の御所によって北条泰時邸の正面を防禦するという配置であることは言うまでもない。鎮西探題の館と奥堂屋敷の配置は鎌倉幕府に於ける北条泰時邸と将軍の御所と同じ配置となっている。北条氏得宗は鎌倉に於いて既に鎮西探題の館と奥堂屋敷の配置と同じような配置を構築し、博多に於いても同じ配置を構築していたのである。

(三)　鎮西探題の敷地の範囲と現在に残る跡

鎮西探題の敷地はどのような範囲を占めていたかについて見てみよう。鎮西探題の東西の敷地の範囲は、奥堂屋敷の在り方から東西二町半の範囲であることを明らかにした。鎮西探題の敷地は櫛田神社の境内より南にズレているが、それと東西に並びながら、奥堂屋敷、犬射馬場の南側にある。櫛田神社の東側に立つとその前に、博多の町家を移築して「博多町家　ふるさと館」が設けられているが、そこから東に向かって櫛田神社の参道が伸びており、その先端に大きい鳥居がある。鳥居の真下から東側は現在、博多駅から博多湾まで真直ぐに通っている博多の大通りである大博通の歩道である。鳥居の真下から東側の歩道は少し段差があり、ほんの僅か低くなっている。櫛田神社の東側からこの鳥居までおおよそ二一六メートル、二町程であり、更にここから半町、五四メートル先までが鎮西探題の敷地である。ちょうど大博通の東長寺の前の歩道の範囲までが鎮西探題の敷地である。

先に犬射馬場の箇所で触れたが、地下鉄工事の店屋町工区から発見された多量の肉付きのまま火葬された頭蓋骨のない人骨を伴った火葬施設遺構とその傍らの一一〇体分に及ぶ斬首された火葬頭蓋骨が出土した遺構は、大博通と国体道路とが交差する祇園町交差点の東北の角に近い、大博通の東側の歩道に近い南向・博多駅方面向の車道の中に位置し、これらの遺構は鎮西探題の敷地の区域である東長寺の前の大博通の歩道より少し西側の車道の中に所在している。火葬人骨が鎮西探題を襲撃した菊池武時一族であることは間違いない。つまり、鎮西探題が菊池武時一族らの火葬処理と火葬人骨の埋葬処理を、鎮西探題の館の敷地内の東端で行ったことを物語っている。

次に鎮西探題の敷地の南北の幅はどのようになっていたかについて見てみよう。博多日記の記述から鎮西探題は櫛田神社の東側に同神社と隣り合って存在していたことは先に見たとおりである。このように存在している鎮西探題の館の敷地を地形の在り方から見てみる。現在、櫛田神社の楼門の前辺りの地面には東西方向で段差は見られないが、そこから南の方に向かうと、櫛田神社の境内のある地域とその東側の地域とには明らかに段差がある。櫛田神社の境内がある西側が低く、東側が高くなっている。南に向かえば向かうほど段差は大きくなっており、段差は南に真直ぐに伸びている。櫛田神社の東側を通る道路が丁字型に国体道路に突き当たる地点では道路の正面に万行寺があり、その東側に順正寺、その東側に善照寺と三寺が並んでいるが、段差は万行寺の境内の東側にある順正寺の山門の西側から、順正寺と善照寺の境内の境界となっている善照寺の本堂の西側の築地塀の西南の隅をかすめて南に伸びている。段差は国体道路の地点ではおおよそ一メートル程にもなっている。順正寺の本堂の前は広庭となっているが、広庭の西端にも段差が一直線に見られる。櫛田神社の東側に始まり、国体道路を横断して、北側から一直線に伸びてきている段差は、順正寺の本堂の前から一直線に本堂の下を通り貫けて裏の墓地の中にも伸びており、墓地の中にも段差が見られる。

この段差は何を物語っているのであろうか。段差は聖福寺の伽藍の基軸線と直交して総門を通る線から西側に三町半の位置にこの線と平行して走る線と正確に一致する。つまり、この段差は聖福寺の伽藍の基軸線と直交して総門を通る線から西側に一町を於いて、更にそれから西側に二町半の位置に聖福寺の伽藍の基軸線と直交して総門を通る線と平行している段差である。この段差の東側の高くなっている地域が、北辺が二町半の間口として南に続いている鎮西探題の敷地である。聖福寺の伽藍の基軸線と直交して総門を通る線から三町半西側を通る線が鎮西探題の敷地の西側の線であり、それが現在、段差としてはっきりと残っているのである。櫛田神社の東側から順正寺の境内まで一直線に伸びている段差の東側の高くなっている地域が鎮西探題の敷地で、段差の南北の長さは二町半に及んでいる。

次に鎮西探題の館の敷地の南端、南辺はどのようになっているか。地形から見てみよう。鎮西探題の館の敷地の北辺の幅、つまり、東西の幅は二町半であり、南北に走っている段差の在り方も二町半の長さであることから南北の辺、つまり、敷地の南北の幅も同様に二町半である。

また、鎮西探題の敷地と櫛田神社の敷地との境界の段差から見られるような南北の長さが二町半であると判断できるような地形が別の地域でも見られるかどうか、別の地域で見てみよう。鎮西探題の敷地の中央を南北に万行寺前通り（旧馬場町）の通りが走っている。この通りを南に行くと通行量の多い国体道路で分断されているが、国体道路を過ぎると、この通りは少し西よりにカーブしながら南に延びている通りとなっている。国体道路から南側のこの通りを矢倉門の通りという。矢倉門の通りは北側の国体道路から南側に東西に走る福岡市商工会議所ビル前の通りまで一八〇メートル程の長さである。国体道路から通りへの入り口、通りの北端から八六メートル程までは鎮西探題の敷地の北辺と同じ高さの地形が続いている。そして、館の敷地の北から続いてきている高い地形は矢倉門の通りに見られるだけでなく、通りから離れて半町ほど東側に内畑稲荷神社があるが、神社の前辺りにも段差が続いており、段差は館の北辺から二町の線に沿って東に続いている。それから南側は少し低くなった地形が五〇メートル程続く地形となっている。この五〇メートル程で続く地形は、元々は半町、五四メートルの幅であったと思われるが、長い年月の経過で崩れていったために幅が少し減少してしまったのであろう。そして、それから南側は福岡市商工会議所ビルの南側を通っている房州堀の跡まで急激に低くなっていく下り坂となっている地形となっている。

鎮西探題の敷地の北辺と同じ高さで続いてきている地形の矢倉門の通りの北端から八六メートルの位置は鎮西探題の敷地の北辺からちょうど二町の位置である。また、それから少し低くなっている五〇メートル程の位置、つまり、矢倉門の通りの北端から一三六メートルの位置は鎮西探題の敷地の北辺からほぼ二町半の位置である。幅五〇メートルの地形は半町の五四メートルに少し不足しているが、元々は半町の五四メートルであったと思われ、この位置までであるとすると、鎮西探題の敷地の北辺からちょうど二町半の位置である。これより南側は急激に低くなった地形となっている。北辺から二町半の位置までは南側より高くなった地形となって、それより南側と段差があり、ここまでが鎮西探題の敷地であることを示した地形となっている。鎮西探題の敷地の西側である櫛田神社と鎮西探題の敷地の境界に見られた鎮西探題の南北は二町半であることを現わす地形はそれより東側でも見られるのである。以上のように館の北辺から同じような高さの地形が二町にわたって続き、少し段差があって低くなっているものの、更に半町ほど南側まで一辺が二町半の正方形に周辺より高くなっている地形の在り方は、鎮西探題の館の敷地の南辺が館の北端から二町半の位置にあったことを物語っている。

以上、鎮西探題の館の敷地の東西の幅は奥堂屋敷と鎮西探題の在り方から二町半である。また、南北の範囲も櫛田神社と鎮西探題の敷地の段差の長さ、矢倉門通やその周辺等の地形の在り方から二町半であることが分かり、鎮西探題の館の敷地は東西二町半、南北二町半の正方形であったことを明らかにすることができる。

第二節　鎮西探題の構造

（一）鎮西探題の館の前面に配置されていた執事周防五郎政国居宅、安富左近将監頼泰居宅

鎮西探題はどのような構造をしていたのであろうか。博多日記は「サテ御所ニ押寄及合戦」、「菊池舎弟二郎三郎入道覚勝以下若党等、打入御所中、既ニ御壺責入致合戦之間、敵七十余人被打止畢」、「サテ合戦過テ筑州、江州以下鎮西人〻被参御所」と記し、鎮西探題を「御所」と記している。これに対して長門探題については「長門国厚東、由利大峯地頭、伊佐人〻、与力高津道性、去一日辰時、押寄長門殿御館畢、堀ヲホリ切、カイタテヲカキタル間、無左右不打入」と、「御所」と記さないで、単に「御館」と記している。吾妻鏡は幕府そのものを御所と記している。御所とは本来、天皇の御座所を指す言葉であるが、それから天皇、上皇、三后の居所をも称した。そして、平安時代の終わり頃から摂関家、大臣家も御所と称するようになり、更に中世になって将軍の居所、邸宅をも御所と称するようになった。足利義満の室町殿を花の御所と称したことはよく知られている。東福寺の僧であった良覚は、彼杵荘重書目録、楠木合戦注文、博多日記を記していることから、政治的手腕だけでなくかなりの学識を有していた僧であると考えられる。その良覚が鎮西探題の館を御館と称しないで、特別な意味合いを持ち、特定の人物の居所にしか使用しない御所と称している。幕府と同様に御所と呼ばれた鎮西探題の館は、単に鎮西探題の国内や九州に於ける政治的役割の重要さだけでなく、施設や建築の規模の大きさにもよるものがあったであろう。

博多日記に次のような記述がある。

（十三日）サテ合戦過テ、筑州、江州以下鎮西人〻被参御所、……同十六日、……筑州、江州以下大名并御家人等、御所ニ参籠ラル、筑州ハ前執事周防五郎入道殿跡ニ取陣、江州ハ東門ニ取陣、其外大名、地頭、御家人等四方ニ取陣被宿、

菊池武時が鎮西探題に攻め込んだ十三日の合戦が終った後、「筑州、江州」、即ち、少弐貞経、大友貞宗以下九州の御家人達が御所、鎮西探題にやって来た。そして、十六日、少弐貞経、大友貞宗らの有力御家人や一般の御家人が「御所ニ参籠ラル」と、鎮西探題に参籠した。参籠とは鎮西探題の中に長期に籠もることを意味する。少弐貞経、大友貞宗らの有力御家人をはじめ、一般の御家人達も鎮西探題の中に籠もったのである。そして、少弐貞経は「前執事周防五郎入道殿跡ニ取陣」とあり、鎮西探題北条英時の前執事周防五郎の居宅跡に陣を取った。少弐貞経は御所に参籠している状態で、鎮西探題北条英時の前執事周防五郎の居宅跡に陣を取ったのであるから、前執事周防五郎の居宅は鎮西探題の中に存在していることになる。また、大友貞宗は東門に陣を取った。

周防五郎について見てみると、周防五郎は肥前国の守護代周防五郎政国である。周防五郎政国は東福寺領肥前国彼杵荘重書目録には、

一　御内御分
　探題御請文　正中二年十二月廿五日　正文在之
　御代官周防五郎政国請文 同年同月同日 正文在之
……
一通　書下正文 本庄性覚事 但執事周防五郎等奉行　脇野 岩見 判形在行之[26]

と、「御代官周防五郎政国」、「執事周防五郎」と記されている。鎮西探題の北条英時の代官、執事と記されて

いる。肥前国守護は鎮西探題の兼補であり、北条英時が鎮西探題であった時は肥前国守護を北条英時が兼ねており、周防五郎政国はその守護代であり、北条英時が鎮西探題であった時期の鎮西引付奉行人でもあった。また、鎮西探題北条英時の執事であった。執事とは鎮西探題の家宰であり、家務執行の総括責任者であり、鎮西探題北条英時の最も重要な被官である。周防の呼称は明らかに官途に由来しており、その官途を呼び名にしているのは父親か先祖が周防守であったことを示している。執権北条貞時の御内人に医師周防守長典がいる。この人物は周防前司とも呼ばれている。周防五郎政国はこの周防守長典の一族であろう。

そして、周防五郎政国について、東福寺領肥前国彼杵荘重書目録は「御代官周防五郎政国請文……」の初めに「一　御内御分」と記している。鎮西探題北条英時の代官の周防五郎政国は「御内」であると記している。御内、御内人とは本来、得宗被官のことである。この場合は鎮西探題の被官という意味である。つまり、鎮西探題北条英時の代官、執事である周防五郎政国は鎮西探題被官である。

ところで、佐藤進一氏が「鎌倉幕府訴訟制度の研究」（岩波書店）に於いて北条氏得宗と得宗被官との緊密な関係を証明するために、既に引用、説明されていることであるが、吾妻鏡に次のような記事がある。

（元仁元年六月）廿七日癸巳。天晴。依為吉日。武州被移鎌倉亭。小町西北。日者所被加修理也。関左近太夫将監実忠。尾藤左近将監景綱両人宅。在此郭内也。

元仁元年（一二二四）閏七月廿九日、執権北条泰時は初めて後見を置き、尾藤左近将監景綱をこれに任命して公文所の総轄を命じた。尾藤景綱は執権北条泰時の後見、公文所の総轄を命じられるような側近であり、また、得宗被官の代表的人物である。この尾藤景綱の居宅は北条泰時の邸宅の郭内に置かれているのである。この尾藤景綱と同じく北条泰時の腹心の得宗被官の関左近太夫将監実忠がいるが、この関実忠の居宅も「両人宅。在此郭内也。」と、北条泰時の邸宅の郭内に置かれている。

更に吾妻鏡の次の記事を見てみよう。

（嘉禎二年十二月）十九日壬寅。亥刻。武州御亭御移徙也。日来御所北方所被新造也。被建檜皮葺屋并車宿。是為将軍家入御云々。御家人等同構家屋。南門東脇尾藤太郎。同西平左衛門尉。同並西大田次郎。南角諏方兵衛入道。北土門東脇万年馬允。同西安東左衛門尉。同並南条左衛門尉宅等也云々。

嘉禎二年（一二三六）十二月、北条泰時が邸宅を御所の北側に新築して移ったが、その邸宅の郭内には御家人達が居宅を構えていた。吾妻鏡はこれらの人々を御家人と記しているが、これらの人々が北条泰時の邸宅の郭内に居宅を構えたのは、御家人としてこのようなことを行ったというよりも得宗被官としての身分からの行為である。つまり、得宗の北条泰時の邸宅の郭内には得宗被官達が居宅を構えていた。南門の東脇には尾藤太郎、南門の西には平左衛門尉、同じ並びのその西に大田次郎、南角には諏方兵衛入道、北の土門の東脇には万年馬允、北の土門の西側には安東左衛門尉、更にその西に南条左衛門尉というように、北条泰時の邸宅の郭内には得宗被官達が居宅を構えていたことが記されている。

また、次の史料を見てみよう。金沢貞顕の書状である。

御吉事等、於今者雖事旧候、猶以不可有尽期候、
抑自去六日神事仕候而、至今日参詣諸社候、仍不申候ツ、今暁火事驚入候、雖然不及太守禅閤御所候之間、特目出候、長崎入道・同四郎左衛門尉・同三郎左衛門入道・同三郎左衛門尉・尾藤左衛門入道・南条新左衛門尉等宿所炎上候了、焼訪無申計候、可有御察候、火本者、三郎左衛門尉宿所ニ放火候云〻、……裏可承候、
恐惶謹言

正月十日　崇顕（金沢貞顕）

方丈進之候(27)

正慶二年正月六日、長崎三郎左衛門の宿所、つまり、居宅が放火され、その外の長崎入道以下の五人の居宅にも延焼して、五人の居宅も焼亡してしまったが、北条高時の御所には延焼せず無事であったことを報じてい

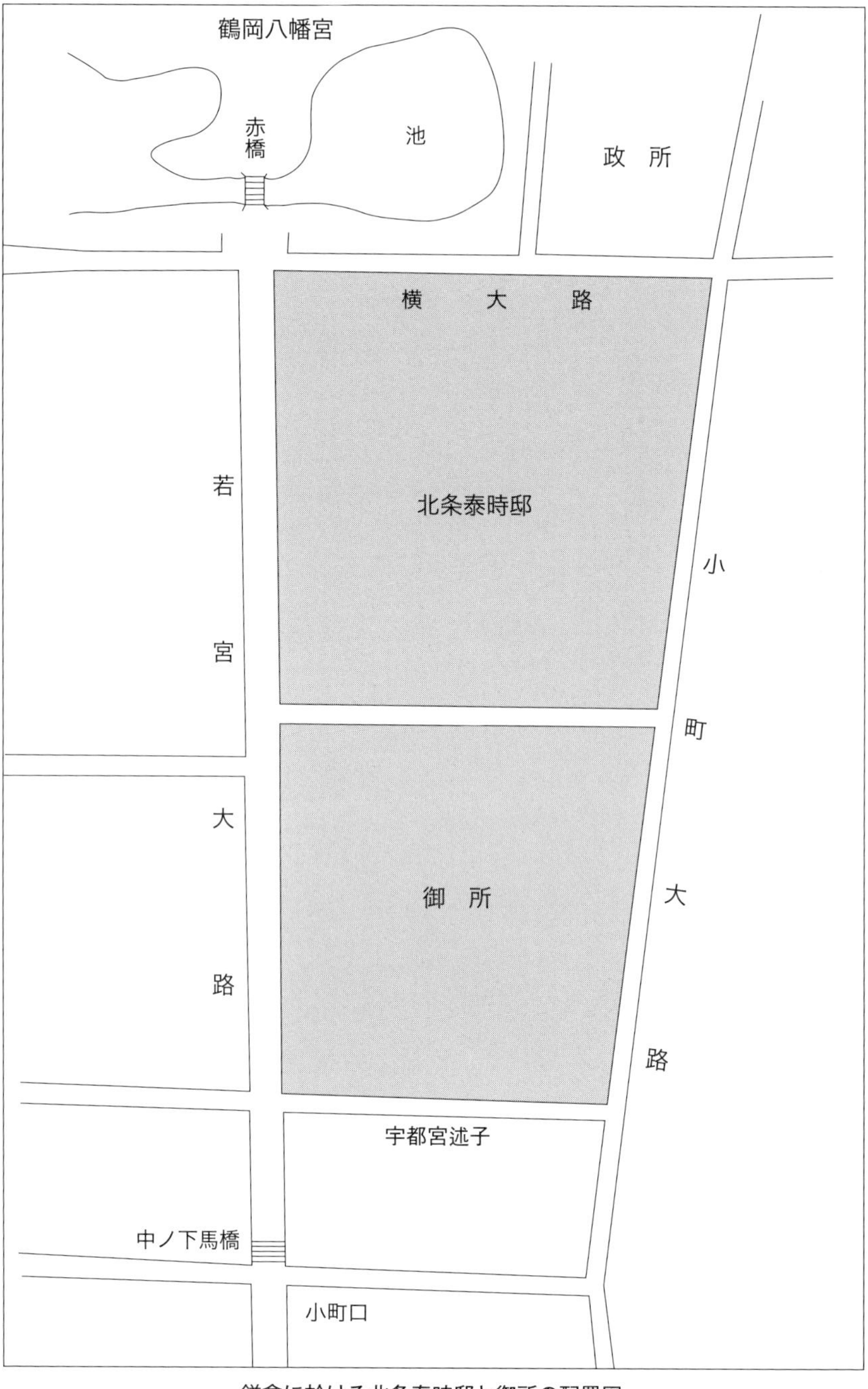

鎌倉に於ける北条泰時邸と御所の配置図
鎌倉市史　総説編　168頁の図を元に作図

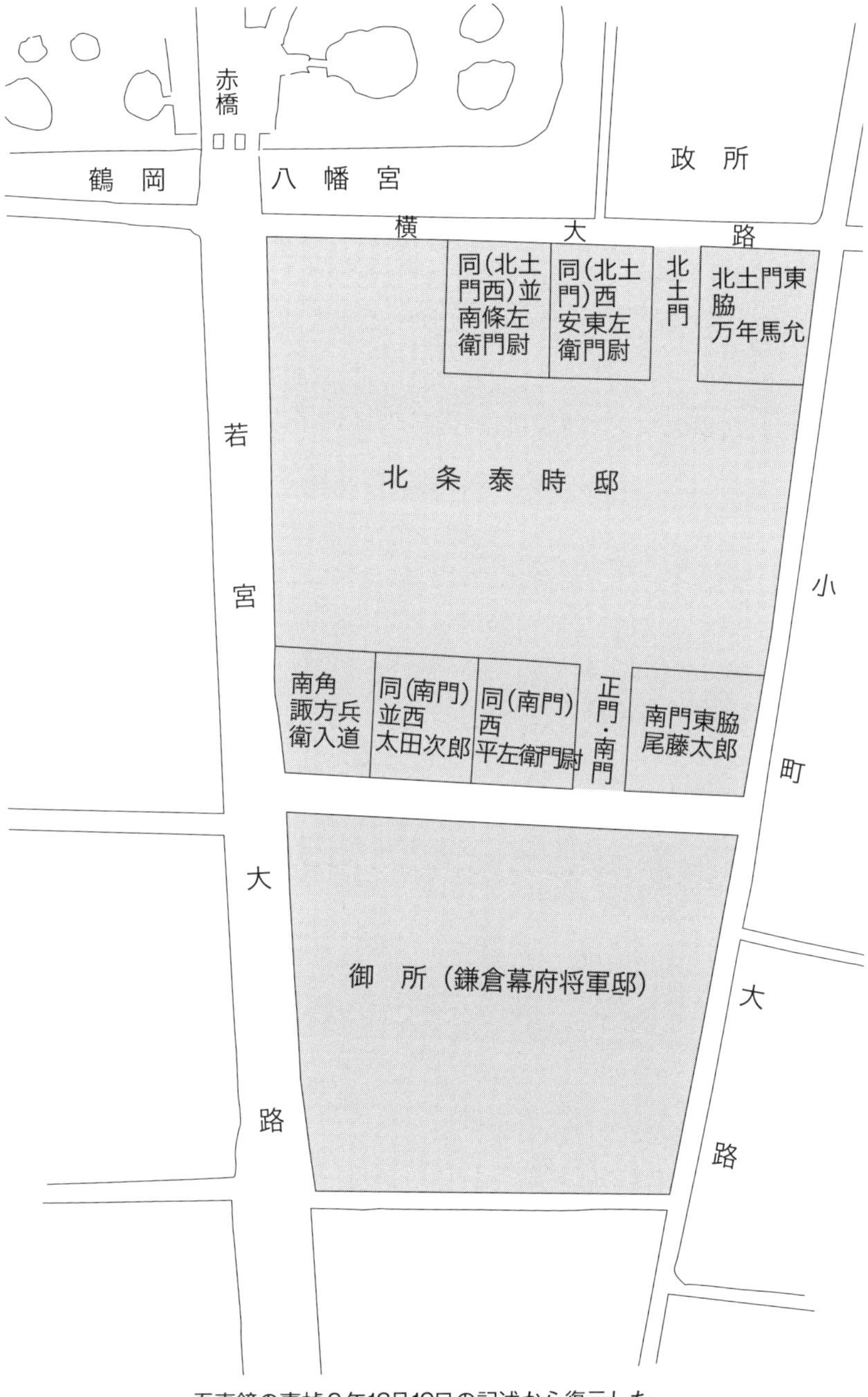

吾妻鏡の嘉禎2年12月19日の記述から復元した
北条泰時邸の構造と鎌倉幕府将軍邸の配置図

る金沢貞顕の書状である。この書状に記されている北条高時は得宗であり、長崎入道は内管領長崎高資であり、つまり、得宗被官の代表であり、その外の長崎四郎左衛門以下五人は得宗被官である。

この書状によれば、得宗の北条高時の邸宅の周りには得宗被官の代表である内管領の長崎入道をはじめ得宗被官達の居宅があった。それらの位置は具体的には記されていないものの、北条高時の邸宅の周りには得宗被官達の居宅が配置されていたことを物語っている。先に北条泰時の邸宅で見たと同様に、北条高時の邸宅も得宗被官の代表である内管領の長崎高資をはじめとした得宗被官達の居宅を周りに配置する形であった構造であった。尚、金沢貞顕は書状の中で北条高時の邸宅だけを御所と記しているが、北条高時の邸宅はその周りに配置されている得宗被官の居宅とは一体として構成され、本来は、全体が御所と称される邸宅であったことは言うまでもないであろう。金沢貞顕が北条高時の邸宅のみを御所と称しているのは北条氏一族として、北条氏の得宗の居住区域とその被官の居宅を区別して捉えていたためであろう。

以上のように得宗の北条泰時の邸宅の郭内には御内人と呼ばれていた得宗被官達が居宅を構えていた。また、得宗の北条高時の邸宅もそれと同じような構造であった。従って、鎌倉の得宗の御所と同様に、鎮西探題の館の中に於いても御内人と呼ばれていた鎮西探題被官が居宅を構えていたと考えられる。周防五郎政国は御内人、鎮西探題被官であり、鎮西探題北条英時の代官であり、また、執事であるという北条英時の重要な側近として北条英時に近侍していた。従って、鎮西探題の館の中に周防五郎政国の居宅があったことは当然である。いずれにしても鎮西探題の館の中に北条英時の側近であった周防五郎政国の居宅があった。つまり、鎌倉の得宗の御所と同様に、鎮西探題の館の中には御内人、鎮西探題被官の居宅があったのである。

博多日記に次のような記述がある。

同日（二十三日）院宣所持仁八幡弥四郎宗安ト云物、被切頸、即被懸畢、銘云先帝院宣所持人八幡弥四郎宗安頸云〻、此ハ去廿日御所陣内ニシテ院宣ヲ大友殿ニ奉付之間、即召捕之云〻、院宣ハ通帯持之、

三月二十三日、後醍醐先帝の院宣を所持していた八幡弥四郎宗安が頸を斬られて梟されたことを記しているが、八幡弥四郎宗安が頸を斬られて梟されたのは、「御所陣内」で院宣を大友貞宗に渡そうとしたために、直ちに召捕えられて頸を斬られてしまった、と記している。八幡弥四郎宗安が大友貞宗に後醍醐先帝の院宣を渡そうとした場所は「御所陣内」と、はっきり記している。博多日記は十六日、「江州ハ東門ニ被取陣」と、大友貞宗が鎮西探題の東門に陣を取ったことを記している。大友貞宗がその東門に陣を取ったことについて、博多日記は「御所陣内」と、鎮西探題の館の内であることをはっきりと記している。少弐貞経、大友貞宗以下九州の御家人達は三月十三日、鎮西探題の館に参り、十六日、そのまま参籠した。二十三日、大友貞宗はそのまま鎮西探題の館の中に参籠して、中から東門を守護していたことを記しているのである。

少弐貞経も同様であり、少弐貞経は鎮西探題の館の中に参籠し、館の中に陣を取って鎮西探題を守護していたはずである。従って、少弐貞経が陣を取った周防五郎政国の居宅は鎮西探題の館の中にあったことになる。

佐伯弘次氏は博多日記が記している周防五郎政国の居宅について、「すなわち、探題館の近隣に北条英時の被官周防政国の屋敷があったのである。」[28]と、周防五郎政国の居宅は鎮西探題の館の近隣にあった、と述べているが、今まで明らかにしてきたように、少弐貞経は鎮西探題の館の中に籠もり、その中の周防五郎政国の居宅跡に陣を取ったのである。少弐貞経は鎮西探題の館から外には出ていないのである。つまり、周防五郎政国の居宅は鎮西探題の近隣ではなく、その中に在るのであり、こうした在り方は、佐藤進一氏が既に指摘されているように得宗と得宗被官との密接な関係を物語っているものであり、佐伯弘次氏は博多日記の記事をきちんと理解していない。

更に博多日記には記されていないが、周防五郎政国と同様に鎮西探題の館の中に居宅を構えていたことを確認できる人物がいる。

次の史料を見てみよう。安富氏に伝わった古文書を目録としてまとめた安富氏重書目録があるが、同目録は次のように記している。

一通　行位賜、可下向鎮西由御教書正応五十二六
一〻　頼泰給、同可下向由重御教書正応六三十九日
一〻　頼泰給、御恩追可有御計由、最勝薗寺殿御書下同年三廿九日
於此正文者□□大蔵大夫許了　正和四二五
一〻　実政上総介殿鎮西御下向之時、可為右筆由御教書永仁七三廿六(29)

安富氏重書目録は安富頼泰について、「一〻　頼泰給、御恩追可有御計由、最勝薗寺殿御書下同年三廿九日」と記している。最勝薗寺殿とは得宗の北条貞時である。安富頼泰が得宗の北条貞時から御恩を給わり、それについては後日、計らうとする正応六年三月二十九日の書下を給ったことを記している。得宗の北条貞時から御恩を給うということは北条貞時の御内人となったということである。安富頼泰が北条貞時やその外の得宗から御恩を給わったことがこの史料の記述のみであり、このことが最初であるのか、それともそれ以前に既に御恩を給わったことがあり、この御恩はそれに付け加えて給わった御恩であるのか、明確にし得ないが、いずれにしても安富頼泰は得宗の御内人であったことを物語っている史料である。

また、安富頼泰について、安富氏重書目録は「実政上総介殿鎮西御下向之時、可為右筆由御教書永仁七三廿六」と、記している。安富頼泰は鎌倉幕府から命じられて鎮西探題北条実政の右筆となっている。安富頼泰が北条実政の右筆となるように命じられ、九州に下向したのは北条氏と安富頼泰との密接な関係を物語っている。右筆は主任奉行、本奉行といい、訴訟進行の諸事務を主掌したり、鎮西探題の意向を受け、また、その意向を汲んで文書の作成に当たらなければならないから、鎮西探題の信頼が厚く、鎮西探題に近侍している人物であり、側近でなければならないからである。

以上のように、安富氏重書目録から、安富頼泰について見てみると、安富頼泰は得宗の御内人であり、鎮西

探題金沢実政の側近となっていた人物である。そのような安富左近将監頼泰について見てみよう。

①鎮西探題北条英時の下知状がある。非常に長文の下知状なので、その中から安富頼泰の関係部分だけを引き抜いて記す。

且総州時代雖召類書、奉行人住宅炎上之時焼失畢、……右、蓮種延慶二年八月八日、於奉行人安富左近将監頼安前、以蓮種所帯右大将家并右大臣家御下文為謀書之由、覚心于時在俗令申云々、……

元徳元年十一月廿九日

修理亮平朝臣（花押）(30)

総州時代というのは鎮西探題北条政顕の時代である。鎮西探題北条政顕の時、訴訟関係の文書を提出したが、「奉行人住宅炎上之時焼失畢、」と、奉行人の住宅が火事で炎上した時、提出した文書は焼失してしまった。その時の奉行人は安富左近将監頼泰（安）である。以上のようなことが記されているのである。訴訟の書類が奉行人安富頼泰の住宅が火事で炎上したために焼失してしまった、と記している。

つまり、このことから分かることは、訴訟の書類は安富頼泰の住宅か、その住宅に関係した施設に在ったことを記している。訴訟の書類が奉行人の住宅か、その住宅に関係した施設に置かれるであろうか。通常は有り得ないと考えるのが妥当ではなかろうか。しかし、ちゃんと奉行人安富頼泰の住宅が炎上した時、訴訟の書類は焼失してしまった、と記してあるから、訴訟の書類が奉行人安富頼泰の住宅か、その住宅に関係した施設にあったことは間違いないことが分かる。訴訟の書類は非常に重要であるから、厳重に保管、管理されていたことは言うまでもない。つまり、厳重に保管、管理するということは、奉行人安富頼泰の住宅か、その住宅に関係した施設に置いて保管、管理することであった、ということがこの記事から分かるであろう。

②別の史料から、鎮西探題の訴訟関係の書類はどのように保管、管理されていたかを見てみよう。元応二年（一三二〇）十二月二十三日夜、博多は大火にみまわれた。古文書に「元応二年十二月廿三日夜博多炎上之

□」・「元応二年博多焼失之時[31]」、「元応二年炎上之時[32]」、「元応博多焼失之時[33]」、「去元応博多炎上之時[34]」等と記されている。これらの博多の元応二年の大火災を記している古文書はいずれも、鎮西探題で訴訟を行って人々が証拠として鎮西探題に提出していた古文書をこの火災で焼失してしまったことを述べている件で記されている。

薩摩国の御家人の上神殿次郎太郎迎佑も同国の伊集院郡司弥五郎宗継と相論中に使節の請文を焼失してしまったことについて、上神殿次郎太郎迎佑は、使節の請文が「去年十二月廿三日夜博多炎上之時、両使請文正文於御奉行所焼失之由、」と、元応二年の博多の大火災の時、「御奉行所」で焼失したとしている[35]。つまり、訴訟のために提出された文書、証拠書類は鎮西探題の奉行所で保管、管理されていたのである。ここに記されている奉行所とは鎮西探題の中で訴訟、つまり、引付のことや、評定、一般の政務を行っている役所である。

③佐々蔵人太郎光重の子息袈裟王丸代幸景と蔵人法橋清禅は筑前国朝町村地頭職をめぐって相論となったが、それについての鎮西探題北条英時の正中二年四月五日の下知状案に、「召渡本訴陳具書幷先度事書、雖可有其沙汰、去元応二年十二月廿三日夜博多炎上之時、於文庫令焼失之間[36]、」という記述がある。訴訟関係の書類を、元応二年の博多大火災の時に鎮西探題の「文庫」で焼失してしまったことが記されている。

先に②に於いて、薩摩国御家人上神殿次郎太郎迎佑が訴訟関係の書類を元応二年の博多大火のために鎮西探題の奉行所で焼失してしまったことを見たが、文庫で焼失したと記しているこの記述はそのことを更に具体的に記している。つまり、鎮西探題に訴訟のために提出された書類は鎮西探題の奉行所に保管、管理されていた。奉行所に保管、管理されたとしている書類は、更に具体的には奉行所の文庫で保管、管理されていたのである。

鎌倉幕府の法律の手引書である沙汰未練書は文庫について、次のように記している。

一　文庫トハ　引付評定事切文書等置所也、又文倉トモ云、又文殿トモ云、京都関東ニ在之、

沙汰未練書は鎮西探題が成立する以前に成立していたようなので、鎌倉と六波羅探題の文庫についてのみ記しているだけで、鎮西探題の文庫については記していないが、鎮西探題の文庫も同じような施設であったことは当然である。文庫は引付、評定、終了した訴訟関係の文書等訴訟関係の書類を保管、管理する施設で、「文倉」、「文殿」とも云うと記している。このことからすれば、蔵造りの防火に意を尽くした建物である。

因みに佐伯弘次氏は鎮西探題の文庫について、「この文庫が独立した建物であったか否かは不明であるが、[37]」と説明している。文庫の役割から防火に意を尽くして厳重に建築されていた蔵造りの建物であったのを理解されていない。

以上の①、②、③を整理、要約してみると次のようになる。

①奉行人安富左近将監頼泰の住宅が火災で炎上した時、訴訟の書類が焼失してしまった。

②元応二年の博多の大火で鎮西探題の奉行所が炎上、焼失したために訴訟の書類も焼失してしまった。

③元応二年の博多の大火で焼失した訴訟関係の書類は文庫で焼失した。

更に①、②、③から、訴訟関係の書類の保管、管理がどのようになっていたかについて整理すると、次のようになる。

①から、訴訟関係の書類は安富頼泰の住宅か、住宅に関係した場所、位置で保管、管理されていた。

②から、訴訟関係の書類を保管、管理していた場所は奉行所に於いてである。

③から、訴訟関係の書類は、奉行所の中では文庫に於いて保管、管理されていた。

①と②、③の時期に少しズレがあるものの、これらの①、②、③から、訴訟関係の書類は奉行所の文庫に於いて保管、管理されていた。また、安富頼泰の住宅は文庫に関係した位置にあったことを明らかにすることができる。文庫は訴訟関係の書類、また、その他の公文書を保管、管理している施設という性格から、当然、防災、

特に防火には意を用いたはずであり、安富頼泰の住宅が文庫と連続していた構造となっていたことはあり得ないとしても、しかし、安富頼泰の住宅が文庫に関係した場所、つまり、文庫に近い位置にあったことは間違いない。何故に安富頼泰の住宅が文庫に関係した位置にあったかは、安富頼泰は鎮西探題の右筆であり、文庫の保管、管理者の任にあったためであろう。

安富頼泰は奉行所の文庫に関係した位置に住宅を構えていた。安富頼泰の住宅は奉行所の文庫に関係した位置にあったのであるから、言うまでもなく鎮西探題の敷地の中にあったのである。安富頼泰の住宅が鎮西探題の館の中にあったのは、右筆という鎮西探題の側近である職掌からであるとともに、得宗の御内人から鎮西探題被官・御内人となっていたためである。鎌倉の得宗の邸宅の得宗と得宗被官との関係や、鎮西探題北条英時と周防五郎政国と同様に御内人、鎮西探題被官という北条氏との身分関係からである。鎌倉幕府の右筆は代々その職掌を引き継いでいるものが多く、安富頼泰もそのような職掌の関係から北条氏と繋がりが深く、得宗の御内人から鎮西探題被官・御内人となっていたためである。

以上のように周防五郎政国、安富左近将監頼泰は鎮西探題の館の中に居宅を構えていたのであり、また、両人が鎮西探題の館の中に居宅を構えていたのは、両人が鎮西探題被官・御内人であったことによる。

それでは安富左近将監頼泰の住宅は鎮西探題の館のどこに配置されていたのであろうか。鎮西探題の奉行所は訴訟を扱う役所であり、鎮西探題に於いて最も重要な役所の一つである。御家人達の訴訟を受付け、訴訟を行う御家人達同士の対問を行い、裁断を行う等の場所である。このような職掌から奉行所は鎮西探題の館の奥まった場所ではなく、正門、大手に近い位置に設置されていたことは当然である。

次項に於いて明らかにするように鎮西探題の大手は北側であり、北門が正門である。そして、その両側には御内人の居宅が配置されていた。北門・正門の西側には鎮西探題の執事、代官の周防五郎政国の居宅が配置されていた。従って、安富左近将監頼泰の住宅は鎮西探題の北門・正門の西側に配置されていた周防五郎政国の

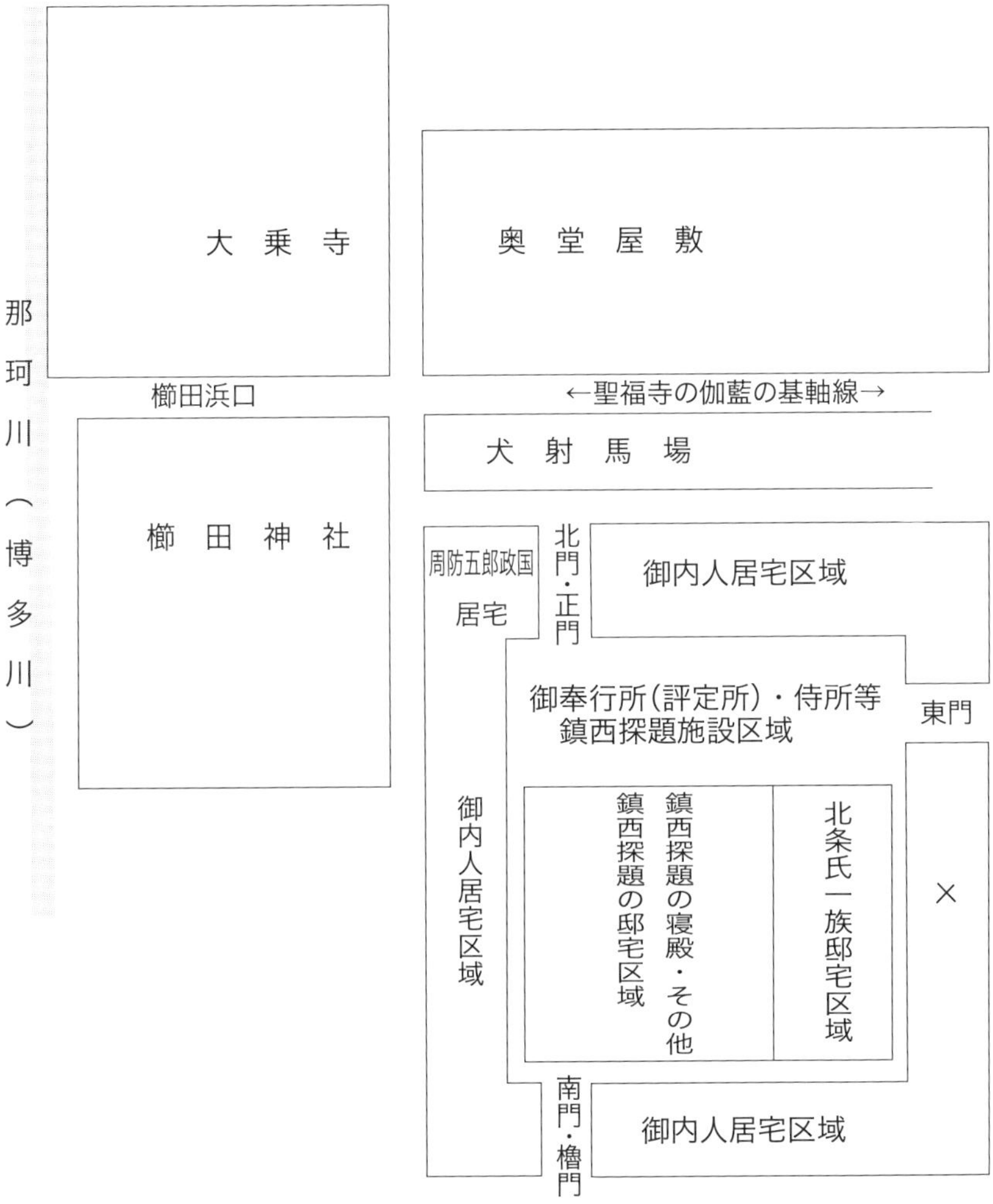

鎮西探題の館の構造及び周辺の櫛田神社、大乗寺、犬射馬場、奥堂屋敷の位置復元図

(1)鎮西探題北条英時の執事、代官周防五郎政国の居宅は鎮西探題の館の正門の西側、櫛田神社の正面に近い位置に配置されていた。

(2)鎮西探題被官の安富左近将監頼泰の居宅は館の正面の位置に配置されていた。

(3)犬射馬場は鎮西探題の正門の前、櫛田神社の正面に配置され、鶴岡八幡宮の正面に配置されている流鏑馬馬場と同じ位置に配置されている。

(4)鎮西探題の館の正面・北側には犬射馬場を挟んで奥堂屋敷が防護壁として配置されていた。

(5)元弘三年三月十三日、菊池武時勢が鎮西探題の館に進攻した経路は、櫛田浜口　→犬射馬場　→鎮西探題の館の正門・北門の経路となる。

(6)東門の傍らの×印は昭和53年８月、博多区祇園町の地下鉄工事の店屋町工区から、多量の肉付きのまま火葬した頭蓋骨のない火葬骨が出土した火葬施設と、それに隣接した刀創の痕があり、火葬された頭蓋骨110体程が出土した埋葬施設の場所である。

居宅と並び、北門・正門の東側の並びに鎮西探題の館の前面に配置されていたことが分かる。

（二）鎮西探題の館の大手・正門の北門、南門と矢倉門の地名の由来、築地

次に鎮西探題の諸門について見てみよう。先に見たように博多日記に「江州ハ東門ニ被取陣」と、大友貞宗が鎮西探題の東門に陣を構えたとあり、鎮西探題には東門があったことが分かる。

また、次の史料を見てみよう。この史料については佐伯弘次氏も既に触れている。

　　　都督御判

肥前国彼杵庄福田郷樒平次入道禅性謹言上

　欲早依武蔵修理亮英時誅伐合戦軍忠企参洛預恩賞間事

副進

　一通　宰府筑後入道書下

　一通　大友近江入道書下

右、去五月廿五日博多合戦之時、押寄英時宿所南門、依致軍忠、云筑後入道、云近江入道被成書下畢、然早預御一行、企参洛為浴恩賞、恐々言上如件、

　　元弘三年七月　日(38)

元弘三年（一三三三）五月二十五日、肥前国彼杵荘福田郷の樒《しきみ》平次入道禅性は鎮西探題北条英時の攻撃に加わり、「英時宿所南門」に押し寄せたとあり、鎮西探題には南門があったことが記されている。

佐伯弘次氏は鎮西探題の南門と、先に見た博多日記に記されている東門以外は「このほか西門・北門については史料的所見がないが、存在した可能性はある。」と、西門、北門については文献史料がない、としている。

更に、「また、門が存在すれば、これに連続する築地か土塁等があり、……文献史料には所見がない。(39)」と、築地及び土塁についても文献史料がない、としている。

次の史料を見てみよう。

薩摩国白浜三郎道季法師□今者□

去五月廿五日於鎮西博多、武蔵修理亮英時□□討死幷従類等被疵致軍忠上者、預御注進、欲浴恩賞子細事、

右、彼日英時誅伐之時、道欽懸先陣攻入北門、令討合数輩之敵、□□令死去畢、次旗指平七兼直所被疵也、此等次第当国中□郎入道総州扶持人幷伊作田又三郎・大隅国加治木彦五郎見知訖、仍疵在所等、守護方幷筑州被遂実検畢、然□道欽自身討死之子細、預御注進、浴恩賞、向後為施弓箭之面目、粗言上如件、

元弘三年八月　日

「承候畢、道鑑（花押）(40)」

薩摩国の白浜三郎道季の申状であるが、白浜三郎道季は鎮西探題を攻撃するにあたり、「道欽懸先陣攻入北門」と、鎮西探題の北門から攻め入ったことを記しており、鎮西探題には北門があったことが記されている。

更に、次の史料を見てみよう。

隠岐三郎兵衛尉行久謹言上

欲以去月廿五日、為薩摩国守護総州方御手一番、押寄武蔵修理亮博多宿所北門、令乗越築地、令追伐数輩人等、令分取生取、依抽合戦忠勤於戦場、云総州方、云江州方、旁令申訖、其後為守護方、被加分取生取等検見上者、被経急速御沙汰、預恩賞、弥成弓箭勇子細状、

右、令致合戦忠勤之条、無其隠□者、被経急速御沙汰、預恩賞、弥為令成弓箭勇、恐々言上如件、

元弘三年六月　日

（裏花押）（島津貞久）(41)

隠岐三郎兵衛尉行久は鎮西探題を攻撃するに際し、「押寄武蔵修理亮博多宿所北門、令乗越築地、」と、鎮西探題の北門から押寄せたとしており、隠岐三郎兵衛尉行久も、先の白浜三郎道季と同様に鎮西探題に北門があったことを記している。

また、隠岐三郎兵衛尉行久は北門に押寄せて、「令乗越築地、」と、築地を乗越えたと記しており、築地が築かれていたことを記している。

佐伯弘次氏が史料的所見がないとした北門については、以上のように北門が存在していたことを記している史料はちゃんと存在している。また、文献史料には所見がないとした築地についても、築地が存在していたことを記している史料はちゃんと存在している。佐伯弘次氏はこの頃の史料が限られているにも係わらず、史料を御覧にならなかったか、見落とされたのであろう。

ところで、先に見た吾妻鏡の嘉禎二年に記されていた新築した北条泰時邸について、もう一度見てみよう。当時の北条泰時邸は、鶴岡八幡宮の南東の位置に、西側の若宮大路と、東側の小町大路の間にあって、吾妻鏡が記しているように御所の北側にあり、南門と北門があった。

南門の東脇に尾藤太郎、西に平左衛門尉、その西に大田次郎、南角に諏方兵衛入道というように北条泰時の被官、つまり、得宗被官達の居宅があったとしている。南門の東側は尾藤太郎だけであるが、南門の西脇から西に平左衛門尉、大田次郎と並び、それに続き、北条泰時邸の南角に諏方兵衛入道が居宅を構えていたとしていることは、南門の西脇から西へ、平左衛門、大田次郎、諏方兵衛入道の居宅と並び、最も西側の諏方兵衛入道の居宅は北条泰時邸の南の角（コーナー）にあった。

南門の東側、小町大路側は一人、南門の西側、若宮大路側は南門から若宮大路までは三人、それぞれ得宗被官が居宅を構えていた。南門側の得宗被官の居宅の配置が東側に一人、西側に三人となっていることは、南門は北条泰時邸の南側の中央に設けられていたのではなく、西側の若宮大路から離れて、東側の小町大路よりに設けられていたことを物語っている。また、南門の西脇から北条泰時邸の西端（南西のコーナー）である若宮大路まで全て得宗被官の居宅が配置されていたことから、北条泰時邸の南側は南門の位置を除き、全て得宗被官の居宅が配置されて固められていた。

次に北門について見てみよう。北門は北土門と記してあり、土門である。土門は門の在り方からすれば格式のある門ではなく、略式の門である。北土門の小町大路側である東脇は万年馬允の居宅があり、北土門の若宮大路側である西脇は安東左衛門尉、その更に西に南条左衛門尉が居宅を構えていた。北土門の東側である小町大路側は一人、西側である若宮大路側は二人と、得宗被官は南門と同様に若宮大路側の西側に重点を置いて配置されている。

また、北条泰時邸の南側には四人の得宗被官が、南側全域に配置されているのに対して、北側には三人の得宗被官しか配置されていない。若宮大路と小町大路は平行して走っている道路ではない。小町大路は南になるにつれて若宮大路側に近寄った通りとなっている。つまり、北条泰時邸の敷地の地形は北側が広く、それに対して南側が狭くなっているのである。それにも係わらず南側には四人の得宗被官を配置し、北側には三人の得宗被官しか配置していないのは南側を重視しているからである。

また、西側の若宮大路に面した側については、門についても得宗被官の配置については特に記していない。東側の小町大路に面している側についても同様で特に記してはいない。

以上のことから北条泰時邸は南側が正面であったことが分かる。都市としての鎌倉は、最北に位置する鶴岡八幡宮を中心として、そこから南にある海に向かって真直ぐに伸びる通りの若宮大路を基準としているが、北条泰時邸は鶴岡八幡宮のある北側を向いておらず、また、若宮大路を正面としていない。鎌倉は最も北にある鶴岡八幡宮を基点として市街が南に向かって広がっている都市である。そのために南側に面した側を正面としたのであり、南門が正門とされている。先に見たように北門が土門という略式の門であるのは、正門である南門のような役割の門ではないためからであることは言うまでもないであろう。

そして、若宮大路側である西側に得宗被官を多く配置しているのは西側の防備を重視しているためである。鎌倉の市街は若宮大路を基線として、それより東側に防備を固めるというような構造であるとされているが、北条泰時邸内の得宗被官達の配置もそのことを証明している。

以上のように吾妻鏡に記してある鎌倉の北条泰時邸は南側を正面とし、南門を正門としていた。北条泰時邸が南側を正面とし、南門を正門としていたのは鎌倉の市街が南側に広がっていたためである。また、北条泰時邸の門である南門と北門はどちらも、西側の若宮大路から離して、東側の小町大路よりに設けられていた。鎌倉市街の防衛の仕組みの在り方の関係からである。また、北条泰時の家令として御内人の代表格の地位にいたのは尾藤太郎である。その尾藤太郎の居宅は南門、つまり、正門の東脇に単独で置かれている。

博多日記に記されているように鎮西探題の館はその中に鎮西探題被官周防五郎政国の居宅や安富左近将監頼泰の居宅があり、鎌倉の北条泰時邸もその中に得宗被官達が居宅を構えている。鎮西探題の館と鎌倉の北条泰時邸とは共通しているのである。このような鎌倉の北条泰時邸と鎮西探題の館との共通性を念頭に置いて、鎮西探題の館はどのような構造になっていたかについて見てみよう。

鎮西探題の館には南門、東門、北門があることは先に確認した。博多日記は菊池武時勢が攻め込んだ合戦が終った後、「筑州ハ前執事周防五郎入道跡ニ取陣、江州ハ東門ニ被取陣」と、少弐貞経は鎮西探題北条英時の前執事の周防五郎政国の居宅に陣を取り、大友貞宗は東門に陣を取った、と記している。その少弐貞経が守護した周防五郎政国の居宅は鎮西探題の館のどこに在ったのであろうか。

この頃の少弐貞経と大友貞宗の鎌倉幕府や鎮西探題に於いての役割や地位の重さを比べたら、少弐貞経は九州の御家人の頂点におり、大友貞宗よりも重要な地位にいた。従って、合戦の時、鎮西探題の館を守護する時もそのような関係となり、少弐貞経が大友貞宗よりも鎮西探題の館の中で重要な位置を守護する立場にあったのは当然である。

周防五郎政国は鎮西探題の被官として鎮西探題の館の中に居宅を構えているが、得宗被官の居宅は門を守護するように配置されていることから、周防五郎政国の居宅も門の傍に門を守護するように配置されていたことは明らかである。また、周防五郎政国は鎮西探題北条英時の代官、前執事として北条英時の最も重要な側近であり、北条英時に最も近い位置にいた側近である。このような周防五郎政国の鎮西探題北条英時との関係を考慮すると、周防五郎政国は鎮西探題の館の最も重要な門、つまり、正門の傍に居宅を構えていたことは明らかである。少弐貞経は九州の御家人の中で最も重要な位置にいた。そのために少弐貞経は鎮西探題の館を守護する時に、鎮西探題の館の中で最も重要な門である正門の傍にあった周防五郎政国の居宅に入ったのである。

それでは鎮西探題の正門はどこであろうか。東門は大友貞宗が守護していると記されていることから、少弐貞経が守ったのは別の門であり、南門か北門である。北条泰時邸は鎌倉の市街の広がりと同じ方向に向かって設けられ、南側が正門であった。鎮西探題の位置は博多の南寄りの位置になり、鎮西探題の南側にはあまり大きな町並みはなく、博多の町は鎮西探題の位置から北に向かって広がっていることから、鎮西探題の正門は南門ではなく、北門である。つまり、鎮西探題の館の正門は犬射馬場とその北にあった奥堂屋敷に面してあった北門である。

鎮西探題の館は北門が正門であることは、博多日記の次のような記事からも明らかである。菊池武時が櫛田浜口から鎮西探題の館に攻め込んだ時、「サテ御所ニハ大手ハ寄タルカト人ヲ以テミせケレハ、使走返テ、サル事モ候ハスト申ケレハ」と、菊池武時は自らの軍勢である寄せ手が御所の大手、つまり、正門の前に布陣することは終ったのかと使いを確認に走らせたことが記されている。このことから菊池武時は鎮西探題の館を攻撃する時、大手から攻撃したことが分かる。また、先に見たように、菊池武時が鎮西探題の館を攻撃するにあたって、菊池武時は櫛田浜口から犬射馬場を通り抜け、北側から鎮西探題の館に攻め込んだ。つまり、博多日記が記している鎮西探題の大手、正面と北側とは同じであることから、北門が正門であると確認できる。

　そして、その正門である北門の傍らには周防五郎政国の居宅があったのである。更に鎮西探題の館が鎌倉の北条泰時邸と共通した構造であったとすれば、鎮西探題の北門は敷地の北辺の西寄りの位置にあり、北条泰時邸では被官の代表格であった尾藤太郎の居宅が南門の東脇、正門の左側に単独で置かれていることから、鎮西探題の被官では周防五郎政国が執事であり、その代表であるから、その居宅は正門・北門の左側、つまり、西脇に単独で置かれていたことになる。

　次に南門について見てみよう。先に見たように鎮西探題の北条英時を攻めた時、肥前国彼杵荘福田郷の樒平次入道禅性は南門から押寄せたとあり、鎮西探題には南門があった。

　ところで、前に見たように万行寺前町（旧馬場町）の通りを、国体道路を越えて南に行くと矢倉門の通りに出る。矢倉門の通りはそのまま南に進むと福岡市商工会議所ビルの正面に出る。商工会議所ビルの西側に新築された博多警察署があり、警察署の南側に藤田公園があるが、警察署の東側に公園への通り抜け道があり、通り抜け道の入り口の北側に「矢倉門跡」と記した高さ九〇センチメートル程の廃止された路面電車の敷石の御影石で作られた石碑が立てられている。

　矢倉門の地名について、貝原益軒は筑前国続風土記に「博多の南方に門を立たる所をは、今も矢倉門と云て、其名のみ伝はれり。其昔承天寺盛なりし時は、彼寺の南門此所に在りしといふ」(42)と、記している。矢倉門の地名について、貝原益軒は、博多の南方に門を建てたことに由来しているとし、門は承天寺が盛んであったころの南門である、と記しているが、承天寺の境内がいつの時代であれ、そこまで広がっていたことはあり得ない。従って、そこに承天寺の南門があったはずはなく、荒唐無稽な説明であり、貝原益軒はそこにどうして矢倉門の地名があるのか理解できなかったために適当に説明しただけであろう。

その後著された石城志は、矢倉門について貝原益軒よりも、もう少し具体的に「元亀のはじめ、大友の家臣臼杵安房守鑑賡、博多に砦を構え、南方に濠を堀、門を建たり。其所を今に矢倉門と云。[43]」と、説明している。貝原益軒は筑前国続風土記に、戦国時代に大友氏の家臣の臼杵安房守鑑賡が博多の南方の守りのために房州堀と呼ばれる堀を掘ったと記しているが、石城志は、矢倉門はこの房州堀に建てた門に由来するとしているのである。現在、矢倉門について触れる研究者は筑前国続風土記や石城志のこのような説明をそのまま信じて、引用している。

例えば、「角川日本地名大辞典　40　福岡県」（角川書店）は「やぐらもんまち　矢倉門町〈博多区〉町名は大友宗麟の家臣が櫓門を築いた故事による。」と記しており[44]、石城志の記述をそのまま引用している。また、佐伯弘次氏は「博多区博多駅前二丁目付近に、かって矢倉門町があった。江戸時代の地誌によると、戦国時代に大友氏の家臣が、この場所に櫓門を建て、博多の南の守りとしたという。今日知られている戦国時代の史料には、これに関するものはない。博多遺跡群の発掘調査によっても、その跡は確認されていない。しかし、博多の南の出口に門が作られていたのは間違いないだろう。[45]」と、矢倉門という地名の由来は、この場所に博多の南の守りのために櫓門が建てられたことによるとし、博多の南の出口に門が作られていたのは間違いないだろうとして、石城志の説明をそのまま受け止めている。また、矢倉門が作られた時期についても、石城志が記しているように戦国時代であることを疑われていない。

しかし、矢倉門の地名は石城志が記しているようなことに由来しているのであろうか。博多の南方からの出入り口は、菊池武時が鎮西探題を襲撃するために進攻しようとしたと博多日記に記されている松原口辻堂であり、筥崎八幡宮の田村大宮司家の鎌倉時代の古文書に「辻堂《つしのとう》出口《てぐち》」と記されたり、後世の江戸時代に辻堂口と呼ばれた出入り口である。博多日記が記された鎌倉時代から江戸時代まで一貫してここが南方からの出入り口である。勿論、房州堀と呼ばれた堀があった時期もそうである。ところが、矢倉門の地名はそれより三〇〇メートル程西寄りの位置になり、辻堂口と別の出入り口となり、石城志の記述のとおりにすれば、博多の南方からの出入り口は辻堂口と矢倉門が建てられていた場所と二箇所あったことになる。博多の南方を守るために堀が掘られていたことは事実であり、その堀の長さは八〇〇メートル程である。長さ八〇〇メートル程の堀の中間に三〇〇メートル足らずの距離で、出入り口を二箇所も設ける必要があるであろうか。出入り口を二箇所も設けるならば守りが手薄になるだけである。博多の南の守りを固めるためにわざわざ掘を掘っているのに、その堀に辻堂口の出入り口と別に出入り口を設けるはずがないであろう。石城志はそのようなことを考えずに矢倉門について適当に説明したか、本来の矢倉門の地名が何に由来するのか考えが及ばなかったので、そのように説明しただけであろう。江戸時代の地誌の説明は内容を吟味しなければならないことは当然である。「角川日本地名大辞典　40　福岡県」（角川書店）や佐伯弘次氏は石城志の説明をそのまま信じているようであるが、江戸時代の後半に著されている石城志の記述を真に受けてはならない。いずれにしろ、矢倉門の地名の由来についての筑前国続風土記の説明は根拠のない説明であり、石城志の説明もあまりあり得ない説明である。それでは矢倉門という地名は何に由来しているのであろうか。

鎮西探題の館の敷地は、第一章　第一節（二）、（三）で説明したように、北辺は二町半であり、南北の辺も二町半であり、一辺が二町半の正方形である。また、大乗寺、奥堂屋敷の敷地の南側の線は聖福寺の総門、山門、仏殿、法堂、方丈の並びである伽藍の基軸線と同じであり、この線に重なる。聖福寺の伽藍の基軸線は鎌倉時代のままであり、博多はこの基軸線と、聖福寺の総門を通りこの基軸線に直交する線を基準として正確に半町間隔の区画で都市設計が行われている。このような博多の都市設計の在り方については、ここで説明することは省き、第六章　第一節で説明する。とりあえず、博多が聖福寺の伽藍の基軸線と同寺の総門を通りこの基準線に直交する線を基準として正確に半町間隔の区画で都市設計が行われているということを前提として説明する。

鎮西探題の館の北辺の位置は、大乗寺の敷地とその東側にあった奥堂屋敷の敷地から半町南側である。このような鎮西探題の館の敷地の北辺の位置からすると、鎮西探題の館の敷地の南辺は北辺から二町半であるから、国体道路から始まる矢倉門の長さ一八〇メートル程の通りの、北から一四四メートル程の位置を東西に走っていることになる。

矢倉門の由来が石城志の記述のとおりであるとすれば、矢倉門の地名は房州堀の遺構の近くになければならない。「房州堀の遺構は博多区役所の直下を通り、移転し新築された博多警察署の敷地に抜けている。矢倉門の地名である通りから最短で四〇メートル程南側に離れており、矢倉門の通りにはかからず、通りから少しズレている。それに対して、鎮西探題の館の敷地の南辺は矢倉門の通りの北の端から南へ一四四メートル程の位置を東西に通っていることになり、鎮西探題の南門はこの線上にあるはずであるから、南門は矢倉門の通りを走る線上にあったことになる。

矢倉門の通りと房州堀の遺構についてこのように見てくると、矢倉門は房州堀に建てられた門に因む地名であるよりも、鎮西探題の館に因む地名である可能性がより大きいであろう。つまり、矢倉門の地名は鎮西探題の館の南門に因む地名であり、また、その南門が矢倉門の形であったことから、それが地名となって残ったことを物語っている。

(三)　鎮西探題の館の御壺

博多日記は「菊池舎弟二郎三郎入道覚勝以下若党等、打入御所中、既ニ御壺ニ責入致合戦之間、敵七十余人被打止畢」と、菊池武時の舎弟の覚勝以下が鎮西探題の御所の中に打ち入り、御所の御壺にまで攻め入ったことを記している。

この御壺について、川添昭二氏は「武時の弟二郎三郎入道覚勝は若党ら残兵七十余人を率いて探題の館に討ち入り、中庭で激戦、壮烈な戦死をとげた。[46]」と、非常にドラマチックな表現の中に、御壺を中庭と解釈している。また、佐伯弘次氏も、「『壺』とは中庭のことであるから、探題館の中に中庭的な空間が存在したことがわかる。[47]」と、御壺を中庭と解釈している。

鎮西探題の館は（一）に見たように、外側の区域に周防五郎政国、安富左近将監頼泰らの御内人の居宅があった。また、史料に記されている評定所及び文庫、後述する侍所が在った。その他史料に記されていないが、厩《うまや》等の多数の建物があったことは想像に難くない。また、その内側の区域には鎮西探題の私的居住区域があり、寝殿・主殿をはじめとした建物が在った。鎮西探題の館の外側の区域の評定所、内側の区域の寝殿・主殿の外面やそれらを中心とした建物と建物との間の空間等には庭園が造られていたことも想像に難くない。そういう空間に造られた庭園を御壺と呼ぶこともある。また、鎮西探題も長門探題も、家族が共に生活していた。博多日記は「長門ヨリ上州御台以下御内人〻女房、付筥崎津畢」と、長門探題北条時直の御台以下御内の人々の女性達が、戦況が思わしくなくなってきたために、鎮西探題を頼って博多に避難をしてきたことを記している。鎮西探題北条英時が長門探題の御台以下の女性達の避難を受け入れたのは、鎮西探題も長門探題と同様の御台以下の女性達、つまり、家族を伴なっていたためであり、鎮西探題の館の中に私的生活部分があったことは確かである。従って、鎮西探題の館の中には当然、庭園も存在していたことは間違いない。

しかし、川添昭二氏や佐伯弘次氏が想定している鎮西探題の館はそのような構造ではなく、極めて単純な構造で想定されているようであり、中庭と解されている壺は、そのような単純な構造をしている鎮西探題の館の建物と建物との間の空間に造られている庭園のことを想定されているようである。

博多日記が鎮西探題の館で記している御壺とはどのような施設であるかについて、少し見てみよう。それを明らかにしてくれる手がかりは、博多日記が記された鎌倉時代と同じ時期の記録に、御壺とはどのような施設として記されているかである。鎌倉時代の記録としては言うまでもなく吾妻鏡がある。その吾妻鏡に記述されている御壺はどのようなものであるかについて見てみよう。吾妻鏡は将軍の御所の御壺についてかなり記述している。その中のいくつかを取り上げて見てみる。

〈御所の北御壺〉

①桜梅等樹多被植北御壺。自永福寺所被引移也。　承元元年（一二〇七）三月一日

②於北御壺。有鶏闘会。時房朝臣　親広　朝光　義盛　遠元　景盛　常秀　常盛　義村　宗政等為其衆云々。
承元元年三月三日

御所の北御壺に永福寺から移した桜や梅の木を多く植えたとしている。永福寺の庭園は後述するように源頼朝が多数の名石を集める等して、丹精を込めて造庭した庭園であり、そこから移した多くの桜や梅を植えたとしていることから、北御壺は名木を植栽し、景観や造作に配慮した庭であったことが分かる。また、北御壺では北条時房達が三月三日の闘鶏会を催したりしている。三月三日の闘鶏会は舞楽を行ったり、多数の見物人が招かれる等のかなり大規模な行事であり、小規模な単なる中庭で行う行事ではない。従って、北御壺は建物と建物の間に設けられた単なる小規模な中庭ではなく、名木を植栽したり、景観が配慮された庭園であり、年中行事等も行われる庭であり、年中行事でも重要な行事が行われた南庭に対する庭である。

〈御所の鞠御壺〉

③相模国積良辺有古柳。名木之由。就令聞給。為移植于鞠御壺。渡御彼所。　建仁二年（一二〇二）二月廿日

④鶴岳放生会舞童十二人参幕府。別当相具之。即於鞠御壺及調楽云々。　承元四年（一二一〇）八月七日

⑤佐々木左衛門尉広綱進御馬一疋。昨日自近江国到来。今日於鞠御壺有御覧。　承元四年九月廿日

⑥天晴。於御所鞠御壺覧童舞。是明日鶴岡法会調楽云々。　建長五年（一二五三）三月一日

⑦天晴。鶴岡三月会。舞童等依召参御所。於鞠御壺施舞曲。　正嘉二年（一二五八）三月十日

⑧天晴。今日。於御所鞠御壺覧童舞。是所被引移昨鶴岡法会舞楽也。先舞童等相分南北着座。以西為上。土御門大納言。花山院大納言等。被候簾中云々。　　文永二年（一二六五）三月四日

御所の鞠御壺について記している吾妻鏡の記述のいくつかを見てみると、以上のように記している。相模国の積良辺の古柳は名木と評判があったので、その古柳を鞠御壺に移し植えたと記している。古柳を移し植える時、将軍がわざわざ鞠御壺に渡ったとあり、将軍が見物に訪れているように、鞠御壺も北御壺と同様に名木を植栽し、景観や造作に配慮した庭であったことが分かる。鞠御壺は鞠という名称が付けられていることから蹴鞠が行われることもあったことが想像される。そうであるとすれば御壺には蹴鞠のための懸木が植えられていたであろう。吾妻鏡の建仁二年正月十二日には、隼人佑康清入道宅に「去年始殖懸樹。……則渡御彼庭。」と、懸木が植えられたのを見物するために隼人佑康清宅で蹴鞠を行い、将軍が訪れたことが記されている等、蹴鞠のための懸木として柳が植えられることもあるが、この古柳はその懸木として植えられたのではなく、名木として観賞のために植えられたのであり、鞠御壺は景観が配慮された庭園であることを物語っている。

④、⑤、⑦、⑧によれば、将軍は鞠御壺に於いて多数の招客とともに鶴岡八幡宮の舞童達が楽を調じたり、舞を施したりしていることを見物している。将軍は見物するに際しては土御門大納言、花山院大納言と共に簾中より見物し、その他の公卿、殿上人は出居で見物している。また、⑤によれば、将軍が鞠御壺に於いて佐々木左衛門尉広綱が献上した馬を御覧している。鞠御壺は鶴岡八幡宮の舞童達が楽を調じたり、舞を施したりすることができる庭であることや、献上された馬を御覧したりしていることからすると、単に建物と建物の間に設けられた中庭ではなく、鞠御壺は名木を植栽し、景観が配慮された庭であり、将軍が招客と共に見物する催し事等を行った庭であったことを物語っている。尚、鞠御壺は舞童が南北の二つのグループに分かれて着座し、「以西為上。」としていることから、東に向いている部屋に面している庭である。

〈御所の石御壺〉

⑨甚雨。雷一声。及晩属晴。入夜。召件好女（景盛妾。）於北向御所。（石壺。在北方也。）自今以後。可候此所云々。是御寵愛甚故也。

正治元年（一一九九）七月廿六日

⑩晴。有讒佞之族。依妾女事。景盛貽怨恨之由訴申之。仍召聚小笠原弥太郎。和田三郎。比企三郎。中野五郎。細野四郎已下軍士等於石御壺。

正治元年八月十九日

⑪左金吾還御鎌倉。件柳被引之。即被殖石御壺内。行景奉行之。但非良木之由申之云々。

建仁二年二月廿一日

⑫有御鞠。員二百卅。百六十之後。秉燭程。将軍家又出御于石御壺。屏中門内召行景。以小鞠令争勝負給。

建仁二年九月十五日

石御壺はその位置が記されている御壺である。⑨に「北向御所。（石壺。在北方也。）」と記されているので、石壺は北向御所の南側にあった御壺である。従って、石御壺は御壺という名称であるが、北向御所の正面の庭、つまり、正庭であることが分かる。⑨、⑩には二代将軍頼家が和田景盛の寵愛した女性を奪って、その女性を石御壺に面していた北向御所に置き、小笠原弥太郎、和田三郎、比企三郎、中野五郎、細野四郎以下の武士を石御壺に集め、和田景盛を討とうとした、とあり、軍士を集めることができる広さであった。また、⑫には将軍頼家が石御壺に於いて蹴鞠を行ったとしている。そして、「屏中門内召行景。」とあることから、石御壺には塀があり、その塀には中門が設けられている。つまり、石御壺は建物と建物との間にある単なる中庭ではなく、塀によって他の地域と区画されていたことが分かる。⑪には相模国から引いてきた古柳を鞠御壺に植えたものの良木でなかったために、また石御壺に移し植えたとある。鞠御壺程ではないが、石御壺も名木を配して景観と造作に配慮した庭であったことが窺われる。

以上のような石御壺についての記述から、石御壺は北向御所の南庭、正庭であり、軍士を集めることができる広場としての広さがあり、また、蹴鞠を行ったり、名木を配して景観に配慮した庭であったことが分かる。他の区域とは塀で区画され、塀には中門が設けられていた庭であった。石御壺は御壺という名称であるが、他の区域とは中門のある塀で区画された正庭であり、単なる建物と建物との間に作られた中庭ではない。

〈御所の御壺〉

⑬於御壺有犬追物。前奥州。相公羽林等被参。犬十二疋。射手六騎也。

三浦駿河次郎泰村　佐々木八郎信朝
結城七郎兵衛尉朝広　駿河四郎家村
武田六郎信長　横溝六郎

元仁元年（一二二四）二月十一日

御所の御壺で犬十二疋、射手六騎で犬追物を行ったことを記しているので、この御壺は具体的には御所の何という御壺であるか不明であるが、ここに記している御壺が御所の中の庭であることは言うまでもない。六人の射手が騎馬で犬十二匹を追う武芸であることからすれば、かなりの広さが必要であると思われ、この犬追物を行った御壺は単に建物と建物の間の中庭ではないことが分かる。

吾妻鏡に記された将軍の御所の御壺について、以上のように見てくると、御壺というのは正庭である場合もあり、蹴鞠、舞、犬追物等の各種の行事を行ったりする庭であり、また、名木を植栽する等、景観と造作に配慮した庭であり、単に建物と建物との間に作られた中庭ではないことが分かる。従って、博多日記が記す鎮西探題の御所の御壺も、川添昭二氏や佐伯弘次氏が説明しているような建物と建物の間に作られた単なる中庭ではないことが分かる。

ついでに少し、鎮西探題の館の庭園について想定してみよう。鎮西探題の館の庭園が在ったとしてそれを想定するとしたら、どのような庭園がふさわしいのか見てみよう。

古くなるが、鎌倉の永福寺の庭園を参考のために見てみよう。永福寺は源頼朝が建立した。現在、永福寺跡の発掘が進められている。永福寺の境内跡は東西二〇〇メートル、南北四〇〇メートルに及ぶが、その東側に端から端まで二〇〇メートルに及ぶ瓢簞型の池を伴った庭園跡がある。源頼朝が永福寺の庭園を造るについて、吾妻鏡の建久三年（一一九二）八月二十七日、九月十一日、十一月十三日に、次のような記述がある。

廿七日丁夘。将軍家渡御二階堂。召阿波阿闍梨静空弟子僧静玄。堂前池立石事。被仰合云々。厳石数十果。自所々被召寄之。積而成高岡云々。

十一日庚辰。静玄立堂前池石。将軍家自昨日御逗留行政宅。為覧此事也。汀野埋石。金沼汀野筋鵜会石嶋等石。悉以今日立終之。至沼石并形石等者一丈許也。以静玄訓。畠山次郎重忠一人捧持之。渡行池中心立置之。観者莫不感其力云々。

十三日壬午。二階堂池奇石事。猶背御気色事等相交之間。召静玄重被直之。畠山次郎。佐貫大夫。大井次郎運巖石。凡三輩之勤。已同百人功。御感及再三云々。

八月二十七日、源頼朝は永福寺の庭園を造るに際し、わざわざ京都から静玄を招いて作庭を行った。そして、源頼朝は池庭に石を配置し立てるにあたっては静玄と打ち合わせを行った。石は巨石、名石数十個を集め、それが積まれて高く岡をなしていたほど多数集めた。九月十一日、源頼朝は静玄が二階堂の前の池に石を立てるのを見るためにわざわざ行政の家に泊まり込んだ。十一月十三日、静玄が石を立て終わって約二箇月経過した後、源頼朝は静玄が立てた石に不満で、改めて静玄に石を直させた。

源頼朝の庭園についての執念が察せられるであろう。十一日には畠山重忠が自ら石を運んだことが記されているが、その石と伝えられている巨石が池の畔であったと推定される位置に立っている。立てられている巨石は奥州の毛越寺の庭園の立石とそっくりである。また、吾妻鏡の正治二年（一二〇〇）閏二月二十九日には、四代将軍頼経が永福寺の庭園の池に張り出した釣殿で歌会を開いたことが記されているが、庭園の釣殿の礎石も発掘されている。

鎮西探題の館の庭園について想定するとして最もふさわしい庭園は、名実ともに鎮西探題であった北条実政とその父親の北条実時との関係から、北条実時が再建した武蔵国金沢の称名寺の現在、国の名勝に指定されている浄土式の庭園であろう。総門の前から金堂へ中島を経る丹塗りの壮麗な反橋と直橋が架けられている浄土式の庭園である。

将軍や北条氏等の幕府関係者が営んだ庭園にはこのような庭園がある。庭園には将軍や北条氏が懸けていた執念が偲ばれる。庭園はただ単に庭ですというようなものではない。永福寺の庭園は少し古いとしても、また、このような永福寺や称名寺の庭園ほど大規模ではないとしても、鎮西探題の館の庭園を想定するとしたらこのような庭園がふさわしいであろう。

話を元に戻そう。博多日記がわざわざ菊池武時勢が「中庭」に攻め入った、と特記することがあり得るであろうか。そんなことはあり得ないであろう。つまり、博多日記が記す御壺とは、川添昭二氏や佐伯弘次氏が説明しているように単に中庭のことを指して記しているのではない。吾妻鏡の健保元年（一二一三）五月四日に次のような記述がある。

次将軍家令尋聞軍士等勲功之浅深給。爰波多野中務丞忠綱申云。於米町并政所。両度進先登云々。米町事者置而不論。政所前合戦者三浦左衛門尉義村先登之由申之。於南庭各及嗷々論之間。相州招忠綱於閑所。密々被仰云。今度世上無為之条。偏依義村之忠節。然者米町合戦先登事。無異論之上者。政所前先登事。対彼金吾相論難叶時儀歟。存穏便者被行不次之賞。無其疑云々。忠綱申云。勇士之向戦場。以先登為本意。忠綱苟継家業。携弓馬。雖何箇度。盍進先登哉。耽一旦之賞。不可黷万代之名云々。而為知食彼真偽。召忠綱。義村等於北面藤壺内。為行光奉行。将軍家出御。被上御簾。相州。水干。大官令同。民部大夫行光直垂等。被候広廂。他人不臨其所。先召義村。紺村濃鎧直垂。次召忠綱。黄木蘭地鎧直垂。両人候簀子円座。遂対決。

和田義盛の乱が鎮圧された翌日、将軍実朝は戦った御家人達の勲功の浅深について尋聞を行ったが、米町と政所の二箇所の合戦について、波多野中務丞忠綱は二箇所に於いて先登したと主張した。それに対して米町の先登はそのとおりであるが、政所前の合戦については三浦左衛門尉義村が先登したと主張し、両人が対立したことを記している件である。細かい逐次訳は本論と関係がないので省く。本論と関係がある部分だけを抜き出して見てみよう。

南庭に於いて波多野忠綱と三浦義村の両人はお互いの主張を認めず、お互いに大声を挙げて罵り合い、そしりあった。北条義時は和田義盛の乱を鎮圧することができた最大の功労者は和田義盛方に加担しなかった三浦義村であるとして、三浦義村に気をつかい、波多野忠綱を人目のない場所につれ出して、波多野忠綱に政所前の合戦の先登は三浦義村に譲るように説得したが、波多野忠綱は承知しなかった。そこで事実を明らかにするために、波多野忠綱と三浦義村を北面藤御壺内に召した。行光が奉行し、将軍実朝が出御し、御簾を上げた。北条義時、大江広元、行光は広廂に控え、三浦義村と波多野忠綱の両人は簀子縁の円座に控えて、対決をした。

和田合戦の時の三浦義村と波多野忠綱との政所前での先登をめぐる争いについて、吾妻鏡は以上のように記している。この中に北面藤壺という御壺が記されている。吾妻鏡が記しているこの北面藤壺こそ、博多日記が記している鎮西探題の館の御壺と同じような御壺であろう。それでは吾妻鏡が記している北面藤壺とはどのようなものであるか、見てみよう。

三浦義村と波多野忠綱の政所前の合戦の先登について、南庭に於いて口論をした、とある南庭は御所の寝殿の南庭である。但し、本来の御所は和田義盛の乱により焼失したために、この時は政子の屋敷を臨時に御所にしていた。寝殿の南庭は儀式が行われる場所であり、広場でもある。将軍実朝はこの南庭に於いて御家人達の勲功の報告を受けていたのである。しかし、三浦義村と波多野忠綱との口論が激しく、先登の真偽を知るために、南庭から北面の藤壺に移り、そこで両人のみを対決させて真偽の確認をした。北面とは寝殿の北側の面《おもて》（表）であり、南庭とは寝殿の反対側に位置する。北条義時が波多野忠綱を説得した時、人目に付かない場所を選んだが、寝殿の南側の南庭が多数の人々を集める儀式の場であるのに対し、北面は北の面とはいえ、「他人不臨其所。」と、人目がない場所というよりも通常、人々が出入りできない場所であったのである。つまり、寝殿の南側が公的な公開の場所であるのに対し、寝殿の北面は内々の場所であったのである。そのような北面の藤壺に於いて、将軍実朝が御座に着座し、広廂に北条義時、大江広元、行光が座し、簀子の円座に三浦義村、波多野忠綱に座した、とある。簀子とは広廂の外側にある簀子になっている縁側のことである。吾妻鏡に記している北面の藤壺は、以上のように御所の寝殿の北面にある部屋のことであり、御所の寝殿の内々の部屋であったと思われる。また、それが藤壺と名付けられているのは部屋の前の庭に藤が植栽されていることに由来しているのであろう。

博多日記は、このような鎌倉の御所の北面藤壺と鎮西探題の館の御壺とは同じ類の施設として記している。つまり、御壺は川添昭二氏や佐伯弘次氏が説明しているように中庭ではない。御壺は鎮西探題の館の寝殿の正面である北側ではなく、南側にある鎮西探題の居室のことを記しているのである。内裏にも桐壺、梨壺、藤壺、梅壺等がある。これらの壺の名称は直接的には建物に囲まれた空間を指すが、実際にこれらの言葉を使用する時は、これらの空間に面した建物である淑景舎、昭陽舎、飛香舎、凝華舎を指すのである。

従って、博多日記が、菊池武時の舎弟覚勝以下菊池武時勢が御所中の御壺まで攻め込んだと記しているのは、鎮西探題の館の寝殿の中に於いて、北条英時が公的な儀礼や儀式の合間に普段、私的に過ごすような居室部分にまで攻め込んだことを記しているのである。つまり、鎌倉の御所が南向きであるのに対し、鎮西探題の館は北向きであることから、鎮西探題の館の寝殿の正面の北側を突破して、寝殿の奥の南側の北条英時の居室がある部分にまで攻め込んだことを記しているのである。

ところで、鎮西探題の壺については博多日記に記された御壺の外には、後の九六・九七頁に記している薩摩国御家人指宿郡司入道成栄の軍忠状写に「栗石秤評定所」が記されている。栗石秤は栗石坪であり、「栗石秤評定所」と記されていることから鎮西探題には栗石坪という壺とそこに評定所があったことが分る。鎮西探題の壺と評定所について具体的に記している唯一の貴重な史料である。また、栗石秤は鎮西探題の館に攻め込んだ薩摩国御家人指宿郡司入道成栄が軍忠状写に栗石坪と具体的な名称で記していることからすればよく知られていた鎮西探題の壺であったのだろう。

栗石秤という名称は栗石《ぐり》が敷いてある形状に由来する壺であろう。そして、「栗石秤評定所」、つまり、栗石秤の評定所と記しているので、評定所は栗石秤に面している建物であったことが分る。何故に鎮西探題には栗石を敷いた壺である栗石秤があり、その栗石秤に評定所があったのであろうか。

吾妻鏡の宝治元年（一二四七）十二月十二日に次のような記述がある。

今日。被定訴論人参候之所。其状云。

一　訴訟人座籍事

侍　　客人座奉行人召外不可参後座。

郎等　広庇召外不可参南広庇但陸奥沙汰之時者。随召可参。郡郷沙汰人者。依時儀。可参小縁。

雑人　大庭不応召外。相模武蔵雑人等不可参入南坪。

評定所で訴人と論人が問答を行ったり、裁判の裁決が申し渡されたりする場所は身分によって異なる。宝治元年十二月十二日、侍は客人座、郎等は広庇、雑人は大庭に参じて訴訟を行うと定められた。このような規定は鎮西探題に於いても同様であったことは当然である。鎮西探題に於いて雑人が訴訟を行う場合は評定所の建物の屋外の庭上で行われ、そのために評定所の建物の屋外は栗石を敷き詰めた壺であったことが分る。

吾妻鏡に記されている評定所と雑人の訴訟を行うその庭がどのような実情であったかを記している史料は鎌倉に於いても、京都の六波羅探題に於いても具体的に記している史料はなく、指宿郡司入道成栄が軍忠状写に「栗石秤評定所」と記している鎮西探題の評定所と栗石秤のみであり、極めて貴重な史料である。

（四）鎮西探題の館の内郭と外郭から構成された城郭構造

鎮西探題の館について現在の地形の在り方と史料から見てみる。先に見たように、鎮西探題の館の敷地は東西、南北二町半の正方形である。この一辺が二町半の正方形の敷地の地形を少し細かく見てみる。

鎮西探題の敷地の南側部分から見てみよう。南側部分は北辺から二町の位置まで同じ高さの地形が続いている。それから南側はその高さから一段下がって半町幅の地形となっている。

西側部分はどうであろうか。先に見たように鎮西探題の館の敷地は櫛田神社の敷地より高くなっていて、現在でも南の方の国体道路辺りでは一メートル以上の段差となっている。この櫛田神社の境内よりも高くなっている鎮西探題の敷地の地形をもう少し細かく見てみよう。前にも触れたように、鎮西探題の敷地の北辺は、聖福寺の伽藍の基軸線に直交して総門を通る線から一町西側から始まり二町半の長さ（幅）である。この線の東側から二町目の位置、つまり、櫛田神社の敷地との境界から半町東側の位置に立って西側である櫛田神社の方を見てみよう。東からこの位置までは同じ高さの地形となっているが、この位置から西側は櫛田神社まで明らかに低くなっていっている。鎮西探題の館の敷地は櫛田神社の敷地よりも高くなっている。この鎮西探題の館の敷地を更に細かく見てみると、鎮西探題の敷地の中では櫛田神社よりの西側の半町は明らかに中心部である東側よりも低くなっているのである。しかも正確に半町の幅でもってである。

東側部分はどうであろうか。先に触れたように東側は鎮西探題の館の敷地の西端から二町の位置、ここは櫛田神社の参道の鳥居の下になり、ここから六車線ある大博通の東側の南に向かう車道部分までが半町の範囲となる。二町の位置の鳥居の下に少し段差があり、僅かにそこから東側は低くなっている。半町の部分は車道として整地されたためであろうか、館の敷地の南側、西側のように半町幅のはっきりとした段差のある地形は見られないが、大博通の東側の車道の端は西側の車道の高さに対し、目視でおおよそであるが、急激に六〇センチメートル程も落ち込んでいる。この地形の落ち込みが鎮西探題の館の敷地の南側や、西側のように本来からの地形であるかどうか、自然の地形がほとんど見られないために不明である。しかし、全般に中心部の一町半部分に対し、それより東側の半町部分は下がった地形となっている。

大友貞宗が鎮西探題の館の東門を守護したこと、大友貞宗が東門を守護するにあたっては館の敷地の中から東門の守護にあたっていたことを先に見た。博多日記に次のような記述がある。

同日（三月二十日）、日田肥前権守入道五百騎ニテ博多ニ参到、探題ノ御見参ニ可入之由、雖申之、無御対面、江州同前、同夕方有御対面

二十日、日田肥前権守入道が鎮西探題の館に五百騎の軍勢を率いて到着したことを記している。日田肥前権守入道は豊後国の日田を本拠地とした豊後国の有力武士である。しかし、有力武士といっても、その勢力を大友貞宗と比べたら比較にならないであろう。大友貞宗は九州では少弐貞経につぐ勢力を誇っていた武士であり、日田肥前権守入道が率いていた五百騎に劣らぬ武士達を率いていたことは言うまでもない。

また、博多日記が「探題ノ御見参可入之由、雖申之、無御対面、江州同前、同夕方有御対面」と記していることを見てみよう。日田肥前権守入道が鎮西探題の館に参到した時、鎮西探題北条英時も大友貞宗も日田肥前権守入道との対面を拒否したということは、日田肥前権守入道は義務として鎮西探題北条英時に見参しなければならないということと、大友貞宗に見参しなければならないということである。鎮西探題北条英時に見参することは当然として、なぜ大友貞宗に見参しなければならないのであろうか。日田肥前権守入道が大友貞宗に見参しなければならない両者の関係は、大友貞宗は豊後国守護であり、豊後国守護と豊後国御家人の関係に他ならない。つまり、日田肥前権守入道は豊後国の御家人であるから、着到した後は当然、豊後国守護大友貞宗の指揮下に入らなければならないのである。そして、この場合、日田肥前権守入道は大友貞宗の指揮に従って、

大友貞宗が守護している鎮西探題の東門を大友貞宗とともに館の内から警固することになるのである。

大友貞宗や日田肥前権守入道が多勢の武士を率いて東門の内にあって東門の守護にあたっていたことは、東門の内側にはこれだけの武士達が滞在することができる余地があったことを物語っている。恐らく、大友貞宗や日田肥前権守入道の率いる大勢の武士達が陣を取っていた場所が中心部より一段下がった地形の場所であったのであろう。

先に犬射馬場と鎮西探題の敷地の範囲の箇所で触れたが、地下鉄工事の店屋町工区から発見された多量の肉付きのまま火葬された頭蓋骨のない人骨を伴った火葬施設遺構と、その傍らの一一〇体分に及ぶ斬首された火葬頭蓋骨が出土した遺構はこの区域にある。つまり、鎮西探題が菊池武時一族の火葬処理と火葬人骨の埋葬処理を行ったのはこの区域であり、そのような火葬処理や埋葬を行うことができたということも、鎮西探題の敷地の中のこの区域はある程度の余地があったということを物語っている。

北側部分、大手について見てみよう。館の敷地の北側の地形は、西側の半町は低くなっており、東側の半町も低くなっていた痕跡がある。しかし、そこを除いた一町半は中心部と同じ高さとなっている。北側のこの部分と中心部の地形に段差は見られない。従って、地形からは南側や西側のように、館の中心部を囲むような幅半町の部分があったかどうかは明らかにできない。少し長くなるが別の史料から、北側部分にも一段低くなっている地形ではないが、中心部を囲い込むような区域があったことを見てみよう。

先に、鎮西探題の館は北側が大手であり、北門が正門であり、その門の西脇には鎮西探題の被官の周防五郎政国が居宅を構えていたことは明らかにした。つまり、周防五郎政国の居宅は正門の脇にあったのであるから館の中心部にあったはずはなく、館の中心部の北側にあったことは明らかである。この周防五郎政国の居宅跡に少弐貞経は陣を取った。少弐貞経の武士団は当時九州最大であって、数百騎に及んでいたと推定される。博多日記は日田肥前権守入道でさえ五百騎を率いていたことを記しているが、周防五郎政国の居宅に少弐貞経が率いて陣を取った軍勢はそれより多かったことは確かである。周防五郎政国の居宅がそれだけの軍勢を収容することができたことを考えると、鎮西探題の敷地の北辺からかなりの部分にわたっていたことを想定することができ、半町程度はなければならないことが想定できるであろう。

また、先に安富左近将監頼泰が鎮西探題の中の奉行所の文庫に関係した場所に住宅を構えていたことを見たが、安富左近将監頼泰は鎮西探題の館の中ではどこに住宅を構えていたのであろうか。奉行所は鎮西探題の機能の根幹である訴訟のために九州の御家人をはじめとした多くの人々が出入する施設であり、また、訴訟を扱うという職務から奉行所は鎮西探題の館の中で正門、北門から出入りしなければならない施設である。こうしたことから奉行所は鎮西探題の館の中で正門、北門に近い位置に置かれていたはずである。そしてまた、奉行所の文庫に関係していた安富左近将監頼泰の住宅は鎮西探題の館の正門、北門があった場所、つまり、北側にあったことになる。また、安富左近将監頼泰の職掌が奉行所の文庫に関係したことだけでなく、鎮西探題の側近の被官として、鎮西探題の館の警固をも担当していたと考えられることからすれば、安富左近将監頼泰の住宅は周防五郎政国の居宅と同様に鎮西探題の館の北側にあったことになる。

鎌倉の北条泰時の邸宅に於いては得宗被官達が邸宅の南側・正面と北側に配置され、特に南側・正面は全面に得宗被官が配置されていた。鎮西探題の正面・北側にも周防五郎政国、安富左近将監頼泰の居宅が配置されていたことからすれば、鎮西探題の館の北側には北条泰時の邸宅と同様に判明する二人だけでなく、その他の鎮西探題の被官達の居宅が配置されていたことは明らかである。

後項に記している指宿郡司入道成栄の軍忠状写に「或令分取門真余三頸」と記されている門真余三が、指宿郡司入道成栄に鎮西探題の館の内で討たれた場所は後項に証明しているように北門・正門の近くであった。指宿郡司入道成栄ら薩摩国の御家人達の戦いが鎮西探題の館の北門・正門から始まり、館の北側区域を中心として行われたであろうことから、指宿郡司入道成栄が鎮西探題の館の内で門真余三の頸を取った場所も鎮西探題の北門・正門の近くであったと判断することができるからである。そして、門真余三が北門・正門の近くで指宿郡司入道成栄に討ち取られたのは、門真余三が北門・正門の守備にあたっていたためであり、門真余三が北門・正門の守備にあたっていたのは、門真余三が鎮西探題北条英時の被官・御内人であったためである。門真余三が鎮西探題北条英時の被官・御内人であったという史料はない。しかし、先項に見たように安富頼泰が鎮西探題の成立に伴って、その右筆として博多に下向し、鎮西探題の側近の立場から鎮西探題の被官・御内人となったように、門真余三も六波羅探題の引付人から鎮西探題の引付人として博多に下向し、鎮西探題の側近となり、その立場から被官・御内人となっていたのではなかろうか。そして、門真余三が鎮西探題の北門・正門の守備にあたっていたのは、同人の居宅が周防五郎政国、安富左近将監頼泰らの居宅と同様に北門・正門の並びに置かれていたことを物語っている。

その他にも鎮西探題の館の中には鎮西探題の被官達が居宅を構えていたことを窺わせる記述がある。先に博多日記の「長門ヨリ上州御台以下御内人〻女房、付筥崎津畢」という記述を見たが、この中の「御内人〻」という言葉に気を付けて、この文章をもう一度見てみよう。ここに記されている「御内人〻」とは得宗被官、もしくは長門探題の被官のことである。長門の戦況が思わしくないために、長門から長門探題北条時直の御台とともに御内人〻の女房が博多の鎮西探題を頼って避難してきたことを記している。

次の史料を見てみよう。

勢州大日寺御願寺間事、為矢野伊賀入道奉行、令申候之處、去五日合評定、無相違被成下御教書候、堯観御房被持下候、浄実御房定喜悦候乎、彼寺領等事、被申旨候者、能様可有御計候、上野前司使者安東左衛門五郎、今朝令下着候、(48)

金沢貞顕の書状であるが、その中に「上野前司使者安東左衛門五郎」と、長門探題北条時直の使者として「安東左衛門五郎」が記されている。安東氏は得宗の御内人であり、安東左衛門五郎が得宗の御内人の安東氏の一族であることは言うまでもない。そして、安東左衛門五郎は長門探題北条時直の使者であり、使者は御内人の重要な役割であることからすれば、安東左衛門五郎は得宗の御内人の安東氏の一族であり、そのような関係から長門探題北条時直の御内人となっている人物である。この史料からも、先の「御内人〻女房」と同様に、長門探題北条時直は御内人を伴っていることが分かる。

いずれにしろ、長門探題北条時直は、安藤左衛門五郎のような御内人々を長門に伴っていた。そして、北条時直は御台を伴い、御内人々も女房を伴っていた。ところが長門探題の館が危なくなってきたために、先に北条時直の御台と御内人々の女房を鎮西探題の館に避難させて、合流させたということである。つまり、長門探題の館が危なくなったためにこれらの人々を避難させたことは、北条時直とその御台が長門探題の館の内に居住していたことは当然であるが、それとともに、御内人々とその女房達も長門探題の館の内に居宅を構えていた、ということである。そして、これらの人々が鎮西探題の館に避難してきたことは、長門探題の館と同様に鎮西探題の館に於いても、鎮西探題とその御台が居住していただけでなく、鎮西探題の御内人々とその女房達が居住していた。つまり、鎮西探題の御内人々、鎮西探題の被官は鎮西探題の館の中に居宅を構えていたということである。

博多日記の記述から見る限り、菊池武時勢が鎮西探題に攻め込んだ時の合戦に九州の御家人達は鎮西探題方として加わっていない。つまり、鎮西探題北条英時が菊池武時勢と戦ったのは九州の御家人達を動員して戦ったのではない。

博多日記は鎮西探題北条英時と菊池武時勢との合戦について、「敵七十余人被打止畢、……匠作御方モ或討死、或数輩負手畢」と記している。鎮西探題北条英時と菊池武時勢との合戦は菊池武時勢七十余人が討ち死し、鎮西探題方も討ち死や手負人が出るほどの激戦であり、かなり規模の大きい合戦であった。また、菊池武時は肥後国最大の勢力を有する豪族であり、九州に於いても有数の勢力を誇る豪族である。

太平記は菊池武時が鎮西探題に打ち入った人数について、

元弘三年三月十三日ノ卯ノ刻ニ、僅ニ百五十騎ニテ探題ノ館ヘゾ押寄ケル。……若党五十余騎ヲ引分テ武重ニ相副、肥後ノ国ヘゾ返シケル。……其後菊池入道ハ二男肥後三郎ト相共ニ、百余騎ヲ前後ニ立テ、後攻ノ勢ニハ目ヲ不懸シテ探題ノ屋形ヘ責入、(49)

と百五十騎と記し、後に武重に五十騎を分けて肥後に帰したと記している。竹崎季長は蒙古襲来絵詞の詞二に文永の役の時、菊池武時の祖父武房が率いていた軍勢は「そのせい百よきはかりとみえて」と、百余騎ばかりと記している。太平記の記述がどこまで信憑性があるかは疑問であるが、これらのことから、鎮西探題に打ち入った菊池武時勢は百騎を超えていたことは明らかである。

博多日記は戦いが終わった後、追々に討ち取って犬射馬場に梟された菊池武時勢の頸を二百余と記している。追々に討ち取られて梟された頸だけでも二百余であり、これらは直接、鎮西探題の攻撃に加わらなかった縁者を含むが、鎮西探題の攻撃に加わった菊池武時勢はかなりの人数であったことを物語っている。しかし、鎮西探題北条英時は九州の一般の御家人を動員することなく、北条氏の一族、鎮西探題の被官・御内人だけで菊池武時勢に対応している。

このことは鎮西探題の館が十分に防禦を整えていた館であったということと、館の中には菊池武時勢に対抗できるだけのかなりの数の北条氏の一族、鎮西探題の被官・御内人が配置されていたことを物語っている。つまり、鎮西探題の館の中にはかなりの数の北条氏の一族、鎮西探題の被官・御内人達の居宅が構えられていたことを物語っている。

太平記は鎮西探題の滅亡について以下のように記している。

只今マデ付順ツル筑紫九箇国ノ兵共モ、恩ヲ忘レテ落失セ、名ヲモ惜マデ翻リケル間、一朝ノ間ノ戦ニ、英時遂ニ打負テ忽ニ自害シケレバ、一族郎従三百四十人、続テ腹ヲゾ切リタリケル。(50)

鎮西探題の滅亡に際して北条英時と共に自害した一族郎従は三百四十人であると記している。太平記の記すこの数字がどこまで事実を記しているかは不明であるが、六波羅探題北条仲時が近江国の蓮華寺に於いて自害した時、過去帳には北条仲時に従って自害した四百三十二人が記されていることから、鎮西探題の滅亡に際して太平記が北条英時と共に自害した一族郎従は三百四十人であると記している数字は妥当な数字であろう。これらの被官・御内人の中でも特に主だった御内人が鎮西探題の館の敷地内に居宅を構えて配置されていたのであり、かなりの数の鎮西探題の被官・御内人が敷地内に居宅を構えていたことになる。

鎮西探題の館の北側には南側、西側、東側のように鎮西探題の中心部を取り巻くような半町幅の地形は見られないが、鎮西探題の大手の正門・北門の脇には周防五郎政国が配置され、また、北側の同じ並びには安富頼泰の居宅が配置されていたことも明らかであり、また、安富頼泰の子の貞泰も鎮西探題北条英時の被官・御内人であったと思われ、貞泰の居宅も父親と同様に鎮西探題の館の中に配置されていたことは当然であろう。その他、鎮西探題の館の中には多くの鎮西探題の被官・御内人が居宅を構えていたことから、鎌倉の北条泰時の邸宅で見たように、大手を固めるように鎮西探題の大手、北側全体に鎮西探題の被官・御内人達の居宅が配置されていたことは当然であろう。

そしてまた、鎮西探題の施設である奉行所、侍所が配置されていた場所はこれらの施設の役割は鎮西探題の根幹の一つであるという性格から当然、鎮西探題の館の正面・大手側に配置されていなければならない。これらの施設はその役割から鎮西探題の館の後ろであるとか、館の中の目立たない位置に配置されることはない。そして、鎮西探題の館の正面・大手の前面の半町の区域には周防五郎政国等鎮西探題の被官・御内人達の居宅が配置されていることから、奉行所、侍所は鎮西探題の館の前面といってもそれらの後ろの半町の区域に配置されていたことになる。つまり、鎮西探題の館の北側は最前面に周防五郎政国達鎮西探題の被官・御内人達の居宅が配置され、その後ろに更に奉行所、侍所等の鎮西探題の施設が配置された区域がある二段構えの一町の区域で中心部を守るような構造となっていた。鎮西探題の北側には地形的な特徴は見られないが、中心部を守るような二重の備えを構えた構造の一町の区域となっていた。

ところで、佐伯弘次氏は奉行所について、「『御奉行所』すなわち鎮西探題館も焼失し」、「この場合の『御奉行所』とは鎮西探題館そのものをさすと考えられるので」[51]と、奉行所を鎮西探題の館そのもの、鎮西探題の館全体と捉えられているが、奉行所は鎮西探題の館の中で、引付、評定、一般の政務を行っている役所であり、古文書に記されている奉行所は鎮西探題の役所の一つを記しているのであり、鎮西探題の館全体を記しているのではない。鎮西探題の館の中には今まで見てきたように奉行所の他に侍所、鎮西探題の被官・御内人の居宅、鎮西探題の私邸部分等の様々な施設が設置されていた。佐伯弘次氏は非常に大雑把な史料の読み方をされており、そのために奉行所＝鎮西探題の館と捉え、奉行所についても、鎮西探題の館についても誤って捉えてしまっている。侍所については全く気が付いてもいないようである。佐伯弘次氏が考えているように鎮西探題の館は、鎮西探題の館を御奉行所と記している例もないこともないが、全てが鎮西探題の館＝奉行所と記しているのではない。鎮西探題の館＝奉行所であるというような単純な施設、構造であると捉えることは間違いである。

次の史料を見てみよう。

薩摩国指宿郡司入道成栄謹言上、
欲早預御注進消息賞武蔵修理亮英時誅伐合戦、抽軍忠子細事、
右、去々年五月廿五日、成栄・同子息次郎忠泰等属大将島津上総入道之手、押寄于英時城郭、越乱抗逆向木城等地、打入敵栗石坪秤定所、或令分取門真余三頸、或親類厚地孫八忠継被疵、打捕数輩凶徒抽軍忠之条、大将被見知畢、随而為後証、大友近江具間・筑後入道妙恵所出覆勘状等也、
（略）

建武二年二月　日[52]

薩摩国の指宿郡司入道成栄は鎮西探題の北条英時への攻撃に加わったが、それについて以上のように記している。この指宿郡司入道成栄の軍忠状写の内容から四点を知ることができる。その四点を個別に分けて列挙すると次のようになる。

①成栄・同子息次郎忠泰等属大将島津上総入道之手、押寄于英時城郭

②越乱抗逆向木城等地

③打入敵栗石坪秤定所

④或令分取門真余三頸

これらの四点を分かり易く平たく直すと次のようになる。

①指宿郡司入道成栄と息子の次郎忠泰は鎮西探題の館を攻撃する時、薩摩国守護島津道鑑の手として、つまり、指揮の下に戦った。

②指宿郡司入道成栄は鎮西探題の館の乱杭、逆茂木の防禦施設が設置されている「城等地」、つまり、区域・郭を乗り越えて突入した。

③そして、指宿郡司入道成栄は鎮西探題の館の栗石坪（栗石壺）にある秤定所（評定所）に打ち入った。

④指宿郡司入道成栄は鎮西探題の館の内で鎮西探題の被官の門真余三の頸を取った。

薩摩国の指宿郡司入道成栄は薩摩国守護島津道鑑の手として、つまり、指揮の下に鎮西探題の北条英時の攻撃に加わったことを記しているが、この史料には以上の四つの内容が記されている。

この史料だけでは指宿郡司入道成栄が鎮西探題の館のどこの位置の攻撃に加わって戦ったのか分からないので、別の史料を見てみよう。先に鎮西探題の館の諸門の項で、隠岐三郎兵衛尉行久の言上状を見た。もう一度この史料を見てみよう。この史料には隠岐三郎兵衛尉行久が「為薩摩国守護総州方御手一番、押寄武蔵修理亮

博多宿所北門、令乗越築地」と、薩摩国守護島津道鑑の指揮の下にあって、鎮西探題の館を北門から攻撃し、築地を乗り越えて館に突入したことが記されている。つまり、この史料は薩摩国の御家人が薩摩国守護島津道鑑の指揮の下に鎮西探題の館を北門、館の正面から攻撃していることを記しているのであり、このような在り方は隠岐三郎兵衛尉行久だけではない。

この確認のためにもう一つ史料を見てみよう。鎮西探題の諸門の項で薩摩国の白浜三郎道季法師の申状を見たが、白浜三郎道季は鎮西探題を攻撃するにあたり、「道欽懸先陣攻入北門」と、鎮西探題の北門から攻め入ったと記している。白浜三郎道季法師は薩摩国の御家人渋谷氏の一族であり、薩摩国の御家人である。従って、白浜三郎道季は薩摩国守護島津道鑑の指揮の下で戦っているのであり、北門から鎮西探題の館を攻撃している。

このような白浜三郎道季法師の鎮西探題の館への攻撃の位置は隠岐三郎兵衛尉行久と同じである。このことは、薩摩国の御家人達が、隠岐三郎兵衛尉行久や白浜三郎道季法師に見られるように鎮西探題の館を攻撃するにあたって、薩摩国守護島津貞久道鑑の指揮の下に鎮西探題の館を北門・正門から攻撃しているのである。つまり、薩摩国の御家人達は鎮西探題の館を攻撃するにあたり、守護島津貞久以下、北門・正門からの攻撃を担当していたのである。また、そのために薩摩国守護島津貞久の指揮の下にあった同国の御家人達の鎮西探題の館の内に於いての戦いは同館内の北部区域を中心として行ったと判断するのが当然であろう。

鎮西探題の館を攻撃するにあたって、薩摩国守護島津貞久とその指揮の下にあった同国の御家人達の在り方を以上のように見てくると、

①薩摩国守護島津貞久道鑑の指揮の下にあった指宿郡司入道成栄も鎮西探題の館を北門から攻撃し、館内に突入したことが分かる。

②従って、指宿郡司入道成栄が乗り越えて突入した鎮西探題の館の乱杭、逆茂木の防禦施設が設置されている区域・郭は鎮西探題の北門・正門の区域である。つまり、鎮西探題の館の北門・正門の区域には乱杭、逆茂

木で防禦施設が構築されていた区域・郭があった。

③そして、指宿郡司入道成栄が打ち入った鎮西探題の館の栗石壺にある評定所も北門・正門の近くにあったことが分かる。つまり、鎮西探題の評定所は栗石壺にあり、鎮西探題の館の北門・正門の近くにあった。

④また、指宿郡司入道成栄ら薩摩国の御家人達の戦いが鎮西探題の館の北門・正門から始まり、館の北側区域を中心として行われたことは、指宿郡司入道成栄が鎮西探題の館の内で鎮西探題の被官の門真余三の頸を取った場所も北門・正門の近くであったと判断することができる。つまり、門真余三が鎮西探題の北門・正門の近くで指宿郡司入道成栄に討ち取られたのは、門真余三が北門・正門の守備にあたっていたためであり、門真余三が北門・正門の守備にあたっていたのは同人の居宅が北門・正門の並びに配置されていたためであろう。

ついでにもう一つ史料を見てみよう。

島津式部孫五郎宗久法師法名道慶謹言上

欲早被経御　奏聞、浴恩賞、施弓箭面目、武蔵修理亮英時、誅伐合戦勲功事、

右、依　綸旨、去五月廿五日被誅伐英時之時、道慶・同子息諸三郎忠能相共、馳向于先陣、致合戦、忠能令生虜英時従人次郎兵衛尉畢、仍島津上総入道幷大友近江入道被遂検見、先度已所被注進也、（後略[53]）

薩摩国の島津式部孫五郎宗久とその子諸三郎忠能は鎮西探題北条英時の攻撃に加わったが、島津式部孫五郎宗久とその子諸三郎忠能が薩摩国守護の島津貞久の指揮下として攻撃に加わっていることは言うまでもない。つまり、島津式部孫五郎宗久とその子諸三郎忠能は先に見た薩摩国の指宿郡司入道成栄と同様に、薩摩国守護の島津貞久の指揮下として鎮西探題の館の正門・北門から攻め込んでいる。そして、諸三郎忠能は「英時従人次郎兵衛尉」を生虜にした。次郎兵衛尉は博多日記の四月分に「一日弾正次郎兵衛尉去月廿八日、長門ニ越之処、今日帰参畢」とある弾正次郎兵衛尉である。また、嘉暦二年（一三二七）七月日の比志島文書に奉行人と

して弾正次郎兵衛尉光政があり(54)、鎌倉時代の臨永和歌集には藤原光政の和歌一首が収められていることから(55)、弾正次郎兵衛尉は藤原光政である。興福寺領山城国大住荘と石清水八幡宮領同国薪荘との境相論に長井頼重と共に六波羅探題特使となっている六波羅探題北方北条時村の被官の弾正忠職直がいる(56)。弾正忠職直が六波羅探題に次ぐ地位にあった長井頼重と共に六波羅探題特使となっていることは、弾正忠職直は六波羅探題北条時村の被官・御内人として六波羅探題に於いて重要な位置にいたことを物語っている。弾正次郎兵衛尉はこの弾正忠職直と同族である。弾正忠職直が北条時村の御内人であることは弾正忠職直の一族が北条氏得宗の御内人に由来しているのであろう。弾正次郎兵衛尉光政も、元々は得宗の御内人であったものが北条英時の被官・御内人となったのであろう。弾正次郎兵衛尉が島津諸三郎忠能から生虜にされたのは、島津諸三郎忠能親子が、先に見た門真余三の頸を獲った指宿郡司入道成栄と同様に、薩摩国守護島津貞久道鑑の指揮の下に鎮西探題の北門・正門から進攻してきたのを防いでいたためであり、従って、弾正次郎兵衛尉光政が島津諸三郎忠能親子の進攻を防ぐために戦っていた場所は鎮西探題の北門・正門の場所辺りであったとすることができる。そして、弾正次郎兵衛尉光政が鎮西探題の北門・正門の場所辺りで進攻を防ぐために戦っていたのは、弾正次郎兵衛尉光政は鎮西探題北条英時の被官・御内人であり、その居宅が鎮西探題の北門・正門の周辺に配置されていたためであろう。つまり、鎮西探題北条英時の被官・御内人の弾正次郎兵衛尉光政の居宅も鎮西探題の館の北門・正門の周辺に配置されていたことを物語っている。

途中に鎮西探題北条英時の被官・御内人の弾正次郎兵衛尉光政の居宅の話が入り込んでしまったが、話を元に戻すと、評定所は奉行所の施設の一つであり、指宿郡司入道成栄の軍忠状写からその評定所が鎮西探題の北門・正門の近くにあったことを明らかにすることができる。つまり、奉行所の位置は想定したように鎮西探題の北門・正門に近い位置にあったことは間違いない。

北側部分についての話が長くなってしまったが、話を元に戻そう。鎮西探題の館の敷地の地形は、南側部分は半町幅で北側、つまり、中心部に対して低くなっている。また、西側部分も半町幅で東側、つまり、中心部に対して低くなっている。東側部分の半町幅は中心部に対してどのようになっていたか、南側や西側のようにはっきりとした地形は残ってはいないが、そのような地形の痕跡は認められるようである。

北側部分、大手は西側部分の端の半町と南側部分の端の半町は中心部より低い地形となっているが、館の中心部とその前面とには地形の違いは見られない。しかし、中心部の前面には周防五郎政国の居宅や安富左近将監頼泰の住宅が配置されていた区域があり、また、鎮西探題の館の中には鎮西探題の被官・御内人ら多数が居宅を構えていた。これらの館の中に配置された鎮西探題の被官・御内人達は鎌倉の得宗の邸宅と同様に、まず鎮西探題の館の大手、北側に配置されたであろうから、北側の全面に鎮西探題の被官・御内人達の居宅が配置されていた。そして、その後ろに更に奉行所、侍所等の鎮西探題の施設が配置されるという二段構えの配置となっており、その後ろに中心部がある構造となっていた。

このような鎮西探題の館の敷地の地形の在り方は、館の中心部に周囲より一段高くなっている東西一町半、南北一町の地域が中心部としてあり、それの南、西、東側をコの字型に中心部より一段低くなっている幅半町の地形が取り巻いている構造となっている。また、北側、大手は中心部に対して地形の違いはないが、北側の前面の半町の区域には鎮西探題の被官・御内人達の居宅が配置されており、更にその後ろの半町の区域に鎮西探題の諸施設が配置されているという、合計して一町の区域に二段構えの構造となって、幅半町の地形が設けられていた南側、西側、東側と同じ構造となっていた。つまり、鎮西探題の館は東西一町半、南北一町の中心部を、南側、西側、東側は幅半町、北側は幅一町の地域が取り巻いている構造となっていたのである。

先に見た博多日記の「同十六日、……筑州、江州以下大名并御家人等、御所ニ参籠ラル、筑州ハ前執事周防五郎入道殿跡ニ取陣、江州ハ東門ニ被取陣、其外大名地頭御家人等四方ニ取陣被宿」という記述の「其外大名地頭御家人等四方ニ取陣被宿」の部分をもう一度見てみよう。これは、有力御家人をはじめとした御家人達が鎮西探題の館の中の北、東、南、西側のそれぞれ四方に陣を取って、宿泊しながら警固にあたった、と記しているのである。

九州の御家人達が鎮西探題の館を警固するために陣を布いたのは鎮西探題の館の中であったことを念のために確認しておく。吾妻鏡の宝治元年（一二四七）六月二日に次のような記述がある。

近国御家人等。自南従北馳参。囲繞左親衛郭外之四面。如雲如霞各揚旗。相模国住人等者。皆張陣於南方。武蔵国党々。并駿河伊豆国以下之輩者。在東西北之三方。已閉四門。

三浦泰村の乱の時、鎌倉の北条時頼の邸郭を関東地方の御家人達が馳せ集まって守護したことが記されている。相模国の御家人は南方に陣を張って守護し、武蔵国、駿河国、伊豆国の御家人は東、西、北の三方に陣を張って守護し、北条時頼の邸郭の四方を囲んで守護した、と記されている。これら関東の御家人達が北条時頼の邸郭の東西南北の四方を囲んで守護した時、邸郭の内部に陣を張って守護したのではない。「囲繞左親衛郭外之四面」と、北条時頼の邸郭の外の四方に陣を張って、邸郭を囲んで、守護したと、はっきりと記しているのである。もし、九州の御家人達が鎮西探題の館の外側に陣を取ったとしたら、このような吾妻鏡の「囲繞左親衛郭外」のような記し方をしているであろう。しかし、博多日記にはそのような表記は見られない。このような博多日記の記述からも、九州の御家人達が鎮西探題の館の警固を行ったのは、館の内部で、館の四方に陣を取っていたのである。

博多日記は、御家人達が鎮西探題の館の警固を行ったのは、館の外部に陣を取って外から館を警固するのではなく、館の内部で、館の四方に陣を取って、且、宿泊しながら警固を行った、と記している。このことは鎮西探題の館が、御家人等の武士達が館の内部の四方に陣を取ることができる構造であったことを物語っている。また、宿する、つまり、宿泊しながら長期間にわたって陣を取ることもできるということを物語っている。普通であったら、九州の多数の御家人達が鎮西探題の館の内部の四方に分散して宿泊しながら滞在したとしたら、館の内部は混乱してしまうであろう。しかし、博多日記が、多数の御家人達が鎮西探題の館の四方に宿泊しながら警固を行っていることを記しているのは、館の鎮西探題の被官達の居宅、奉行所・侍所等の施設区域と、鎮西探題北条氏の居住区域等の区域、或は、館の周辺部と中枢部が明確に区画された構造となっていたからであり、また、鎮西探題の館は鎮西探題の被官達の居宅、奉行所・侍所等の施設区域が館の周辺部、外側に配置し、内側が北条氏の居住区域という構造で、館の鎮西探題の被官達の居宅、奉行所・侍所等の施設区域が中心部の北条氏の居住区域を取り巻くような構造になっていたためである。

方二町半の館の敷地に於いて、どちらかに北条氏の居住区域等や、また、鎮西探題の被官達の居宅、奉行所・侍所等の施設区域が片寄った配置となっているような構造であれば、御家人達は館の四方に陣を取ることはできないのであり、「其外大名地頭御家人等四方ニ取陣被宿」という表現はできない。近世の城郭の縄張りに例えれば梯郭式、連郭式のような縄張りではなく、輪郭式のような縄張りでなければならないのである。博多日記が「其外大名地頭御家人等四方ニ取陣被宿」と記していることは、鎮西探題の館が東西一町半、南北一町の地形である中心部と南側、西側、東側の半町幅、北側の一町幅が中心部を取り巻く区域から構成されている構造となっていることを裏付けている。

鎮西探題の館は以上のように中心部を取り巻いている南側、西側、東側の幅半町と北側の一町の区域と、中心部の東西一町半、南北一町の地形の区域から構成されている構造である。幅半町及び一町で周りを取り巻いている区域を外郭とすれば、南北一町、東西一町半の中心部の区域は内郭に相当する。つまり、鎮西探題の館は外郭と内郭から構成された構造であった。鎮西探題の館の外郭と内郭とから構成されている構造は城郭構えであり、鎮西探題の館の外郭と内郭から構成されている城郭構えの構造は、博多が外国に対する最前線の都市であり、外国の侵攻があった時の備えとして構築されたのであり、また、国内の治安対策から構築されたことは言うまでもない。

鎌倉幕府が滅亡した時、得宗の北条高時以下北条氏一族、得宗被官達八四〇人は北条氏の菩提寺である東勝寺に籠って自害した[57]。東勝寺は深く切れ込んだ滑川を前面の堀代りとし、入口は石垣を幾重にも組んだ城郭構えの寺院である[58]。

秋山哲雄氏は東勝寺について、「(北条)高時が火事を逃れるために葛西谷に避難しているので、東勝寺が避難場所の性格を持っていたことがうかがえる。さらに昭和五十年(一九七五)、五十一年の二回にわたる発掘調査で石垣やスロープなどが検出され、『寺というよりむしろ城』という判断が下されており、後者の発掘調査報告書では葛西谷周辺の地形について『城塞的』とまとめられている。このように東勝寺は城郭の要素も持っていた。」と説明している[59]。北条氏は東勝寺を緊急時の避難場所としたり、一朝ことある時は東勝寺に籠って戦うことを予想して城郭構えの構造としていたのである。このような城郭構えの寺院を構築していた北条氏が元寇に対する最前線の防衛拠点として、また九州統治の拠点として鎮西探題の館を構築した時、鎮西探題の館を城郭構えで構築したことは当然である。

博多日記に次のような記述がある。

廿三日、自長門早馬到来、自与州進使者云、馬物具ニ事闕候処ニ、給候事悦入候、但来廿二日必可参ト申間、鎮西ニ一ニ可成由被仰云々、

北条時直の長門探題は後醍醐天皇方についた武士達の攻撃を受け、戦況が思わしくなく、持ちこたえることが困難になってきたため、北条英時の鎮西探題に「来廿二日必可参ト申間、鎮西ニ一ニ可成由被仰」と、来る二十二日には必ず鎮西探題の方にやってきて、鎮西探題と合流して一つになります、という約束をしていたことを、博多日記は記している。博多日記は長門探題について、「去一日辰時、押寄長門殿御館畢、堀ヲホリ切、カイタテヲカキタル間、無左右不打入、寄手射シラマサレテ引退」と、長門探題の館は堀を深くし、垣楯を立てて防備を固めていたことを記している。しかし、長門探題の館で防ぎきれなくなった時は鎮西探題の館に合

流することを約束していたことを記しているのである。つまり、博多日記の記述から鎮西探題の館が長門探題の館より防備が整っていたことが分かる。また、長門探題の館については次のような表現もある。「石見国俣賀村地頭内田又三郎致義、於長門国〻符上野前司城、四月二日合戦、[60]」と、長門探題の館を「上野前司城」と記している。長門探題の館が、城と称されるほど、館としてそれなりの防備を整えた構えをしていたことを表している。しかし、上野前司城と表現されてある程度の防備を整えていた長門探題の館よりも鎮西探題の館がより防備を整えていたために、長門探題の館を捨てて鎮西探題の館に合流する約束をしていたのである。鎮西探題の館が単なる九州統治のための役所としてではなく、元寇に対する最前線の防衛拠点として、また、九州統治の拠点として城と呼ばれた長門探題の館に勝る厳重に防備を整えた城郭として構築されていたことが分かる。

次の史料を見てみよう。

目安

嶋津大隅左京進宗久法師法名道恵雖抽抜群軍忠、未浴恩賞、愁吟無極子細事、

去年元弘三四月廿八日　綸旨五月廿二日嶋津惣領上総入道々鑑下賜之、同廿五日率一族以下群勢等、押寄鎮西管領英時城墎之刻、道恵為脇大将被差別群勢、捨身命懸先、同攻戦之間、自身被疵、親類郎従等致分取生虜、抽軍忠之条、道鑑并大友近江入道具簡等遂検見之子細具勒于状、被与奪奉行人大外記頼元方畢、[61]

元弘三年五月二十五日、一族以下の軍勢を率いて鎮西探題の館を攻撃した島津宗久は、鎮西探題の館について「英時城墎」と記している。島津宗久は鎮西探題の館が御奉行所というような単なる建物だけの施設ではなく、厳重に防備を整えた城郭であったために鎮西探題の館を「英時城墎」と記しているのである。

また、先に指宿郡司入道成栄の軍忠状写を見たが、指宿郡司入道成栄は島津道恵と同様に鎮西探題の館を「押寄于英時城郭、」と記し、更に「越乱抗逆向木城等地、」と、鎮西探題の館の攻撃に際しては、乱杭、逆茂

木の防禦施設が設置されている「城等地」、つまり、区域・郭を乗り越えて突入したと記している。指宿郡司入道成栄が乗り越えて突入した鎮西探題の館の乱杭、逆茂木の防禦施設が設置されている区域・郭は鎮西探題の北門・正門の区域である。指宿郡司入道成栄の軍忠状写に記されている乱杭、逆茂木の防禦施設は菊池武時の鎮西探題攻撃以来の危機感から北門・正門の区域に臨時的に設置された区域・郭であるのか、恒常的に設置されていた区域・郭であるのか、不明であるが、「城等地」と記しているので恒常的な郭のような防禦施設を設置した区域であったと判断したほうがいいのかもしれない。いずれにしてもこのような記述は鎮西探題の館が厳重に防備を調えていた城郭として構築されていたことを物語っている。

また、先に鎮西探題の敷地の北側には犬射馬場を挟んで鎮西探題の敷地の幅と同じ東西二町半の範囲で奥堂屋敷があったことを明らかにした。鎮西探題の館からすれば、鎮西探題の敷地と同じ幅の巨大な屋敷がその正面に配置されていることは巨大な防護壁を構築しているのと同じ役割である。奥堂屋敷は鎮西探題からそのような役割を担わされて意図的に配置された屋敷である。鎮西探題は館の内外を城郭として構築するとともに、博多全体も城郭都市として構築し、最も効果的な位置に奥堂屋敷を配置していたのである。

第三節　鎮西探題の侍所

（一）鎮西探題の侍所とその博多市中に於ける検断権

博多日記の始めは次のような書き出しである。

正慶二年三月十一日、肥後国菊池二郎入道寂阿博多ニ付畢、同十二日出仕之時、遅参之間、不可付着到之由、侍所下広田新左衛門尉問答之間、及口論畢、

という書き出しで始まっている。菊池武時が三月十一日博多に到着した。そして、十二日鎮西探題に出仕してきたが、出仕が遅れてしまった。そのために侍所の下広田新左衛門尉が着到に付さないとして問答となり、口論となってしまった、と記している。鎮西探題の侍所で下広田新左衛門尉が御家人の着到について認可をして記録をしていることを記している。

鎮西探題の侍所について見てみよう。ところで、侍所について、鎌倉幕府の訴訟についての説明書、解説書である沙汰未練書は次のように記している。

一　侍所トハ　関東検断沙汰所也、同前、守殿御代官御内人為頭人、有其沙汰、奉行人ハ外様人也、京都ニハ、以両六波羅殿御代官為頭人、有其沙汰、奉行同前(62)

沙汰未練書は、鎌倉幕府の侍所は鎌倉市中の検断沙汰を管掌する役所である、としている。また、幕府の侍

所は得宗が別当であり、得宗の代官の御内人を頭人、つまり、所司とするとしている。また、六波羅探題の侍所も幕府の侍所と同前であり、京都市中の検断権を管掌し、六波羅探題の侍所に於いても両六波羅探題が長官であり、両六波羅探題の代官を所司とする、としている。

沙汰未練書は鎌倉幕府の侍所と六波羅探題の侍所がいずれもそれぞれ鎌倉市中と京都市中の検断沙汰を管掌するとし、また、幕府の侍所の別当は得宗、所司は得宗の代官の御内人、六波羅探題の侍所の長官は両六波羅探題、所司は両六波羅探題の代官であるとしている。しかし、沙汰未練書は鎮西探題の侍所について何も記していない。沙汰未練書が鎮西探題の侍所については何も記していないからといって、鎮西探題に侍所がなかったということではない。沙汰未練書は「本書の最初の形は北条貞時在世中（応長元年十月以前）に成り、その後次第に加筆されたものではないかとの憶測も生まれるが、」と北条貞時在世中に成立し、初めから完成していたのではなく、成立後も加筆が行われて現在の形になったと考えられている(63)。沙汰未練書のこのような成立の由来からすれば、沙汰未練書が成立した初めの頃、鎮西探題の侍所は既に存在していたはずであり、それについての規定もあったはずである。しかし、鎮西探題の侍所の規定は幕府の侍所、六波羅探題の侍所と基本的には同じ内容であり、鎮西探題の侍所とその規定について特別に記す必要がなかったために記していないのであろう。沙汰未練書は先に記した「侍所トハ」という侍所の規定の前に、六波羅探題と鎮西探題について次のように記している。

一　六波羅トハ、洛中警固幷西国成敗事也、

一　鎮西九国成敗事、管領、頭人、奉行、如六波羅在之(64)

六波羅探題の管掌するところは洛中の警固と九州を除く西国の政治である、とし、そして、九州の政治については管領（鎮西探題）、引付頭人、引付奉行人を置き、特に、六波羅探題と同様の組織とする、と記している。このような沙汰未練書の記述からすれば、鎮西探題の職掌と組織は六波羅探題と同じであったのであり、

沙汰未練書は鎮西探題の侍所については記していないが、鎮西探題の職掌と組織が六波羅探題と同様であると記している以上、鎮西探題の侍所は六波羅探題の侍所、更には幕府の侍所と同じような権限の管掌と組織であったのであり、そのために記さなかったことも考えられる。つまり、鎮西探題の侍所は幕府の侍所や六波羅探題の侍所と同じような組織であり、幕府の侍所が鎌倉市中の検断権を管掌し、六波羅探題の侍所が京都市中の検断権を管掌していたように、鎮西探題が博多市中の検断権を管掌していたことについては規定されていたも同然であったと言えるであろう。

鎮西探題が博多市中の検断権を管掌していたか否かについては、九州の中世史の研究者もほとんど誰も論及していない。博多の研究者でそのことについて目を向けようとした人もいない。鎌倉幕府の訴訟制度について精緻な考証をされている佐藤進一氏は「鎌倉幕府訴訟制度の研究」(岩波書店)に於いて、鎮西探題の裁判管轄権について「『鎮西探題』の管轄権が、後述の如く所務沙汰に限られ、雑務・検断両沙汰は挙げて各国守護の所管とせられたことより推して、いま談義所の権限も所務沙汰のみであり、他は守護に委せられたのではあるまいかとの臆見を提示するにとどめる。[65]」、「所務沙汰管轄権は鎮西探題に、雑務・検断両沙汰の管轄権は守護に分配するという制規は明らかになった[66]」等と述べられて、鎮西探題が管掌している権限は所務沙汰のみであり、雑務、献断沙汰は守護の権限であると、鎮西探題が検断権を管掌していたことについては否定されている。つまり、佐藤進一氏は鎮西探題が博多市中の検断権を管掌していたことはない、と御考えになっておられる。

また、川添昭二氏は佐藤進一氏のこのような説明をそのまま受け止めている。同氏は鎮西探題の訴訟管轄権について、「鎮西探題の訴訟管轄権は、一部の例外はあるけれども、所務沙汰を専掌し、雑務・検断両沙汰は守護の管轄下にあった。」と、佐藤進一氏が説明されたと同じように、鎮西探題は所務沙汰のみを専掌し、検断権は守護が管掌している。つまり、鎮西探題は検断権を管掌していなかったと説明している。[67]

鎮西探題が博多市中の検断権を管掌していたか否かについて見てみる。その前に検断沙汰とはどういうことか確認しておく。沙汰未練書は検断沙汰について次のように記している。

検断沙汰トハ　謀叛　夜討　強盗　窃盗　山賊　海賊　殺害　刃傷　放火　打擲　蹂躙　大袋　昼強盗（但追捕狼藉者所務也）　路次狼藉トハ（於路次奪人物事也）　追落　女捕　刈田　苅畠以下事也、以是等相論、名検断之沙汰、関東ニハ、於侍所有其沙汰、京都ニハ、検断頭人管領有其沙汰、賦事、侍所両頭人許ヨリ、訴状書銘、直奉行許ヘ賦之、次第沙汰、引付同之、[68]

沙汰未練書は検断沙汰として謀叛以下放火等の項目を記し、鎌倉に於いては侍所の管轄であり、京都に於いては六波羅探題（長官）の管轄であるとしている。

沙汰未練書が検断沙汰として挙げている項目に放火があるが、博多市中で起きた放火に鎮西探題がどのように対処したかを見てみよう。

博多日記の次の記述について見てみよう。

同十三日寅時博多中所〻ニ付火焼払、寂阿カ、……サテ菊池捧錦旗松原口辻堂ヨリ御所ニ押寄之処、辻堂ノ在家ニ火付タル間、……次武蔵四郎殿、武田八郎以下焼失ハ菊池所行トテ相向息浜菊池宿之処、早ク菊池打出タル間、息浜ノスサキヨリ廻テ、櫛田浜口ニ菊池引ヘタル処ニ追懸タリ、即及合戦、武田八郎ハ負手、竹井孫七同舎弟孫八、并安富左近将監等被討畢、サテ御所ニ押寄、及合戦、……既ニ御壺ニ責入致合戦之間、敵七十余人被打止畢、菊池嫡子二郎并阿蘇大宮司ハ落畢、匠作御方モ或討死或数輩負手畢、サテ合戦過テ筑州江州以下鎮西人〻被参御所、

博多日記は三月十三日、博多市中のあちらこちらで付火、つまり、放火があり、焼き払われた。また、菊池武時は鎮西探題を攻撃するために松原口辻堂から押寄せようとして辻堂の民家に放火をした。これらの放火は菊池武時の所行であるとして、武蔵四郎殿、武田八郎以下が沖浜の菊池武時の宿に向かった、と記している。

武蔵四郎殿、武田八郎等が菊池武時の宿に向かったというのは言うまでもなく、放火した菊池武時の追捕に向かったのである。そして追捕に向かった武蔵四郎、武田八郎等は、櫛田浜口で菊池武時勢と出会い、そこで合戦となって、武田八郎は負手、竹井孫七、舎弟竹井孫八、安富左近将監は討たれてしまった。そしてその後、菊池武時勢は鎮西探題の館に押寄せて合戦となった、と記している。博多日記は菊池武時が鎮西探題を攻撃した経過の中に於いて、武蔵四郎、武田八郎、竹井孫七・竹井孫八兄弟、安富左近将監等が博多市中で放火をした菊池武時以下を追捕したことを記している。

それでは放火した菊池武時を追捕した武士として博多日記が記している武蔵四郎、武田八郎、竹井孫七・竹井孫八兄弟、安富左近将監はどのような武士達であろうか。

武蔵四郎は鎮西探題北条英時の鎮西評定衆には三河前司桜田師頼の次に挙げられている。武蔵四郎は武蔵という名字から父親かそれより前の先祖が武蔵守の官途を持っていた人物であり、名字が武蔵守という官途に由来し、武蔵守の官途は北条氏以外考えられないことや、博多日記が武蔵四郎殿と敬称を付けて記していることから北条氏の一族である。

念のために、博多日記で殿という敬称を付けて記している例を見てみよう。博多日記は殿と敬称を付けた上野殿について、河野土井九郎通益の言として「御一門ニテ御座ハ」と北条氏の一族であると記している。上野殿に見られるように、博多日記が殿と敬称を付けている人物は原則として北条氏の一族であろう。博多日記が敬称を付けている人物を拾い挙げてみると、筑後入道殿、武蔵四郎殿、糸田殿、参州殿、規矩殿、規矩殿、前執事周防五郎入道殿、上野殿、大友殿、規矩殿、吉見殿、三川守殿、乙隈殿、三川殿、長門殿、規矩殿、規矩殿、三川殿、三川殿の二十箇所であるが、筑後入道殿は少弐貞経、前執事周防五郎入道殿は鎮西探題北条英時の前執事周防五郎政国、大友殿は大友貞宗、吉見殿は石見国の吉見氏であり、この四人と乙隈殿、武蔵四郎殿を除くと他の、糸田殿は糸田貞義であり、参州殿、三川守殿、三箇所の三川殿は桜田師頼であり、二箇所の上野殿、長門殿は北条時直であり、五箇所の規矩殿は規矩高政であり、二十箇所の内十五箇所は北条氏である。以上のように博多日記が殿と敬称を付けている人物はほとんど北条氏の一族である。従って、殿と敬称を付けられている武蔵四郎は北条氏の一族の武士である。

吾妻鏡に於いて北条朝直は武蔵守であった時、朝直は武蔵守朝直、武蔵守と表記され、その子息達の朝房は武蔵太郎、宣時は五郎、武蔵五郎時忠、武蔵五郎、直房は八郎、時仲は武蔵四郎時仲、武蔵四郎と、父親の官途の武蔵守の武蔵を付けて表記されている。

鎮西探題北条英時の官途は修理亮であるが、その英時について先に見た榀平次入道禅性軍忠状案（六八頁）、白浜道季申状（六九頁）指宿成栄軍忠状写（九六頁）島津宗久道慶軍忠状（九九頁）は「武蔵修理亮英時」、薩摩二階堂行久軍忠状（六九頁）は「武蔵修理亮」と「武蔵」を付けて称している。

北条英時の父親の久時は嘉元二年（一三〇四）六月六日武蔵守に任ぜられ、徳治二年（一三〇七）九月九日武蔵守を辞している。[69] 北条英時の武蔵修理亮の武蔵が父親の久時の官途の武蔵守に因む呼称であることは言うまでもない。そしてこの時期に於いては北条英時と同様に英時の兄弟が「武蔵・何某」と呼ばれていたことが考えられる。武蔵の呼称についてこのように見ると、武蔵四郎は系図には記されていないが、北条英時の兄弟であった可能性は大であろう。

武田八郎は得宗被官に武田の名があり、得宗被官からそのまま鎮西探題の被官となった武士であろう。[70]

竹井孫七、竹井孫八について見てみよう。比志嶋文書に次のような史料がある。

蒙古警固結番事、以使者民部次郎兵衛尉国茂、令啓候、被聞食候て、可令披露給候、恐々謹言、

（文永十二年）
二月四日　　　　大宰少弐経資在判

進上　　竹井又太郎殿

蒙古警固結番事
春三ヶ月 筑前国 肥後国
夏三ヶ月 肥前国 豊前国
秋三ヶ月 豊後国 筑後国
冬三ヶ月 日向国 大隅国 薩摩国
文永十二年二月　日[71]

少弐経資が蒙古警固の分担を決定し、竹井又太郎に宛てた書状である。書状の宛て先は竹井又太郎となっており、これは、少弐経資が蒙古警固の分担案を作成し、民部次郎兵衛国茂を使者として遣わして、その分担案を上申してくれるよう取次ぎを竹井又太郎に依頼したものである。

上申先は幕府または鎮西奉行人であるが、その受け人、取次ぎ人を竹井又太郎としたものである。上申先が幕府である場合は具体的には得宗である。得宗に対して取次ぎを行うのは御内人で得宗の腹心であることは既に佐藤進一氏が指摘されているが、竹井又太郎は得宗に対して取次ぎを行っているから、得宗の腹心の御内人ということになる。上申先が鎮西奉行人である場合は得宗の意を受けて鎮西奉行人の側近に付けられている人物ということになる。この場合であっても、竹井又太郎は鎮西奉行人の下に於いて、その窓口、取次ぎ役となっている得宗の腹心という重要な地位にあった人物であったということが分かる。このような得宗、鎮西奉行人の中での竹井又太郎が果たしている役割から、竹井又太郎は得宗の腹心であった得宗被官・御内人である。

尚、川添昭二氏はこの史料について、「注解元寇防塁編年史料」（福岡市教育委員会）に於いて「大宰少弐武藤経資、蒙古警固結番の順序を定め、使者をもってこれを諸士に命ず。[72]」と説明し、「鎮西評定衆及び同引付衆・引付奉行人」（九州中世史研究　第一輯）に於いて「大宰少弐経資は蒙古警固番役の順序を定めて、これを鎮西の御家人に披露するよう命じているが、」と説明しているが、書状の宛て先は竹井又太郎となっていることから、そのような説明では、宛て先の竹井又太郎は少弐経資から蒙古警固番役を御家人に命じる使者か、または少弐経資から蒙古警固番役を命じられている単なる御家人となってしまい、この史料の正しい捉え方となっていない。何よりも少弐経資が蒙古警固番役の分担を御家人達に命じた史料であるならば、書下、御教書等の奉書の体裁でなければならないが、この史料はそのような体裁ではなく、書状であり、命令を伝達している史料ではない。[73]

六波羅探題の北条仲時以下四三〇名の自害者注文を記した近江国番場宿の蓮華寺の陸波羅南北過去帳には、北条仲時以下北条氏一族、御内人の交名とともに竹井太郎盛充、同掃部左衛門尉貞昭が記されているが、両人は北条仲時、北条氏一族、御内人の安東、武田等とともに記されており、竹井太郎盛充、竹井掃部左衛門尉貞昭は得宗被官から六波羅探題の御内人となっていた武士であろう。両人は蓮華寺で自害した四三〇人の内、北条仲時、北条氏一族とともに一向堂前で自害している四十二名であることから、両人は六波羅探題の御内人の中でも重要な地位にあったことが分かる。[74]

楠木合戦注文の中に次のような記述がある。

一　自京都天王寺下向武士交名人等

両六波羅殿代、一方竹井、一方有賀、縫殿将監、伊賀筑後守、

……此外地頭御家人五十騎天王寺構城墎[75]

京都から天王寺に下向して城郭を構えた武士達の交名が記してある。これらの武士達を率いたのは両六波羅探題北条仲時、時益の代官であり、その代官の一方は竹井氏であり、一方は有賀氏と記している。竹井氏は六波羅探題の代官として、一方の代官であった有賀氏とともに天王寺に武士達を率いて下向している。代官には御内人しか任命しない。従って、竹井、有賀氏が六波羅探題北条仲時、時益の代官となっていることは、両氏

が両六波羅探題の御内人であったことをはっきりと証明している。そして、竹井氏が六波羅探題の御内人になったのは得宗被官であったことによる。もう少し確認してみる。

この章の第二節（一）に於いて、周防五郎政国が鎮西探題北条英時の代官、執事として記されている東福寺領肥前国彼杵荘重書目録を見たが、その後ろには続いて次のように記されている部分がある。

一　南方《前越後守》左近将監殿御分

二通　御代官道照請文　嘉暦元十一月廿五日　同四年二月廿日

二通　使節住吉神主請文　嘉暦元十一月廿六日　同四年二月廿四日

一巻　出雲道照陳状　嘉暦四年四月　日

六波羅探題の南方左近将監殿は金沢貞将であるが、その金沢貞将について、「御代官道照」と、その代官の道照が記され、その代官の道照は後ろに「出雲道照」と記されているように出雲道照である。出雲道照は相模国波多野荘を本拠地とした有力御家人であり、得宗被官である(76)。出雲道照は有力御家人で得宗被官の波多野氏が六波羅探題南方左近将監の御内人となり、その代官となっているのである。つまり、六波羅探題の代官となっているのは六波羅探題の御内人であり、元々得宗被官であった。六波羅探題とその代官は以上のような関係にある。このようなことからも、楠木合戦注文に六波羅探題の代官として記されている竹井氏は元々得宗被官であることが分かる。

比志嶋文書の弘安九年閏十二月二十八日の蒙古合戦の勲功人には、「守護人」の次に「為宗人〻」が記されているが、その中に竹井五郎入道が記されており、竹井五郎入道は鎮西探題の中では守護人に次ぐ地位にあった(77)。また、鎮西探題の北条英時の時期の引付衆に竹井十郎入道がいる。

鎌倉幕府が滅んだ建武元年（一三三四）七月三日、北条氏の一族の規矩高政、糸田貞義の勢力が日向国で挙兵し、南郷を荒らしたが、その与党に竹井六郎兵衛尉、同与一、同弥三郎が記されている(78)。この中には北条守時の御内人、名越高家の御内人が記載され、竹井六郎兵衛尉、同与一、同弥三郎もこれらの御内人と同様に北条氏の御内人の関係にあったことを物語っている。以上のような竹井氏はいずれも同族であり、これらの竹井氏は得宗被官、六波羅探題被官であったことは明らかであり、また、得宗被官、六波羅探題被官の中では重要な地位にあった。竹井孫七、竹井孫八は以上のような得宗被官、六波羅探題被官の竹井氏の一族が鎮西探題の被官となった武士である。

竹井氏は得宗領の筑後国竹井庄を本拠地とした武士である。竹井の地は筑後国山門郡竹井（現福岡県みやま市竹飯）である。康永二年（一三四三）五月十四日、南朝方の中院侍従、菊池五郎武茂、大城藤次以下が竹井城に拠ったため、一色範氏方は肥前、筑前、筑後、豊後等の多数の武士を動員しそれを攻めた。戦いは五月十四日、二十九日の合戦等、七月二日夜、南朝方が竹井城を退去するまで続いた[79]。一色範氏方は一箇月半以上にわたって竹井城を攻め、やっと七月二日の夜に竹井城の南朝方を退去させていることから、竹井城は多数の南朝方が籠ることができたかなりの規模であったこと、また、この間の龍造寺家政の軍忠状に「筑後国竹井城南大手城戸口警固事[80]」と、大手に城戸口を構えていたことが記されており、整備された城郭構造であったことを窺わせている。康永二年は鎌倉幕府が滅亡して僅かに十年しか経っていない。このような竹井城の規模と構造は基本的には鎌倉時代に竹井氏によって構築されたものであろうし、このようなことからも竹井氏がかなり有力な勢力であったことを裏付ける。

尚、「南北朝遺文　九州編」はその注記で竹井城の所在地を山本郡としている。山本郡の竹井城は高良山にある草野氏の城であり、草野氏は本城を発心岳城に移すまで竹井城を本城としていた。康永二年、南朝方が拠った竹井城は、一色範氏方が宮方を筑後川を渡河して南の方の肥後国の方に追い、筑後国溝口禅院城を焼き落とした後、竹井城で対峙したという南朝方と一色範氏方との合戦の経過からして、福岡県筑後市溝口にあった城の溝口禅院城より南側でなければならない[81]。しかし、山本郡高良山の竹井城は溝口禅院城から北へ直線で一六キロメートルの地であり、高良山の竹井城が史料の竹井城となることはなく、それに対して、山門郡竹飯の竹井城は溝口禅院城の南八キロメートルの地にあることから、竹飯の竹井城が史料の竹井城である。

筑後国には得宗被官として活躍した横溝氏がいる。横溝氏の本拠地は三潴郡横溝（現福岡県三潴郡大木町横溝）である。竹井と横溝の地との間は直線距離にしてせいぜい十二キロメートル足らずであり、それほど遠隔地ではない。このような竹井氏と横溝氏とには何らかの関係が想定される。

川添昭二氏は竹井氏について、在地得宗被官であるとしているが[82]、竹井氏は比志嶋文書の文永十二年二月日の少弐経資の書状に見たように得宗被官として極めて重要な位置にある。また、蓮華寺陸波羅南北過去帳や楠木合戦注文に記されているように、六波羅探題被官、六波羅探題代官としても活動しており、また、鎮西探題の腹心の被官として活動していたと見てもよく、吾妻鏡等に得宗被官として活動を記されている横溝氏を越えた存在としてもいいような存在である。そのような竹井氏の在り方からすれば、在地得宗被官の域をはるかに越えて活動しており、在地得宗被官とは言い難い。竹井氏について以上のように見てくると、竹井孫七、竹井孫八は得宗領の筑後国竹井荘を本拠地とした武士であり、得宗被官がそのまま鎮西探題の被官となった武士である。

安富左近将監は、先に安富頼泰について見てみたが、その子の貞泰である。貞泰は父頼泰の左近将監の官途を引継ぎ、頼泰と同様に鎮西探題の引付衆となっている。また、貞泰が三郎、与三郎、弥三郎という排行名であるのに対して、安富弥四郎寂円という人物がいるが、安富弥四郎寂円は弥四郎の排行名であることから貞泰の舎弟ではないかと推定される。その安富弥四郎寂円は鎮西探題の引付衆であり、頼泰と同じような職掌である文庫預人となっている。鎌倉幕府に於いて同じ職業で子孫が累代にわたって仕えている例は多々見られるが、貞泰は寂円とともに頼泰の職掌を引き継いでいたと思われる。父頼泰は鎮西探題の館の中に居宅を構えていたことから、鎮西探題の被官・御内人であったことは間違いない。父頼泰が鎮西探題の被官・御内人であることから貞泰も父頼泰と同じように鎮西探題の側近であり、鎮西探題の被官・御内人である。
以上のように菊池武時勢を討伐した、つまり、追捕した武士達は北条氏の一族、鎮西探題の被官・御内人である。

博多日記は「サテ合戦過テ筑州江州以下鎮西人〻被参御所」と、合戦が終った後に、少弐貞経、大友貞宗以下九州の御家人達が鎮西探題の館にやって来た、と記している。従って、鎮西探題方と菊池武時勢との合戦に九州の御家人達は一切関わっていないことが分かる。つまり、九州の御家人達は合戦が終った後に鎮西探題の館にやって来たのであるから、菊池武時勢の追捕には一切加っていないことは明らかである。勿論、筑前国守護である少弐貞経も、その代官も、その被官達も、放火した菊池武時とその軍勢達の追捕に関わってはいない。

佐藤進一氏は、博多市中の検断権は守護、つまり、筑前国守護が管掌していたとされている。放火は検断沙汰であるから、佐藤進一氏が指摘されたように博多市中の検断権を筑前国守護が管掌しているとしたら、菊池武時勢が博多市中で放火したことについての追捕は筑前国守護の少弐貞経が行わなければならない。しかし、先に見たように菊池武時勢の追捕には筑前国守護の少弐貞経は一切関わっていない。つまり、佐藤進一氏が指摘されているように、或は川添昭二氏が佐藤進一氏の論をそのまま認め引用しているように、博多市中の検断沙汰は筑前国守護が管掌している、というようなことはない。博多市中で放火した菊池武時勢の追捕は武蔵四郎、武田八郎、竹井孫七・竹井孫八兄弟、安富左近将監が行っている。これらの武士達は鎮西探題北条氏の一族、鎮西探題の被官・御内人である。鎮西探題北条氏の一族、鎮西探題の被官・御内人だけが博多市中で放火した菊池武時勢の追捕を行っていることは、博多市中の検断権は鎮西探題が管掌していたことを証明している。

確かに筑前国の検断権は佐藤進一氏が指摘されているように筑前国の守護少弐氏が管掌していた。しかし、それと別に博多市中の検断権は鎮西探題が管掌しているのである。

鎮西探題の頃より少し古い時期になるが、吾妻鏡の建暦二年（一二一二）六月七日に次のような記事がある。

於御所侍所。宿直田舎侍起闘乱。即時死者二人。刃傷者二人也。鎌倉中鼓騒。御家人等馳参。佐々木五郎搦進之。和田左衛門尉卒数輩子孫僕従等。令参入。捜求与党之輩。糺断其罪違也。

御所の侍所で宿直の侍が闘乱し、死者二人、刃傷者二人となる事件が起きた。沙汰未練書が検断沙汰と記している刃傷の事件が起きたのである。この事件について、「和田左衛門尉卒数輩子孫僕従等。令参入。捜求与党之輩。糺断其罪違也。」と、事件を引起した当事者は駆けつけた御家人の佐々木五郎が搦め進めたが、その後、和田左衛門尉、つまり、侍所の別当の和田義盛が自らの一族、僕従を率いて御所に参入して、闘乱の与党の輩を捜求して、その罪違を糾断した、と記している。この事件は御所の侍所で起きた事件であるが、御所の中で起きた特別な刃傷事件であるだけではなく、鎌倉市中で起きた検断沙汰の事件の一つであるとも見ることができる。従って、鎌倉市中で検断沙汰が起きた時、幕府の侍所が事件についてどのように対処したかを知ることができる事件である。吾妻鏡はこの事件について、侍所の別当の和田義盛が一族、僕従を率いて犯人の捜索を行い、更に、その罪違の糺断を行ったことを記している。

鎮西探題北条英時は北条氏一族、鎮西探題の被官・御内人を博多市中に放火した菊池武時の追捕にあたらせているが、この鎮西探題北条英時の行為は、鎌倉に於いて起きた刃傷事件という検断沙汰に対して和田義盛が侍所の別当としてとった行為と全く同じである。従って、鎮西探題北条英時が博多市中の検断権を管掌していたことは明らかである。そして、追捕にあたった武士達である北条氏の一族、鎮西探題の被官・御内人が鎮西探題の侍所の武士達であったことは言うまでもない。

また、注目しなければならないのは、博多市中の検断権を管掌していた鎮西探題の侍所の構成員は九州の一般の御家人ではなく、北条氏一族、鎮西探題の被官・御内人のみが構成員であったことである。つまり、鎮西探題の侍所は鎮西探題が長官であり、北条氏の一族、鎮西探題の被官・御内人のみをその構成員としていたのである。

先に見たように、鎌倉幕府の侍所は得宗が別当であり、得宗の代官の御内人が所司であった。六波羅探題の侍所は両六波羅探題が長官であり、その代官を所司としていた。六波羅探題の侍所の代官も鎌倉幕府と同様に御内人である。博多市中で検断沙汰の追捕を行ったのは鎮西探題北条英時の命を受けた北条氏の一族と鎮西探題の被官・御内人であり、鎮西探題の長官と追捕を行った北条氏の一族、鎮西探題の被官・御内人の在り方は、鎌倉幕府の侍所における得宗と御内人、六波羅探題の侍所に於ける六波羅探題の長官と御内人の在り方と同じ在り方である。従って、鎌倉幕府の侍所が鎌倉市中の検断権を、六波羅探題の侍所が京都市中の検断権を管掌していたように、鎮西探題は博多市中の検断権を管掌していた。

ただ、鎌倉幕府の侍所、六波羅探題の侍所と鎮西探題の侍所は僅かに違っている。沙汰未練書が記しているように、鎌倉幕府の侍所は得宗とその御内人、六波羅探題の侍所は長官と御内人で構成されているのに対して、鎮西探題は長官と北条氏一族、御内人という構成となっている。このような違いが見られるのは、鎮西探題の被官・御内人だけでは博多市中の治安、警察権力として、また、軍事力として不足すると判断したためであろう。

ところで、この項の初めに博多日記が、菊池武時と鎮西探題の侍所の下広田新左衛門尉久義が着到に付すかどうかで口論をしたことを記しているのを見たが、このことについて少し見てみよう。吾妻鏡の文治五年六月二十七日に次のような記事がある。

廿七日乙卯。此間奥州征伐沙汰之外無他事。此事。依被申　宣旨。被催軍士等。群集鎌倉之輩。已及一千人也。為義盛。景時奉行。日来注交名。前図書允為執筆。今日覧之。

源頼朝が奥州の藤原氏を討伐しようとして軍士を催したために、鎌倉に御家人達が群集して、已に一千人となった。そのために侍所の別当、所司である和田義盛、梶原景時の二人が奉行して、鎌倉に群集してきた御家人達を確認して、その氏名を前図書允が執筆したことを記している。鎮西探題の侍所に於いて下広田新左衛門尉久義が行っていたことは、この前図書允が侍所の別当の和田義盛、侍所所司の梶原景時の下で行っていたことと同じ行為である。つまり、鎮西探題の侍所の長官は鎮西探題の北条英時で、下広田新左衛門尉久義はその下で鎮西探題に参集して来る御家人達の交名を書き記していた侍所の構成員であったのである。また、放火した菊池武時勢の追捕を行った鎮西探題の侍所の構成員は北条氏の一族と鎮西探題の御内人であることを見たが、下広田新左衛門尉久義はもとより北条氏の一族ではないことから、鎮西探題北条英時の御内人であり、沙汰未練書が記している鎌倉幕府の侍所では別当の下の頭人にあたり、六波羅探題の侍所では探題の下にいる頭人にあたる。つまり、鎮西探題の侍所の所司の一人である。

鎌倉時代の歌集である臨永和歌集には北条英時の和歌が八首収められているが、それとともに鎮西探題の御内人やそれと思われる人物の下広田新左衛門尉久義、斉藤利尚、弾正左衛門尉光章の和歌がそれぞれ二首、飯河光兼、弾正二郎兵衛尉光政の和歌がそれぞれ一首収められている[83]。尚、川添昭二氏は鎮西評定衆、鎮西引付衆の考証をし、その考証している人物の中で臨永和歌集に和歌が収められている人物については、そのことを触れられている。しかし、下広田新左衛門尉久義は二首が収められているが、一首と誤られている。また、弾正左衛門尉光章は二首が収められているが、弾正左衛門尉光章の項でそのことは触れられていない[84]。臨永和歌集は、時の法皇、今上、東宮、中宮や鎌倉幕府の主たる人々、豊後国守護大友貞宗、筑前国守護少弐貞経らの和歌を収めている。その中で、鎮西探題北条英時の御内人である下広田新左衛門尉久義の和歌が二首も臨永和歌集に収められていることは、下広田新左衛門尉久義は単なる北条英時の御内人であるとか、単なる歌詠みの上手であるということではなく、北条氏の御内人の中でかなりの地位にあったことを物語っているのであろう。

尚、大庭康時氏は「市史研究　ふくおか　第三号」に於いて、冒頭に記した博多日記の「同十二日出仕之時、遅参之間、不可付着到之由、侍所下廣田新左衛門尉問答之間、及口論畢」の件を引用し、下広田新左衛門尉を「そして翌日、探題館に出仕したが侍所の廣田新左衛門尉に言いがかりを付けられ、」と、「廣田新左衛門尉」

として説明している。「侍所下廣田新左衛門尉」を侍所下・広田新左衛門尉と読まれているのである。「侍所下廣田新左衛門尉」は侍所・下広田新左衛門尉と読むべきであり、広田新左衛門尉ではなく、下広田新左衛門尉である。鎌倉幕府や鎮西探題に侍所下というような職掌はない。下広田新左衛門尉久義は太田亮氏の姓氏家系大辞典にも記載されている。姓氏家系大辞典は次のように記している。

下廣田　シモヒロタ　鎮西の豪族にして、
　鎮西引付に「下廣田新左衛門尉」見ゆ。(85)

「市史研究　ふくおか」は福岡市が公的に行っている福岡市史の編纂の一環として、市史編纂についての研究の実績を報告、公表する研究論文集である。アマチュアの人々が私的に発行している同人誌ではない。全国の自治体による県市町村史の発行は極めて盛行であり、その内容は県、大規模都市、歴史的に由緒のある都市が刊行している県史、市史は非常に高い学術レベルにある。福岡市は全国有数の大規模都市であり、政令指定都市であり、日本の歴史上に於いても有史以来大陸との交流口として特筆すべき歴史のある都市である。このような福岡市が編纂する市史は学術的に極めて高いレベルが求められている。福岡市史は単なる装丁だけが立派なハコものであってはならない。福岡市史編纂事業が始まってもう数年になる。そして、福岡市史編纂事業の古代、中世部門に於いて、大庭康時氏は重要な役割を担っている立場にある人であろう。その大庭康時氏が市史の編纂の実績報告とも言うべき「市史研究　ふくおか」の論文に於いて、辞典にも掲載されている人物下広田新左衛門尉久義を広田新左衛門尉久義と誤って発表されている。これは単なるミスではない。中世史について基本的な知識がなくて執筆していることからの誤りである。

大庭康時氏のこのような誤りは他の論稿にもあり、筥崎宮史料の油座文書の「弥二郎」を「やじろう」と読まれて表記されている。中世では「弥二郎」を「やじろう」と読んだり、表記することはない。また、博多日記に記された「筑州江州」の江州を「江州というのは大友近江守貞泰、豊後の大友氏の総領です。」と大友貞泰としている。(86) 大友近江守貞泰とは誰であろうか。大友貞宗の間違いであろう。

大庭康時氏が中世の基本的な人物や用語等についての知識がないことは、それだけではなく、更に中世の根本的史料、方法論についても問題があるということである。中世についての基本的知識のない人が適当にそれらしい作文を書いても、それは擬《もどき》にすぎない。

中世について初歩的な誤りをしているこのような論文が発表される以前に誰もチェックしなかったのであろうか。福岡市の都市規模から福岡市史編纂は中世史の研究上からも博多の研究上からも、現在の学会に於いてそれなりの水準になければならない。しかし、福岡市史編纂のレベルがこのようなレベルであることに驚きを禁じえない。

話を元に戻して、鎮西探題の侍所の職掌についてもう少し見てみる。その前に吾妻鏡の次の記事を見てみよう。これらの記事については侍所が科刑を執行している例として既に佐藤進一氏が指摘されているが、念のために見ておこう。(87)

①（養和元年七月）二十一日乙未。和田太郎義盛。梶原平三景時等。奉仰相具昨日被召取之左中太。向固瀬河。……天野平内光家為彼替。義盛相共可致沙汰者。……遂到彼河辺梟首之。

②（建久二年十二月）六日庚寅。前右兵衛尉康盛。於腰越辺梟首之。左衛門尉義盛奉行之。去月景時所搦進也。

③（建久三年二月）廿四日丁夘。於武蔵国六連海辺。囚人上総五郎兵衛尉忠光梟首。義盛奉之。

吾妻鏡のこれらの三つの記事を平たく記すと次のようになる。

①は源頼朝を暗殺しようと付け狙った安房国故長佐六郎の郎党の左中太常澄を固瀬河で梟首した時、侍所の別当和田義盛、所司梶原景時が左中太常澄を固瀬河まで召連れ、梶原景時は所用により途中で天野平内光家に交替したが、侍所の別当の和田義盛が天野平内光家と共に左中太常澄の梟首を執り行った。

②は十一月十四日、梶原景時が搦進めた前右兵衛尉康盛を腰越辺で梟首した時、侍所の別当和田義盛がそのこ

とを奉行した。

③は囚人の上総五郎兵衛尉忠光を武蔵国六連海辺で梟首した時、侍所の別当和田義盛がこのことを執り行った。

吾妻鏡のこれら①、②、③の三つの記事から、侍所の別当が梟首を執り行っていること、梟首等の刑を執行していることが分かる。つまり、刑の執行は侍所が管掌する職掌である。侍所のこのような職掌は鎮西探題の侍所も当然管掌していたはずである。

従って、犬射馬場で行われた菊池武時勢の梟首は鎮西探題の侍所が執り行った行為である。また、先に犬射馬場や鎮西探題の敷地の範囲の箇所で、祇園町の地下鉄工事の店屋町工区から出土した肉付きのまま火葬した頭蓋骨のない火葬骨とその火葬施設、火葬された刀創の痕がある頭蓋骨一一〇体について触れたが、これらの火葬等の処理も鎮西探題の侍所の管掌下で執り行われている行為である。

また、六〇頁に於いて、博多日記が三月二十三日、鎮西探題の館の中で八幡弥四郎宗安が後醍醐天皇の院宣を大友貞宗に渡そうとして、召捕えられ、斬罪に処せられて、ただちに梟首された、と記している記述を見た。八幡弥四郎宗安は後醍醐天皇の院宣を大友貞宗に渡して、後醍醐天皇の鎮西探題と鎌倉幕府を打倒する企てに応じるように勧めたのであるから、これは沙汰未練書に「検断沙汰トハ　謀叛……」と記されている謀叛に相当し、侍所が管掌する検断沙汰である。従って、八幡弥四郎宗安を召捕えて、斬罪に処し、梟首したのは鎮西探題の侍所が執り行った行為である。

もう少し、鎮西探題の侍所について、博多日記の記述から見てみよう。博多日記は次のことを記している。

廿日清水又太郎入道父子三人并若党二人被召捕之、菊池落人籠置云々、若党雖及拷訊、不及白状、即被預筑州方畢、

博多日記は、三月二十日、清水又太郎入道父子三人並びに若党二人を召捕えた。菊池の落人を籠め置いたということからである。そして、若党は拷訊《ごうじん》されたが白状しなかった。それで少弐貞経方に預けられた、と記し

ている。因みに拷訊とは、拷問を行って訊（尋）問することである。

博多日記は、清水又太郎入道父子三人並びに若党二人を召捕えた場所がどこであるかは記していない。また、召捕えたという文言の主語が誰であるかも記していない。しかし、博多日記が記している内容は特に記していない限りは博多で起きた事件や出来事を記しているので、清水又太郎入道父子三人並びに若党二人が召捕えられた場所は博多市中であると判断していいであろう。次に清水又太郎入道父子三人並びに若党二人を召捕えた文言の主語が誰であるかということであるが、博多日記が清水又太郎入道父子三人並びに若党二人を召捕えたと記している文章が主語を記していない理由は、主語を記さなくとも自明であるために博多日記は記していないのである。清水又太郎入道父子三人並びに若党二人を召捕えた文言の主語は鎮西探題北条英時である。念の為に確認しておくが、清水又太郎入道親子三人並びに若党二人は、後に筑前国守護の少弐貞経に預けたと記されているので、召捕えたのは筑前国守護の少弐貞経ではない。鎮西探題北条英時のこのような行動は侍所としての職掌である。これが鎮西探題の侍所の職掌としての行為であることを確認してみよう。

室町幕府の訴訟制度の解説書に武政軌範がある(88)。武政軌範は文明三年（一四七一）以後から延徳二年（一四九〇）の間に成立したとされている(89)。鎮西探題の時期からすると、かなり後の時期に成立した訴訟制度の解説書である。しかし、室町幕府は鎌倉幕府の法律や訴訟制度をそのまま使用したり、準用する方法をとっていたことから、武政軌範に規定されている内容には鎌倉幕府の法律の内容を直接含んでいることがある。その武政軌範は、侍所が管掌する検断沙汰の内容について、次のように規定している。

侍所沙汰篇

一　検断条目事

謀叛　夜討　強盗　竊盗　山賊　海賊　殺害　刃傷　放火　打擲　蹂躙　追落　刈田　刈畠　路次狼藉

路辺捕女、或為博戯論、或切牛馬尾、如斯等事、

又斬罪、絞罪、流刑、禁獄、拷訊、着駄以下刑法、皆以為当所之沙汰者也(90)

佐藤進一氏が鎌倉幕府の侍所の職掌として、侍所が斬罪という科刑を執行している例を指摘されていることについて先に見た。沙汰未練書には侍所の職掌としてそのような斬罪等の科刑の執行をすることは記していないが、斬罪の執行は鎌倉幕府の侍所の職掌として実際は行われていたのである。そして、武政軌範は室町幕府の侍所の職掌として「斬罪」を「皆以為当所之沙汰者也」と、ちゃんと記している。つまり、室町幕府の訴訟制度の解説書である武政軌範に侍所の職掌として記してある項目は沙汰未練書に記載されていなくとも、鎌倉幕府の侍所、六波羅探題の侍所、鎮西探題の侍所が職掌として執行していたことを記しているということである。これは室町幕府の法律制度や職掌は鎌倉幕府の法律制度や職掌を引継いでいる性格のためであろう。逆に見れば、武政軌範に侍所の職掌として記してある項目は鎌倉幕府の侍所、六波羅探題の侍所、鎮西探題の侍所の職掌でもあったとすることができる。

博多日記は、清水又太郎入道父子三人並びに若党二人が召捕えられ、そして、若党は拷訊されたが白状しなかった、と記している。若党は拷訊されているのである。武政軌範に記載されている侍所が管掌する検断沙汰の項目を見てみよう。侍所が行う科刑として「拷訊」が記されている。このことは清水又太郎入道父子三人並びに若党二人を召捕えたのが間違いもなく鎮西探題の侍所であることを証明している。博多日記の三月二十日の以上のような記述からも、鎮西探題には幕府の侍所、六波羅探題の侍所と同じように侍所が設置され、博多市中の検断権を管掌していたことを明らかにすることができる。

また、吾妻鏡の建保六年（一二一八）七月二十二日に次のような記事がある。

廿二日辛卯。被定侍所司五人。所謂式部大夫泰時朝臣為別当。相具山城大夫判官行村。三浦左衛門義村等。可奉行御家人事。次江判官能範者。可申沙汰御出已下御所中雑事。次伊賀次郎兵衛尉光宗者。可催促御家人供奉所役以下事云々。

鎌倉幕府の侍所の職掌として、この記述は「可奉行御家人事。」、「可申沙汰御出已下御所中雑事。」、「可催促御家人供奉所役以下事。」の三点を記している。

「可申沙汰御出已下御所中雑事。」は、将軍の外出について侍所がその沙汰、つまり、手配をすること、警固等を行うことを規定している。将軍の外出の手配と警固は侍所の職掌であるが、このことは将軍だけでなく得宗の外出についても同様である。

鎌倉幕府は追加法に次のような規定している。

一　侍所雑仕、小舎人、朝夕雑色、中間、（略）正月并尋常之時、行向諸人宿所事[91]

この規定から侍所には小舎人という職員がいることが分かる。

一遍上人絵伝の巻五に於いて、詞書に執権の北条時宗が山内へ行く時に鎌倉に入ろうとした一遍とその一行が出会い、警固の武士が制止したけれども一遍が無視して通ろうとしたために、小舎人が一遍の同行者を笞で打擲して一行を鎌倉の外に追い出したことが記され、絵には北条時宗に従っている小舎人と一遍の同行者を笞で打擲して一行を鎌倉の外に追い出している小舎人が描かれている。笞で打擲している小舎人は侍所の職員であり、一遍とその同行者を制止した武士も侍所の武士であろう。つまり、北条時宗の外出には侍所の職員が従って警固していることが描かれている。

侍所は将軍の外出だけでなく、執権の北条時宗の外出についてもその手配と警固を担当している。

また、この規定には「已下御所中雑事。」と御所中の雑事を行う、とする職掌があり、侍所は御所中の雑務、雑事を担当していた。

このようなことから鎮西探題（長官）の外出についても鎮西探題の侍所がその手配と警固を担当していたことは当然であろう。また、鎮西探題の侍所は御所中の雑事を担当していたのであろう。鎮西探題に於いて侍所が担当していた雑事とは具体的にはどのようなことであろうか。侍所が担当していた雑事とは文言から、規定に定められていない鎮西探題の全般にわたる職掌、職務のことを指しているのであろう。つまり、侍所は鎮西探題に於いて、特に規定されていない職掌、職務は全般にわたって担当する、鎮西探題の中に於いては最大の権能を有していた役所であったのであろう。

博多日記に次のような記述がある。

廿二日自鎮西関東ニ上ル早馬、雑色ノ五郎三郎下着、金剛山ハイマタ不被破、赤松入道可打入京之由、披露云々

四日雑色宗九郎自関東打返、金剛山ヲハ近日可打落、赤松入道京都七条マテ打入ヲ、自六波羅追返、大勢被打テ逐電了云々

博多日記のこれらの記述から、鎮西探題は鎌倉に雑色の五郎三郎、雑色の宗九郎を派遣して、鎮西の情勢の報告を行い、また、鎌倉、京都の情勢を求めていたことが分かる。派遣された早馬の五郎三郎、宗九郎はどこに所属している雑色であるか、博多日記は記していない。しかし、このような行為は緊急の場合に対処する行為であるから、侍所が担当する職掌が最もふさわしいであろう。鎌倉に雑色の五郎三郎、宗九郎を派遣して、このような情勢の収集とそのために早馬を派遣していることは「已下御所中雑事。」の行為の一つであろう。

次に「可催促御家人供奉所役以下事。」と、御家人達の供奉について、つまり、将軍に従い随兵行列を行うことについて、それを奉行することは侍所の職掌であると規定している。

吾妻鏡の正嘉二年三月一日の記述は、将軍の二所詣での行列に伴う随兵行列について次のように記している。

随兵行列。平三郎左衛門尉盛時奉行之

（中略）

次侍所司

平三郎左衛門尉盛時

随兵行列は平三郎左衛門尉盛時が奉行した。そして、その平三郎左衛門尉盛時は侍所の所司であると記している。平三郎左衛門尉盛時は御内人の代表格の得宗被官であり、その平盛時が侍所の所司として随兵行列を奉行している。鎮西探題に於いても随兵行列は鎮西探題の侍所が奉行した職掌である。

次に鎮西探題の侍所はどのような建物で、どこにあったのであろうか。鎮西探題の侍所がどのような施設であったかを明らかにしてくれる史料は勿論、皆無である。ただ、鎌倉幕府の侍所がどのような建物であったか、ある程度の史料は存在するので、それから類推してみよう。吾妻鏡の治承四年（一一八〇）十二月十二日に次のような記述がある。

十二日庚寅。天晴風静。亥尅。前武衛将軍新造御亭有御移徙之儀。……入御于寝殿之後。御供輩参侍所。十八ケ間。二行対座。義盛候其中央。着到云々。凡出仕之者三百十一人云々。

治承四年十二月十二日、源頼朝は新築した大倉の御亭に移った。源頼朝が寝殿に入った後、新亭に供奉した御供の御家人達は侍所に参じた。侍所の建物は十八ケ間であった。御家人達は二行（二列）になり、向かい合って座した。侍所の別当の和田義盛は二行になって向かい合って座している御家人達の正面の中央に、御家人達に向かって座した。このときの御家人は三一一人であった。御家人三一一人が二行になり、向かい合って座したとあることから、一五五人が二行になって向かい合って座した、長さが十八間の極めて長大な建物であったことが分かる。吾妻鏡は侍所の建物について以上のように記している。侍所の建物は寝殿とは別の建物であり、独立した建物である。一間の寸法がどれくらいであるのか不明であり、侍所の建物の十八間がどれくらいの長さになるか分からないが、単純に一間を一・八メートルとすると、侍所の建物は三〇メートルを超す、極めて長大な建物であったことが分かる。

また、吾妻鏡の建暦二年（一二一二）七月九日に次のような記事がある。

今日。御所侍被破却之。被寄附寿福寺。即可被新造云々。是依去月七日闘乱事也。和田左衛門尉。清図書允為奉行。千葉介成胤催一族等。沙汰之。
先に御所の侍所で宿直の御家人が闘乱を起こしたため、別当の和田義盛が一族、僕従を率い、犯人の捜索や罪違の糺断を行ったことを見たが、この刃傷事件があったために侍所の建物は破却して寿福寺に寄附し、新造したと記している。寿福寺に寄附された侍所の建物は十八ケ間と記されていた建物であろう。寿福寺は北条政子により創建された寺院であり、後、建長寺、円覚寺につぐ鎌倉五山の第三位に列せられた大寺である。寿福寺でこの侍所の建物がどのように使用されたかは不明であるが、大規模な建物であったため寿福寺に寄附されたのであろう。

話を本題に戻す。鎌倉幕府の侍所の建物については以上のようなことが分かる。鎮西探題の侍所の建物は、以上のような鎌倉幕府の侍所の建物と時期も規模も違いがあるであろうが、侍所の在り方は同じであること等から、鎌倉幕府の侍所の建物と共通していた外観と構造であったことは想像できる。つまり、鎮西探題の侍所は着到した九州の御家人達が二行になって対座し、その正面に鎮西探題が御家人達に向かって座す、というような在り方をする建物であることから、非常に長大な建物であったことが想像できる。

それでは鎮西探題の侍所は鎮西探題の館の敷地のどこに設置されていたのであろうか。侍所は九州の御家人を召集し、着到を付す役所であり、駆け付けてきた多勢の御家人を収容する場所であり、鎮西探題の職掌の中でも最も重要な職掌の一つである。このような侍所の職掌から、侍所は鎮西探題の正門、大手に近い位置に設置されていたことは当然であろう。ただ、鎮西探題の大手、北門・正門の両側には御内人の居宅が配置されていることは先に明らかにした。従って、侍所はこれら御内人の居宅の後ろに配置されていたことになる。

(二) 鎮西探題の侍所と「侍」銘の墨書土器

博多日記が記している鎮西探題の侍所について、川添昭二氏は「ここにいう『侍所』を、六波羅探題に設けられていた刑事訴訟を取扱う検断方としての『侍所』とは同一視できない。非常事態の発生に対処して設けられた軍事統率機関であることはいうまでもなかろう。」と、説明している(92)。つまり、博多日記に記されている侍所は、鎮西探題の通常の役所として設置されている侍所ではなく、非常事態の発生に伴って駆け付けて来た武士達の着到を受付けるために、臨時に設置された侍所である、と説明している。

鎌倉幕府の侍所の職掌については既に佐藤進一氏が明らかにされている。佐藤進一氏は鎌倉幕府の侍所の職掌の一つとして、御家人が召集された時、その著（着）到を司ることを指摘されている。鎮西探題の侍所も本来の職務として鎌倉幕府の侍所と同様に、御家人を召集し、その着到を司る職務を管掌していたことは当然である。鎮西探題の侍所に於いて下広田新左衛門尉が菊池武時ら御家人の着到を認可して記録していたのは、侍所が管掌している通常の職務を実施していたのである。決して鎮西探題が非常事態に伴って臨時に侍所を設置して御家人の着到を付していたのではない。博多日記が記している鎮西探題の侍所は通常の機関の一つであり、その侍所が本来の職掌として着到を受付けていたのである。

博多区上呉服町１番16号の前より出土した「侍」銘墨書土器
福岡市埋蔵文化財調査報告書第204集より

平成元年、築港線の第三次発掘調査遺跡の土壙から、「侍」と墨書された白磁の平底皿の底の破片が発掘された。この土壙は博多区上呉服町一番十六号の前の歩道の位置であり、鎮西探題の館の敷地の東北端から二町程北の位置となり、鎮西探題の敷地外となる。この侍銘の墨書土器は白磁の平底皿の底の破片として、他の土器片とともに土壙に廃棄された状態で発掘された。また、この土壙からは兜の鍬形の一部らしき金属片も出土し、土壙の掘りかたから折烏帽子も出土した。

福岡市教育委員会はこの侍と墨書された土器について、福岡市埋蔵文化財調査報告書第２０４集（以下、報告書第２０４集と略す）に於いて、「侍廊において用いられた器と位置付けるのが妥当であろう。言い替えれば、博多の築港線第三次調査点の近くに侍廊を備えた施設（邸宅・居館）が存在したということになる。『侍』と墨書された白磁の皿からは、十二世紀という年代が与えられる。元寇・鎌倉幕府による鎮西探題の設置までは一世紀もの間がある。この時代では、文献の上からは貴族・有力武士の博多居留は知られていない。推測の域を出ないが、大宰府に勢力をもった有力府官または西下した中級貴族の邸宅が営まれたものと考えたい。」と説明している(93)。

報告書第２０４集では、侍銘の墨書土器は遺跡のⅥ面の６９８号土壙から発見されたと記され、報告書第２０４集は６９８号土壙について「遺物からみる限り、一部15世紀に下る可能性を持つ遺跡である。……おおむね13世紀後半～14世紀前半をあてるのが妥当であろう。」としている。従って、侍銘の墨書土器が使用されていた時期は、報告書第２０４集が説明しているように十二世紀という時期ではないことは明らかである。また、十五世紀は室町時代であり、「侍」という墨書土器は侍に関係する施設の存在に関係していることから、この場所に侍に関係する施設が十五世紀の室町時代に存在していたことは考えられず、室町時代の十五世紀にまで下る可能性はない。墨書土器の時期は報告書第２０４集がメインに想定している十三世紀後半から十四世紀前半の時期であるとすることができる。報告書第２０４集が侍銘の墨書土器を十二世紀としているのは土器の作製年代を記しているのかもしれないが、侍銘の墨書土器が発掘された土壙の年代は「おおむね13世紀後半～14世紀前半」であるとしているのに、報告書第２０４集が何故にその土壙から出土した侍銘の墨書土器の年代を十二世紀と判断したのか、理解に苦しむ。

また、銘の「侍」の意味について、大宰府に勢力をもった有力府官または西下した中級貴族の邸宅が営まれていて、その侍廊であろうと推定しているが、十二世紀や、まして十三世紀後半から十四世紀前半に、大宰府に勢力をもった有力府官が大宰府ならともかくとして、わざわざ博多に邸宅を構える理由はない。また、十二世紀から十四世紀前半は平安時代後期、鎌倉時代、南北朝の時期であり、この時期に何故に中級の貴族が西下して博多に居住するのか、そのようなことはあり得ないことであり、西下した中級貴族の邸宅が博多に存在するはずもない。たとえ、そのような邸宅が存在したとしても、その邸宅に特に「侍」と墨書するような施設があるはずもない。いずれにしても報告書第２０４集が「侍」銘の墨書土器について説明していることはあり得ないことである。

それでは、「侍」と墨書された土器はどのような施設で使用されていた土器であろうか。先に吾妻鏡の建暦二年七月九日の「今日。御所侍被破却之。被寄附寿福寺」という記事を見た。吾妻鏡のこの記事の「侍」は侍所のことである。従って、「侍」と墨書された土器が侍所に所属していた什器であることは間違いない。また、墨書土器が出土した土壙の時期の十三世紀後半から十四世紀前半は鎮西探題、九州探題が存在していた時期であり、この侍銘の墨書土器は鎮西探題の侍所か、九州探題に侍所が設置されていたとしたら九州探題の侍所の土器であることも考えられるであろう。鎮西探題の侍所については前項に見たとおりである。それでは九州探題に侍所が存在していたか否かについて確認してみる。

次の史料を見てみよう。

目安

肥前国戸町浦地頭深堀孫太郎入道明意謹言上、

欲早依合戦軍忠、預恩賞、施弓箭面目間事、

右、明意属于侍所御手、去月卅日筑後国豊福原為東中尾、致懸先合戦、若党宇恵野三郎次郎泰光被疵右ノカタ射疵

畢、合戦之次第、侍所御見知之上、同所合戦之間、同国大村平太入道・奈良田次郎入道令見知畢、然早預恩賞、施弓夫箭面目、備向後将来亀鏡、彌為抽忠勤、恐々言上如件、

建武三年九月　日(94)

肥前国戸町浦の地頭深堀明意時通の軍忠状であるが、この軍忠状には「侍所御手」、「侍所御見知」と、深堀明意が従っていた九州探題一色範氏の侍所が記されており、九州探題にも侍所が置かれていたことが分かる。一色範氏が九州探題であった時期は十四世紀の前半であり、侍銘墨書土器が出土した土壙の時期の範囲内にあり、侍銘の土器が九州探題の侍所に関係がある可能性もある。しかし、侍所という職掌があることと、その施設が存在することとは別である。九州探題の一色範氏は聖福寺の直指庵に仮住まいして九州探題の固有の館を建設していなかった。従って、九州探題の侍所はその職掌があったとしても、九州探題の館さえ存在していないのに、侍所が役所として固有の建物等の施設を所有していたとは考え難い。侍所の固有の建物等の施設が置かれていなければ、そこに什器等が存在していたこともあり得ず、侍所の施設の所属、所有であることを表記することはあり得ない。従って、九州探題の侍所には侍所の所属、所有を表すような侍銘の墨書土器は存在しなかった、と判断することができる。九州探題と侍銘の墨書土器の関係について以上のように考え、侍銘の墨書土器は九州探題の侍所とは関係がなかったとすれば、侍銘の墨書土器は鎮西探題の侍所に所属していた什器であったと判断することができる。

侍銘の平底皿の破片が出土した場所は、鎮西探題の館の敷地内の東北の隅から北へ二町程の位置である。鎮西探題の侍所があった場所でないことが気がかりであるが、この侍銘の平底皿は破片として廃棄された状態で発見されているために、平底皿は、何らかの事情から鎮西探題の敷地の中の侍所から持ち出されて、その後に廃棄された、と考えられるであろう。また、侍銘の墨書土器が出土した土擴は溜枡であり、いわばゴミ捨て場である。その土擴からは兜の鍬形の一部らしい金属や、この土擴の掘りかたからは折烏帽子が出土している。

当時の普通の御家人以下の武士達が着用する兜は鍬形等の飾りのない星兜である。もし、金属片が兜の鍬形の一部であるとしたら、兜に鍬形を打つ武士は守護やそれに次ぐような有力武士であり、極めて身分の高い武士に限られる。従って、この土擴は北条氏一族かそれに次ぐようなかなりの地位にあった武士の鎮西探題の館の外に在った生活の場と関係があったことを物語っており、この武士が鎮西探題の侍所に関係している武士であり、その武士の鎮西探題の館の外に在った生活の場から出土したことも考えられる。いずれにしても、この発掘された白磁の平底皿に墨書されている「侍」は侍所のことであり、また、九州探題と鎮西探題の侍所について以上のように見てくると、この侍銘の墨書土器は鎮西探題の侍所の什器であり、鎮西探題の侍所にこのような什器が存在していたことは、鎮西探題の侍所は非常事態の発生に伴って臨時的に設置されたものではなく、建物等の固有の施設があった通常の役所であったことを証明している。

この「侍」銘の白磁の平底皿の破片について、発掘にあたった福岡市教育委員会は特段の関心がなかったらしく、特別な報道もされなかった。また、この「侍」銘の白磁の平底皿の破片の出土に注目して言及した博多の研究者や九州の中世史の研究者もいない。これより少し前、この遺跡の近くの祇園町の地下鉄工事の店屋町工区から発見された火葬された刀創のある一一〇体分の頭蓋骨の出土が報道されたのと対照的である。福岡市教育委員会、博多の研究者、九州の中世史研究者は鎮西探題の侍所について関心がなかったためであろう。いずれにしても、鎮西探題の侍銘の墨書土器が発掘されたことは、川添昭二氏が説明しているように鎮西探題の侍所が臨時に設置されていたのであれば、侍所に皿等の什器が備えられているはずもなく、従って、皿等の什器に侍所の所属であることを証明するために「侍」と記すことはあり得ないことである。皿等の什器にそれが侍所の所属であることを証明する「侍」と墨書していることは、鎮西探題の侍所が常置されていた役所であり、什器等を備えていた施設であったことを証明している物証である。

本筋でないので少し荒っぽい説明となるが、幕府とは元々朝廷の下に創設された軍事機関、即ち、川添昭二氏の言葉を借りれば、非常事態の発生に対処して設けられた軍事統率機関である。鎌倉幕府もそのような本質をもって創設された機関である。侍所はその鎌倉幕府の中の職制で最も早く設置された機関である。軍事体制であった鎌倉幕府でも侍所は最も必要な職制であったためである。つまり、鎌倉幕府の職制の中で最も軍事的な性格であるのが侍所であり、侍所は非常事態に対処して最も必要として設置された機関である。鎮西探題の侍所も全く同様である。そして、非常事態に対処しなければならない故にこそ、鎮西探題の侍所は検断権を管掌しているのである。

第四節　姪浜と北条時定

――異国警固番役の配置の拠点姪浜――

（一）異国警固番役の配置について

――担当国の役所と御家人の役所――

第一節（一）の冒頭に江戸時代の地誌が記していた鎮西探題の位置についての見解を挙げたが、これらは信憑性のない見解である。ただ、概論的であり、詳細な説明を抜きにするのでお許しを願うが、北肥戦誌や歴代鎮西志が鎮西探題は姪浜に置かれていたとしている見解は、全く根拠がないことを記しているのではなく、何らかの理由があって記しているのではなかろうか。

元寇後の弘安八年（一二八五）、鎌倉に於いて安達泰盛が打倒されて得宗専制体制が確立した事件である霜月騒動に連動して、九州に於いても岩門城に拠った少弐景資が討伐された岩門合戦、安達泰盛の子盛宗が博多で討伐された事件が起きた。少弐景資、安達盛宗の討伐にあたったのは肥前国守護北条時定であり、北条時定は得宗の命を受け、肥前国の御家人によって構成された警固之当番衆を動員し、長門国守護金沢実政とともに少弐景資、安達盛宗の討伐にあたった。警固之当番衆は北条時定の親衛隊である。事件は得宗専制体制を強化するために仕組まれた事件である。岩門合戦の詳細とその意義については拙著の「蒙古襲来絵詞と竹崎季長の研究　第九章　二　岩門合戦について」（錦正社）に於いて、既に明らかにしているので、そちらを御覧戴きたい。[95]

尚、川添昭二氏も「岩門合戦再論 ——鎮西における得宗支配の強化と武藤氏——」（九州中世史の研究　吉川弘文館）に於いて、岩門合戦について説明している。同氏は、岩門合戦は江戸時代の歴代鎮西志が少弐経資と景資の惣庶の対立が原因であるとした論をそのまま引用して、その内容のとおりに説明しているが、佐藤は、岩門合戦が少弐経資と景資の惣庶の対立が原因であるとすれば、討伐軍に少弐経資方の武士達が見られなければならないが、そのような事実は岩門合戦関係の史料からは見出し得ない。従って、それは誤りであり、史料を正しく読解すれば、岩門合戦は、北条時定が自らの親衛隊である肥前国の御家人で編成した警固之当番衆を動員し、金沢実政とともに得宗の命を受けて周到に準備して少弐景資、安達盛宗を討伐した事件であることを明らかにした。

川添昭二氏は異国警固番役と全く別である警固之当番衆を異国警固番役と誤って解釈し[96]、警固之当番衆は肥前国の御家人で編成した北条時定の親衛隊であることを理解していない。

また、少弐経資と少弐景資の惣庶の対立の中での少弐景資の討伐が得宗専制体制の強化とストレートに結び付くはずがないにも係わらず、川添昭二氏はこのように捉えた岩門合戦を得宗専制体制の強化と説明している。佐藤が岩門合戦について、このような事実を明らかにし、川添昭二氏の論稿では岩門合戦の事実を説明し得ていないにも係わらず、同氏は平成二十年出版した「中世・近世博多史論」（海鳥社）に於いて、岩門合戦の参考文献として同氏の「岩門合戦再論 ——鎮西における得宗支配の強化と武藤氏——」のみしか記していない[97]。岩門合戦に関心がある方は両論を読み比べて頂きたい。

尤も、筆者も同論に於いて見落としていたことがあるので、この際付け加えておく。比志島文書の「去年岩門合戦勲功人事」に記載されている「八楽弥藤次郎重俊」であるが、この人物は川添昭二氏と同様に不明であるとした。

八楽の名字が由来すると考えられる地名は広島県以西では福岡県席田郡上臼井（現福岡市博多区上臼井）と

同早良郡免（現福岡市早良区賀茂、一部が原）の二箇所である。[98] 八楽弥藤次郎重俊はこれらのどちらかを本拠地にした武士であろう。早良郡免の八楽は岩門合戦に関係した御家人のような武士の存在は検証できない。

従って、席田郡上臼井の八楽が八楽弥藤次郎重俊と関係している可能性が大であり、それについて見てみる。比志島文書には岩門合戦の勲功として肥前国御家人神田五郎糺、綾部左衛門三郎重幸、土〻呂木四郎左衛門入道為能に三分割されて与えられた「筑前国乙犬丸筥崎執行成直跡」が記されている。これは筥崎八幡宮の執行成直が少弐景資の与党として討伐されていることを示す。また、土〻呂木七郎家基に与えられた「筑前国蒲田別府倉永名」が記されている。筑前国蒲田別府は筥崎八幡宮の大宮司領であり、その大宮司領の一部が没収されて岩門合戦の勲功賞として与えられていることは筥崎八幡宮の大宮司の一族が少弐景資の与党として討伐されていることを示す。

つまり、筥崎八幡宮の大宮司の一族と執行成直が岩門合戦に際して少弐景資の与党として行動していることは、両者が文永の役の時、日本の武士団の総大将であった少弐景資の下の筑前国の御家人に於いて、元軍との戦闘に積極的であり、主力として活動していた武士団であったことを物語っている。筥崎八幡宮の両者と少弐景資の結びつきは文永の役の時だけでなく、弘安の役に於いても筑前国守護少弐氏一族の実動武士団の統率者と筑前国の主力御家人との関係として、強められて行った筈であり、その後の岩門合戦に至るまでそのような結びつきは続き、その結果として岩門合戦に於いて大宮司の一族と執行成直が少弐景資の与党として討伐されたのである。両者と少弐景資との間にそのような結びつきがなければ岩門合戦に於いて討伐の対象にされることはない。

大宮司の一族と執行成直が少弐景資の与党として討伐されながらも、筥崎八幡宮の神官勢力はその後も維持されている。このことは筥崎八幡宮の神官勢力が得宗方と安達泰盛、少弐景資方とに分裂していたことを物語っている。つまり、大宮司の一族と執行成直が少弐景資の与党として行動し、討伐されたのに対して、筥崎八幡宮の神官勢力には得宗方として行動した勢力があった。

筥崎八幡宮の大宮司は代々「重」を通字としている。執行にも「重」の字を使用した人物もいる。八楽弥藤次郎重俊もこの通字に連なり、同宮の神官の一族ではないかということを窺わせている。肥前国御家人綾部氏の事跡を記す綾部家文書の元亨三年九月十一日付の少弐貞経下知状写に「筥崎執行八道願」という御家人が記されている。(99)「筥崎執行八道願」は筥崎執行八楽道願の写し間違いであるとすれば、八楽弥藤次郎重俊は筥崎八幡宮の執行の一族の御家人であろう。また、上臼井は田村大宮司家文書の表紙に「後鳥羽院御宇筥崎大宮司分坪付帳文治三丁未歳八月」、後付の年月に「文治三年八月□」と記された筥崎大宮司分坪付帳に、

一　中原分

（略）

已上六丁二反大　此他《このほか》やないまち一丁うすいのまへ二あり(100)

と中原分に「うすい」が記されており、八楽がある上臼井は筥崎八幡宮の大宮司の所領と関係した地である。この史料は、実際は鎌倉時代末か、南北朝時代の早い時期の坪付帳であり、八楽がある上臼井は鎌倉時代から筥崎八幡宮の大宮司の所領と関係した地であることを記している。

臼井は筥崎八幡宮の裏方向に位置し、それほど離れている距離ではなく、また、箱崎八幡宮の大宮司の所領の中原分に関係しているだけでなく、那珂西郷の東南側に隣接した地である。八楽についてこのように見てくると、八楽弥藤次郎重俊は席田郡上臼井の八楽を本拠地にした筥崎八幡宮の大宮司か執行の一族に関係する御家人であろう。

話を元に戻す。北条時定が金沢実政とともに少弐景資、安達盛宗を討伐した事件は鎌倉の得宗の指示の下に周到に準備した軍事行動である。北条時定のこのような役割は単に肥前国守護というだけでなく、実質的には鎮西奉行人としてであり、鎮西探題の先駆けとしての役割であった。

その北条時定が活動の中心としていたのは博多と姪浜である。何故に北条時定は姪浜を拠点の一つとしていたのであろうか。また、肥前国の御家人達が異国警固番役を勤めた役所は弘安三年の覆勘状までは博多となっているが、弘安五年以後の覆勘状からは姪浜となっている。肥前国の御家人達は弘安三年頃までは博多を異国警固番役の役所としていたが、北条時定が肥前国守護となったのは弘安四年の二月頃である。この期を堺として肥前国御家人達は姪浜を異国警固番役の役所とするようになっている。鎮西探題が成立すると肥前国守護は鎮西探題の兼補となるが、異国警固番役の役所が嘉元二年（一三〇四）の制度によって博多のみの勤務となるまで、肥前国の御家人達はそのまま姪浜を役所とした。何故に北条時定の指揮下となった肥前国御家人達はそれまでの博多から姪浜を異国警固番役の役所とするようになったのであろうか。鎮西探題の先駆けである鎮西奉行人の北条時定、鎮西探題と姪浜とはどのような関係にあるのか。それらの関係について見てみよう。

その手懸りの一つとなる弘安四年以後の異国警固番役の配置の割り振りを見てみる。この配置の割り振りについては既に相田二郎氏が「蒙古襲来の研究」（吉川弘文館）に於いて一覧表を作成されているのでそれを引用させて戴く(101)。それによれば、次のような配置となっている。

[国名]	[番役勤仕の場所]
筑前国	博　多
筑後国	博　多
豊前国	青木横浜（今宿）
豊後国	香　椎
肥前国	博　多　後に姪浜（弘安三年まで博多）
肥後国	生の松原
日向国	今津後浜（今津）

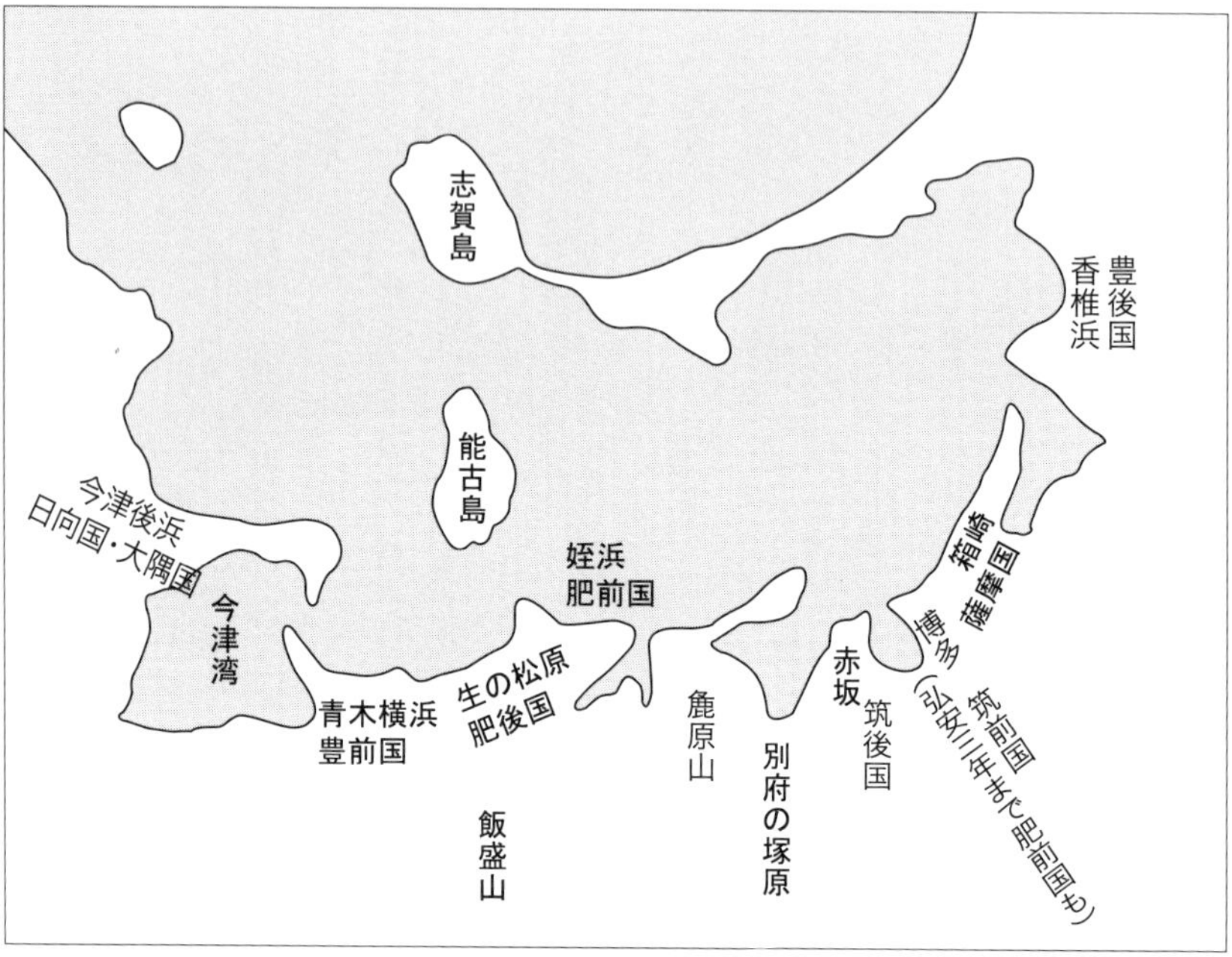

弘安の役の時の異国警固番役の配置

博多の異国警固番役の配置について、従来、筑前国と筑後国が一体として担当したとしているが、実際は那珂川以西を筑後国が担当し、那珂川以東を筑前国が分担して担当している。

大隅国　今津後浜（今津）
薩摩国　箱　崎

異国警固番役の配置はこのような割り振りとなっているが、博多の異国警固番役について、少し細かく見てみよう。

博多の異国警固番役については、同地域を担当したのは筑前国と筑後国の二箇国であるとして、博多の異国警固番役の担当について相田二郎氏はこれ以上説明していない。川添昭二氏も近著の「中世・近世博多史論」（海鳥社）の「元寇防塁の位置と築造・警固分担図」と題した図に於いても、西側から東側に「筑前・筑後」と並置して記している(102)。

博多は箱崎と姪浜の異国警固番役の役所の間であるから、この配置からすれば博多は、東は箱崎の西側、西は姪浜の東側となり、極めて広い範囲の海岸である。当時は現在の博多地域の西側は博多湾が住吉神社の辺りまでが深く湾入し、那珂川の川口は現在よりかなり上流であった。湾入の西側は旧路面電車の城南線が通っていた薬院、南薬院付近の沿線に、後で見る筑後国の友清又次郎が異国警固番役を勤めていた博多庄浜の名残である中庄町、本庄町があり、その西側に塩入町、浜田町、古浜町という海岸に因む地名がある。鎌倉時代は薬院のこの地域が海岸であり、博多の西側は博多湾が深く南側に入り込んでいた海岸であった。

　その西側は赤坂に連なる丘陵地帯であるが、更にその西側は現在の大濠公園となっている入江が深く入り込んでおり、現在西公園となっている荒津崎を東端として西新、地行から東に伸びている砂州が広大な入江を囲んでいた。砂州の海岸は文永の役の時、肥前国彼杵荘の御家人福田兼重が蒙古軍を追い落としたと記している百道の海岸から姪浜の東側の室見川まで続いていた。以上のように博多の海岸は複雑で長い範囲である。このような海岸を筑前国と筑後国の御家人が範囲を割り振りしないで警固していたのであろうか。

　異国警固番役に関連した史料で博多の地名を具体的に記している史料は次の三つだけである。これら三つの史料を見てみよう。

①筑前国博多前浜石築地加佐修理事、背数ヶ度催促、于今無沙汰之条、甚無其謂之処、昨日十六日掃部助殿御教書幷関東御事書如此、如状者、於難渋輩者、（折返）「分召所領可注進之云々、不日可被修固候、仍執達如件、

（乾元二）後四月十七日　　（少弐盛経）崇恵（花押）

末弘名中村弥二郎殿[103]

②筑前国役所博多前浜石築地破損事、今年正月廿五日御教書案如此、早任被仰下之旨、向役所、云破損、云加佐、可被終其功候、仍執達如件、

（正和五）二月十二日　　（少弐）貞頼（花押）

榊定禅地頭殿[104]

③筑後国役所博多庄浜石□地内友清内柒段二丈分、所課□□、不日可被勤仕候、仍執達如件、

弘安九年八月廿七日　　（武藤経資）大宰少弐（花押影）

友清又次郎入道殿[105]

これら三つの史料の内、①と②は博多前浜の石築地の破損の修理等を命じた史料である。博多前浜とは現在の博多の海岸部である。石築地の修理はその地の異国警固番役を担当する御家人が行うから、博多前浜、つまり、現在の博多の海岸部の石築地の修理を命じられた御家人が博多前浜の異国警固番役を担当していた地域となる。博多前浜の石築地の修理を命じられているのは筑前国怡土庄末弘名の中村弥次郎と筑前国早良郡の地頭の榊定禅であり、両名共に筑前国の御家人である。つまり、筑前国の御家人は博多前浜に於いて異国警固番役を勤めていた。

次に③の史料について見てみよう。③は筑後国の友清又次郎に筑後国の役所である博多庄浜の石築地の修理を命じた史料である。先に触れたように現在の福岡市中央区今泉一丁目・今泉二丁目の南側地域、薬院一丁目は、町名改正以前は本庄一丁目・本庄二丁目・本庄三丁目、中庄町という町名であり、庄という名称の付く地名であり、これら本庄、中庄の地名は庄浜に因む地名である。これらの地域は現在、博多湾岸からかなり内陸部となっており、当時、海岸であった景観は全く想像もできないが、その西側の薬院二丁目、薬院四丁目も、町名改正以前は塩入町、浜田町、古浜町という町名であり、海岸に因む地名である。

また、これらの地域は住吉神社と福岡城跡、つまり、竹崎季長が蒙古襲来絵詞に記した蒙古軍が占拠していた赤坂を結ぶ線上の沿線にあり、竹崎季長は赤坂を占拠した蒙古軍との戦いに向かうにあたってこの線上を通っている。竹崎季長が赤坂の蒙古軍を追い落して引き上げて来る菊池武房の武士団と出会ったのもこの地域である。竹崎季長が菊池武房と出会っている場面を描いているのは蒙古襲来絵詞の絵三であるが、画面の三分の一に当る上部は青く塗られており、海を描いているように、鎌倉時代は今泉、薬院のこの地域が海岸であった。筑後国の異国警固番役の役所である本庄はこれら本庄町、中庄町があった庄浜である。つまり、筑後国の異国警固番役の役所である博多庄浜は博多とは言え、現在の博多地域である那珂川以東の博多前浜とは別であり、同川より以西の地域である。

筑前国の御家人と筑後国の御家人の異国警固番役の役所を以上のように見てくると、筑前国の御家人と筑後国の御家人は一轄して博多として配置されているのではなく、筑前国の御家人の異国警固番役の役所は那珂川以東の博多前浜であり、筑後国の御家人の異国警固番役の役所は博多とは言え、那珂川以西の地域と区分されていたことが分かる。

ところで、川添昭二氏は博多庄浜について「庄浜については、その位置を、当代の他の文献史料で比定することはできない。史料が無いからである。現在、福岡市の西部（金屑川の西）に庄浜町があるが、ここでいう庄浜ではない。江戸時代に作られた各種の博多古図に庄浦としたところがあり、あるいはこれあたりが近いのかもしれぬ。もちろん単なる想像である。庄浦は現在の長浜から荒戸町までの間ぐらいに位する。[106]」、「この地名は……さて現在地に比定するとなると傍証史料を欠き結局不明である。博多古図にみえる庄浦、つまり現在の長浜から荒戸町付近を結ぶ東西の間にあったと思われるところが、文字面からいってやや近いようにも思われる。かりに一つの考えとして提出し、将来の研究にまつこととする。[107]」と、説明している。

博多庄浜が現在、福岡市早良区室見三丁目、南庄一丁目～六丁目である「福岡市の西部（金屑川の西）に庄浜町があるが、」の庄浜町ではないことは言うまでもない。また、川添昭二氏が、江戸時代の古図に記されている庄浦ではないか、庄浦は「現在の長浜から荒戸町の間ぐらいに位する。」としている地域は鎌倉時代の海岸線ではない。鎌倉時代の海岸線は、実際は長浜から荒戸町の間ぐらいよりはるかに内陸部に位置し、現在の今泉、薬院である。川添昭二氏は同地に庄浜に因む地名があることを知らなかったようである。庄浦を記載しているような古図は筑前国続風土記を種本に江戸時代の学者達が作りあげた想像上の絵図であり、信憑性のない古図であるのは既に中山平次郎氏が指摘されていることである。[108]

もう少し細かく異国警固番役の配置について見てみよう。国別の分担地域については以上のように明らかにすることができたが、国別の分担箇所に於いて、御家人個人の配置は自由であったのであろうか、それとも御家人個人の配置の位置、場所は決められていたのであろうか。

次の史料を見てみよう。

異賊用心石築地事、如去月廿九日御教書者、来十五日以前可加修固旨、可相触筑前国役人等、於難渋所〻者、可注進交名云〻、任被仰下之旨、期日以前、不日向役所、可被加修理候、仍執達如件、

（元徳四）二月一日　　　妙恵（少弐貞経）（花押）

中村弥次郎殿(109)

この史料から明らかにできることは以下のようなことである。

○鎮西探題は元徳四年（一三三二）一月二十九日付で、元寇防塁を二月十五日以前に修理するよう、筑前国御家人に命じるように、という指示を筑前国守護少弐貞経に出した。

そして、筑前国担当の元寇防塁に於いて、難渋の所々に於いてはそれらの御家人を列記し、報告するように、という指示を行った。

○その鎮西探題の指示を受けた筑前国守護少弐貞経は元徳四年二月一日付で、筑前国の御家人である弥次郎等、筑前国の御家人全員に対し、二月十五日以前に直ちに元寇防塁の分担区域である「役所」に向かい、修理を完了するよう、命じた。

○この指示は中村弥次郎だけでなく筑前国の御家人全員に出された。

○元寇防塁の範囲に御家人を割り振って修理を担当させている。

鎮西探題は指示を出してから、筑前国守護少弐貞経を経由した期間を含めて、十五日以前に元寇防塁の修理を完了することを命じている。そして、その指示を受けた筑前国守護少弐貞経は鎮西探題の指示どおり、筑前国の御家人は直ちに元寇防塁の役所に向かい、十五日以前に修理を行うよう、命じている。また、元寇防塁の

修理は御家人達に割り振って担当させている。

このような鎮西探題の元寇防塁の修理の指示、それを受けた筑前国守護少弐貞経が管国の御家人へ修理せよと指示し、それを受けた御家人が元寇防塁の修理を完了、という行為が十五日以内で行われている。

また、元寇防塁の修理の指示を出してから、十五日以内に修理を完了することを命じている例はその他にも見られる。到津文書に、宛名が不明であるが、少弐貞経が「異国警固構筑前国石築地事、」と筑前国の役所の元寇防塁について、元亨二年五月一日付で修理の指示を出し、「来十五日以前、可被修固候、」と、同月十五日以前に修理を完了することを命じている(110)。

指示を受けてから修理が完了するまでの十五日間という日数は極めて短期間である。鎮西探題から筑前国守護少弐貞経への指示は支障もなく行われるであろう。しかし、守護が管国の御家人に対し、直ちに元寇防塁の役所に向かい、修理を行へ、とする指示は、鎮西探題の指示を受けてから、守護の少弐貞経が筑前国の異国警固番役の担当地域である那珂川以東の博多の範囲の元寇防塁に、筑前国の御家人にその所領の規模に従って、割り振って、それから各御家人に指示を出す、という手順で行っていたら、十五日以内で修理を完了する、とする日程では極めて無理であり、不可能な日程となる。

つまり、鎮西探題が指示を出してから十五日以内で各御家人が元寇防塁の修理を完了しなければならない、とする日程は、それぞれの国別の担当区域の元寇防塁に於いて、その国の御家人の修理担当区域、役所がそれぞれに割り振られて決定済みであるために、十五日以内という迅速さで完了することができるのである。そして、鎮西探題が「難渋所〻者、可注進交名」と記しているのは、国別の元寇防塁に修理を担当する御家人の区割りである役所を記入した台帳が守護によって作製、管理され、「所〻」、つまり、それぞれの役所の担当御家人は誰であるか、明確であったことを物語っている。

史料③は筑後国守護少弐経資が弘安九年八月二十七日、筑後国の御家人友清又次郎入道に博多庄浜の元寇防塁の修理を命じている史料である。守護が御家人に対し元寇防塁の修理を命じたこのような史料は多い。守護のこのような指示は、守護が御家人の担当区域を場当たり的に適当に指示しているのではなく、御家人がどこの区域を担当しているか、きちんと割り振りを決定しており、それを把握しているからこそできる指示である。また、守護は御家人達の担当区域である役所が決定しているからこそ、「難渋所〻」の担当者が誰であるか確認することができ、それを注進したのである。御家人達も自己の担当区域である役所がどこであるか、十分承知していたために直ちに自己の役所の修理を行うことができたのである。

次の三つの史料を見てみよう。

④筥崎役所築地事、満家院内比志島・西俣・河田・前田、以上四ケ名分、伍丈壱尺肆寸、被勤仕了、仍之状如件、

「建治三年」
正月廿七日　　久時（花押）

比志島太郎殿(111)

⑤満家院内比志島分筥崎石築地事、五丈壱尺四寸、最前被勤仕畢、仍執達如件、

弘安七年
後四月廿一日　　宗忠（花押）

比志島太郎殿(112)

⑥薩摩国役所筥崎石築地満家院内比志島分五丈一尺四寸裏加佐、去年五月被勤仕畢、仍執達如件、

正応二年
四月五日　　忠宗（花押）

比志島孫太郎殿(113)

史料④は薩摩国の御家人比志島太郎佐範が筥崎に於いて、満家院内比志島以下四ケ名分として元寇防塁五丈一尺四寸を構築した建治三年正月廿七日の覆勘状である。

史料⑤は比志島太郎佐範が筥崎に於いて、「満家院内比志島分筥崎石築地事、五丈壱尺四寸、最前被勤仕畢、

仍執達如件、」と、元寇防塁五丈壱尺四寸を勤仕したとする弘安七年後四月廿一日の覆勘状である。この覆勘状は元寇防塁五丈壱尺四寸を勤仕したと記しているのみである。この覆勘状は比志島太郎佐範が建治三年正月廿七日の覆勘状にある元寇防塁を修理したのか、それとも筥崎に於いて、それとは別に新たに元寇防塁五丈壱尺四寸を構築したのか、不明である。

川添昭二氏はこの覆勘状について、「比志島佐範は、弘安七年（一二八四）閏四月二十一日にも、満家院内比志島分筥崎石築地五丈一尺四寸を勤仕した覆勘状をうけている。これは、建治三年正月二十七日の覆勘状と全く同一内容のものである。建治三年の分とは別箇に五丈一尺四寸を築造したものなのか、建治三年築造分の再確認なのか、あるいは修理を実態とするものであったのか、確かなことは分からない。」と説明している。(114)

史料③を見てみよう。史料⑤より約二年後の少弐経資の書下は「筑後国役所博多庄浜石□地内友清内柒段二丈分、所課□□、不日可被勤仕候、」とあり、友清又次郎の博多庄浜の元寇防塁友清内柒段二枚分について「可被勤仕候、」と記しているのみであり、元寇防塁柒段二枚分を、築造せよとしたのか、修理せよとしたのか、記していない。しかし、これは弘安の役が終わってから五年後の弘安九年八月廿七日の書下であり、この時期に元寇防塁を新造することはない。従って、この書下は友清又次郎に元寇防塁を修理せよと指示した書下であることは間違いない。

史料⑤の覆勘状の「被勤仕畢、」は史料③の「被勤仕候、」と同様の文言であり、史料⑤は新たに元寇防塁五丈一尺四寸を構築したのか、元寇防塁を修理したのか、内容は記されていないが、比志島太郎佐範が既に構築されていた元寇防塁の五丈一尺四寸を修理したことについての覆勘状である。

史料⑥は薩摩国の御家人比志島孫太郎忠範が筥崎に於いて、満家院内比志島分として元寇防塁五丈一尺四寸の裏加佐を修理した正応二年四月五日の覆勘状である。

以上、史料④、⑤は薩摩国の御家人比志島太郎佐範が満家院内比志島分として、筥崎に於いて、五丈一尺四寸の元寇防塁を構築し、また、修理を行っている。そして、史料⑥はその孫・孫太郎忠範も筥崎に於いて、④、⑤と同じく五丈一尺四寸の元寇防塁を修理している。

この④、⑤、⑥の筥崎の元寇防塁五丈一尺四寸は所領の規模によって長さが一致するだけの別々の区域の元寇防塁であろうか、それとも比志島太郎佐範が構築を担当した元寇防塁の五丈一尺四寸はその後もそのまま佐範が修理を担当し、更に、その区域はその子孫の忠範が修理するという、元寇防塁の修理は構築した区域を、構築を担当した本人とその子孫が引継いで代々担当しているという方法であろうか。

元寇防塁の修理が、守護が元寇防塁を検見して破損箇所や修理すべき箇所を見出して、守護がその都度その箇所を修理する御家人を選び出して、指示していたというような方法であったら、史料⑤、⑥のように時期が違っていても五丈一尺四寸という同じ長さとなるはずがない。比志島太郎佐範、孫太郎忠範が筥崎に於いて、時期が違っても五丈一尺四寸という同じ長さの区域の修理を担当しているのは、同じ区域であり、また、この区域が比志島氏の持ち分と特定されている区域であるからである。そして、これらの区域が、比志島太郎佐範が構築した元寇防塁の五丈一尺四寸と同じ長さであるのは、比志島太郎佐範が構築した元寇防塁とその修理を担当する区域が同じ区域であるからである。つまり、元寇防塁の構築とその箇所の修理は同じ人物とその子孫の担当となっていた。

そして、これらは守護の役所である国別の元寇防塁に、守護が管国の御家人に割り振って御家人の担当区域である役所を決定し、それを記載した台帳を作製していたのである。史料の①、②、③は、どの御家人が修理を担当すべきであるか、どの御家人の担当区域の役所であるか、直ちに指示を行っている。このようなことは修理を担当する御家人の担当区域である役所を登録、記載した台帳が幕府、鎮西探題、守護の手元になければできないことである。

元寇防塁は国別に担当区域が割り振られて構築された。そして、構築した国の守護がその区域の異国警固番役を担当し、また、元寇防塁の修理、管理を行っていた。これを役所という。守護と元寇防塁の国別の担当区域である役所との間にはこのような関係がある。

国別の元寇防塁に於いても、御家人は元寇防塁を割り振られて修理を担当していた区域である役所が決められていた。御家人達が元寇防塁に於いて修理を担当しなければならない役所が決っていたことからすれば、御家人達が異国警固番役を勤仕する時に配置される場所は、当然、守護と異国警固番役の国別の役所との関係と同様の関係にあったと見るべきであり、元寇防塁に於いて構築を担当していた役所ということになる。このような関係にあるために、筥崎に於いて薩摩国の御家人比志島太郎佐範が構築した元寇防塁の五丈一尺四寸と同じ範囲が同人の修理担当区域となり、その孫の比志島孫太郎忠範も同じ範囲の担当区域を引継いでいるのである。御家人達が異国警固番役を勤仕する配置は、その国が担当する役所内にアトランダムな不特定の場所に於いて自由に待機をしているのではなく、元寇防塁に於いてそれを修理する御家人の役所が決められており、その役所に配置されている。

次の史料を見てみよう。

⑦肥前国要害所姪浜石築地一尺壱寸（五島白魚田地弐町分）被修功候了、

永仁六年八月廾日　　　　為尚　在判

白魚九郎殿[115]

ただ、史料⑦の白魚九郎入道行覚の姪浜の役所は田地二町分であるために一尺一寸と極めて狭小の範囲である。このような弱小の御家人は多かったであろう。このような御家人達は元寇防塁の構築の役所を中心とした地に於いて異国警固番役を勤仕していたのであろう。

（二）異国警固番役の配置と要所、要海

異国警固番役の配置は何故に前項に挙げた一覧、図のような配置になっているのだろうか。つまり、鎌倉幕府は何故に異国警固番役の配置を前項に挙げた一覧、図のような配置としたのであろうか。

異国警固番役のこのような配置の割り振りが何らかの理由があって行われていることは間違いない。一般的には九州の国々を、肥前国・肥後国、豊前国・豊後国、薩摩国・大隅国・日向国というように地域別にまとめた組合せの配置が想定される。しかし、筑前国と筑後国は両国ともに博多に配置され、肥前国と肥後国の配置は肥前国が姪浜、肥後国が生の松原と隣接する地域に配置され、地域別による組合せのように見えるが、薩摩国と大隅国・日向国は全く離れた地域に配置され、豊前国と豊後国の配置も全く離れた地域の配置となっている。肥前国も弘安三年までは筑前国、筑後国とともに博多に配置され、肥後国の異国警固番役の担当地域とは離れた地域に割り振られていた。このように異国警固番役の役所の割り振りは国々を地域別にグループ化して配置する組合せとはなっていない。

相田二郎氏は「蒙古襲来の研究」（吉川弘文館）に於いて蒙古襲来について極めて精緻な研究をされているが、この配置の謎は解けなかったらしく、何故にこのような配置になっているかについては説明されておられない。勿論、川添昭二氏も「注解　元寇防塁編年史料――異国警固番役史料の研究」（福岡市教育委員会）、及びその他の研究に於いて、何故にこのような異国警固番役の配置になっているのか、配置の意味については全く触れてはいない。つまり、誰も異国警固番役のこのような配置の割り振りがどのような意図で行われているかについて明らかにし得ていないのである。博多湾岸の異国警固番役のこのような割り振りはどのような意味があるのであろうか。それについて考えてみよう。

異国警固番役の配置を博多湾岸沿いに湾口のある西からの地域別に並び変えてみる。また、異国警固番役は国別に編成、勤務し、その管国の守護が命令、指揮をするから、文永の役、弘安の役前後の守護が誰であるか、それぞれの地域を担当した守護について見てみよう。各国の守護については佐藤進一氏の「増訂　鎌倉幕府守護制度の研究」（東京大学出版会）(116)を引用させて戴く。

○今津後浜を担当していたのは日向国守護と大隅国守護である。

日向国守護については建仁三年（一二〇三）九月、島津忠久が守護職を没収されるまでは島津氏であるが、それ以後、弘安三年以前は史料がないために不明であるが、弘安の役の前の弘安三年から鎌倉幕府の滅亡まで北条氏一族が守護であった。

大隅国守護は建仁三年以後、文永九年までは北条義時、その子朝時、その子時章と任命され、時章が文永九年不慮の死を遂げるまで北条氏一族が任命され、弘安六年から正応四年の間は千葉宗胤が任命され、永仁三年以後は北条時直、桜田師頼と北条氏一族が任命された。

○青木横浜、今宿を担当していたのは豊前国守護であるが、豊前国守護は文永の役の後、少弐氏から北条氏一族の金沢氏に替わり、以後、北条氏一族の備前守・備前五郎、糸田氏と北条氏一族が任命された。文永の役の後は北条氏一族が任命された。

○生の松原を担当した肥後国守護は文永の役の前の文永九年までは北条氏一族の名越時章が任命されていたが、名越時章が誤って誅された後は安達泰盛が任命された。安達泰盛が守護として在任していたのは弘安八年の霜月騒動で討滅されるまでであり、文永の役、弘安の役の時期の守護は安達泰盛であった。その後、肥後国守護は北条氏得宗、北条氏一族の規矩氏となった。

○姪浜を担当していた肥前国の守護は弘安四年の弘安の役の直前までは少弐経資であったが、弘安四年二月以降、北条時定が任命されており、弘安の役の時の守護は北条時定であった。北条時定の後、鎌倉幕府の滅亡まで肥前国守護は鎮西探題の兼補であった。
○博多の異国警固番役は先に明らかにしたように、博多全体を一轄して筑前国、筑後国が担当しているのではなく、那珂川より以西の地域は筑後国の役所であり、那珂川より以東の地域は筑前国の役所である。つまり、博多の西側地域を担当したのが、筑後国守護であり、東側地域を担当したのが筑前国守護である。
従って、博多の西側地域を担当した筑後国から見ていくと、筑後国守護は文永九年から建治三年までは大友頼泰であるが、文永の役が終わった後の建治三年から弘安四年まで北条氏一門の北条宗政に交代している。北条宗政が弘安四年八月に歿したために、その後は少弐盛経、宇都宮通房（尊覚）・頼房の父子を経て、その後、北条氏一族が任命されている。文永の役が終わった後に大友頼泰から北条宗政に交代し、弘安の役の間は北条氏一族が守護に任命されていた。

博多の那珂川より東側地域を担当した筑前国守護は建久以後鎌倉幕府滅亡まで少弐氏である。
○箱崎を担当した薩摩国守護は建仁三年の一時期北条氏に変るが、その時期以外は鎌倉幕府の滅亡まで島津氏である。
○香椎を担当した豊後国守護は鎌倉幕府の滅亡まで大友氏である。
このままの説明では、役所とそこを担当した守護の関係の特徴が現われにくいので、地域を担当した守護をもう少しまとめて、弘安の役の時の守護、それから二年後の弘安六年の時の守護について西側から一覧に作製してみよう。弘安の役の時に次いで弘安六年としたのは、この時期は初めに触れた博多湾岸を地域に分けて異国警固番役の配置の割り振りを行っている時期であり、また、弘安の役が終わったばかりの時期であり、鎌倉幕府は異国警固番役の整備、充実に努めていた時期であり、鎌倉幕府の意図が如実に現われていると考えることができるからである。

西側から並べた守護の一覧は以下のようになる。

［役　所］	［異国警固番役担当国］	［弘安の役の時の守護］	［弘安六年の時の守護］
今津後浜	日向国	北条氏一族	北条氏一族
	大隅国	千葉宗胤カ	千葉宗胤
青木横浜（今宿）	豊前国	北条氏一族	北条氏一族
生の松原	肥後国	安達泰盛	安達泰盛
姪　浜	肥前国	北条時定	北条時定
博　多	筑後国	北条宗政	少弐盛経
	筑前国	少弐経資	少弐経資
箱　崎	薩摩国	島津久経	島津久経
香　椎	豊後国	大友頼泰	大友頼泰

弘安の役の時、博多湾岸地域に配置された異国警固番役の割り振りを見てみると、

①鎮西九箇国の守護は北条時定を含め北条氏一族が四箇国を占めている。北条氏一族は北条時定の姪浜と、それから西側の今津後浜、青木横浜の三箇所と北条宗政の博多の西側地域の配置となっている。姪浜から西側の今津後浜、青木横浜は姪浜を含めて博多湾の湾口を制する場所である。博多の西側地域は文永の役の時、元軍が撤退した百道、姪浜の海岸を含み、この地域は元軍が再来襲し、博多に侵攻する時、最も上陸する可能性がある地域である。

②北条時定と北条氏一族の守護の四人と旧来の九州の守護の三人を除いた残り二人は肥後国守護の安達泰盛、大隅国守護の千葉宗胤であるが、この二人は姪浜より西側の生の松原と今津後浜の配置となっている。千葉宗胤が配置された今津後浜は博多湾の湾口を制する位置にある。安達泰盛が配置された生の松原もそれに近く同様な位置である。千葉宗胤、安達泰盛は北条氏一族とともに博多湾の湾口を制する重要な今津後浜、生

の松原に配置されている。

③旧来の九州の守護は三箇国・三人のみとなっており、筑前国守護の少弐経資が博多の西側地域、薩摩国守護の島津久経が箱崎、豊後国守護の大友頼泰が香椎と、少弐経資の博多の東側地域、つまり、博多前浜はともかくとして、薩摩国守護の島津久恒は箱崎、豊後国守護の大友頼泰は香椎と、博多湾岸の奥の配置となっている。

弘安の役の時の守護の配置は以上のような配置となっている。肥後国守護の安達泰盛は、実際は息子の安達盛宗が守護代として派遣されて来ていたことは周知の事実であるが、安達泰盛の肥後国守護の任命について、既に佐藤進一氏が説明されているのでそれを引用させて戴く。東大寺図書館蔵の凝然自筆「梵網戒本疎日珠鈔巻第八」の裏文書に九箇国の守護交迭もしくは新補が記されていることについて、「この文書は北陸・山陰・長防・九州にわたって蒙古防衛を理由として、おそらく文永・弘安両度の来攻の間に行なわれた大規模な守護交迭を示すものという推測が大凡ながら立てられるであろう。(117)」と、鎌倉幕府は文永の役と弘安の役の間に防衛強化のために守護の大規模な交代を行ったことを記している、と説明されている。そして、その中に肥後国の新守護として安達泰盛もいることを触れられている。つまり、肥後国守護の安達泰盛は文永の役の後、元寇に対する防衛強化のために新しく任命された守護であり、安達泰盛が生の松原に配置されたのは防衛強化のためであることが分かる。今津後浜は博多湾口を押さえるには最も重要な地域である。今津後浜に配置された大隅国守護の千葉宗胤も安達泰盛が配置されたと同じ理由からである。

弘安の役の時の守護とその配置について見てみたが、新守護の任命が防衛強化のためであるとすれば、守護の配置も防衛強化のためであることは当然である。北条時定を含む北条氏一族の四守護と安達泰盛、千葉宗胤の二守護合わせて六守護とその管国の御家人は、防衛強化のために博多湾の入り口を押さえる姪浜から西側、博多の西側地域に配置されたのであり、九州の旧来の守護は少弐氏が博多の東側地域に配置されているものの、島津氏が箱崎、大友氏が香椎といずれも博多湾の奥に配置された。

弘安の役が終わった後の弘安六年の異国警固番役の割り振りは筑後国守護の北条宗政が弘安四年八月に歿したので、少弐盛経に交代している。少弐盛経の父経資は弘安九年の段階では筑前国守護であるので、少弐経資、盛経父子で筑前国、筑後国の守護として博多に配置されている。筑後国守護が少弐盛経に交代しているだけであり、弘安の役の時の異国警固番役の割り振りと基本的には同じであると見ていいであろう。

鎌倉幕府が最も用心をした異国警固の場所は博多であり、それから湾口を臨む西側の海岸である。元寇は文永の役、弘安の役の二度に及んだが、元軍が上陸した文永の役に於いては、本書の「はじめに」に於いて記したように百道、姪浜等の博多湾岸の西部に襲来し、博多を目指した。このような異国警固番役の各国と守護の担当を見てみると、博多から西側に重点を置いて配置し、それらの国々の守護には北条氏一族と、防衛強化のために任命した安達泰盛、千葉宗胤を配置したのである。そのような意図からした配置が一覧のような配置となったのである。

次の史料を見てみよう。

『異賊防禦条〻事書一通遣之、早□□□□□可被致沙汰□

（中間脱あるべし）

『於分限尫弱之輩者、可免番役矣、

香椎前浜石築地事

『非用所之《云々》、可除之矣、(118)

鎌倉幕府が異賊防禦について出した指示である。時期が不明であるが、弘安の役が終わった後の指示である。それには香椎前浜の元寇防塁は「非用所」、つまり、要所ではないために御家人達の番役の配置を解くと指示している。これは香椎前浜の地域が要所ではない、ということである。香椎前浜について幕府がどのように見ていたかを示している。また、この史料から鎌倉幕府は元軍との戦いに於いて、博多湾の湾口の今津後浜と比べて、湾奥に位置していた香椎前浜は要所でないと判断していたことが分かる。鎌倉幕府は異国警固番役の分担箇所を博多湾の湾口を重点として配置し、また、分担箇所の配置については熟慮し、決してアトランダムに行っていたのではないことが分かる。

鎌倉幕府の防衛強化とは具体的にはどのようなことであろうか。それは用兵の多様化と機動性であろう。元寇の時の日本の武士達の戦法は『蒙古襲来絵詞』に見る日本武士団の戦法」（軍事史学第三十八巻第四号）に述べているように、八幡愚童訓が記しているような一騎打ちの戦法では決してない。或は武士達が個々に蒙古の軍船を夜討するような攻撃の戦法ではない。

弘安の役に於いて八幡愚童訓は「先一番ニハ、草野次郎二艘ニテ夜討ニ寄テ、異賊ノ船一艘ニ乗り移り、廿一人ガ頸ヲ取リ、船ニハ火ヲ懸テ引退ク。」[119]と、筑後国の御家人草野次郎が真っ先に夜討を行ったり、「伊予国住人河野六郎通有ハ、……我身モ石弓ニ左ノ肩ヲ強ク被打、可弓引不及、片手ニ太刀ヲ抜持テ、帆柱ヲ橋ニ懸テ蒙古ガ船ニ乗移テ、散々ニ切廻リ多ク敵ヲ打取ル。」[120]と、河野通有が石弓で左肩を打たれて負傷しながらも帆柱を倒して橋にして敵船に乗り移って奮戦したことを記している。

研究者は八幡愚童訓のこのような記述をそのまま引用している。例えば、川添昭二氏は「第一番に草野次郎経永が舟二艘で敵船に夜討をかけ、敵船にのりうつって二十人の首をとり、敵船に火をかけてかえってきた。」[121]、「通有は兵船二艘で蒙古の大船にせまっていった。ところが蒙古のはなつ矢に、力のつよい家来たちがたちに四－五人たおされてしまった。たのみにしていた伯父も負傷し、自身も蒙古の石弓に左肩を打たれて、弓も射られなくなった。さればと太刀を片手に、帆柱を橋にして蒙古の船にのりうつった。さんざんに敵をきりまわり、首をとった。」[122]と八幡愚童訓の記述どおり記している。

また、山口修氏も同様に、「まず一番には草野次郎経永（肥前、唐津の御家人）が、二艘の舟を仕立てて夜討ちをかけた。

そして敵の一艘に乗り移って、二十一人の首を取り、敵船に火をかけて引き退いた。」[123]、「通有は二艘の兵船を仕立てて沖に向かった。……しかし、相手は蒙古の大船である。たちまちの間に、究竟の若党五人が、蒙古の放つ矢に討ち伏せられた。その身も石弓に左の肩を打たれ、弓を引くことができなくなる。されば、と太刀を片手に抜き持って、敵船に迫り、わが帆柱を橋にかけて、蒙古の船に乗り移った。[124]」と、八幡愚童訓の記述に従ってそのとおり弘安の役に於ける日本の武士団の活躍振りとして記述している。

日本の武士達が組織的、統一的に総攻撃を行うという戦法ではなく、個々に元軍を攻撃したとしているこれらの記述は元寇に於ける日本の武士達の戦いを正確に記してはいない。

次の史料を見てみよう。

条〻

一　城郭事

次岩門并宰府構城郭之条、為九州官軍、可得其構云々、早為領主等之沙汰、可致其構云々、

一　寄役所、自由合戦事

縦雖抜群之忠、不可被行其賞、所詮、随大将命、可令進退由、厳密可被相触九州守護并御家人以下輩也、

一　兵粮米事

先〻下行無其実歟、殊加談議、可令注進、

一　警固結番事

為諸人煩費基之由、有其聞、仍同前、

一　兵船事

海上合戦、更不可有其利与、同前、

一　大隅・日向国役所今津後浜事、

先度雖除之、為要海云々、如元警固[125]

この史料の異国警固番役に関係がない前後は端折ったが、これは弘安七年十一月から弘安八年十一月の間の、幕府の指示を記した史料である[126]。弘安の役から三年後の鎌倉幕府の指示である。幕府の指示に「一　寄役所、自由合戦事」の項目がある。異国警固番役の役所内での合戦であるということを口実に勝手に合戦をしてはならない、とし、そのようなことをした場合は、たとえ、抜群の軍忠であっても軍功として賞とはしない、合戦は大将の命に従って行動すべきである、このことは厳重に九州の守護、御家人等に知らせて徹底させろ、とする指示である。異国警固番役の役所内、つまり、自分の持ち場であっても勝手な合戦は禁止している。

大将が守護を指揮し、守護は大将の指揮に従い、自己の管国の御家人達を統率するという指揮体制の下に御家人達は合戦を行っている。このような鎌倉幕府の統制をはみ出す御家人もいたであろう。そのためにこのような指示を鎌倉幕府は出さざるを得なかったのである。しかし、元寇の合戦の基本的な方法は厳重な大将→守護→御家人という命令・指揮体制の下で行われていたことはこの史料で明らかである。弘安の役から三年後の鎌倉幕府の指示であり、元寇の時の日本の武士達がこのような命令・指揮体制で合戦を行っていたことは勿論のことである。異国警固番役を勤務している九州の御家人達は単独で勝手に合戦を行っているのではない。異国警固番役の役所内であっても勝手な合戦は厳重に禁止されている。

また、兵船による海上の合戦は特に不利であるから行うな、と指示をしている。これは日本の武士達の合戦は元々国内の武士達同士の陸戦が中心であるために、兵船を使用した海上の合戦には不慣れな武士達がおり、その外、船舶の規模や構造の違い、兵船数が不足している等の事情があるために出している指示であろう。

更に大隅・日向国の役所である今津後浜について、「為要海云々」と記している。要海とは単に重要な海域ということでなく、要撃、つまり、迎撃するのに極めて重要な海域であるという意味であろう。鎌倉幕府は今津後浜の海域は博多湾の入り口を制する場所であり、元軍を迎撃するのに極めて重要な海域である、と見ていたのである。そしてそのために大隅・日向国を配置した。異国警固番役の区域割りと担当国の配置を適当に行っているのではないことはこの文言からも明らかである。また、今津後浜の海域を要海と捉えていることは、この地域だけでなく、博多湾内の全海域を戦略的見地によって捉え、区割りしていることの裏返しである。鎌倉幕府は決して博多湾内を単一的に捉えたり、適当な地形によってアトランダムに区割りして異国警固番役の配置と割り振りを行っているのではない。

元軍に対する日本の武士達の戦い方は以上のように大将↓守護↓御家人の命令・指揮体制の下に統一された合戦方法となっているのであり、自由の合戦は厳重に禁止するという極めて統制が整った合戦を行っている。また、異国警固番役の役所は戦略的に配分、配置されている。八幡愚童訓が記述しているように日本の武士達が単独でそれぞれ勝手に夜討する等を行う攻撃とは全く違っていることは明らかである。八幡愚童訓の元寇の戦いの部分は鎌倉幕府の戦略、日本の武士達の戦い方に全く無知である。八幡愚童訓の元寇の戦いの部分は後世の加筆であり、元寇に対する日本武士団の戦いを講談風に面白おかしく書き立てているだけである。

当時の史料である蒙古襲来絵詞の絵に描かれていたり、詞書から読み取れるように文永の役の時の日本の武士団の戦法は集団で突撃する戦法であり、特に弘安の役の時の戦法は進歩し、日本の武士団全体が大将↓守護↓御家人という命令・指揮体制の下に結集して総攻撃を繰り返す戦法となっている。海上の戦いに於いても、蒙古襲来絵詞の絵十四、絵十五に描かれているように、九州の兵船を結集して、総攻撃を行う戦法をとっている。

これらの戦法に於いては博多湾岸の各地域に国別に割り振って警固している御家人達を、短時間に動員して集結を完了させ、それを組織的に用兵するために動員力、動員体制の整備を行う必要があった。また、各地域に国別に割り振って警固している御家人達を総動員して一体とした攻撃体制を作るには守護の連携が極めて重要となる。島津氏、大友氏、少弐氏といった旧来の守護を単位として国別に編成された半独立的な武士団ではそのような用兵体制には対応が困難であったのであろう。合戦の戦法、用兵が進歩し、それに対応するために組織を改善せざるを得なかったのである。このような戦法や用兵の進化から、迅速、正確に用兵できるように博多湾岸の重要地点には北条氏一族、幕府の要人であった安達泰盛、千葉宗胤を守護として配置したのである。博多湾岸に割り振られた異国警固番役の各国の配置からは、鎌倉幕府の以上のような意図が読み取れる。

鎌倉幕府は異国警固番役の担当国をアトランダムに配置したり、適当に配置しているのではない。後章で述べるように博多の防衛のために土塁を伴った大水道、房州堀等を構築して、幾重にも防備体制を整えた極めて厳重な城郭都市を構築していたように、大将→守護→御家人とする命令・指揮体制の下に極めて周到な戦略の下に異国警固番役の担当地域と担当国を決定し、配置していた。鎌倉幕府は元軍が博多湾の内部に侵攻する以前に、湾口で殲滅する準備を整えていたのである。弘安三年、北条時定が守護を勤める肥前国の担当地域を博多から博多湾口の姪浜へ変更しているのはそのためであり、博多の直接の防衛から湾口に於いて攻撃するという戦略の転換である。また、このような鎌倉幕府の戦略は博多湾口に於いて元軍を殲滅できるという自信の裏づけがあったことを証明している。

後世の机上でしか論じない歴史研究者が、鎌倉幕府が博多を城郭都市として構築したことに全く気が付かなかっただけであり、鎌倉幕府が異国警固番役の担当国を何故にこのように配置したのか、その戦略に気が付かなかっただけである。また、八幡愚童訓が、日本の武士達は元軍の襲来に対して、何の準備もなくて慌てふためいて戦ったとしている記述は出鱈目《でたらめ》であるとともに、このような事実が忘れ去られて、鎌倉幕府の戦法や戦略の実像を知らない後世の人の記述であるということが分かる。

話を本筋に戻す。北条氏一族と安達泰盛、千葉宗胤が守護として配置されている異国警固番役担当地域の要《かなめ》の位置にあったのが、北条時定や鎮西探題が守護を兼補している肥前国が担当する姪浜である。肥前国が姪浜を異国警固番役の役所とするようになったのは北条時定の時期からである。北条時定は姪浜がそのような要の位置にあったために異国警固番役の担当場所を博多から湾口に近い姪浜に変更し、姪浜を自らの活動拠点の一つとしたのであろう。

相田二郎氏は北条時定と鎮西探題の関係について、「正応六年兼時、時家の鎮西下向以前に、関東から北条氏の一門例えば、北条時定の如き人が下っているが、従来これを以って鎮西探題の地位に就いたものの如く説いているのは、全く誤りである。[127]」と述べられ、北条時定は単なる肥前国守護であり、鎮西探題の起源とすることは否定されている。しかし、このような姪浜と北条時定との関係や、また、先に述べたように、鎌倉の霜月騒動に連動して九州で起きた岩門合戦に於いて北条時定が果たした役割は、単なる肥前国守護の役割を遥かに超えた九州の統率者としての行動であり、鎮西探題の先駆けとしての行動である。

話を冒頭に返すと、以上のように鎌倉幕府や北条時定が姪浜を異国警固番役の要の位置として拠点にしていたことを見てくると、鎌倉幕府や北条氏にとって姪浜は博多に次ぐ要地であり、鎌倉幕府や北条氏が姪浜を鎮西探題の設置場所に準じていたとも考えられるであろう。また、そうでなくとも姪浜が異国警固番役の要の位置であり、拠点であったことは確かである。また、北条時定が大将の役割を果たしていたことは十分に考えられる。

注

（1）川添昭二　鎮西探題の役割　川添昭二編　よみがえる中世【1】東アジアの国際都市　博多　平凡社　五二頁
（2）川添昭二　九州の中世社会　海鳥社　一六六頁
（3）佐伯弘次　鎮西探題館の位置と構造　――文献史料から見た――　法哈噠　第1号
（4）北肥戦誌　巻之一　九州の探題北条英時誅戮の事　図書出版青潮社　一二・一三頁
（5）筑前国続風土記　巻之二十　早良郡上　伊藤尾四郎校訂　文献出版　四四九頁

（6）歴代鎮西志　巻第八　永仁元年癸巳　図書出版青潮社　四六〇頁
（7）太宰管内志　筑前之八　那珂郡下　○博多沖ノ浜　歴史図書出版　二四六頁
（8）尊経閣叢刊　楠木合戦注文附博多日記　前田育徳会
（9）大庭康時　中世都市「博多の縁辺」　博多研究会誌　第4号　博多研究会
（10）博多　高速鉄道関係調査（2）　福岡市埋蔵文化財調査報告書第126集　福岡市教育委員会
（11）筑前国続風土記拾遺　那珂郡元　巻之（十）犬飼村　福岡古文書を読む会　校訂　文献出版　二八一・二八二頁
（12）佐伯弘次　鎮西探題館の位置と構造　――文献史料から見た――　法哈噠　第1号
（13）角川日本地名大辞典　40　福岡県　いぬいばば　犬射馬場　角川書店　一八四頁
（14）福岡県の地名　日本歴史地名大系41　犬射《いぬい》馬場《ばば》　平凡社　五四五頁
（15）佐伯弘次　鎮西探題館の位置と構造　――文献史料から見た――　法哈噠　第1号
（16）筥崎宮文書　筥崎宮史料　一九・二〇頁
（17）筑前国続風土記拾遺　那珂郡元　巻之（十）犬飼村　福岡古文書を読む会　校訂　文献出版　二八一頁
（18）筥崎宮文書　筥崎宮史料　二二頁
（19）筥崎宮文書　筥崎宮史料　二二頁
（20）光浄寺文書　佐賀県史料集成　古文書編　第五巻　一一〇頁
（21）佐伯弘次　鎮西探題館の位置と構造　――文献史料から見た――　法哈噠　第1号
（22）筥崎宮文書　筥崎宮史料　二四・二五頁
（23）福岡城下町、博多・近隣古図　研文社
（24）大庭康時　大陸に開かれた都市　博多　網野義彦・石井進［編］　中世の風景を読む－7　東シナ海を囲む中世世界　新人物往来社　四〇頁
（25）佐伯弘次　中世の奥堂と綱場　――日明貿易商人が住んだ町――　博多研究会誌　第6号
（26）尊経閣叢刊　東福寺領肥前国彼杵荘重書目録　前田育徳会
（27）鎌倉遺文　三二一八五　崇顕金沢貞顕書状　（正慶二年）正月十日　金沢文庫古文書

(28) 佐伯弘次　鎮西探題館の位置と構造――文献史料から見た――　法哈噠　第1号
(29) 深江家文書　佐賀県史料集成　古文書編　第四巻　三一九～三二〇頁
(30) 鎌倉遺文　三〇七八六　元徳元年十一月廿九日　鎮西探題北条英時下知状　島津他家文書
(31) 鎌倉遺文　二八三九八　元亨三年五月十日　鎮西探題北条英時下知状　肥前河上神社文書
(32) 鎌倉遺文　二八五二四　元亨三年九月十六日　鎮西探題北条英時下知状　肥前河上神社文書
(33) 鎌倉遺文　三〇七八五　元徳元年十一月廿九日　鎮西探題北条英時下知状　肥前河上神社文書
(34) 鎌倉遺文　三〇八三六　元徳元年十二月廿五日　鎮西探題北条英時下知状　肥前河上神社文書
(35) 鎌倉遺文　二七七三〇　元應三年三月　日　上神殿次郎太郎迎佑申状　島津家文書他家文書
(36) 鎌倉遺文　二九〇七八　正中二年四月五日　鎮西探題北条英時下知状案　宗像辰美所蔵文書
(37) 佐伯弘次　鎮西探題館の位置と構造――文献史料から見た――　法哈噠　第1号
(38) 榼禅性軍忠状案　元弘三年七月　日　姉崎正義氏所蔵文書　瀬野精一郎編　九州荘園史料叢書七　肥前国彼杵荘伊佐早荘史料　八〇・八一頁
榼禅性軍忠状案　川添昭二　鎮西探題史料集下　一〇五五　二九〇・二九一頁
(39) 佐伯弘次　鎮西探題館の位置と構造――文献史料から見た――　法哈噠　第1号
(40) 鎌倉遺文　三二五三四　元弘三年八月　日　薩摩白浜道季申状　薩藩旧記前編十七
(41) 鎌倉遺文　三二三一七　元弘三年六月　日　薩摩二階堂行久軍忠状　二階堂文書
(42) 筑前国続風土記　巻之四　博多　伊藤尾四郎校訂　文献出版　七八頁
(43) 石城志　巻之二　檜垣元吉監修　九州公論社　三一頁
(44) 角川日本地名大辞典　40　福岡県　やぐらもんまち　矢倉門町　角川書店　一三六七頁
(45) 佐伯弘次　自治都市　博多　博多学4　甦る中世の博多　朝日新聞福岡本部編　一八〇頁
(46) 川添昭二　鎮西探題　博多学4　甦る中世の博多　朝日新聞福岡本部編　一三二頁
(47) 佐伯弘次　鎮西探題館の位置と構造――文献史料から見た――　法哈噠　第1号
(48) 鎌倉遺文　三〇六三五　崇顕金沢貞顕書状（年月日欠）　金沢文庫文書

(49) 太平記巻第十一　筑紫合戦事　日本古典文学大系　岩波書店　三七二～三七四頁
(50) 太平記巻第十一　筑紫合戦事　日本古典文学大系　岩波書店　三七五頁
(51) 佐伯弘次　鎮西探題館の位置と構造　――文献史料から見た――　法哈噠　第1号
(52) 南北朝遺文　九州編　六九四八　建武二年二月　日　指宿成栄軍忠状写　薩摩指宿文書
(53) 鎌倉遺文　三二四三二　元弘三年七月　日　薩摩島津宗久道慶軍忠状　薩摩山田文書
(54) 鎌倉遺文　二九九〇九　嘉暦二年七月　日　某陳状案　薩摩比志島文書
(55) 群書類従　第拾輯　和歌部　巻第百五十六　臨永和歌集　巻第九
(56) 森幸夫　六波羅探題の研究　続群書類従完成会　七二頁
(57) 太平記巻十　高時并一門以下於東勝寺自害事　日本古典文学大系34　岩波書店　三五八～三六〇頁
(58) 東勝寺遺跡発掘調査報告書　東勝寺遺跡発掘調査団編　鎌倉市教育委員会
東勝寺跡　――第3・4次遺構確認調査報告書――　鎌倉市教育委員会
(59) 秋山哲雄　北条氏権力と都市鎌倉　吉川弘文館　三二頁
(60) 鎌倉遺文　三二〇九〇　元弘三年四月十三日　道性軍忠実検状　武蔵飯田一郎所蔵文書
(61) 南北朝遺文　九州編　四　年月日欠　島津道恵目安状写　薩藩旧記十七所収山田文書
(62) 牧健二監修　佐藤進一、池内義資編　中世法制史料集　第二巻　室町幕府法　附録一　沙汰未練書　岩波書店　三六三頁
(63) 牧健二監修　佐藤進一、池内義資編　中世法制史料集　第二巻　室町幕府法　沙汰未練書解説　岩波書店　四二九・四三〇頁
(64) 牧健二監修　佐藤進一、池内義資編　中世法制史料集　第二巻　室町幕府法　附録一　沙汰未練書　岩波書店　三六一頁
(65) 佐藤進一　鎌倉幕府訴訟制度の研究　岩波書店　一八四頁
(66) 佐藤進一　鎌倉幕府訴訟制度の研究　岩波書店　二〇九頁
(67) 川添昭二　かねざわさねまさ　金沢実政　国史大辞典　3　吉川弘文館　四七七頁

(68)牧健二監修　佐藤進一、池内義資編　中世法制史料集　第二巻　室町幕府法　附録一　沙汰未練書　岩波書店　三五七頁
(69)続群書類従　第貮拾九輯上　雑部　巻第八百五十五　北条九代記下
(70)佐藤進一　鎌倉幕府訴訟制度の研究　岩波書店　七三頁
(71)鎌倉遺文　一一八〇五　文永十二年二月　日　少弐経資書状案　薩摩比志島文書
(72)川添昭二　注解元寇防塁編年史料　福岡市教育委員会　一三三頁
(73)川添昭二　鎮西評定衆及び同引付衆・引付奉行人　九州中世史研究　第一輯　二一九頁
(74)群書類従　第弐拾九輯　雑部　巻第五百十四　近江国番場宿蓮華寺過去帳
(75)尊経閣叢刊　楠木合戦注文附博多日記　前田育徳会
(76)佐藤進一　鎌倉幕府訴訟制度の研究　岩波書店　七四頁
(77)鎌倉遺文　一六一三〇　弘安九年閏十二月廿八日　関東式目　薩摩比志島文書
(78)南北朝遺文　九州編　一〇一　建武元年七月　日　島津庄謀叛人等交名写　薩藩旧記十七所収諏訪文書
(79)南北朝遺文　九州編　一九三六　康永二年七月三日　龍造寺家政軍忠状　肥前龍造寺文書
南北朝遺文　九州編　一九三七　康永二年七月四日　荒木家有軍忠状　筑後近藤文書
南北朝遺文　九州編　一九三八　康永二年七月五日　龍造寺家平軍忠状　肥前龍造寺文書
南北朝遺文　九州編　一九三九　(康永二年)七月五日　大友氏泰書状　豊後草野文書
(80)南北朝遺文　九州編　一九三六　康永二年七月三日　龍造寺家政軍忠状　肥前龍造寺文書
(81)南北朝遺文　九州編　一九五〇　康永二年七月　日　田原正堅軍忠状　豊後入江文書
(82)川添昭二　鎮西評定衆及び同引付衆・引付奉行人　九州中世史研究　第一輯　二一九・二二〇頁
(83)群書類従　第拾輯　和歌部　巻第百五十六　臨永和歌集
(84)川添昭二　鎮西評定衆及び同引付衆・引付奉行人　九州中世史研究　第一輯
(85)太田亮　姓氏家系大辞典　第二巻　キート　角川書店版　二九三三頁
(86)大庭康時　埋没した中世都市博多と地名　福岡地方史研究　第四六号

(87) 佐藤進一　鎌倉幕府訴訟制度の研究　岩波書店　八四頁
(88) 牧健二監修　佐藤進一、池内義資編　中世法制史料集　第二巻　室町幕府法　附録二　武政軌範　岩波書店　三七六〜三九八頁
(89) 牧健二監修　佐藤進一、池内義資編　中世法制史料集　第二巻　室町幕府法　解題　岩波書店　四三一・四三二頁
(90) 牧健二監修　佐藤進一、池内義資編　中世法制史料集　第二巻　室町幕府法　附録二　武政軌範　岩波書店　三八七・三八八頁
(91) 牧健二監修　佐藤進一、池内義資編　中世法制史料集　第一巻　鎌倉幕府法　第二部　追加法　岩波書店　四〇〇頁
(92) 川添昭二　鎮西評定衆及び同引付衆・引付奉行人　九州中世史研究　第一輯　二二三頁
(93) 博多　福岡市埋蔵文化財調査報告書第２０４集　福岡市教育委員会
(94) 南北朝遺文　九州編　七五一　建武三年九月　日　深堀明意軍忠状　肥前深堀文書
(95) 佐藤鉄太郎　屈強襲来絵詞と竹崎季長の研究　第九章　錦正社
(96) 川添昭二　注解元寇防塁編年史料　福岡市教育委員会　二一四頁
(97) 川添昭二　中世・近世博多史論　海鳥社　一〇三頁
(98) 福岡県資料　第七輯　明治一五年字小名調　席田郡上臼井　七〇四頁　早良郡免　七四七頁
(99) 鎌倉遺文　二八五一一　元亨三年九月十一日　少弐貞経下知状写　肥前綾部文書
(100) 鎌倉遺文　二五三　文治三年八月　筑前糟屋西郷那珂西郷坪付帳写　筑前田村大宮司家文書
(101) 相田二郎　蒙古襲来の研究　吉川弘文館　一六一頁
(102) 川添昭二　中世・近世博多史論　海鳥社　八九頁
(103) 鎌倉遺文　二一五〇〇　乾元二後四月十七日　少弐崇恵盛経執行状　豊後広瀬家文書
(104) 鎌倉遺文　二五七四一　正和五二月十二日　少弐貞頼書下　筑前榊輝雄文書
(105) 鎌倉遺文　一五九六六　弘安九年八月廿七日　少弐経資書下案　肥前青方文書
(106) 川添昭二　注解元寇防塁編年史料　福岡市教育委員会　九五頁

(107)川添昭二　注解元寇防塁編年史料　福岡市教育委員会　二二三頁
(108)中山平次郎　古代の博多　第三章　博多古図　九州大学出版会　一七七〜二一二頁
(109)鎌倉遺文　三一六七〇　元徳四年二月一日　少弐妙恵御教書　筑前中村文書
(110)鎌倉遺文　二八〇一三　元亨二年五月一日　少弐貞経書下　豊前到津文書
(111)鎌倉遺文　一二六五四　建治三年正月廿七日　島津久時覆勘状　比志島文書
(112)鎌倉遺文　一五一八二　弘安七年後四月廿一日　島津宗忠覆勘状　比志島文書
(113)鎌倉遺文　一六九五二　正応二年四月五日　島津忠宗覆勘状　薩摩川田家文書
(114)川添昭二　注解元寇防塁編年史料　福岡市教育委員会　八七頁
(115)鎌倉遺文　一九七七七　永仁六年八月卅日　平岡為尚覆勘状　肥前青方文書
(116)佐藤進一　増訂鎌倉幕府守護制度の研究　東京大学出版会
(117)佐藤進一　増訂鎌倉幕府守護制度の研究　東京大学出版会　一〇七・一〇八頁
(118)関東評定事書断簡　生桑寺大般若経裏打紙文書　杵築市八坂生桑寺所蔵　大分県史料(二五)第二部　一一四・一一五頁
(119)八幡愚童訓甲　荻原龍夫　日本思想大系20　寺社縁起　岩波書店　一九〇頁
(120)八幡愚童訓甲　荻原龍夫　日本思想大系20　寺社縁起　岩波書店　一九〇頁
(121)川添昭二　日本史の世界　元の襲来　ポプラ社　一八二頁
(122)川添昭二　日本史の世界　元の襲来　ポプラ社　一八五頁
(123)山口修　蒙古襲来　桃源社　一九一頁
(124)山口修　蒙古襲来　桃源社　一九二頁
(125)鎌倉遺文　一八三一六　関東評定事書　近衛家本追加
(126)牧健二監修　佐藤進一、池内義資編　中世法制史料集　第一巻　鎌倉幕府法　岩波書店　四〇〇頁
(127)相田二郎　蒙古襲来の研究　吉川弘文館　三三二頁

第二章　鎌倉幕府・鎮西探題が構築した房州堀

第一節　房州堀の復元

（一）江戸時代の地誌に記された房州堀

中世の博多は、西側は那珂川、北側は博多湾の海、南側は房州堀、東側は御笠川によって囲み、防備を施していた。西側の那珂川と北側の博多湾はそれぞれ自然の河川と海であるが、南側の房州堀は博多の南側の防備のために掘られた人工の堀であり、東側の御笠川は鎌倉時代の文永の役頃までは、大宰府方面から北に向かって流れ、博多の南側で西よりに向きを変え、博多とその南に存在する住吉との間を通って那珂川に流れ込んでいた川であったが、それをそのまま真っ直ぐに博多の東側を流れるように流路を変えて、博多の東側の防備のために通された人工の河川である。以上のような自然の河川や海と合わせて人工の堀や流路を変えた河川で囲んだ博多の防備は、いつ頃に構築されたのであろうか。また、それは誰によって構築されたのであろうか。

初めに博多の南側を防衛するために掘られた房州堀について見てみよう。房州堀について記している中世の文献はない。房州堀については江戸時代の絵図、貝原益軒の筑前国続風土記、青柳種信の筑前国続風土記拾遺、石城志、奥村玉蘭の筑前名所図会等に記されているだけである。貝原益軒の筑前国続風土記は房州堀について次のように記している。

又南の方の外郭に、横二十間余の堀の跡ありて、瓦町の西南のすみより、辻堂の東に至る。是南方の要害の固なり。其土堤今もあり。此堀を房州堀と号す。臼杵安房守鑑賡といひし人ほらせたる故なりといふ。然れは元亀天正の比、始めて掘しなるへし。或は其前大内家守護の時よりも、此要害有しを、臼杵氏修補せしにや、いまた詳ならず。臼杵安房守は大友宗麟の一族にて、立花道雪の母養孝院の兄なり。大友氏の命をうけて、天文より元亀の始まて、志摩郡柑子岳の城に居、志摩郡の政所と号して、郡中の事を司どる。道雪立花山の城にうつりし後、助のため、博多に砦をかまえ、堀をほり、鑑賡を置き、柑子か岳には、其弟臼杵新介鎮次を被置、鑑賡鎮次共に天正六年十一月十日、日向耳川にて薩摩の兵と戦って死す。明暦の初やうやく田と成しかと、其堀の形残りて、今もあらはに見ゆ。又西一面の堀も、むかしは瓦町のうらより、袖の湊迄南北に通りてありしが、いつのほとにかうつもれて、今はわつかに残り、片原町のうらにあり。博多の南方に門を立たる所をは、今も矢倉門と云て、其名のみ伝はれり。其昔承天寺盛なりし時は、彼寺の南門此所に在りしといふ(1)

筑前国続風土記は房州堀について、以上のように記しているが、これを平たくまとめると、

①博多の南側の外郭に幅二十間余（一間は一・八メートルであり、従って、二十間は三六メートルとなるが、二十間余であるから約四〇メートル程であろう）の堀の跡があって、その堀の跡は瓦町の西南の隅から辻堂の東に至っている。この堀は博多の南側の防備のために構築された施設である。

②この堀を房州堀と称した。この堀を房州堀と称するのは、大友宗麟の一族で、家臣の臼杵安房守鑑賡が掘らせたので、その臼杵鑑賡の官途の安房守に因んで房州堀と称した。

③房州堀は元亀天正の頃、つまり、戦国時代の最も戦乱の激しい時期に初めて掘られたのであろう。或はその前に大内氏が博多を支配していた頃には既にこの堀が存在していたのを、後に臼杵鑑賡が修補したのか、はっきりとは不明である。

④房州堀の土手（土塁）は貝原益軒が筑前国続風土記を著した十八世紀の初めの頃までは現存していた。房州

堀は十七世紀半ばの明暦の初め、次第に水田となったが、その堀の形は残っていて、貝原益軒が筑前国続風土記を著した十八世紀の初めの頃ははっきりとその堀の跡を見ることができた。

と、以上のように記している。

房州堀は幅約四〇メートルで、瓦町の西南から辻堂の東に達して掘られていたこと、房州堀の名称はそれを掘ったと伝えられている大友宗麟の家臣臼杵安房守鑑賡の官途である安房守に因む名称であること、房州堀は博多の南方の防備のための施設として掘られたこと等を記し、更に房州堀の土塁は貝原益軒が筑前国続風土記を著した十八世紀の初め頃まで実在していたこと、房州堀自体は十七世紀半ばの明暦の初めに次第に水田となったが、堀の跡は貝原益軒が筑前国続風土記を著した頃もはっきりとその跡が残っていた、と記している。

房州堀について筑前国続風土記は以上のことを記している。ただ、房州堀について筑前国続風土記はそれ以上のことは記していない。筑前国続風土記から房州堀について明らかにすることができるのは以上のことについてだけであるので、幅四〇メートルの房州堀が博多の南側の瓦町の南西の隅から辻堂の東に至ると記されている場所が具体的には現在の博多のどの場所であるか、どのように通っていたのか等は、筑前国続風土記の記述からは復元できない。

しかし、幸いにも房州堀がどこに、どのように通っていたのか、奥村玉蘭の筑前名所図会の絵に二場面が描かれている。一つは承天寺、博多東の郭門と作出町が描かれている場面の絵であり、もう一つは東林寺、一朝軒、房州堀の跡が描かれている場面の絵である。

(二)　博多東の郭門より東側の房州堀

筑前名所図会の承天寺、博多東の郭門、作出町を描いた絵に房州堀が描かれている。ここに描かれている房州堀は博多東の郭門のすぐ東側から承天寺の境内の南側の境界線に沿って真っ直ぐに東の方に存在しているように描かれている。つまり、承天寺の境内の南側の境界線を北側の境界線として真っ直ぐに東の方に存在しているように描かれている。

筑前名所図会の絵を少し正確に見てみよう。ここに描かれている房州堀は博多東の郭門の東から東の方へ承天寺の境内の南側の境界線に沿ってその南側に描かれているが、途中で消えてしまっている。本来、房州堀は作出町が描かれているこの絵の最も右上端にその一部が描かれている御笠川と繋がっていたはずであるが、この絵に描かれている房州堀は途中で消えてしまっているのである。房州堀は本来、繋がっていたはずの御笠川までの部分が描かれていないので、この作出町の図に描かれている房州堀は本来、繋がっていたはずの御笠川と繋がらずに、その手前までしか描かれていないのである。これは言うまでもないことであるが、房州堀が途中でなくなっていたわけではなく、絵の表現方法で房州堀が描かれていないだけである。筑前名所図会の絵を描いた奥村玉蘭は本来、御笠川よりの位置に房州堀の跡が実在していたにも係わらず、その部分の房州堀を描いていないだけである。

博多東の郭門の東から承天寺の境内の南側の境界線の南側に描かれている房州堀は途中から描かれていないが、本来的には西の方に描かれている房州堀に引き続き東の方に伸び、御笠川に繋がって存在していた。絵をよく見てみると、房州堀の御笠川に繋がっていた部分とその近くには房州堀は絵として描かれていないが、構図的にはそのまま房州堀は描き込まれているのであり、西の方の房州堀に引き続き、その東の方にも構図的には読み取ることができる。西の方の実際に描かれている房州堀に引き続き、その東の方にも房州堀は余白に近い状態でほとんど何も描かれずに房州堀を表している。

つまり、博多東の郭門の東側から描かれている承天寺の境内の南側の境界線は房州堀と堺を接する崖の線として描かれているが、その崖の線は御笠川に近い位置ではなくなっている。しかし、この承天寺の境内の南側の崖の線で描かれている境界線は描かれずになくなっている場所でなくなっているのではなく、そのまま東の方に真っ直ぐに延長した線となっているのである。描かれずになくなっている承天寺の境内の南側の境界線、房州堀の北側の境界線は、描かれている承天寺の境内の南側の境界線、房州堀の北側の境界線を真っ直ぐに右の方、東の方に延長した線である。

そして、その延長線の東端の位置に大木とその下に二つの石塔が描かれている。この大木は承天寺の境内の南側の境界線の内側にあって、承天寺の境内の南側の境界線のほぼ東端の位置に存在している。即ち、筑前名所図会の博多東の郭門と作出町の絵に描かれている房州堀は、以上のように博多東の郭門と大木を結ぶ線の南側に存在しているのである。房州堀はこの線を北側の境界線として存在しているのである。

ところでこの大木と二つの石塔は何であろうか。絵をよく見てみると石塔の横に短冊が切ってあり、短冊には「こくめいは可」と記されている。「こくめいは可」とは謝国明の墓である。聖一国師が承天寺を創建した時の壇越であった謝国明の墓である。謝国明は承天寺が創建された時の壇越であったために墓は承天寺の境内に建てられたのであろう。現在、謝国明の墓は石塔の傍らの大木に捲かれてしまっていてその中にあるとされている。大木は楠であり、大楠様と称されて、現存している。ただ、現在、枯死し、根元から数メートルの部分が残っているだけである。近年、近所の火災に罹ったためという。大楠様の名称のとおり、根周りは一一メートル、地上一・二メートルの高さで、幹周りは八メートルもあり、樹齢数百年の巨木である。おそらく、謝国明の墓が建てられた鎌倉時代から植栽されていた楠であろう。大楠様のあり方から判断する限り、房州堀が掘られたとする戦国時代の元亀天正頃か、近世初期頃に植栽された木ではなく、もっと古くからの木である。江戸時代の地誌は、謝国明が亡くなったのは弘安三年（一二八〇）であり、楠はその時、謝国明の墓の傍らに植えられたと記している。

因みに筑前名所図会は木立や樹木を適当に描いているのではない。名木、大樹は正確に描いている。例えば、

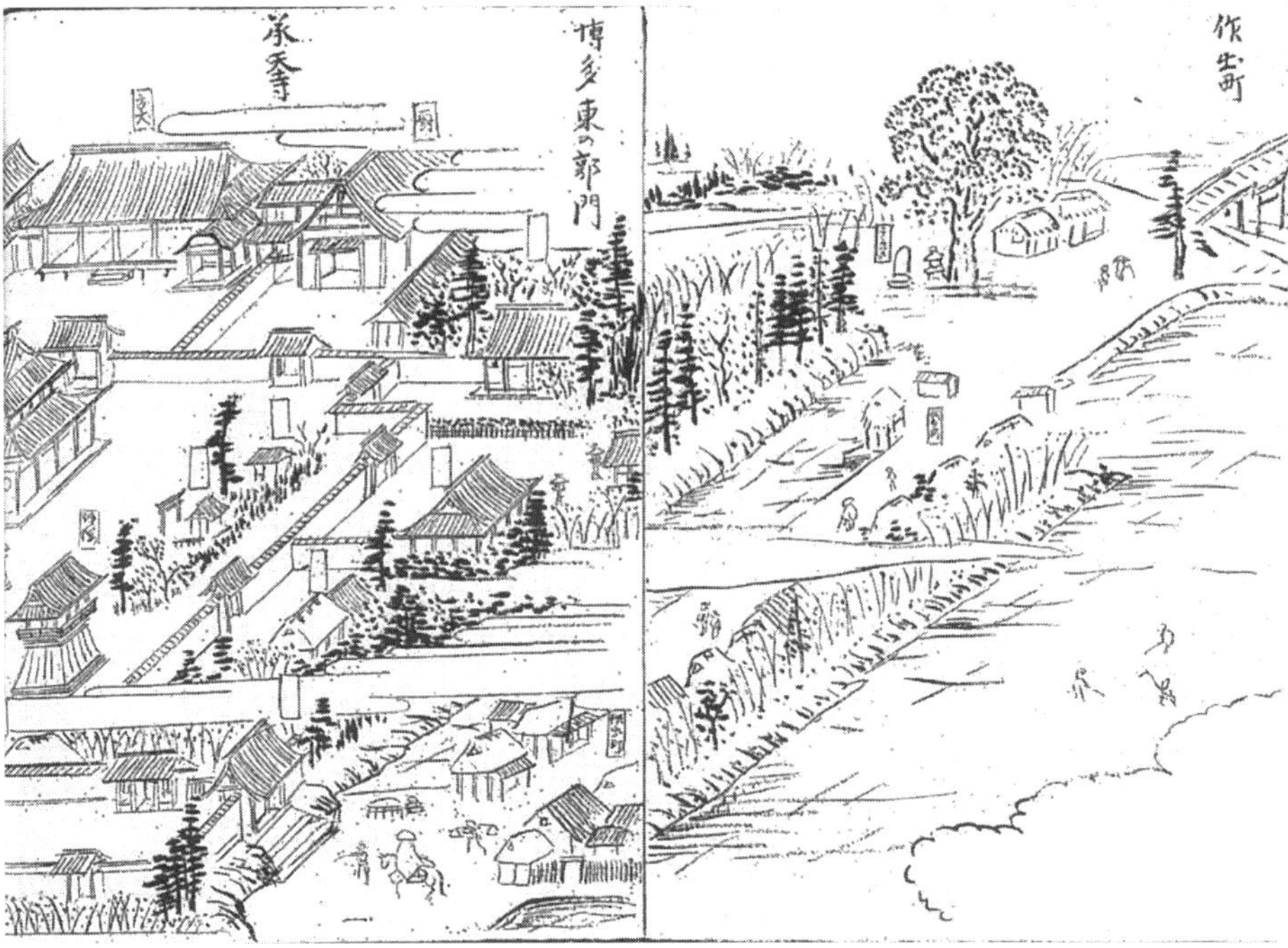

筑前名所図会の博多東の郭門と大楠様を結ぶ線の南側に描かれている房州堀

画面の左下に博多東の郭門が描かれ、画面の右上に短冊に「こくめいは可」と記された大楠様が描かれ、房州堀は両者を結ぶ線の南側、承天寺の境内の南側に描かれている。
筑前名所図会　福岡市博物館蔵

大楠様の現状

大楠様は近世になって植栽された樹齢400年程ではなく、伝承のように樹齢700年を超える巨木である。

荒戸山の松源院のもみじの樹上には短冊を切って「名木もみち」と書き込みをしているように、名木として知られている木には短冊を切って名を記しており、大樹はその姿を正確に描いている。奥村玉蘭は名木や大樹に極めて強い関心があったようである。

過日、筥崎八幡宮を訪れた時、田村靖邦宮司から「元寇の戦いを見ていた大楠が境内にあります。」との話を伺い、その大楠を見せて戴いた。大楠は国の重要文化財に指定されている一の鳥居の南側の木立の中にあり、気を付けないと分からないような場所にある。この場所は旧馬屋の前である。既に枯れており、樹齢八百年と記された立札が立てられているが、樹齢千年に近いと推定され、元寇の時には既に樹齢百年を超える木としてここにあったことは間違いない、大楠様よりも巨大な大楠である。筥崎八幡宮の境内とはいえ、都心からほど近い市内に大楠があったことに驚いた。後で筑前名所図会の絵を確認すると大楠は馬屋の前にちゃんと描かれており、筑前名所図会の絵の正確さに改めて感心させられた。

本論から離れるが、少し謝国明について見てみよう。謝国明について伝説的な話は多いが、謝国明については次の二つの史料がある。これらが謝国明についての確実な史料であり、これらの史料から謝国明がどのような人物であるかを見てみよう。

㋐宗像社雑掌申社領小呂嶋事、訴状副具書等遣之、如状者、綱首謝国明語取前預所代常村、号地頭、対捍社役云〻、事実者、甚不穏便、早任先例、可勤仕社役之由、可令下知、若又有子細者、召出国明子息、可被注申之状、依仰執達如件、

建長四年七月十二日

相模守（花押）

陸奥守（花押）

豊前〻司殿[2]

㋑（折紙）六波羅殿御書下　当時武蔵守殿

宗像六郎氏業与三原三左衛門尉種延相論、宗像社領筑前国小呂嶋事、如氏業申者、彼嶋者自昔為大宮司成敗之処、種延寄事於船頭謝国明遺領、不従所勘之條、太無其謂、早可被遂糺決云云、如種延申者、謝国明遺跡事、後家尼与種延致相論、御成敗未断之間、当時不及其節、所詮、「（折返）任先例、被致沙汰事候者、不及支申云〻者、種延承伏之上者、任先例、致其沙汰、可相待関東御成敗左右之由、可相触于氏業之状如件、

建長五　五月三日　（北条長時）（花押）

奉行人〻(3)

謝国明は史料㋐には綱首謝国明、史料㋑には船頭謝国明とあり、綱首謝国明、船頭謝国明と称した人物である。現在、福岡市西区に所属している小呂島があるが、この小呂島は宗像神社が史料㋐で社領小呂嶋、史料㋑で宗像社領筑前国小呂嶋と主張しているように宗像神社領である。また、史料㋑で宗像神社が「彼嶋者自昔為大宮司成敗」と主張しているように宗像神社の大宮司の支配の下にあった。このような宗像神社領である小呂島を、史料㋐によれば、謝国明は宗像神社の前預所代常村から「語取」って、つまり、騙し取って地頭と称して社役を対捍したとして鎌倉幕府に訴えられている。そして、宗像神社の訴えは勝訴となり、謝国明は社役を勤仕するように命じられている。いずれにしろ、謝国明は小呂島の地頭と称していた。

史料㋑によれば、謝国明が小呂嶋について所有した職は彼の後家尼に相伝されたが、その後、後家尼と三原三左衛門尉種延との間で相論となり、三原三左衛門尉種延の所有に帰している。そして、史料㋐に「召出国明子息」とあり、謝国明には子息がいたことが記されており、謝国明には妻、子息の存在が知られる。

また、史料㋐は建長四年（一二五二）の年であり、謝国明は既に建長四年には死去していたらしい。建長五年の史料㋑には「謝国明遺跡事、後家尼……」とあり、謝国明は建長五年には死去していたことは明らかである。先に触れたように地誌の類は謝国明の死去は弘安三年としているが、青柳種信の筑前国続風土記拾遺が、謝国明は弘安三年十月七日、八十八歳で没した、と記しており(4)、それに拠《よ》っているためであろう。しかし、謝

国明は実際にはそれより二十八年前に死去している。謝国明について確実に明らかにすることができるのは以上のようなことである。

話を房州堀に戻す。筑前名所図会の承天寺、博多東の郭門、作出町の絵に描かれている房州堀は博多東の郭門の東側の直下と大楠様を結ぶ線を北側の境界として描かれている。そしてその線は承天寺の境内の南側の境界線でもある。筑前名所図会の博多東の郭門、作出町の絵には房州堀は以上のように描かれている。それではこの絵に描かれている房州堀は現在の市街ではどこにあったのであろうか。この房州堀が現在の市街地でどこにあったかを明らかにするためには、先に明らかにしたことから、博多東の郭門の位置と大楠様の位置を明らかにすることができれば、その二つの地点を結んだ線が房州堀の北側の線であるから、房州堀はその線の南側に存在していたことになる。

先に述べたように大楠様は現存している。福岡市博多区博多駅前一丁目二十五番の地に現存している。巨大な楠の有様から大楠様は謝国明の墓が作られた鎌倉時代に植栽されたものであり、その当時から移動したことはなく、鎌倉時代から現在までずっとその位置にあったことは疑い得ない。現在、大楠様は承天寺の境内から数十メートル離れた別の地に存在している。しかし、大楠様がある場所は本来、承天寺の境内であり、承天寺の境内の南を横切って鉄道が敷設された時、承天寺の境内は狭められ、大楠様が存在している地も承天寺の境内から分離してしまったようである。因みに大楠様が承天寺の境内から離れてしまっている現在も、大楠様がある地は承天寺の分境内として承天寺が管理されているということである。

次に博多東の郭門は現在の市街地ではどこにあったのであろうか。博多東の郭門は聖福寺、承天寺の門前を通る通りの南端に、承天寺の境内の西南の角の端にあった。しかし、現在、承天寺の境内の前面である西側と、南側とは、旧博多駅が建設された時と現在の博多駅が建設された時に大規模な街路の変更や区画整理が行われて市街の旧状を大きく変えてしまっており、聖福寺、承天寺の前を通り、博多東の郭門に至る道路も現在では途中で消滅してしまっており、現在の市街には博多東の郭門の跡は全く残っていない。従って、博多東の郭門の位置は現状の市街の町並からは復元できない。

但し、先に博多東の郭門は聖福寺、承天寺の門前を通る道路の南端に存在し、その位置と大楠様の南側を結ぶ線が承天寺の境内の南側の境界線であり、また、その線が房州堀の北側の境界線であることを見た。従って、先にその存在を確認した大楠様の南側を基準に承天寺の伽藍の基準線に従って西の方に伸ばした線と、聖福寺、承天寺の門前を通る道路の線を延長した線とが交わる地点が博多東の郭門の位置となる。

尚、第六章　第三節に於いて説明するように、聖福寺と承天寺との前を通る通りは現在では一本の通りになっているが、この通りは豊臣秀吉の博多の復興、つまり、太閤町割りによって一本にまとめられた通りである。それ以前の中世に於いては聖福寺の前を通る通りと承天寺の前を通る通りとは別々である。ここでは聖福寺と承天寺との前を通る通りが同じ通りとなっている太閤町割り以後の現在の通りで説明する。

大楠様の南側を基準に承天寺の伽藍の基準線に平行して西の方に伸ばした線は、御笠川に架かる御笠橋があるが、その御笠橋の上を通って西に伸びている道路と同じである。即ち、この道路の北側に接して大楠様は存在しているので、大楠様の南側の線はこの道路であり、これが本来の承天寺の境内の南側の境界線である。

旧博多駅の敷地の跡に公園が建設されている。出来町公園である。現在は高いビル群に囲まれた木立と芝生の小公園となっており、公園の隅に旧博多駅の跡地であることを示すために「九州鉄道発祥の地」と記された記念碑が立てられ、その傍らに蒸気機関車の動輪が展示されている。先の大楠様の南側を通る道路を真っ直ぐに西に伸ばしていくと、道路は出来町公園の敷地の南側に至り、この道路と聖福寺、承天寺の前を通っている道路を伸ばして、これら二つの道路が交わる場所は出来町公園の南側の境界線の西側から四分の一程の位置となる。従って、博多東の郭門は出来町公園の南側の境界線の西側から四分の一程の位置に存在していたことが分かる。

旧博多駅が開設される前の地図が福岡市役所の区画整理課に博多駅地区土地区画整理事業街区位置図という縮尺六百分の一の数枚の青焼の地図で保存されている。それには旧博多駅が建設される以前の字名と地図が記されている。現在、聖福寺、承天寺の前を通って博多東の郭門に至っている道路は出来町公園の北側で消滅してしまっているが、この地図には明確に大楠様の南側を通る道路の北側の境界線の直近まで真っ直ぐに通っている。また、この博多東の郭門に至る道路は他の道路と違って、地図中では他の道路よりも幅広く、当時の主要な通りであることを物語っている。馬、駕籠と荷車の時代から車社会になって道路が広くなった現在ではこの通りは単なる裏通りとなっており、とてもそのような面影は見られないのであるが。この道路は大楠様の南側を通る道路と交わる地点の直近の北側で終わっている。この地点が博多東の郭門の位置であり、筑前名所図会に描かれている聖福寺、承天寺の前を通って博多東の郭門に至っている道路が博多東の郭門の位置で終わっている絵と一致している。

以上のように博多東の郭門の位置は出来町公園の南側の境界線の西側から四分の一程の位置に確定することができる。

房州堀はこの位置と大楠様の南側を結んだ線を堀の北側の境界線とし、その南側に約四〇メートルの幅で存在していた。具体的には房州堀の遺構はこの線である道路の南側に、この道路とほぼ平行するように東西に走っている道路がある。出来町の字図の南側の端を走っている道路であり、出来町はこの道路より北側である。この道路の北側の東寄りの一部は大字犬飼村の字一里山となっているが、この道路との間が房州堀である。房州堀は出来町公園の南端に位置を確認した博多東の郭門の位置と大楠様を結ぶ線の南側に、これは現在、大楠様の南側と出来町公園の南側を通っている道路である、この道路の更にもう一本南側の道路との間に存在していた。この二つの道路に挟まれた地域の中間辺りの間隔は約四〇メートルであり、筑前国続風土記に記された房州堀の幅と一致する。

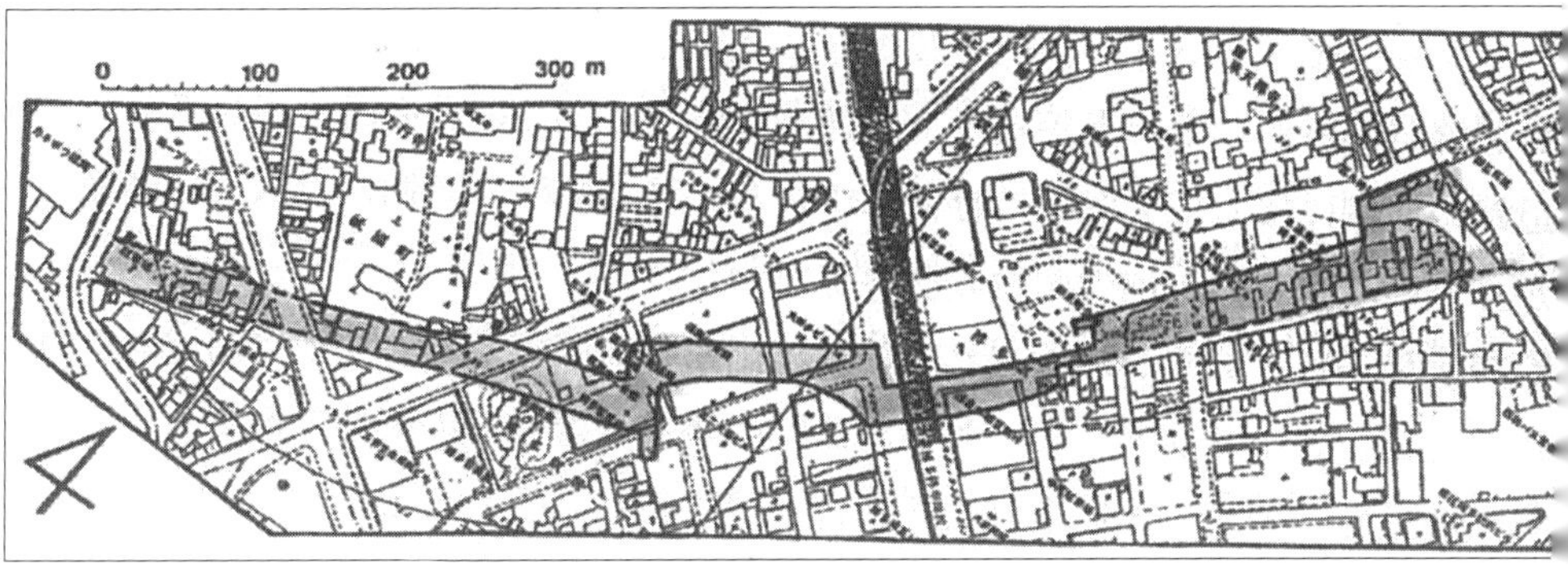

佐伯弘次・小林茂氏が復元した房州堀

小林茂・磯望・佐伯弘次・高倉洋章編　福岡平野の古環境と遺跡立地——環境としての遺跡との共存のために　九州大学出版会　229頁より

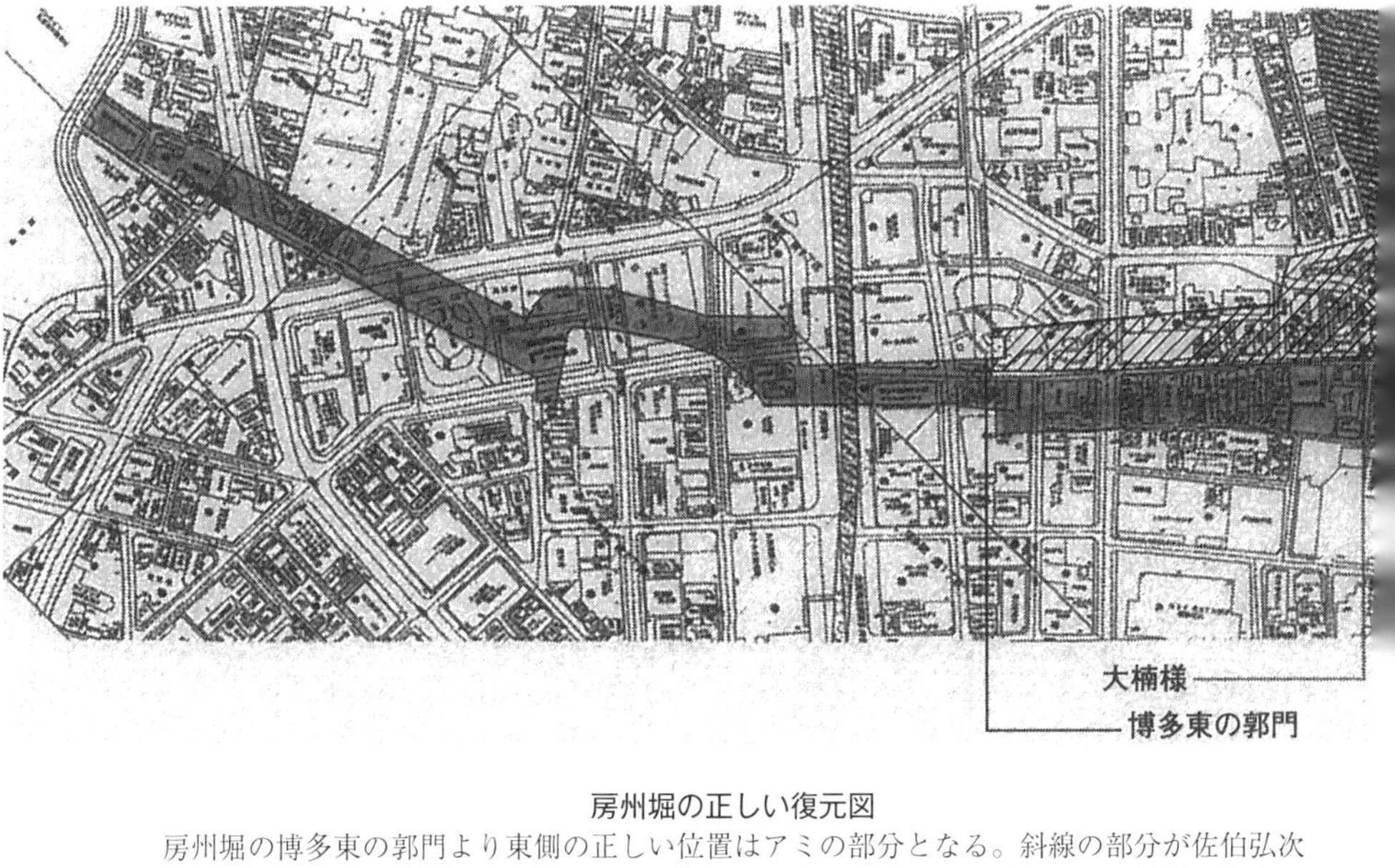

房州堀の正しい復元図

房州堀の博多東の郭門より東側の正しい位置はアミの部分となる。斜線の部分が佐伯弘次氏らの復元した博多東の郭門より東側の房州堀の位置であり、房州堀がこの位置だとすると、博多東の郭門と大楠様を結んだ線の北側であり、筑前名所図会に描かれている博多東の郭門と大楠様を結んだ線の南側にある位置と違う。また、佐伯弘次氏らの復元であると、大楠様は房州堀の中に水没してしまい、枯死してしまうはずであり、現在のような樹齢の大楠様は存在し得ないことになり、このことからも佐伯弘次氏らの復元は誤りとなる。

ところで現在、房州堀の復元については福岡市博物館が作製した復元図[5]、佐伯弘次・小林茂氏が共同で復元した図[6]がある。福岡市博物館が作製した房州堀の復元図は佐伯弘次・小林茂氏が共同で復元した図と全く同じであり、福岡市博物館の復元図も両氏の手になるものであろう。その他、堀本一繁氏も房州堀について考察しているが、同氏は「従来の推定図と異なる点は、堀中央の屈折部分が町の内部に約四十m程入り込むことである。」と、房州堀の中央部分の湾入部分の東端の部分を四〇メートル程北にズラスとしているだけである。堀本一繁氏が房州堀の中央の湾入部分を四〇メートル程北にズラスとしたのは、福岡市が地下鉄工事を行った時、佐伯弘次・小林茂氏が復元した房州堀の中央の湾入部分の四〇メートル北に、幅六メートルの堀の跡が発掘されたためである[7]。この堀の遺構は福岡市営地下鉄祇園町工区P2出入口遺構に頂部幅六メートル、確認面からの深さ一メートルの逆台形の形で発見された。この堀の遺構は本来の頂部が切り取られているので発掘された時の幅六メートルよりはもう少し広くなると考えられている。堀本一繁氏はこの堀の遺構を房州堀とした。堀本一繁氏のこの論について、佐伯弘次・小林茂氏は貝原益軒の筑前国続風土記が幅二十間余と記している房州堀の幅と比べてあまりにも狭いとして、堀本一繁氏が房州堀であるとした堀の跡は、房州堀とは別であるとして堀本一繁氏の論を否定した[8]。以上のような違いはあるが、その点を除くと小林茂・佐伯弘次氏、堀本一繁氏が復元した房州堀についての見解は全く同じである。小林茂・佐伯弘次氏の博多東の郭門より東側の房州堀のあり方については、堀本一繁氏も両氏の復元をそのまま認め、異論は主張していない。

しかし、これらの房州堀の復元には誤りがある。先に見たように、博多東の郭門より東側の房州堀は、奥村玉蘭の筑前名所図会には出来町公園の南側に確認した博多東の郭門と大楠様とを結ぶ線の南側に描かれている。筑前名所図会は、はっきりと大楠様の南側に房州堀を描いている。また、大楠様は承天寺の境内の東南の隅に描かれている。つまり、大楠様までが承天寺の境内として描かれている。しかし、小林茂・佐伯弘次氏が復元した博多東の郭門より東側の房州堀は、大楠様を含んで、大楠様より北側に房州堀を復元している。

両氏が復元した房州堀では、大楠様は房州堀の内に含まれてしまっているのである。大楠様が房州堀の中にあったとしたら、大楠様は当然、水没してしまい、枯れ死して現在まで存在しているはずはない。大楠様が現在まで残っていることは、大楠様が植栽された鎌倉時代から現在まで、房州堀の内側ではなく、外側にあって水没して枯れ死するようなことがなかったということである。先に述べたように大楠様は地上一・二メートルの高さで幹周り八メートルの巨木である。戦国時代の末期や近世初期に植栽された樹齢四百年程の木ではない。もっと古い樹齢数百年の木であり、鎌倉時代に植栽されたという伝承のとおりの樹齢の巨木である。

また、大楠様までが承天寺の境内で、房州堀はその南側にあったことは地形からも明らかである。承天寺の境内から大楠様の位置までは同じ高さの地形が続いているが、大楠様の南側は、その南側にある道路の先から急激に落ち込んで、一メートル近くの段差となっており、大楠様の南側からが房州堀であったことをはっきりと証明している。

小林茂氏、佐伯弘次氏が房州堀を、大楠様を含んで、大楠様より北側であるとして復元しているのは、多分に房州堀の位置の基準となる、筑前名所図会の絵の中の短冊に「こくめいは可」と記されている大楠様の絵を見落として、これを考慮に入れなかったためであろう。また、房州堀の跡の地形を考慮しなかったためであろう。勿論、堀本一繁氏の論も同様である。

(三) 字堀田に残された房州堀

次に房州堀の西側部分について見てみよう。筑前名所図会の東林寺、一朝軒と吉祥女社、菅(管)弦橋が描かれた絵の東林寺の手前(南側)に、「防(房)州堀址」と短冊が切ってあり、房州堀が描かれている。房州堀は東林寺の南側に、画面の東から瓦町の通りまで少しくねりながら描かれて、瓦町の通りで途絶えている。

房州堀が途絶えた先は瓦町の通りを挟んで二軒の民家とその後ろに藪が描かれている。瓦町の通りから西側の房州堀の跡は既に民家や藪となっている。その北側は吉祥女社となっている。また、房州堀の南側に管弦橋が架けられている川が、房州堀と平行しながら描かれている。鉢の底川である。房州堀はこの鉢の底川の北側に少しくねりながら描かれている。本来、房州堀は吉祥女社の南側を通って、西側は鉢の底川に繋がっていた。

文化九年（一八一二）の三奈木黒田家所蔵の絵図がある。この絵図に描かれている房州堀も瓦町の通りで途切れてしまっており、吉祥女社の南側は藪や原野のように描かれている。筑前名所図会は十九世紀の初めの成立であり、三奈木黒田家所蔵の絵図もほぼ同じ頃の成立である。両者は吉祥女社の南側の房州堀の跡について同じような絵を描いている。吉祥女社の南側の房州堀は文化年間頃には既に埋まってしまって民家の敷地や藪となってしまっていたのであろう。

筑前名所図会や三奈木黒田家所蔵の絵図には、博多東の郭門より西側の房州堀は以上のように描かれている。このように描かれている房州堀は現在の博多の市街のどこに存在していたのであろうか。現在、博多の市街は現在の博多駅が建設された時、区画整理が行われてビルが林立し、江戸時代以前の景観をほとんど残していない。しかし、幸いにも先に見たように福岡市役所の区画整理課に博多駅地区土地区画整理事業街区位置図という縮尺六百分の一の青焼の地図が保存されており、それに旧博多駅が建設される以前の字名と地図が記されている。この地図を見てみると、堀田という字が出来町（旧作出町）の字の西側に長く続いている。この堀田という地名は房州堀が字名として残ったものである。房州堀が堀田という字で残っていることは既に小林茂・佐伯弘次氏が指摘している。(9)

堀田という字は普通の字の在り方に比べると非常に長い地形である。明治十五年（一八八二）に調査されている字名が福岡県史資料　第七輯に収録されている。(10)これによれば、大字犬飼の字に堀、堀田、下堀田という字が記載されている。しかし、現在、福岡市博多区役所の字図で確認すると、字堀田しか残っていない。堀、

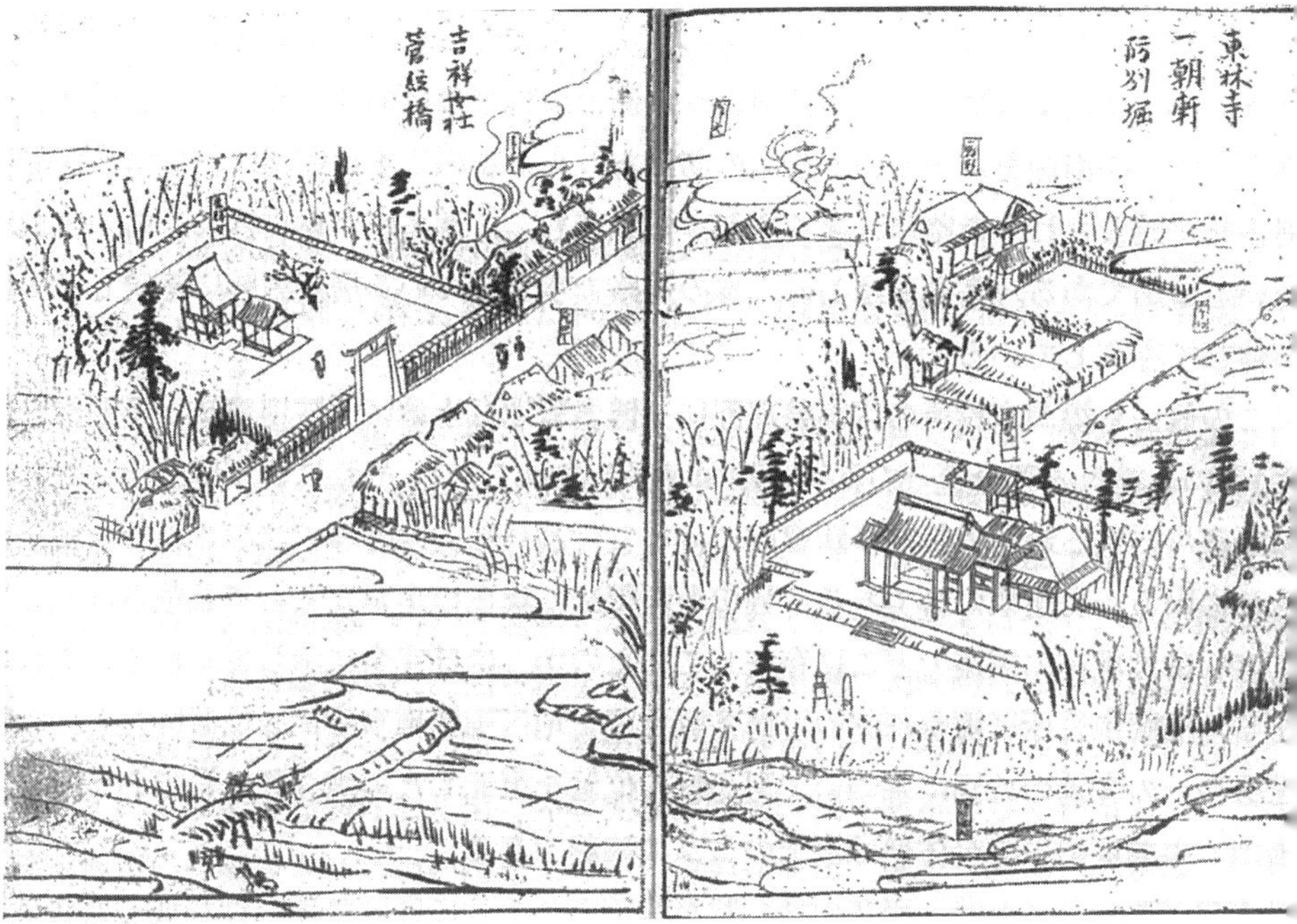

筑前名所図会の瓦町の通りの東側から東林寺の南側に描かれている房州堀

画面の左下に描かれている橋が管弦橋で、同橋が架かっている川は鉢の底川である。石城志は、同川は御笠川が那珂川に流れ込んでいた跡、旧流路であるとしている。

筑前名所図会　福岡市博物館蔵

下堀田という字名は現在の字名ではなくなってしまっている。明治十五年の字名に残っている堀、堀田、下堀田という字名が房州堀に因む字名であり、房州堀の跡を示している字名であることは間違いない。房州堀、下堀田という字名が現在、消失してしまっているのは、多分にこれらの字が字堀田に統合されてしまったのであろう。堀、堀田、下堀田という三つの字が堀田という一つの字にまとめられたために、字堀田は非常に長い地形になってしまったのである。いずれにしても堀田という字は房州堀が字名として残ったものであり、堀田という字が房州堀の跡である。

それでは房州堀は現在の市街ではどこに位置していたのであろうか。つまり、字堀田は現在の市街ではどこに位置しているのであろうか。現在の市街での字堀田の位置を確認してみよう。

先に見たように博多東の郭門より東側の房州堀は、大楠様の南側を通る道路とそれに平行してその南側を走っている道路の間にあった。この二本の道路は、旧博多駅や現在の博多駅が建設されて街路が大きく変わった現在も、旧博多駅が建設される前のままに残っている道路である。字堀田はこの二本の道路で示されている房州堀跡に連続して西側に長く伸びて存在している。

更にこの他にも福岡市役所区画整理課に博多駅地区土地区画整理事業　第四設計区原形図という縮尺六百分の一の青焼の地図が保管されている。それには東は上辻堂から、西は鉢の底川に到る範囲で新博多駅建設に伴って行われた区画整理で建設される新街路が記入されている。房州堀の跡である字堀田も新街路、現在の街路とともに記載されているので、字堀田は現在の街路でどこに存在していたのか、ほぼ完全に示してくれる。これと先に記した福岡市役所区画整理課の博多駅地区土地区画整理事業街区位置図という縮尺六百分の一の青焼の地図に基づいて房州堀の位置を復元したのが一八三頁の図である。現在の市街地の中で房州堀の全体像は以上のように確認できる。

旧博多駅が建設された時、現在の博多駅が建設された時に区画整理が行われて江戸時代以前の町並は壊滅的に破壊されてしまったとはいえ、博多駅地区土地区画整理事業街区位置図、博多駅地区土地区画整理事業　第四設計区原形図等を注意深く見れば、それでも現在の市街地の中には旧博多駅、新博多駅が建設される以前の道路等が残っている。

例えば、万行寺の裏に祇園町の地番の五番と六番の間を通り、十一番の北側に至る道路がある。この道路は現在、極めて短い距離しか残っていないが、旧博多駅ができる以前からの道路である。字堀田はこの道路の北側に存在している。字堀田の南側の境界線はこの道路であり、北の境界線は万行寺の境内の南側の境界線である。即ち、字堀田の範囲は祇園町の地番の五番と六番との間にある道路と万行寺の境内との間に存在しているのである。

そして、その万行寺の境内の南側の線をそのまま真っ直ぐに西に延長すると吉祥女社（吉祥女社は吉祥天を祀った神社であり、吉祥天は下照姫と呼ぶことから、現在、吉祥女社は下照姫神社という神社名に変わっている）の境内の南側の境界線と重なるのである。この線の南側と祇園町の地番の五番と六番との間を通り、十一番に北に至っている道路との間が字堀田であり、房州堀はこの字のとおり、この間にそのまま真っ直ぐに西の方に伸びて鉢の底川まで存在していた。

万行寺の境内とその南側は一メートル程の段差をもって南側が低くなっている。また、吉祥女社とその南側も一・二メートル程の段差をもって南側が低くなっており、それらの南側が房州堀の跡であることを物語っている。

蛇足であるが、堀本一繁氏は万行寺の境内とその南側とは一メートル程の段差があることについて、「ここが現在唯一房州堀の痕跡を示す地点である。(11)」と、万行寺の境内とその南側との段差が唯一房州堀の跡を具体的に残している場所であるとしているが、段差はその延長線上の吉祥女社の境内とその南側にも見られ、房州堀の跡を物語っている段差はその他にも見られる。また、吉祥女社とその南側の段差は万行寺の境内とその南側の段差よりもっと大きい。

第二節　鎌倉幕府・鎮西探題が構築した房州堀

（一）房州堀が構築された時期とその構築者鎌倉幕府・鎮西探題

次に房州堀はいつ頃、誰が掘った堀であるかについて見てみる。先に見たように、筑前国続風土記は、房州堀は戦国時代の大友氏の家臣臼杵安房守鑑賡が掘ったために、臼杵鑑賡の官途の安房守に因んで房州堀と称した、と記している。筑前国続風土記がこのように記しているために、房州堀について説明したり、触れている研究者は全て、この記事を疑うことなく、房州堀は戦国時代に掘られたとして、房州堀が戦国時代に掘られたとすることに何の疑念も持っていない。つまり、房州堀の構築がいつの時期であったか、について、説明している研究者は例外なく全ての研究者が戦国時代であるとしている。

房州堀がいつ構築されたかの時期について佐伯弘次氏、堀本一繁氏の説明は非常に具体的なので後で見てみるが、例えば、平成四年末に開催された福岡市博物館の開館一周年を記念した特別展の「堺と博多―展　よみがえる黄金の日々」の図録に於いて、大庭康時氏、佐伯弘次氏、宮本雅明氏は房州堀構築の時期について、次のように説明している。

①戦国時代の博多遺跡群　　福岡市埋蔵文化財課大庭康時

戦国時代の博多は、北を海、東西を川、南を堀で画されていた。東の川（石堂川）は、博多の南側を東から西に大きく蛇行して海に流れ込んでいた比恵《ひえ》川（＝御笠川）を、博多の東の入江にまっすぐに導いたもので、

その旧河道の低地には堀が穿《うが》たれ、博多の南の守りとされた。臼杵安房守の掘削によるとされる房州堀で、
石堂川の開削と共に、十六世紀半ばの大土木工事である。　七頁

②戦国時代の堺と博多　佐伯弘次

博多では、戦国時代末期、大友氏の家臣臼杵氏が博多の南に房州堀を掘り、　一二頁

③博多と堺――中世都市空間とその近代化　九州芸術工科大学教授宮本雅明

戦国末期には、聖福寺と承天寺の背面に石堂川、博多の南側を限る地には房州堀が開削され、博多全体も川・堀・海で囲繞されることとなった。　一三頁

三者はいずれも房州堀が構築された時期は戦国時代であるとしているのがお分かり戴けるであろう。以上の例に見られるように、博多の南側を守るための堀である房州堀の構築がいつの時期であったか、について説明している研究者は、筑前国続風土記が房州堀は戦国時代に大友宗麟の家臣臼杵安房守鑑賡が構築したと記しているために、この記述をそのまま信じて、疑うことなく、例外なく全ての研究者が戦国時代であるとしている。例外なく全ての研究者が、博多の南側を守るための堀である房州堀は戦国時代に構築された、としている説明は正しいのであろうか。房州堀がいつの時期に構築されたか、について見てみよう。次の史料を見てみよう。

八幡筥崎宮大宮司重政申神領那珂西郷内辻堂畠地壱所内堀田三段在之、号瓶酒免、事、為大宮司分之処、俊興房代官心法為非器身、令展転買得上者、就社家興行、可返賜由、重政訴申之間、可明申子細之由、

（中略）

正平十七年八月廿五日　　惣官沙彌（花押）[12]

筥崎八幡宮の大宮司重政が那珂西郷内辻堂内の畠地の「堀田」三段は大宮司領であるとして俊興房代官心法を訴え、それが認められた正平十七年（一三六二）八月二十五日付の下知状である。筥崎八幡宮の大宮司重政

が自分の所領とした畠地は辻堂内の「堀田」の畠地である。戦国時代を遙かに逆上る南北朝時代の正平十七年に辻堂内に「堀田」という地名が存在していたのである。

博多東の郭門より西側の房州堀の跡が堀田という字名で遺されていることは既に小林茂氏が述べている。現在、堀田という字名は辻堂の西側に接している大字犬飼の字名となっている。堀田という字名がかつては辻堂の字名でありながら、現在は大字犬飼に所属するようになっていても不思議ではない。辻堂と犬飼は隣接している地名であり、辻堂と接している出来町も犬飼の字である。小字が隣接するどちらの大字に含まれるか、とするような行政区域の変更はよくあることである。いずれにしてもこの下知状に記されている那珂西郷内辻堂内の堀田という地名は房州堀の跡を伝えている堀田であることは間違いない。

即ち、房州堀の跡を示す堀田という地名は南北朝時代の正平十七年には存在していたのである。房州堀は、筑前国続風土記が戦国時代の元亀天正の頃に大友氏の家臣臼杵安房守鑑賡が掘った、と記している記事をそのまま受けとめて何の疑念もなくそのまま信じられている。しかし、房州堀の跡を示している堀田という地名は、戦国時代より遙かに古い南北朝時代の正平十七年には存在しているのである。従って、この地名が存在することから房州堀は少なくとも南北朝時代以前には存在していたことになる。更にもう一つ史料を見てみよう。

「（表紙）後鳥羽院御宇

筥崎大宮司分坪付帳

文治三丁未歳八月」

注進

糟屋西郷・那珂《なかの》西《さい》郷《かう》両《りやう》郷《かう》坪《つほ》付《つけ》事《の事》

合

一　糟屋《かすや》西郷《さいかう》分

（略）

一　那珂西郷分

一所《はまた》一丁　二斗五升代

（略）

一所《のけのふん》四反　二斗代

一所《いぬかいのほり》五反　二斗代

一所《いしはし》四七丈　三斗代

（略）

已上九町七段小

（略）

本屋敷

二十余ケ所在之、

辻堂出口《つしのとうのてくち》　二十余ケ所在之、

□二十余ケ所

此外　さんしょの物とものさい所一ゑんしんしなり、

注進如件、

文治三年八月□(13)

筥崎八幡宮大宮司領の糟屋西郷、那珂西郷の坪付帳である。表紙、後付の年月は文治三年（一一八七）八月となっているが、後世の筆であろう。何時頃の時期の坪付帳であるか明確には断定できない。筥崎八幡宮の坪付帳は九種類程存在しているが、この坪付帳が最も古く、それに次ぐものが享徳三年（一四五四）の年号が記されているものである。従って、文治三年八月の後筆の年月が記された坪付帳はそれより古く、鎌倉時代末期か、南北朝時代の坪付帳であろう。この坪付帳の那珂西郷に「いぬかいのほり」という字名が記されている。「いぬかいのほり」は犬飼の堀である。

先に房州堀の跡は字堀田で表わされており、その字堀田は通常の字の地形よりも細長い地形であり、明治十四年の犬飼の字には字堀田の他に字下堀田、字堀という字があり、現在ではこの二つの字はなくなっている。従って、現在の堀田という字は、この堀田という字と字下堀田、字堀という字が統合された字であることは先に述べた。つまり、犬飼の堀という字は後に房州堀と呼ばれた堀に由来している字であり、房州堀の一部であると考えることができる。この房州堀の一部である犬飼の堀という字が那珂西郷の坪付帳に存在していることは、坪付帳の年代を鎌倉時代の末期か南北朝時代の早い時期とすると、このことからも房州堀は既に鎌倉時代の末期か、南北朝時代の早い時期以前には存在していたことになる。

以上のように、房州堀の跡であることを示す堀田の地名が南北朝時代の正平十七年には見えることや、鎌倉時代の終わり頃か、南北朝時代の早い時期の坪付帳に房州堀の地名の一部である犬飼の堀という地名が見られることからすると、房州堀は鎌倉時代の終わり頃か、南北朝時代の早い時期の正平十七年以前には既に存在していたことになる。

もう少し突っ込んで見ると、堀田という地名は堀が堀として使用されなくなり、水田として使用されていることを物語っている。または、かつて存在していた堀が埋まってしまって水田として使用されている状態を物語っている。従って、堀田という地名が南北朝時代の正平十七年に存在していたことからすれば、堀はずっとそれ以前から存在していたことになり、少なくとも堀田と化す以前の堀は鎌倉時代の堀であったことを物語っている。鎌倉時代より後の南北朝時代に掘った堀がすぐに使用されなくなったり、埋まって水田化され、同じ南北朝時代に堀田と呼ばれるようになることはあり得ないからである。正平十七年は鎌倉時代が終ってから僅かに二十九年しか経過しておらず、この二十九年間で堀が掘られて、それが埋まってしまい、堀田と呼ばれるように水田化することは考えられないからである。以上のように考えれば、房州堀が掘られて存在していたのは鎌倉時代である。筑前国続風土記が、房州堀は大友氏の家臣の臼杵安房守鑑賡に因む名称であり、戦国時代の元亀天正の頃掘られたのではないか、と記している時期よりずっと古い時代の鎌倉時代に掘られていた堀である。

房州堀と称された堀が、鎌倉時代か、南北朝時代に掘られたとすると、鎌倉時代に掘られたとすると鎌倉幕府・鎮西探題によって構築された、南北朝時代に掘られたとすると九州探題によって構築された、と二つの場合を想定することができる。

しかし、九州探題については次の史料が知られている。

一、在所事、

元弘以来、博多中在家微弱之間、合戦最中寄宿聖福寺直指庵、早依無其構、末及移住、朝暮所憚存也、暫於罷留者、在所事尤可被定下者哉、以前条々目安如件、

暦応三年二月　日[14]

南北朝時代の九州探題の権力は以上のように甚だ弱体であり、博多の南側一帯に長さ八〇〇メートルに及ぶような大規模な堀を構築するような強力な権力は持ち得なかった、と判断することが妥当であろう。他方、鎌倉幕府・鎮西探題が構築したとする考え方はいかがであろうか。鎌倉幕府は元寇の文永の役の後、九州の御家人達に分担させ、博多湾岸に東は香椎から、西は今津まで約二〇キロメートルにも及ぶ元寇防塁を僅か半年間で完成させた。房州堀と呼ばれた堀の延長は八〇〇メートル程である。二〇キロメートルにも及ぶ元寇防塁の構築に比べれば比較にならぬほどの容易な工事である。房州堀の築造者が誰であるかを以上のように見てくる

と、房州堀は鎌倉幕府・鎮西探題によって構築されたことは間違いないであろう。

堀本一繁氏は房州堀が築造された年代について、永禄二年末から同四年二月までの可能性が高いとし、筑紫広門の博多焼打ちが、房州堀が築造された直接的契機であり、臼杵鑑続が歿したのは永禄四年であるから房州堀の築造はそれまでの間であるとして、築造の年代を戦国時代の永禄二年末から永禄四年までとし、また、その直接的契機についても極めて微細に考証している。また、大庭康時氏も筑紫惟門の博多占拠が、房州堀が構築された契機と想定することも可能であるとして、堀本一繁氏の意見に賛同している。[15]

佐伯弘次氏は「房州堀の築造年代は、一四二〇年から一六四六年の間、さらに限定すると、博多が自治都市として栄え、かつ周囲で戦乱が頻発した戦国時代と考えた方が妥当であろう。[16]」と、房州堀の築造年代を一四二〇年から一六四六年と、室町時代の応永二十七年から江戸時代の正保三年とかなり幅広く考え、限定すれば博多が自治都市として栄えた戦国時代としている。

一六四六年は徳川幕府の三代将軍家光の時代であり、三代将軍家光の段階で幕府が福岡藩に城濠に相当するような大規模な堀の構築を認めるかどうか、常識で判断できるであろう。一六一五年の大坂夏の陣が終わった直後、徳川幕府は一国一城令を発布し、大名の居城以外は廃毀することを命じ、また更に武家諸法度を発布、大名が城郭を無断で修築することを禁止した。そして、福島正則が広島城を無断で修築した科で改易された。また、肥後の加藤忠広が一六三二年に改易され、有力外様大名が相次いで改易されている。このような時期に博多を領有している有力外様大名の黒田氏が大規模な堀を構築するはずがないであろう。

堀本一繁氏にしろ、佐伯弘次氏にしろ、房州堀が築造された根拠を貝原益軒の筑前国続風土記の記す房州堀についての記事が正しいということを前提として論証しているため、いずれも戦国時代と結論づけている。貝原益軒は福岡藩の高名な学者である。というよりも元禄時代の日本を代表する学者である。そのために貝原益軒が著した筑前国続風土記を何の疑念もなく根拠としている。そのために筑前国続風土記が記しているように、房州堀の築造を戦国時代とし、そして、更に細かく永禄二年から四年までの間に築造された等と結論づけている。また、大庭康時氏はこれらの意見に影響されてしまって、これらの意見と同じような結論としてしまったのであろう。しかし、貝原益軒が大友宗麟の家臣臼杵安房守鑑賡が構築し、その官途に因み房州堀と称したと記している博多の南側を防備するための堀は、事実は既に鎌倉時代には構築されていた堀である。

　次の吾妻鏡の文治五年八月大七日の記事を見てみよう。

> 泰衡日来聞二品発向給事。於阿津賀志山。築城壁固要害。国見宿与彼山之中間。俄構口五丈堀。堰入逢隈河流柵。以異母兄西木戸太郎国衡為大将軍。差副金剛別当秀綱。其子下須房太郎秀方已下二万騎軍兵。凡山内三十里之間。健士充満。加之於苅田郡又構城郭。名取広瀬両河引大縄柵。（中略）
>
> 入夜。明暁可攻撃泰衡先陣之由。二品内々被仰合于老軍等。仍重忠召所相具之疋夫八十人。以用意鋤鍬。令運土石。塞件堀。敢不可有人馬之煩。思慮已通神歟。

吾妻鏡は一一八九年、藤原泰衡が源頼朝の奥州攻略に対して阿津賀志山に急いで規模（幅）五丈の堀を構築し、堀には阿武隈川の流れを引き込み、堀には柵《しがらみ》を打って防衛線を構築したことを記している。この堀は現存している。福島県伊達郡国見町に阿津賀志山防塁と称する二重の堀と、その後ろに土塁を伴う国指定史跡である。幅一五メートル、深さ三メートル、長さ三・二キロメートルに及ぶ二重の堀と、その後ろに土塁が構築された構造である。また、それだけでなく、藤原泰衡がその後ろの苅田郡の名取川、広瀬川の両川にも川中に大縄を引いて柵とした防衛線を構築したことを記している。藤原泰衡は鎌倉幕府軍との戦いに幅五丈の堀を掘り、その中には柵を打った防衛線を構築したり、その後ろの名取川、広瀬川の両川にも川中に大縄を引いて柵として防衛線を構築する等、二重に防衛線を構築しているのである。

　また、吾妻鏡はこのような藤原泰衡の阿津賀志山の防塁の構築に対して、源頼朝の配下の畠山重忠が八十人の疋夫を引き連れていて、この疋夫に軍勢等の人馬が不自由なく通行できるように用意していた鋤、鍬で土石を運搬させて、その堀を埋めさせたことを記している。畠山重忠が、敵方が構築した要害施設の破壊のために人夫やそれらが使用する鋤、鍬を準備していたことについて、吾妻鏡は畠山重忠の神に通じる思慮であると記しているが、当時の武士達が人夫やこのような道具等の準備をして合戦に臨んでいたことを物語っている。鎌倉時代の初期に既に合戦の防衛線として地方豪族によって、堀と土塁で構築された大規模な軍事的施設が二重に構築されているのであり、また、合戦に臨む武士達もそのような施設に対処する道具を備えて準備をしていた。

鎌倉時代の初期には既にこのような大規模な複合する防衛線が構築されていることから、元寇があった時期の武士達にとっても大規模な堀、それに付随する柵、逆茂木と土塁等の複合している防衛施設を構築するのは常識であったはずである。房州堀が後の御笠川と呼ばれる水路と繋いで河川の流れを引き込んでいる構造は、阿津賀志山の防塁と共通した構造であり、鎌倉時代の武士達の防衛線の構築方法であり、このような構築方法からも、房州堀が鎌倉幕府・鎮西探題による博多の防衛のための防禦施設として構築されたことを物語っている。

（二）房州堀と博多東の郭門

── 現存する房州堀跡の北側の線は豊臣秀吉の町割の線 ──

博多東の郭門について少し見てみよう。博多東の郭門は博多や城下町福岡へ至る時、博多を経由する時の単なる出入り口の門であろうか。それとも特別な役割がある門であろうか。一般的に博多は近世では福岡部と二分されて、福岡部は城下町としての性格を有するものであり、博多は商人の町であると位置付けられている。特に福岡の東側の那珂川の西岸には石垣が築かれ、出入り口には枡形が設けられていたために、ここからが城下町であるとされていた。博多津要録に次のような話が記されている。

元禄五年（一六九二）四月五日、幕府の巡検使西与一左衛門が博多の石堂口に至った時は何も問わなかったが、博多を経て中島町の東の橋のところまで来た時、那珂川の西岸に築かれた石垣と枡形門を見て、この構は城構ではないかと尋ねた。それに対して福岡藩の案内の者は城構ではなく、これより福岡の構であると答えた、という話である。(17)この幕府巡検使と案内の者とのやり取りから、幕府の巡検使は那珂川の西岸の石垣と枡形が城下町福岡の惣構であると認識し、福岡藩自体もそのように認識していた、というように捉え、現在の研究者達も石垣が築かれ、枡形が構えられた那珂川から西岸からを城下町福岡の惣構であるととっている。しかし、幕府の巡検使と福岡藩の当局者とのこのやり取りから、現在の研究者が説明しているような、幕府の巡検使と福岡藩の当局者が那珂川の西岸の石垣と枡形が城下町福岡の惣構であると認識していたという見方はどう解釈したら出てくるであろうか。どう解釈しても出てこない。那珂川の西岸に築かれた石垣と枡形が城下町福岡の惣構であると受け止めた人々がそれを説明するためにそのように説明しただけであろう。

博多津要録のこの記述を少し見てみよう。博多津要録が、幕府の巡検使が石堂口に至った時には何も問わなかった、とわざわざ記していることは、福岡藩は博多の石堂口が城構であることを意識していて、それを問われることがないかということを意識していた、ということの裏付けである。また、幕府の巡検使の中島町の石垣と枡形について「城構ではないか」という質問には、「福岡の構である」と答えたと記している。福岡の構という表現は、城下町福岡にいくつかある構の内の単に一つの構であるという表現である。つまり、福岡藩の当局者が認識していた城下町の最も東側の構は博多の石堂口であり、そして、那珂川の西岸に構えられた石垣と枡形は城下町にいくつかある構の内の一つの福岡の構、つまり、石堂口の次の構であったということである。そして、博多の石堂口が城下町の最も東側の構であることは幕府の巡検使には気付かれないようにしていたということであり、巡検使に気付かれないようにしていたということは、公にしていなかった、秘密であったということである。博多津要録に記されている幕府の巡検使と福岡藩の当局者とのやり取りから以上のようなことが浮かび上がり、福岡藩は博多の石堂口を城下町の最も東側の構として構築していた、そして、博多の石堂口が東の構であることは公にしていなかった、ということを明らかにすることができる。

博多の東側には御笠川が通され、その御笠川に面した博多の東側には多くの寺院が配置されて、那珂川に面して築かれた石垣のような役割を果たしている。博多の南側も然りである。承天寺、善照寺、順正寺、万行寺、妙定寺、東林寺等の寺院が配置されて、那珂川に面して築かれた石垣のような役割を果たし、博多の南側の防備のための施設となっている。近世の博多の絵図を見てみると、博多の東側と南側には多くの寺院が配置されていて、明らかにそれらの寺院が博多の東側と南側の防備のために配置されていることが分かる。つまり、博多は城下町の福岡部と全く別となっている商人の町ではなく、博多を含めて城下町の防備の構が構築されていることが分かる。

藩は那珂川よりも城に近い西側を福岡の構と称し、博多は城下町の郭外であると見せかけていたが、実際は博多を城下町の東端の郭としていたのであり、博多には城下町福岡の外側に配置された郭の役割を担わせていた。

そのような博多の東の出入り口の門が石堂口門であり、南の出入り口の門が博多東の郭門である。筑前名所図会には石堂口門と博多東の郭門がわざわざ描かれているが、いずれも屋根がある棟門として描かれている。石堂口門については博多津要録に次のような記事がある。

寛文九年己酉十二月廿五日

一　石堂口左右之ねり塀築立仕調仰付候ニ付、賃銭御渡被下候付、受取証拠左之通ニ仕出申候事、
石堂口左右之ねりへい受相申日用銀受取申事

一　銀四百四拾弐匁ハ

但、ねりへい弐拾壱間之内（拾四間ハつき直し　七間ハ一尺置上ケ）

右之内

石土へいけたかわら・吹出・おり口之がんぎ・繕石ともに[18]

寛文九年（一六六九）十二月に石堂口門の左右の練塀を築立てた、とあり、石堂口門の左右に長さ二十一間の練塀を設けたとしている記録である。練塀の十四間はつき直し、つまり、修理して作り直し、七間は一尺かさ上げしたとしている記録であり、石堂口の練塀は寛文九年より以前には設置されていて、その後更に強化されていたことが分かる。このように石堂口門の左右に両方合わせて長さ二十一間の白の漆喰の練塀が設けられており、また、「おり口のがんぎ」とあり、門から外へ出る場合は下がっている階段となっている。これは逆に門に入って来る場合は階段を上って門に至る構造となっているのである。門に外から真っ直ぐに走り込むことができないような構造となっているのである。門も頑丈な作りとなっており、門を入った道の両側は一行寺、本長寺と海元寺の土塀となっており、恰も城門といっても過言ではない構造となっている。

ところで、唐人町側から見た黒門の幕末の写真と称する古写真がある。[19]この古写真は反りがある橋の向こうに大きな棟門があり、向かって橋を越えた左側に門に近接して寺院の本堂の建物があり、門を入った右側には橋の取り付け道に面して寺院の門があり、その右側に櫓のような蔵造りの建物、更にその右側に寺院の本堂の建物があり、門の横の川沿いには高い塀が写っている写真である。写真を一見しただけで橋を渡った門を中心として城門のような極めて厳重な構えとなっている構造である。

黒門は城下の通町の突き当りに設けられた西側からの出入り口であり、城下を直接、防禦する門である。筑前名所図会に描かれている黒門は左右に少し練塀が付いているが、その両側は城下を防禦するために築かれた土手である松土手であり、その内側は松土手に隠れた武家屋敷となって、黒門の左右にはそれをはるかに越える建物はない。古写真は黒門と説明されているが、黒門であるならば両側に松土手の土手が写っていなければならないが、棟門の両側は土手ではなく、寺院の本堂や門であり、この写真は黒門の写真ではない。

それではこの写真はどこを写した写真であろうか。この古写真が城下の門を写している写真であることは間違いない。筑前名所図会に描かれている石堂口門を石堂橋の手前から見てみよう。この写真とそっくりになる。つまり、これは石堂橋と石堂口門を写した写真である。橋は石堂橋であり、向かって左側の寺院は一行寺であり、門に近接している大きな建物は一行寺の本堂である。右側の寺院は海元寺の門、蔵造りの建物、本堂である。博多の東側の出入り口である石堂口門を地元の歴史に詳しい研究者が城下を直接防禦するための門である黒門と間違えられるほど、石堂口門は城門のような構造となっており、単なる博多への出入り口でないことが分かる。

次に博多東の郭門について見てみる。博多東の郭門は筑前名所図会の惣細図では辻堂口門とも記されている。また、博多津要録では辻堂御門とも記されている。博多東の郭門は博多への大宰府方面等の南からの入り口である。博多東の郭門は筑前名所図会の先に掲げた一七七頁の絵にはっきりと描かれており、堂々としたかなり大型の棟門であり、城門にも劣らない大型の門である。門の両側は漆喰塗の練塀である。また、門の両脇は崖である。先に見たように、博多東の郭門の東側は承天寺の境内の南側の境界線が房州堀の跡の北側の境界線となって続いており、房州堀の跡と接している承天寺の境内の南側は崖である。門の西側も崖である。このような崖の間に博多東の郭門は構えられている。そのような地形に構えられた門であるために門の南側からの入り口は石の階段である。博多の郭外から博多東の郭門へはそのまま直接、真っ直ぐには走り込めない構造となっているのである。

以上のように、石堂口門や博多東の郭門は単なる町の出入り口の門ではなく、明らかに特別な構造の軍事的性格を備えた門である。

博多が城下町福岡の外郭の役割を担っており、博多東の郭門と石堂口門はその郭への出入り口であるために

石堂橋と石堂口の古写真

柳猛直氏はこの写真を「幕末の唐人町側から見た黒門」とされているが、この写真の実際は下の筑前名所図会に描かれている石堂口の絵を石堂橋の東側から見るとこの絵と一致するので、この写真は黒門ではなく石堂口の写真である。門は城門のような大型の棟門である。この写真からも石堂口の性格が窺われる。柳猛直　福岡歴史探訪中央区編　海鳥社122頁より

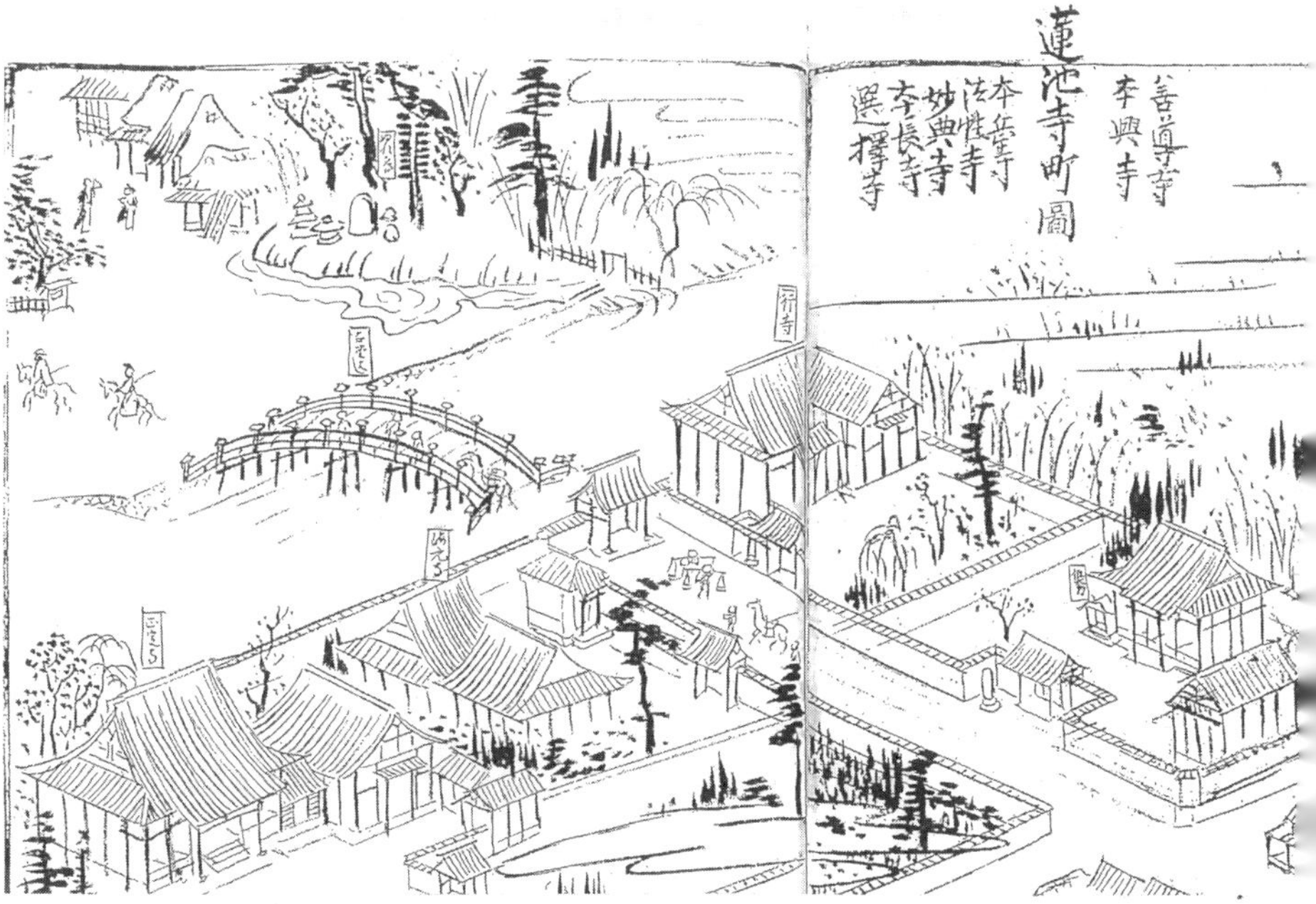

筑前名所図会の蓮池寺町図に描かれている石堂口

石堂口は前面に御笠川を置き、それに架けられた石堂橋を渡った先に門を構えている。門は大型の棟門で、その両側は一行寺と海元寺との塀に連なり、更に門を入った両側も一行寺・本長寺、海元寺の塀が連なって、城門と城戸口のような構造となっている。筑前名所図会　福岡市博物館蔵

城門と同じ構造の門となっているのである。辻堂口の門を博多東の郭門とわざわざ郭門と称したり、また、御門と敬称を付けて称しているのは、そのような意味が込められているのであろう。

先の一九二・一九三頁に挙げた筥崎八幡宮の田村大宮司家文書の文治三年の年号が記されている坪付帳がある。この史料は先に触れたように鎌倉時代の末期か、それに近い時期の史料である。この史料に「辻堂出口《つしのとうのてくち》」という記載がある。「辻堂出口《つしのとうのてくち》」は辻堂口の出入り口であり、従って、博多東の郭門の位置に他ならない。

また、博多日記に「サテ菊池捧錦旗、松原口辻堂ヨリ御所ニ押寄之処、辻堂ノ在家ニ火付タル間」とあり、正慶二年（一三三三）三月十三日、菊池武時は後醍醐天皇の召に応じ、鎮西探題を襲撃しようとして松原口辻堂から博多に突入し、鎮西探題の攻撃に向かおうとした、とある。松原口辻堂は「辻堂出口《つしのとうのてくち》」であり、辻堂口である。博多東の郭門の位置に他ならない。

以上のように、博多東の郭門の位置は鎌倉時代から博多の入り口であった。博多東の郭門の位置と同様に、石堂口も中世の博多の入り口であり、そこに門が設けられていたのであろう。つまり、博多は中世の博多をそのまま利用することで城下町の外郭とされたのである。博多の中世と近世城下町の時代は以上のような関係にあり、中世の博多の出入り口が近世に至ってもそのまま城下町の博多の門として引き継がれていたのである。

そして、この辻堂口の外には房州堀が掘られていた。房州堀は鎌倉幕府・鎮西探題が構築した堀であり、辻堂口と一体として構築されていた。このような辻堂口と房州堀とを近世の黒田氏は博多東の郭門と房州堀として引き継いでいたのである。

ところで、筑前国続風土記は房州堀について横二十間余、つまり、幅四十数メートルとかなり幅が広い堀として記している。筑前名所図会に描かれている絵や絵図、堀田の地名から復元できる房州堀もかなりの規模の堀である。大楠様の南側辺りで四十数メートル、万行寺の南側辺りでも三〇メートル近くに達する幅となっている。鎌倉幕府・鎮西探題が構築した堀としてはかなり大規模な堀である。豊臣秀吉による博多の復興以後や、黒田氏入封後の近世期の堀ならともかくとして、絵図や筑前名所図会に描かれたり、筑前国続風土記に記されているような堀が鎌倉時代のままに存在していたのか、少し疑問に思われる向きもおられるであろう。しかし、阿津賀志山の二重堀や、次の第三章　大水道と土居町で説明するように鎌倉時代の下河辺庄の築堤の例からすれば、このような規模の堀であっても鎌倉幕府・鎮西探題に構築する能力は十分にあったと見ることができる。

近世大名の黒田氏は、博多を商人の町として意図的に城下町の外としていた。城下の福岡は武士の町、博多は商人の町という区別は博多が城下の最も東側に配置された郭であることを隠すために意図的に強調された話であるとも受け取れるであろう。黒田氏は、実際は博多を城下町に組み込み、石垣と枡形を備えた那珂川より西側の内郭に対してその外郭の役割を担わせていた。御笠川沿いの東側や房州堀沿いの南側には多くの寺院を配置し、また、城門と同様な規模や構造の博多東の郭門や石堂口門を構えて城下町の外郭として整備していたことは先に見たとおりである。従って、黒田氏が鎌倉時代から存在していた房州堀を城下町の外郭としての博多の整備のために手を加えて整備したことは十分にあり得たことである。

現在、大楠様の境内の南側から博多東の郭門の南側に残っている房州堀の北側の線は、聖福寺の伽藍の基軸線に平行している線ではなく、それと五度のズレがあり、豊臣秀吉の博多の復興の線に平行している。房州堀が鎌倉幕府・鎮西探題によって構築された当時のままであったら、現在の房州堀の跡の線は聖福寺の伽藍の基軸線を基準とし、それに平行する線となっていなければならない。しかし、現在残っている大楠様の境内の南側と博多東の郭門を結ぶ房州堀の跡の線は、豊臣秀吉の博多の復興の町割の線となっている。従って、現在の房州堀の跡は豊臣秀吉の博多の復興の町割によって手を加えた堀の跡である。大楠様自体は境内の中で位置が変わることはない。その境内が房州堀の改築に伴い、南側に広げられたのであろう。事実、大楠様自体は聖福寺の伽藍の基軸線からほぼ四町半南側の位置にある。筑前国続風土記に記されている房州堀や、絵図や筑前名所図会に描かれている房州堀は、豊臣秀吉の博多の復興の町割によって手を加えられた房州堀を記したり、描いている。つまり、筑前国続風土記に記されたり、絵図や筑前名所図会に描かれている房州堀は、鎌倉幕府・鎮西探題が構築した房州堀がストレートに伝えられている堀ではなく、豊臣秀吉が博多の復興を行った時に手を加えた堀であり、更にその後、黒田氏が博多の出入り口である辻堂口の博多東の郭門や石堂口門を寺院群と一体として配置し、恰も城郭の門のように構え、博多を城下福岡の外側の郭として整備していることは、それらの門や寺院群の配置と一体の構成となっている房州堀も黒田氏が整備していたことは当然である。

注

(1) 筑前国続風土記　巻之四　博多　伊藤尾四郎校訂　文献出版　七八頁
(2) 鎌倉遺文　七四五八　建長四年七月十二日　関東御教書　毛利家所蔵筆陣
(3) 鎌倉遺文　七五五一　建長五　五月三日　北条長時書下　筑前宗像神社文書
(4) 筑前国続風土記拾遺　那珂郡元　巻之（十）犬飼村　福岡古文書を読む会　校訂　文献出版　二八二頁
(5) 堺と博多―展　よみがえる黄金の日々　福岡市博物館図録　三七頁
(6) 佐伯弘次・小林茂　文献および絵図・地図からみた房州堀　小林茂・磯望・佐伯弘次・高倉洋彰編　福岡平野の古環境と遺跡立地　九州大学出版会　一二九頁
(7) 堀本一繁　戦国期博多の防御施設について　～房州堀考～　福岡市博物館紀要　第7号
(8) 佐伯弘次・小林茂　文献および絵図・地図からみた房州堀　小林茂・磯望・佐伯弘次・高倉洋彰編　福岡平野の古環境と遺跡立地　九州大学出版会　一二八・一三〇頁
(9) 佐伯弘次・小林茂　文献および絵図・地図からみた房州堀　小林茂・磯望・佐伯弘次・高倉洋彰編　福岡平野の古環境と遺跡立地　九州大学出版会　一二八頁
(10) 福岡県史資料　第七輯　一五　明治十五年字小名調　那珂郡犬飼
(11) 堀本一繁　戦国期博多の防御施設について　～房州堀考～　福岡市博物館紀要　第7号
(12) 南北朝遺文　九州編　四三八八　正平十七年八月二十五日　沙彌某下知状　筑前田村大宮司家文書

(13)鎌倉遺文　二五三　文治三年八月　筑前糟屋西郷那珂西郷坪付帳写　筑前田村大宮司家文書
(14)南北朝遺文　九州編　一四八一　暦応三年二月　日　一色道猷目安状　祇園執行日記紙背文書
(15)大庭康時　中世都市「博多」の縁辺　博多研究会誌　第4号
(16)佐伯弘次・小林茂　文献および絵図・地図からみた房州堀　小林茂・磯望・佐伯弘次・高倉洋彰編　福岡平野の古環境と遺跡立地　九州大学出版会　一二三一頁
(17)博多津要録　秀村選三　武野要子　東定宣昌　藤本隆士　松下志郎校註　巻之五　九　西日本文化協会　一九〇・一九一頁
(18)博多津要録　秀村選三　武野要子　東定宣昌　藤本隆士　松下志郎校註　巻之二　二十九　西日本文化協会　三三頁
(19)柳猛直　福岡歴史探訪　中央区編　海鳥社　一二一頁

第三章　大水道と土居町

――堀と土塁で構築された元寇防塁の後ろの博多の第二防衛線――

第一節　大水道の発掘とその復元

博多には東は御笠川から、西は那珂川の支流の博多川まで博多の町を東西に横断する大水道と称する水路があった。江戸時代の博多のほとんどの古地図には大水道が描かれており、また、奥村玉蘭の筑前名所図会には、入定寺と本岳寺の間にある大水道の跡の絵や、称名寺や鏡天神の北側を流れ、川端町の湊橋の下を流れて、博多川に注いでいる絵が描かれている。筑前名所図会に描かれている大水道は単に溝ではない。水が流れて博多川に注いでいる様子をはっきりと描いている。

現在、大水道は、御笠川沿いにある入定寺と本岳寺の間に幅三メートル程の道路として残り、また、博多川に面した場所では最近まで下川端通の商店街の下に博多川に注ぐ下水溝のように残っていた。この地域では福岡市が下川端地区の再開発を行い、大型商業施設の博多リバレインを建設したために、大水道は博多リバレインの敷地の下になってしまった。博多リバレインの博多川に面した側は遊歩道となっているが、その遊歩道の一角に石組でモニュメント風に大水道の跡が残されている。

大水道について、貝原益軒は筑前国続風土記に於いて次のように記している。

今は入海なくなり、其跡のみわつかに残りて、横一間許なる溝、東西に通せり。今是を大水道と号す。

今博多の入定寺と本岳寺の間より、港橋迄、東西に溝とほれり。今是を大水道と云。是袖湊の残れる也。(1)

貝原益軒は筑前国続風土記に於いて、大水道の位置と形状を以上のように記して、大水道は袖湊の入江の跡であると説明している。貝原益軒は、博多部と博多の沖浜との間に袖湊という入江があった。大水道は博多と沖浜との間の入江が埋立てられて一体化する以前の地形の名残であり、袖湊の跡であるとしているのである。貝原益軒のこのような大水道の説明に対して、つまり、貝原益軒が大水道は袖湊の名残であると説明しているのに対して、佐伯弘次氏は貝原益軒が博多の東北から西北にかけて入海として存在していたと記している袖湊は、歌枕としての地名であり、袖湊は実際は存在しなかった、という説明をしている所為であろうか、貝原益軒の大水道の説明とは違った説明をしている。

佐伯弘次氏は大水道について、「このような大規模な溝がなぜ作られたのかよくわからない。近世の博多の記録『博多津要録』を見ると、博多の町内に排水の悪い場所があり、溝を新たに掘るという記事が出てくる。この大水道が作られたのもこうした理由によるのかもしれない。」と、大水道は何のための施設かよく分からないとしつつも、大水道は江戸時代の下水道として建設されたものではなかろうか、と述べている。(2)

また、福岡市教育委員会が下川端地区の再開発事業による博多リバレインの建設に伴い大水道の発掘調査を行った。この発掘調査は、平成八年三月、新聞紙上に報道された。この発掘調査は平成十一年、「博多《はかた》68——下川端東地区市街地再開発事業に伴う博多遺跡群第96次調査の概要——　福岡市埋蔵文化財発掘調査報告書第６０５集」として、報告書が発表された。以下、この報告書は「報告書第６０５集」と略す。当時の新聞の報道では、大水道は「江戸中期の下水道施設『博多大水道』を確認」等と見出しを付けられ、「博多町人が考えた当時の都市工学の知恵を知る上で貴重な遺構」であるとした報道がなされ、江戸時代中期の下水道施設であると結論付けられて報道されている。(3) 佐伯弘次氏のコメントが付けられた報道もある。同氏の新聞に掲載されているコメントの全文は、「江戸時代中期の段階で、町の中心部に造られた大規模な下水道施設は、全国的に

博多リバレインの傍の博多川沿いにモニュメント風に残されている大水道の跡

博多川沿いの大水道の西端の現在。大水道の左上は鏡天神社

江戸中期の下水道施設

「博多大水道」を確認

排水難解消へ町人の知恵

福岡市博多区の下川端東地区再開発に伴い、同地域で発掘調査をしている福岡市教委は、江戸時代中期に下水道施設として建設された「博多大水道」（全長約一・五㌔）の一部約二十㍍を確認した。博多大水道がほぼ完全な形で確認されたのは初めて。市教委は「博多町人が考えた、当時の〝都市工学〟の知恵を知るうえで貴重な遺構」としている。

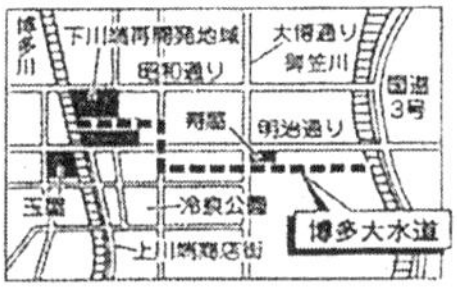

確認された大水道は東西に長さ約二十㍍、深さ約五十㌢―約一㍍、幅約一・八㍍の石積み。市教委によると、博多大水道に関しては『筑前国続風土記』（一七〇三年）に「横一間（約一・八㍍）ある溝、東西に通せり。今、これを大水道と号す」との記述があり、江戸時代中期に造られたとみられている。

近世の博多の絵図や地誌などを総合すると、大水道は御笠川（石堂川）沿いが起点で途中、呉服町を通過。現在の昭和通りと明治通りの中間を並行に走り、博多川（那珂川支流）に至るとの説が有力だ。博多川には、大水道の排水口が残っている。

建設した理由については、江戸時代中期の博多の記録『博多津要録』に「博多の町内に排水の悪い場所があり、溝を新たに掘る」という記述が載っている。

今回、大水道を確認できた下川端東地区はもともと「沖の浜」と「博多浜」という砂浜に挟まれた干潟を埋め立て、町をつくった場所。大水道建設は水はけの悪さを解消すると同時に、生活排水を流すための〝一大プロジェクト〟だったらしい。

また、大水道は明治十三年、土居町から川端町にかけて町人たちが補修工事を実施。大水道を石のふたで覆い、道路として使用したとされる。溝の北側の石は削った円形のものを、南側は削って平たく加工を施した石を使用。市教委は「北側は江戸時代中期のものがそのまま残り、南側は明治時代に入って補修したもの」と分析している。

江戸時代中期につくられた「博多大水道」の遺構
＝福岡市博多区下川端東地区再開発現場

なぞ解く貴重な資料

佐伯弘次・九州大文学部助教授（日本中世史）の話

江戸時代中期の段階で、町の中心部に造られた大規模な下水道施設は、全国的にもかなり珍しい。博多大水道は博多の地誌や絵図に記載はあるものの、なぞが多かった。大水道に残る遺物から博多町人の生活の跡や、どのように博多の埋め立てが当時、進められたのかを知る貴重な資料になる。

大水道は江戸時代中期の下水道であると紹介している新聞記事。
平成８年３月29日　西日本新聞夕刊　より

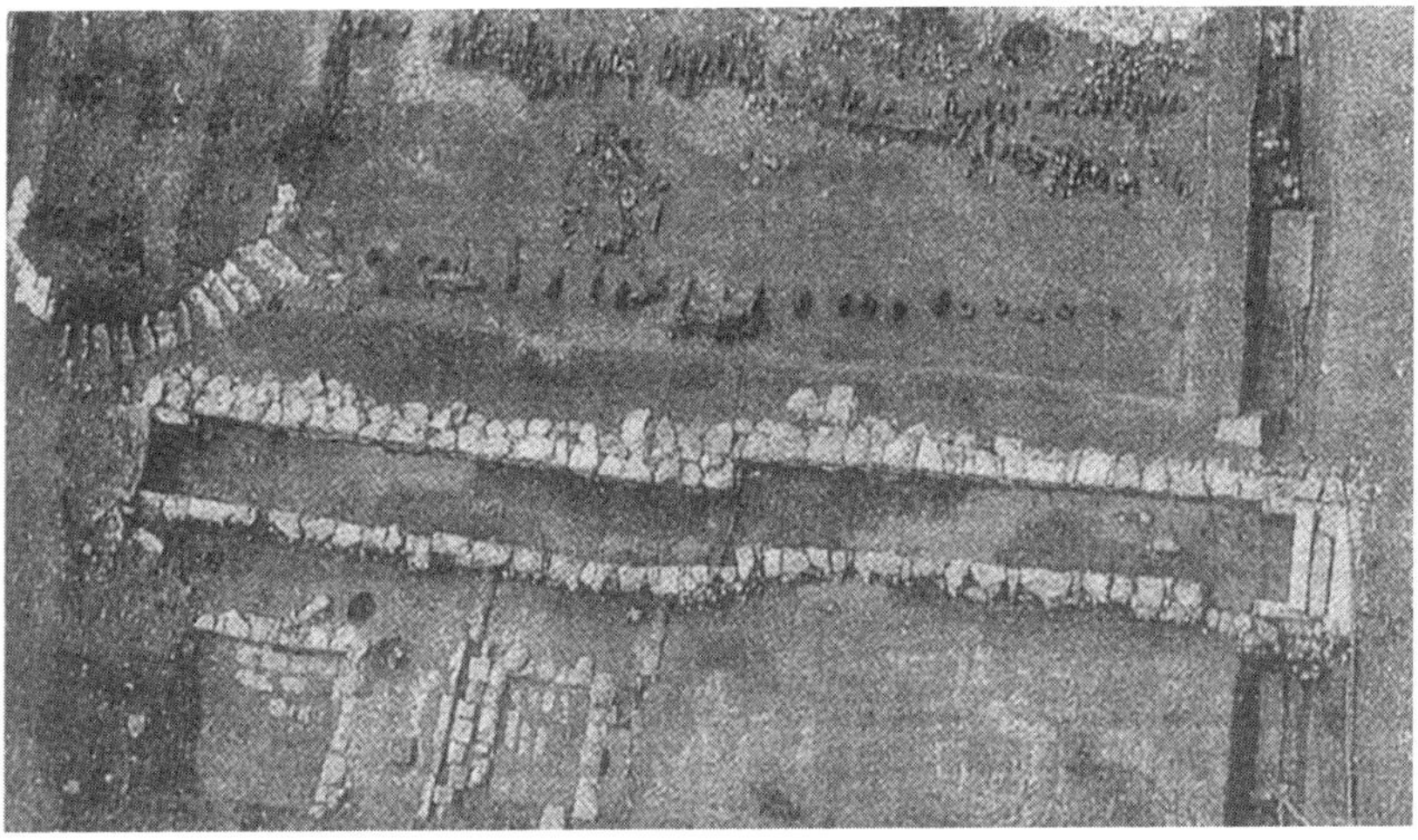

発掘された大水道

上が北、海側であり、大水道の前面、海側に乱杭の列、その北側に逆茂木《さかもぎ》、柵《しがらみ》が見える。元寇防塁の後ろに構築された大水道が乱杭と逆茂木、柵を構えていたことを証明した貴重な出土である。福岡市教育委員会や発掘を指導した有識者は、これらを堀、乱杭、逆茂木、柵と気が付かずに下水道、護岸の柱列、柵と結論付けた。博多68―下川端東地区市街地再開発事業に伴う博多遺跡群第96次調査の概要―福岡市埋蔵文化財発掘調査報告書第605集よりもかなり珍しい。博多大水道は博多の地誌や絵図に記載はあるものの、なぞが多かった。大水道に残る遺物から博多町人の生活の跡や、どのように博多の埋め立てが当時、進められたのかを知る貴重な資料になる。」と、以上のようになっている。

その後、発表された「報告書第605集」に於いては、大水道について「『博多大水道』は石堂川沿いの蓮池町から西町、土居町、川端町を経て博多川へ注いでいる幅1間の下水溝である。築造時期は定かでないが、宝永2（一七〇五）年の『筑陽記』には『川端町に織き溝川あり。……石堂川に入る。』とある。ところが元禄12（一六九九）年の福岡博多古図には土居町辺りまでしか描かれておらず、この数年間に開削築造を求めることができよう。」と説明している。報告書では大水道は下水溝であることを前提とされ、更に、その築造時期は、江戸時代の元禄十二年以後から宝永二年頃までの数年間に築造されたと、築造時期まで説明している。

大水道について、佐伯弘次氏や下川端地区の博多リバレインの大水道の遺構を発掘調査した福岡市教育委員会は、大水道は江戸時代に建設された下水道であると判断してしまっている。

余計な話であるが、大水道についてのこのような新聞の報道を歴史の専門家でない一般の読者が御覧になったら、報道のとおり、大水道は江戸時代中期の下水道であると信じられてしまわれるであろう。また、新聞紙上に記してあるコメントであるからどこまで佐伯弘次氏の説明の真意を伝えているのか、十分正確であるとは言い難いかもしれないが、佐伯弘次氏が、このコメントに於いても、大水道は江戸時代中期に建設された下水道であり、そして、その江戸時代中期に建設されたとされる大水道はどのような歴史的意義があるかについて説明されていることは間違いない。大水道についてこのような、尤もらしく説明されたコメントを、歴史の専門家でない一般の新聞の読者が御覧になったら、大水道とはそういうものであると、説明やコメントのとおり信じられてしまうのは当然である。

「報告書605集」の冒頭の「はじめに」の項には「1996（平成8）年2月13日より着手した。ところが調査開始早々にいわゆる『博多大水道』が発見され、……先人の偉業を偲ばせる『博多大水道』の発見は、奈良屋校区まちづくり協議会をはじめとする地元各位やマスコミの関心を高めた。そのために奈良屋小学校や博多中学校の生徒諸君のほか延べ1000人に達する見学者があった。」と、大水道の発掘が地元の人々をはじめとして人々の関心を集めて児童、生徒と、その外に延べ千人にも及ぶ見学者があったことをわざわざ特記している。このような特記からも、大水道は江戸時代の下水溝であるとすることをいささかも疑わない福岡市教育委員会の発掘当事者が、地元の奈良屋小学校、博多中学校の生徒諸君、奈良屋校区町づくり協議会の人々、その他発掘の見学に訪れた人々に、大水道は江戸時代の下水溝である、とする説明を力説されたであろうことが目に浮かぶ。そして、説明を受けた見学者の人々はその説明をそのまま信じてしまわれたであろう。

現在、大水道については、貝原益軒の筑前国続風土記の袖湊の名残であるとする見解や、佐伯弘次氏の江戸時代中期の下水道であるとする見解、それと同じ福岡市教育委員会の下川端地区発掘当事者の見解等が見られるが、大水道については博多の研究者も中世史の研究者も積極的に明らかにしようという関心は余りないようである。福岡市の文化財関係者も最近の発掘調査で大水道について触れていることは見かけない。

大水道は現在の研究者が判断しているように江戸時代の中期に作られた下水溝であろうか。それとも下水溝と全く別の遺構であろうか。大水道が、本当はいつ頃、何のために造られた施設であるかについて見てみる。

大水道について正確に見てみよう。まず、大水道がどこを通っていたかを博多の市街地の中で復元してみる。

大水道を描いている史料としては、絵図に、三奈木黒田家所蔵の文化九年（写）と記されている福岡城下町・博多・近隣古図、文政六巳午七月写之　永州と記された博多古図、文化年間（江戸）時代と記している博多古図がある。また、奥村玉蘭の筑前名所図会は蓮池寺町諸凡刹図の絵の入定寺と本岳寺の間、鏡天神社　綱輪天神社の絵に大水道を描いている。これらの絵図や筑前名所図会に描かれている大水道は、いずれも御笠川から入定寺と本岳寺の間を通り、楊ケ池の南側を通り、称名寺の北を通り、鏡天神の北を通り博多川に流れているように描かれている。大水道はこれらの四地点ではいずれも同じ位置を通っているように描かれているが、大水道の通っている位置は絵によっては少し違っている位置もある。これは江戸時代の古絵図によっては絵が正確に描かれずにデフォルメされて描かれているためであろう。江戸時代の古絵図は現在の地図のように正確に描くことが第一義ではなく、技術的な未熟さから絵画的に描いてしまっているためであろう。

大水道の位置が古絵図、筑前名所図会で最も違っているのは綱場天神を通る位置である。福岡城下町・博多・近隣古図では大水道は綱場天神の境内の北寄りの位置を通っているように描かれているが、文政六年の古絵図や筑前名所図会では綱場天神社とその社僧の坊である成就院との間、つまり、綱場天神社の南側を通っているように描いていたり、文化年間の博多古図は成就院を描いていないが、大水道は綱場天神の南側を通っているように描いている。以上のように綱場天神の位置の大水道の流路について、文政六年写の博多古図、文化年間写の博多古図、筑前名所図会は、大水道は綱場天神と成就院の間、つまり、綱場天神の南側を通っているように描いているが、福岡城下町・博多・近隣古図は綱場天神の北側を通っているように描いており、大水道の流路は二種類描かれている。大水道のこの二種類の流路はどちらが正しいのであろうか。

筑前国続風土記拾遺は綱輪天神社の項で成就院について説明しているが、「社僧の坊を成就院と云。大水道を隔て南にあり。[4]」と、成就院は綱輪天神社と大水道を隔ててその南側にあると記している。つまり、大水道は綱輪天神の南側を通り、その南側にある成就院との間を通っていると記している。また、筑前名所図会の絵は非常に正確であり、その筑前名所図会は大水道を綱輪天神社と成就院の間を通っているように描いている。このような筑前国続風土記拾遺の記事や筑前名所図会の絵から、綱輪天神社の位置の大水道は福岡城下町・博多・近隣古図が描いているように綱輪天神社の北側を通っているのではなく、綱輪天神社の南側を通っていたと判断することができるであろう。

但し、古絵図に描かれている大水道は福岡城下町・博多・近隣古図に描かれている大水道の流路が最も正確

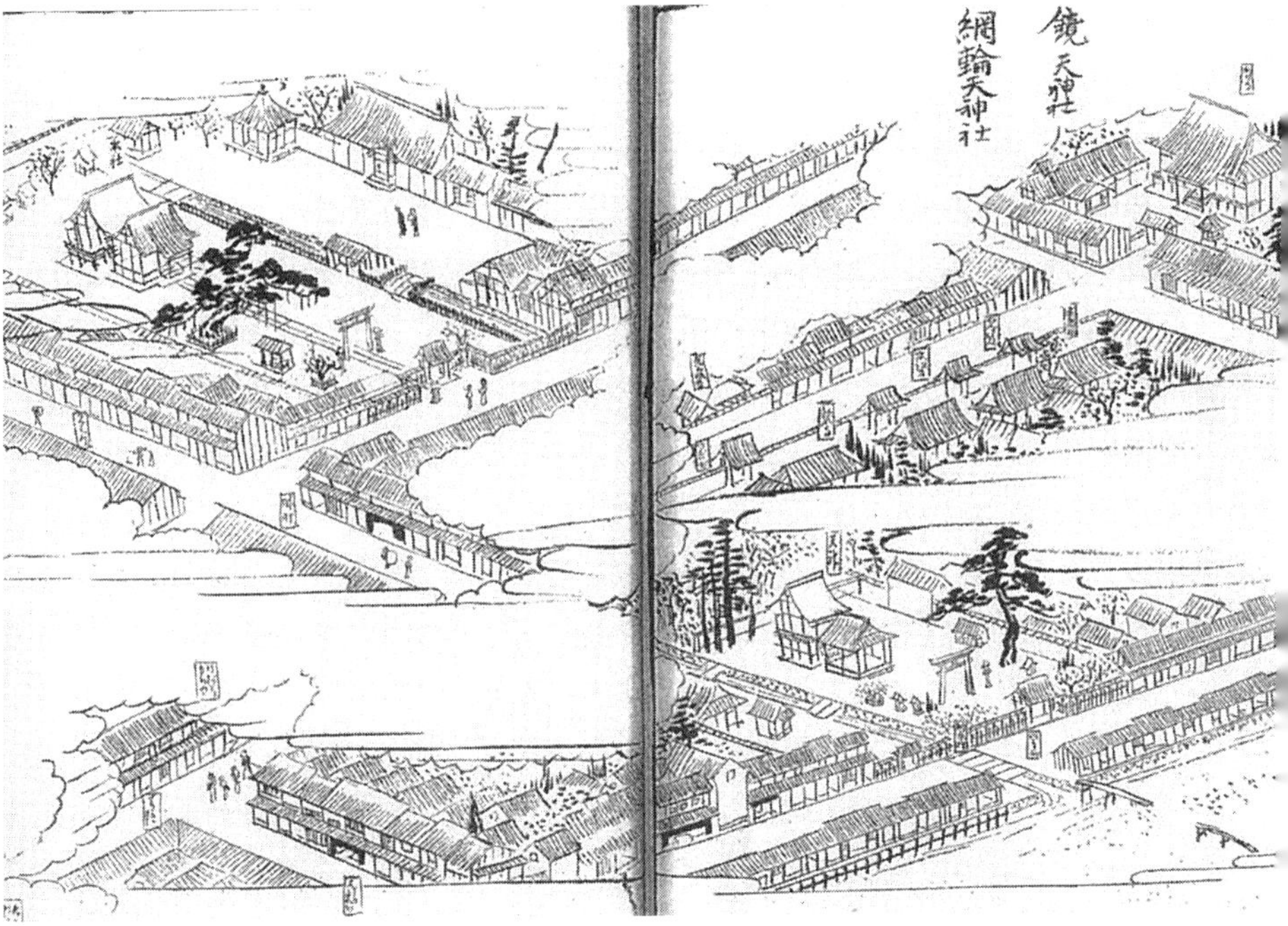

筑前名所図会に描かれている大水道

綱輪天神と成就院の間を通り、鏡天神社の北側を通って博多川に流れ込んでいる大水道を描いている。大水道の絵はどう見ても下水道には見えない。大規模なきちんとした水路である。現在の綱輪天神の境内は大水道の南側の成就院の境内となっている。従って、大水道は現在の綱輪天神の境内の北側を流れていたことになる。

筑前名所図会　福岡市博物館蔵

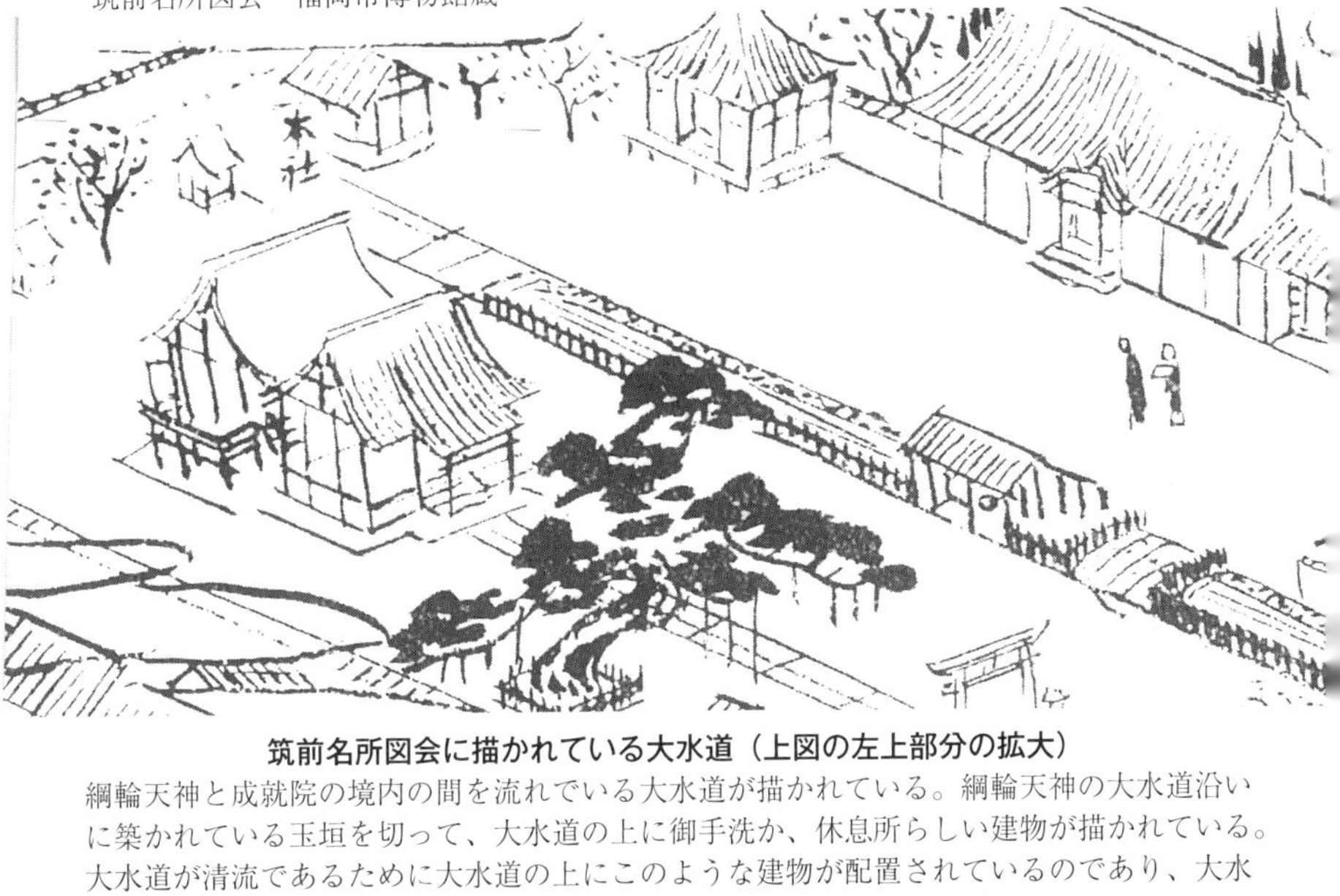

筑前名所図会に描かれている大水道（上図の左上部分の拡大）

綱輪天神と成就院の境内の間を流れている大水道が描かれている。綱輪天神の大水道沿いに築かれている玉垣を切って、大水道の上に御手洗か、休息所らしい建物が描かれている。大水道が清流であるために大水道の上にこのような建物が配置されているのであり、大水道が下水道であるとすれば水路の上にこのような建物を配置するはずがない。

であろう。この絵図の描き方は全体的にはデフォルメした描き方でなく、正確な描き方であるからである。それでは福岡城下町・博多・近隣古図をはじめとして古絵図に描かれている大水道が博多の町中でどのように通っているかを見てみよう。

①大水道は入定寺と本岳寺の間を真っ直ぐに西に通っている→②そのまま更に真っ直ぐに楊ケ池社の南を西に通っている→③西町の通りと土居町の通りの中間で直角に北側に折れ、それから真っ直ぐに北に通っている→④綱場町の綱輪天神社の東側に至り、そこで直角に向きを変え、同社と成就院の間を通り、真っ直ぐに西に通っている→⑤称名寺の境内の北側に接してそのまま真っ直ぐに西に通っている→⑥鏡天神社の境内の北寄りの位置を真っ直ぐに西に通っている→⑦そのまま真っ直ぐに西に通り湊橋の下を通って、博多川に流れ込んでいる。

大水道は博多の東から西まで以上のような流路をとって博多を横断している。大水道の流路を博多の都市の中で復元するために、大水道の①から⑧までの流路を現在の博多の町並の中で確認してまとめてみると、次のようになる。

㋐①の入定寺と本岳寺は現在も江戸時代のままに存在している。大水道はその①の入定寺と本岳寺との間から、②楊ケ池の南側、③の西町の通りと土居町の通りの間で直角に折れて北に向きを変えるまで、一直線に通っている。

②の楊ケ池神社は現在なくなってしまっているが、昭和の初め頃の地図や戦後の写真にはその跡地の痕跡が残っている。現在の町並にもその痕跡が見られる。現在、明治通りに面した店屋町の博多渡辺ビル上西町公団住宅の前の東寄りの位置に、その東側にある丸善福岡支店との境に、路面電車の敷石で作られた楊ケ池神社跡という石碑が建てられている。これらの建物の後ろは現在、紙与パーキングという駐車場となっているが、この駐車場を中心とした地域が楊ケ池神社の跡である。

入定寺と本岳寺の間に残っている大水道の跡

大水道の跡は聖福寺の伽藍の基軸線から正確に三町北側に、それと正確に平行している。豊臣秀吉の町割の線とは五度のズレがある。従って、豊臣秀吉の町割以後の江戸時代の下水道ではなく、鎌倉時代に測量して構築した水路であることが分かる。

昭和30年代の博多川に流れ込む大水道の写真

筑前国の御家人達が元寇防塁の後ろに掘った博多川に流れ込む堀も、どぶ川に流れ込むような写真の状態では下水道と勘違いされるのもやむを得ないか。

目で見る福岡市の百年　郷土出版社　125頁より

大水道は①からこの位置にあった②の楊ケ池神社の南側を通り、③の位置で直角に折れて北に向きを変えるまで一直線に通っている。

㋑大水道は①の入定寺と本岳寺の間に凡そ幅三メートル、長さ一〇〇メートル程の一直線の道路として残っているが、アの①から③の北に向きを変えるまでの大水道は、入定寺と本岳寺との間の一直線に一〇〇メートル程残っている道路の延長線上にある。

①の一直線の道路として残っている大水道の西側は、②の楊ケ池神社の南側の位置を経て、③の位置で北に直角に折れ曲がるまで、その延長線上にビルや建物の間の空間や境界が連続して一直線に伸びており、店屋町、土居町等の市街地の中に、東西に走る大水道の痕跡を各所に連続して見ることができ、現在でも店屋町、土居町等の市街地の中に大水道の痕跡が明瞭に残っている。

㋒④の綱輪天神社の境内の東側で西に向きを変え、そのまま真っ直ぐに西に、綱輪天神と成就院の間を通る。⑤称名寺の境内の北を通り、⑥鏡天神社の北側を通り、⑦湊橋の下を通り、博多川に流れ込むまでの④、⑤、⑥、⑦の流路は一直線である。

㋓⑤の称名寺は大正八年、東区馬出に移転しているために現在この地域にはない。移転する以前の称名寺の境内は元の西日本銀行博多支店の敷地で現在博多座となっている地域を含め、その南側を通っている国道二〇二号の敷地の北寄り部分より北側の地域である。現在の博多座がある位置は称名寺の境内の南寄りの敷地にあたる。⑥の鏡天神社は現在もこの地域に存在しているが、博多リバレインの建設に伴い、現在、江戸時代の絵図に描かれた位置から移動している。そのために大水道の流路の位置を明らかにするための参考にはならない。

しかし、⑦の大水道が博多川に流れ込む出口が、先に触れたように現在、博多リバレインの下の博多川の川沿いに設けられた遊歩道の一角にモニュメントとして残されている。

また、⑦について、二一九頁に掲げているように、大水道が博多川に流れ込む出口が写っている写真も存在しており、これらの写真と博多リバレインが建設される以前の住宅地図から、⑦の大水道が博多川に流れ込んでいる位置、つまり、大水道の西端の位置は確認できる。

写真は昭和の半ば頃の博多川と下川端町地域が写っている写真であるが、その中に大水道の出口が写っている。写真の博多川に架かっている右下の橋は下川端町と中州を結んでいる寿橋であるが、寿橋の少し北側に大水道の出口が写っている。博多川は大変汚れた状態で、博多川に流れ込んでいる大水道もまるで下水溝の出口のようである。大水道は江戸時代の下水溝であると考えられた人々は、このような大水道の有様を見て下水道であると早合点されたのかとも思う。大水道の上に建物があり、その建物にはメガネ屋の看板がある。当時、寿橋の北側にメガネ屋の支店があった。その寿橋の北側のメガネ屋の下に大水道の出口が通っている。寿橋の北側のメガネ屋は博多リバレインが建設される以前の住宅地図には記載されており、寿橋のたもとにあったメガネ屋の建物と大水道の位置関係を写している写真から、大水道の西端の位置は確認できる。つまり、⑦の位置は確認できる。

㋔次に⑦の位置まで一直線に西側に延びている大水道の④の東端の位置はどこであるかについて見てみよう。

④の東端は、大水道は綱輪天神社の東側で西に向かい、綱輪天神と成就院の間を通っているから、逆にその間を東に伸ばしてそれが綱輪天神の境内の最も東側となる地点である。綱輪天神社は綱敷天満宮として綱場町に現存している。綱敷天満宮は昭和二十年の太平洋戦争の戦災に遭ったが、再建されている。現在、天満宮は南向きとなっているが、戦前までは西向きであり、土居町の通りに面していた。向きが変わっただけでなく、境内は戦前と比べるとかなり狭くなっている。境内の西側は元々はこちらが正面で土居町の通りに面していたが、現在は元々に比べると四〇メートル程狭くなっているようである。土居町の道路の拡張分を含めるとおおよそ五〇メートル近くも狭くなっているようである。境内の東側部分も同様に三〇メートル程狭

くなっているようである。綱輪天神社の境内の元々のあり方を以上のように見てみると、④の大水道が南から西に向きを変える綱輪天神社の境内の東側は、現在の綱敷天満宮の境内の北側の境界線の東端から更に東に三〇メートル程の地点である。

境内の北側は、二一七頁に掲げている筑前名所図会の絵では掛町、綱場町の通りの通りに面している店屋街が描かれているが、その裏側まで広がっているように描かれている。現在の境内の倍ほども北側に広がっており、現在の境内は南半分の成就院の敷地内の位置にあたっている。従って、大水道は現在の天満宮の北側を通っていたことが分かる。

大水道が博多川に流れ込む⑦の地点と、現在の綱敷天満宮の境内の北側を通り、それの東端から更に三〇メートル程東の位置、つまり、④の綱輪天神社の東北の角と推定した地点とを住宅地図上で結んでみると、この地帯は寿通りに面した北側の商店街の裏になり、明らかに商店街の店舗の建物の並びと違った別の建物の並びとなって、通りに面した商店街とは別の地形であったことを物語っており、大水道が通っていた跡であることを浮かび上がらせる。また、綱敷天満宮の境内の北側の境界の東端から三〇メートル程東の④の綱輪天神社の東北の角である地点と推定した場所は、ちょうど寿通りと綱場町とに抜ける路地があり、この地点まで、寿通りの商店街の店舗の建物の並びと別の、その裏にある大水道の跡を浮かび上がらせる建物の並びが⑦から続いており、このような建物の在り方もこの地点が④の地点であることを明らかにしている。

㋕それでは③の東から通ってきた大水道が西町の通りと土居町の通りの間で直角に折れて、向きを変えて北に通る地点はどこであろうか。③の地点は、先に明らかにした④の地点で、④と⑦を結んだ大水道の線に垂直に南に伸ばした線が①、②、③を結んだ線、つまり、①、②を通る大水道と交わる地点である。この地点は現在、土居町の地番六番の、土居町郵便局の東側の裏より少し東の地点である。

以上、大水道の位置を明らかにすることができる①、②、③、④、⑤、⑥、⑦の位置を現在の博多の町並の中に確認し、博多の市街地の中に大水道の位置を復元することができた。大水道を現在の博多の地図上に復元してみよう。

聖福寺の総門、山門、仏殿、法堂、方丈の中心を結ぶ線を伽藍の基軸線という。聖福寺の伽藍の基軸線は鎌倉時代のままであるとされている。この聖福寺の伽藍の基軸線は、豊臣秀吉が博多を復興した時の町割の線と五度のズレがある。聖福寺の伽藍の基軸線と、その周辺の旧寺中町、普賢堂の町並の線は一致し、聖福寺とこれらの町並が鎌倉時代のままの遺構であることを物語っている。そして、これらの町並と豊臣秀吉が復興した博多の町並とは五度のズレがある。江戸時代や現在の博多の町並は、豊臣秀吉が復興した時の町並であり、聖福寺の伽藍の基軸線とは五度のズレがある。

大水道を博多の地図上で復元してみると、

(1)入定寺と本岳寺の間を通り、西町と土居町の間まで一直線に通っている大水道は聖福寺の伽藍の基軸線から正確に北に三町の位置にあり、この基軸線と正確に平行して通っている。

(2)綱輪天神社の境内の東北の角から、称名寺の北を通り、現在の寿橋の北で博多川に流れ込んでいる大水道は、聖福寺の伽藍の基軸線から正確に四町半の位置にあり、この基軸線と正確に平行して通っている。

(3)従って、当然のことであるが、入定寺と本岳寺の間を通り、西町と土居町の間まで一直線に通っている大水道と、綱輪天神社の境内の東北の角から、称名寺の北を通り、現在の寿橋の北で博多川に流れ込んでいる大水道は正確に一町半の間隔で平行して通っている。

(4)大水道が西町と土居町の間で方向を北に変えて通り、更にまた西に方向を変える綱輪天神社の東北の角の位置は、聖福寺の総門を通り聖福寺の伽藍の基軸線と直交する線から二町半の位置にある。西町と土居町の間で北に方向を変え、綱輪天神社の境内の東北の角まで北に通っている大水道は、聖福寺の伽藍の基軸線に総門を通って直交する線と正確に二町半の間隔で平行して通っている。

驚くべきことに、以上の(1)、(2)、(3)、(4)から分かるように、大水道は聖福寺の伽藍の基軸線と、聖福寺の総門を通り、聖福寺の伽藍の基軸線に直交する線に半町を単位とした正確な間隔で平行しながら通っているのである。

鎌倉時代に創建された聖福寺の伽藍の基軸線と、豊臣秀吉が復興した博多の町並の線とは五度のズレがあることは先に触れた。聖福寺の伽藍の基軸線に基づく町並は聖福寺の周辺の寺中町、普賢堂等であり、豊臣秀吉が復興した博多の町並より古い町並であり、町並の線は聖福寺の伽藍の基軸線に平行している。これらの町並に対して、江戸時代の町並の線や現在の町並の線は豊臣秀吉が復興した町並に基づき、五度のズレがある。

大水道の東西に通っている部分は聖福寺の伽藍の基軸線に正確に平行し、また、その基軸線から正確に北に三町の位置と、四町半の位置にある。大水道の南北に通っている部分は聖福寺の伽藍の基軸線に聖福寺の総門を通って直交する線に正確に平行し、また、総門を通って直交する線から正確に西に二町半の位置にある。

大水道は以上のような在り方をしており、大水道は明らかに豊臣秀吉による博多の復興以後の町並の線とは違っている。大水道は豊臣秀吉の博多の復興より古い施設である。豊臣秀吉が博多の町を復興した以後の施設であるとか、また、江戸時代の施設ではない。

佐伯弘次氏は、大水道は江戸時代の下水道であるとし、下川端地区の再開発による博多リバレインの建設に伴い、大水道の発掘調査を行った福岡市教育委員会も、大水道は江戸時代中期の下水溝であると発表した。

大水道が江戸時代の下水道等の施設であるとしたら、大水道の在り方は豊臣秀吉が復興した町並の線、江戸時代の町並の線と同じでなければならない。しかし、大水道の在り方はそうはなっていない。鎌倉時代のままである聖福寺の伽藍の基軸線に正確に平行し、それと直交している。従って、大水道が江戸時代の下水道であるとする佐伯弘次氏や福岡市教育委員会の大水道についての見解は明らかに誤りであることが分かる。

筑前国続風土記附録は大水道について、綱輪天神の項に於いて「又社の南の方に大水道両方玉垣あり。有。[5]」と記し

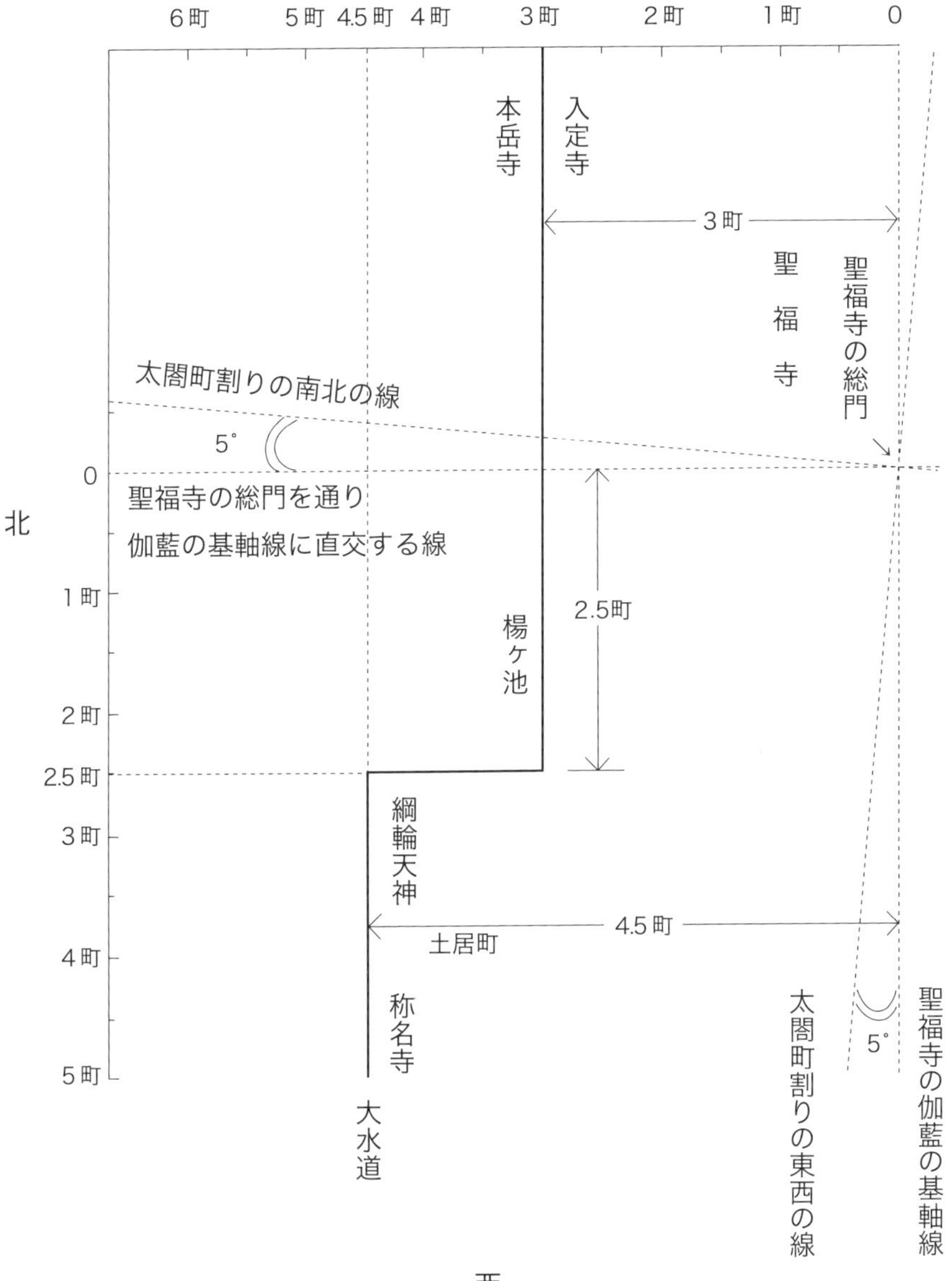

大水道と聖福寺の伽藍の基軸線、太閤町割りの線の関係

大水道は聖福寺の伽藍の基軸線に３町、4.5町の間隔で正確に平行し、聖福寺の総門を通り伽藍の基軸線と直交する線と西へ2.5町の位置で平行し、太閤町割りの線、つまり江戸時代や現在の町並みの線とは５度のズレがある。

ている。大水道の両側に玉垣を築いているとしている。大水道が下水道であるとしたら、その両側に玉垣を築くことがあるはずがないであろう。両側に玉垣を築いているということは、大水道が神聖な構築物として扱われていることを物語っている。

また、二一七頁に挙げている筑前名所図絵の綱輪天神の絵では綱輪天神の境内と成就院の境内の間を流れている大水道が描かれているが、綱輪天神の大水道沿いに築かれている玉垣を切って、大水道の上に御手洗《みたらし》か、休息所らしい建物が描かれている。大水道が清流であるために大水道の上にこのような建物が配置されているのであり、大水道が下水道であるとすれば水路の上にこのような建物を配置するはずがない。

貝原益軒は筑前国続風土記に於いて、大水道は入江であった袖湊の名残であると述べているが、大水道は聖福寺の伽藍の基軸線に正確に三町と四・五町の位置で平行し、伽藍の基軸線に総門を通り直交する線から二・五町の位置に平行している在り方から正確に設計された構造の施設であることは明らかであり、入江が埋め立てられていったために年代を経て入江の跡の一部が自然の溝として残った水路であるというような代物ではない。貝原益軒の説明も明らかに間違いである。

大水道は江戸時代の絵図や、奥村玉蘭の筑前名所図会に描かれた絵からして、単なる溝ではない。明らかに水が流れている幅のある水路である。それでは大水道はいつ頃造られた水路であろうか。

聖福寺の伽藍の基軸線は鎌倉時代のままであるとされる。大水道が聖福寺の伽藍の基軸線に正確に平行し、また、伽藍の基軸線から正確に三町と四町半の位置に在ることや、聖福寺の伽藍の基軸線と総門を通り直交する線に正確に平行し、総門から正確に二町半の位置に在ることから、大水道は鎌倉時代の聖福寺と同じ時期に存在していた施設であることが分かる。大水道が造られた時期が鎌倉時代の聖福寺の伽藍と別の時期であったとしたら、大水道の位置が聖福寺の伽藍の基軸線や、それと総門を通って直交する線と正確に連関するはずがない。つまり、大水道は既に鎌倉時代には存在していたために、鎌倉時代に創建された聖福寺の伽藍の基軸線やそれと総門を通って直交する線と同じ基準線で造られた施設となっているのである。以上のように大水道は鎌倉時代に造られた水路である。

それでは大水道は何のための水路であろうか。平成十一年、博多区の旧奈良屋小学校の跡地に建設中の博多小学校の敷地の南端から、鎌倉幕府が文永の役の後に博多湾岸に構築した元寇防塁が発掘された。この元寇防塁の位置と聖福寺の伽藍の基軸線との距離は正確に六町の間隔であり、大水道と聖福寺の伽藍の基軸線との間隔は正確に三町である。従って、元寇防塁と大水道との間隔も三町である。元寇防塁から南に三町の位置に大水道、それから更に南に三町の位置に聖福寺の伽藍の基軸線という在り方となっているのである。

また、平成二年、それより北北西に二五〇メートル程離れた古門戸町四番の敷地からも、元寇防塁の跡と推定される石塁跡が発見された。福岡市教育委員会は元寇防塁であろうと推定しているが、元寇防塁の遺構であることは間違いないであろう。この元寇防塁の遺構は聖福寺の伽藍の基軸線から正確に北に七町の位置にあり、聖福寺の伽藍の基軸線に平行して、基軸線から北に四町半の位置にある綱輪天神社と湊橋の下を通り博多川に流れ込む大水道から、正確に二町半北の位置にある。逆に見れば、元寇防塁から南に二町半の位置に大水道、それから更に四町半の位置に聖福寺の伽藍の基軸線という在り方となっている。

博多小学校の敷地や、古門戸町四番の敷地から発掘された元寇防塁は極めて一部である。しかし、元寇防塁がそれらの延長線に築かれていたことは間違いない。つまり、元寇防塁は博多の東側部分は聖福寺の伽藍の基軸線から六町北側に、博多の西側部分は聖福寺の伽藍の基軸線から七町北側の位置に見られる。このことは博多の前面に構築された元寇防塁が一直線に構築されていたのではなく、ゆるい曲線で構築されていたことを物語っているのであろう。そして、大水道はそのような元寇防塁の曲線に対応するように途中で折れながら構築され、東側部分は元寇防塁から三町南の内側に、西側部分は元寇防塁から二町半南の内側に、博多の東端から西端まで博多を横断する形で構築されているのである。このような元寇防塁と大水道の位置関係を見てみると、大水道は元寇防塁に関係してその内側に構築された水路であることが窺える。つまり、大水道は元寇防塁の後ろに築かれた堀であり、元寇防塁の後ろに構えられた防衛線の堀であったと考えることができる。

博多を東西に貫いている大水道は聖福寺の伽藍の基軸線と正確に平行して構築されているが、大水道は途中で折れて、東側部分は聖福寺の伽藍の基軸線から北に三町の位置にあり、西側部分は基軸線から北に四町半の位置に構築されている。大水道がこのように途中で折れて東側部分と西側部分とでは一町半ズレて構築されていることは、大水道が横矢掛の構造で構築された堀であり、非常に優れた軍事的機能を有した堀であり、軍事的に極めて熟慮された構築物であることを物語っている。

文永の役で元軍が攻撃の目標としたのは博多と大宰府であった。元軍は目標もなく博多湾岸に上陸したのではない。正確に博多、次に大宰府と攻撃の目標をもって上陸したのである。そのような元軍の襲来に対して、鎌倉幕府も元軍の攻撃の意図を十分に踏えて迎え撃っているのである。文永の役に於いて上陸後、元軍は博多を眼下に臨む赤坂を占領し、博多を攻略しようとした。それに対して九州の御家人達は博多の沖浜に集結した。元軍が博多を占領するのを防ぐために、九州の御家人達は博多の沖浜に集結して元軍と対峙したのである。九州の御家人達も元軍の攻撃目標が博多であり、次いで大宰府であることを十分に察知していた。そのために九州の御家人達は博多の沖浜に集結して元軍を迎え撃つ体制を整えたのである。

ところで、文永の役と博多について述べる研究者は、例えば大庭康時氏が、「鎌倉時代にモンゴル帝国が攻めてきて、台風で帰ったということがありますけれども、このとき博多は戦場になります。一度目は完全に焼かれてしまいまして、二度目に来る時には、博多湾の沿岸にずっと石塁を築いて防衛します。(6)」と述べたり、また、福岡市埋蔵文化財調査報告書第２４５集に於いて「2度にわたる元寇で、博多の街は焼かれ、(7)」と述べているように、文永の役の時、元軍は博多を攻撃し、焼き払った、としている。

本書の「はじめに」に於いて述べたように文永の役の時、元軍は博多を直接攻撃したり、占領したりしてはいない。博多の西方に上陸した元軍は博多を攻撃、占領するために博多を一望する現在の福岡城跡である赤坂に進出し、博多を守るために沖浜に集結した日本の武士達と対峙したが、日本の武士達の攻撃を受けて、その後、百道、姪浜から撤退してしまった。文永の役に於いて元軍が博多に至ったことはない。

この間の日本の武士達と元軍の戦いについては蒙古襲来絵詞に正確に描かれ、記され、「はじめに」に於いて記した福田文書や日田記に記されている。文永の役の時、博多は元軍に攻撃され、焦土と化した、とするのは、後世の書が元寇の話を講談調に誇張するために書き立てているだけである。[8] また、弘安の役に於いて元軍が博多に上陸したことはない。文永の役が終わると、元軍の再来襲に備えて、鎌倉幕府は博多の海岸部に元寇防塁を構築した。そのために元軍は上陸することができず元軍が博多に至ったことはない。従って、文永の役、弘安の役の二度に及ぶ元寇に於いて、博多が焼かれたことはない。

しかし、元軍の攻撃の目標の一つが博多であることを察知していた幕府は海岸に元寇防塁を構築しただけで十分とは決して考えていなかったはずである。元寇防塁が元軍に突破された時の第二陣を当然考えて、それに対する対策を立てていたはずであり、それが博多の先端の崖の前に掘られた堀であり、後に大水道と呼ばれた堀である。

「報告書第605集」によれば、大水道の発掘に伴って、大水道の前面から二列の柱列が発掘された。一列目の柱列は大水道から四メートル程前面にあり、二〇メートルの長さに二十五本が打たれていた。つまり、柱はほぼ半間間隔で打たれていた。更にそれから四メートル～六メートルの前面に竹や角材の柱列があった。そして、この柱列は竹材や枝材を横木として柵《しがらみ》が編まれていた。これらの二列の柱列は護岸の杭列である、と発表された。一見これらの柱列は護岸の杭列のように見える。これらの柱列が護岸の杭列であると判断されたのは、大水道は筑前国続風土記以来、袖の湊の名残の湿地の跡であるという前提から考察されているために、湿地の埋め立て、つまり、護岸工事が行われているはず、という発想から生じているのであろう。

しかし、大水道は博多の前面を守るために構築された堀であることから、その堀の直近の前に護岸があるはずがないであろう。柱列はその堀の前面四メートルの位置にアトランダムではなく、半間間隔で打たれている。また、大水道に平行して打たれている。報告書のように杭が護岸のために打たれているのであれば、柱列は大水道に平行せず、護岸で固めたとする前面の地形に沿った線で打たれていなければならない。しかし、柱列は大水道に平行して打たれていることから、柱列は明らかに大水道に伴う構築物である。柱列が大水道に伴う設備として構築されていることからすると、柱列は大水道の前に構えられた乱杭以外に考えられない。従ってまた、その前面に竹材や枝材の横木を通して柵を編んでいる柱列は、護岸の柵ではなく、逆茂木であろう。

つまり、これら二列の柱列は大水道という堀の前面に構えられた乱杭とその前面の逆茂木であろう。堀と土塁に乱杭と逆茂木は付き物である。元軍の襲来に備えて乱杭を構えたり、修理をしている史料はいくつかある。後でいくつかを見てみるが、大水道という堀に伴って、乱杭、逆茂木が構えられていたことの発見と、乱杭、逆茂木が初めて出土したという極めて貴重な発見であった。しかし、福岡市教育委員会の発掘当事者も、その発掘に指導と助言を行ったとする有識者の人々の誰も、それが貴重な乱杭、逆茂木であると気が付かずに、護岸の杭と柵であると結論付けてしまった。

第二節　大水道の規模とその構築時期

――長橋荒神、長橋観音と龍宮寺――

それでは大水道はどのような規模の堀であったのであろうか。文明十年、山口の大名の大内政弘は少弐政資を筑前国から駆逐し、筑前に覇権を確立した。その大内政弘の側近に相良正任がいる。相良正任は大内政弘が筑前国を制覇した文明十年（一四七八）十月、大内政弘に従って博多に渡海し、聖福寺の塔頭継光庵に滞在した。その相良正任の記録に正任記がある。その正任記の文明十年十月十八日に次のような記事がある。

一　於当津長橋観音宝前、普門品卅三巻依仰令読誦、則別当衆徒仁当寺衆僧仁施物百疋被遣候、[9]

また、文明十年十月二十八日に次のような記事がある。

一　於当津長橋荒神、当神経七巻、心経三百卅三巻、神兄一反読誦候、施物百疋御寄進之[10]、

以上のように正任記の記述に博多の長橋観音、長橋荒神が記載されている。これらは長橋の観音、長橋の荒神のことであり、長橋は橋の規模が長いことに由来している橋の名称であり、博多に於いて長い橋が架設されており、その橋は大内政弘が祈願を依頼した観音、荒神社の名前に冠せられているように、それらの近くに架設されていたことを正任記は記している。博多には博多七観音と称する観音があり、多くの観音があるが、正任記の記す長橋観音はどこの観音であるか、正任記のこの記述から断定できない。長橋観音、長橋荒神といずれも長橋に関係した地域にあることから、両者は同じ場所か、近接した位置にあると判断することができる。

筑前国続風土記拾遺は龍宮寺について、次のように記している。

小山町上

龍宮寺

冷泉山視現院と号す。浄土宗鎮西派京都知恩院の直末なり。開山を谷阿上人という。谷阿は仁治二年五月七日寂す。石城志に仁治中善阿という時宗の僧建立ともいふ。又筑陽記に當寺草創より律宗なり。其後いつの比にか綽誉暁印と云僧浄土宗に改とあり。いつれか是なる事をしらす。此寺始は袖湊の海辺今楊池社在所に在。寺内まで潮来りし故浮御堂といへり。貞応中此津に人魚を捕得たりしを天下の吉兆なりとて勅使冷泉中納言当地に下向あり。人魚を当寺に蔵む。是より今の寺号山号を用ゆといふ。本編に詳なり。　宗祇法師か筑紫紀行に龍宮寺といふ浄土門の寺なり云云。此所のさまを見侍るに前に入海遙にして志賀嶋を見渡して沖には大舟多くか、れり。唐土人も乗けんと見ゆ、と記せり。宗祇は文明十二年西国に下り博多に来り此寺に寄寓せり。紀行の詞によりて考れは其比までは此寺海辺に在しと見ゆ。寺伝に当寺二十世の住持本誉は播磨国姫路の人なり。初め心光寺にて剃髪し修学の後豊前中津の瀧泉寺に住職し慶長五年筑前に来り当寺に入院し本堂庫裏諸堂を再興す。因て本誉を中興開山と称すとあり。此間今の地にハ移せしにや。享保十七年六月十六日の夜当寺炎上す。此時冷泉中納言筆の額及宗祇か連歌百韻の一本も烏有とな（れ）り。（中略）寺内に荒神社祭日正月廿八日社前に浮塚と識せる石立てり。　金毘羅社　八幡宮　天満宮　稲荷二社　粟嶋社　地蔵堂　観音堂あり。此観音も博多七観音の一にして国中三十三所巡礼第二番の札所なり[11]。

筑前国続風土記拾遺は「寺内に荒神社」と、龍宮寺の寺内に荒神社があったことを記している。筑前国続風土記拾遺は博多の荒神社については龍宮寺の寺内の荒神社と妙楽寺内の荒神社の二箇所を記している。しかし、妙楽寺は後掲の第六章　第一節（二）で説明しているように、元寇防塁の外側に創建された寺院であり、近くに長い橋が架設されている地形にはない。従って、博多の荒神社がこれらの二箇所だけであるとすると、正任記が記す大内政弘が祈願を依頼した長橋荒神社は龍宮寺の寺内の荒神社であろう。龍宮寺の現在の境内にも荒神を祀っている御堂とその前に同寺の立派な山門がある。同寺の方に教えて戴いたが、同寺の山門は元々荒神社の門であったということである。教えて戴けなかったら、同寺の山門としてだけ見てしまうような立派な門

龍宮寺の山門と三宝大荒神の碑

現在の龍宮寺の山門は、元々は三宝荒神の門であったという。山門の内に見えているのが荒神堂。その奥に観音堂がある。龍宮寺と長橋荒神、長橋観音は別々であったが、龍宮寺の現在地への移転に伴って、長橋荒神、長橋観音は龍宮寺の境内に祀られて同寺と一体となったのであろう。

である。龍宮寺は現在では宗祇の滞在と人魚の伝説のみが脚光を浴びているが、龍宮寺の山門の前に大博通に面して三宝荒神の大きな碑が立てられている。また、その奥には観音堂もある。これらは龍宮寺の盛んであった荒神信仰と観音信仰を現在に伝えている証である。

正任記が記す長橋荒神が龍宮寺の三宝大荒神であることについて見てみよう。筑陽記は龍宮寺について、「寺内祠三宝大荒神為津中之鎮社」と記している。龍宮寺の三宝大荒神は博多津の鎮社、つまり、博多の守護神として祠られていると記している。[12] 大内政弘は長橋荒神に読経と施物を献じたが、同神が博多の全くの一小社であったとしたら、大内政弘の信仰心がいかに篤くともそのような祈願をする筈がない。長橋荒神が博多に於いて何らかの重要な役割を担っていたからこそ大内政弘は読経と施物を献じて祈願をしたのである。つまり、新しく筑前国・博多の覇者として博多に入った大内政弘が筑前国・博多に於ける覇権が続き確立することを祈願することは必然である。そして、龍宮寺の三宝大荒神は博多の守護神として祀られていた荒神である。大内政弘が読経と施物を献じて祈願した長橋荒神と龍宮寺の三宝大荒神とについて以上のように見てくると、長橋荒神は龍宮寺の三宝大荒神であることは間違いない。従ってまた、長橋観音も龍宮寺の観音である。因みに川添昭二氏は長橋観音、長橋荒神について「どこかわからない」としており、明らかにし得ていない。(13)

龍宮寺について、筑前国続風土記拾遺は慶長五年、関ケ原の合戦の後、黒田長政が筑前国に入国して福岡を城下町として建設した時に現在地に移したとし、それ以前は楊ケ池社があった所にあったとしている。石城志は龍宮寺について、「此寺むかしは西町の北側にあり、今柳池の社ある所と云。」と記している。(14) 石城志が西町の北側にあり、楊ケ池社のある所としている位置は、現在の市街地では博多区店屋町の七番であり、紙与本店の駐車場となっている場所である。ここは大水道の北側である。楊ケ池社の南側には大水道が構築されており、当時の博多の市街の中心部であった聖福寺、櫛田神社等の方から楊ケ池社や龍宮寺に参詣するには大水道を越えなければならず、大水道に架設された橋を渡って楊ケ池社や龍宮寺に参詣することになる。また、博多市中に於いては大水道の他に長い橋を架設するような水路、河川はない。このようなことから判断すると、大内政弘が祈願を依頼した長橋荒神社は大水道の近くにあった龍宮寺の荒神社であり、龍宮寺の近くの大水道に架設された橋が長い橋であったので長橋と称されたのである。

長橋が龍宮寺の近くの大水道に架設された橋であることをもう少し確認してみよう。龍宮寺には、筑前国続風土記拾遺が「観音堂あり。此観音も博多七観音の一にして国中三十三所巡礼第二番の札所なり。」と記しているように、博多七観音の一つの観音があり、長橋観音は龍宮寺の荒神社、つまり、長橋荒神と同じ地域になければならない位置関係と一致する。また、博多市中に於いて荒神社と観音が同じ地域、位置に存在するのは龍宮寺の荒神社と観音以外には見当たらず、このことからも正任記が記す長橋荒神と長橋観音は龍宮寺の荒神社と観音である。

話を元に戻すと、長橋は龍宮寺の近くの大水道に架設された橋である。そして、この大水道に架設されていた橋の長橋、長い橋という呼称は、大水道という堀の幅が大規模であったことを物語っている。

大水道に架設された橋として湊橋がある。湊橋は二一七頁に挙げている筑前名所図会の絵に川端町の鏡天神社の北側を流れている大水道に架かっている橋として、冷泉橋として描かれている。湊橋について、筑前国続風土記拾遺は次のように記している。

○湊橋一名冷泉橋是は昔の名にハ非るへし。古へ入海に架して沖浜に通ひしと云。今鏡天神の側にある石橋の辺也と云。此橋の長八十弐間有しとそ。又は百弐拾間なりしとも。今は石橋長僅に二間余あり[15]。

湊橋は、現在は僅かに二間余の長さの石橋であるが、昔、沖浜への交通路として入江に架設した橋で、長さ八十二間あった、または百二十間あったともいう、と記している。大水道に架設した湊橋が昔、入江に架設された橋であったとすることは、大水道が入江であったとする筑前国続風土記の説に基づく説明であるが、その説明が間違いであり、大水道は入江ではなく堀であることは証明してきた。そのことはともかくとして、筑前国続風土記拾遺が入江に架設されていたとする橋は大水道に架設された橋であり、その橋の長さは八十二間あった、または、百二十間あったともいう、と記していることである。橋の長さの数値の信憑性はともかく、大水道に架設された橋の長さが長かったことを伝えており、筑前国続風土記拾遺のこの記述は、正任記が記している長橋は大水道に架設された橋であるとした想定とも一致する。そして、これらのことから、大水道の幅が広く、鎌倉幕府、鎮西探題が博多の南側を防衛するために構築した房州堀と同様に極めて大規模な堀として構築されていたことの証である。堀は乱杭、逆茂木、柵が設置されていた範囲を含む幅であろう。

次に大水道がいつ構築されたのか、その構築時期について見てみよう。長橋が大水道に架設されていた橋であるとすると、大水道が構築された時期はそれに架設されていた長橋の時期から明らかにすることができる。鎌倉時代の一三〇八～一〇年の延慶年間、聖福寺の住職であった鉄庵道生の文集「鈍鉄集」の中に鉄庵が作った連詩「博多八景」があり、「博多八景」の題に「長橋春潮」があり、長橋は既に鎌倉時代の末期の十四世紀には架設されていた[16]。長橋は大水道に架設されていた橋であり、それが鎌倉時代の十四世紀には既に詠まれていることは、大水道が間違いもなく鎌倉時代の一三〇八〜一〇年の延慶年間以前に構築されていた堀であったことを証明している。

尚、龍宮寺の傍らにあった長橋が「博多八景」に詠われていることについて、大内政弘の勧めによって筑前国に遊んだ飯尾宗祇は博多に於いては龍宮寺に滞在したが、大内政弘が飯尾宗祇の宿所として龍宮寺を手配したことは、龍宮寺が「博多八景」に詠われているような名所の長橋に臨んでおり、博多に於いて飯尾宗祇を遇するには最適であると判断したためであることは言うまでもない。

大水道は博多の台地の最も先端部の位置にある。ちょうど博多部の陸地が沖浜との境に向かって傾斜して下がって行く坂の先端の下部の位置にある。この位置から海と反対の聖福寺の方を臨むと、目の前は高さ二メートルほどの崖となっているような地形となっており、海岸の元寇防塁を突破して博多に攻め込んでくる部隊を迎え撃つには最も軍事的に効果的な地形となっている位置にある。このような位置に鎌倉幕府、鎮西探題は房州堀と同様な極めて大規模な堀を構築していたのである。鎌倉幕府、鎮西探題の極めて戦略的配慮が読み取れるであろう。後世、この堀の目的は忘れられてしまい、その遺構だけが残って、貝原益軒は筑前国続風土記を著すにあたって、その堀、つまり、大水道について適当な説明をしたのであろう。先に見たように博多の南側の防備のために鎌倉幕府・鎮西探題が築造した堀を、戦国時代に大友氏の家臣臼杵安房守鑑賡が掘った、と説明したと同じようにである。

第三節　大水道と土居町の地名が語る防衛線

東から通ってきた大水道が向きを変えて北に通る西側に、また、西に通る南側の地域に土居町がある。この土居町の地名について、博多の郷土史家の小田部博美氏は「袖の湊の入江の岸に臨み、そこに波除けの土手(堤防)が築かれていた由で、それで『土居町』と呼ばれるようになったものと考えられる。(17)」と説明されている。また、博多、福岡の地名の考証をされている井上精三氏は「町名の由来は、むかし、このあたりは袖の湊の岸辺で、波よけの土手があったので土居町となった、と伝えられている。(18)」等と述べられている。「角川日本地名大辞典　40　福岡県」(角川書店)は「どいまちかみ　土居町上」の項で「町名は、周辺が袖の湊の岸辺で土手があったことに由来するという。(19)」と、小田部博美氏や井上精三氏の説明をそのまま引用している。「日本歴史地名体系41　福岡県の地名」(平凡社)は土居町の地名の由来については記していない。(20)勿論、土居町の地名が袖湊の岸辺の土手に由来するというような話は附会《こじつけ》にすぎない。

土居町という地名はいつ頃から見られるであろうか。山田聖栄が文明二年三月五日、七十三歳の時に書き上げたと記している山田聖栄自記に次のような記述がある。

一　氏久年十七ノ時、六ケ国馳上、宮方将軍方合戦之時、将軍方して数ケ所手負、博多之出井の道場ニてきすをかひやうして下向ス、其時之合戦に伊地知打死候、観応二年九月廿八日也(21)

島津氏久が十七歳の時、将軍方と宮方が合戦をした時、氏久は将軍方として戦い、負傷し、博多の出井の道場で傷を養生した。それは観応二年九月二十八日の合戦であったと記している。観応二年は一三五一年であり、鎌倉時代が終って十八年後である。「日本歴史地名大系41　福岡県の地名」(平凡社)は土居町の項に於いて、博多の出井の道場は土居の道場であると記している。[22]尚、同書は同項に於いて、山田聖栄自記は文明十四年に記されたとしているが、先に記したように、山田聖栄は、この件《くだり》はその十二年前の文明二年三月五日、七十三歳の時に書き上げたと記している。

博多の土居の道場は、博多の土居という地域にある道場という意味であり、土居の道場とは称名寺のことであるから、博多の称名寺のあたりには土居という地名が、鎌倉時代が終った直後には既に存在していたことになる。鎌倉時代が終った十八年後には博多の称名寺の地域には土居の呼称は既に存在していたのである。

正任記の文明十年十月三日の項に次のようなことが記してある。

一　仁保新左衛門尉弘名頸事、自一昨日朔至今日三ケ日、於土居道場称名寺門前被掛了、則於当寺可孝養之由、御懇被仰付、千疋被遣了、守護代奉行、[23]

と、称名寺を「土居道場称名寺」と、土居道場と記している。これは称名寺が土居の傍らにあったために土居道場と称したのである。従って、土居という地名は既に文明十年には存在していたことを物語っている。

正任記が土居道場のことを記しているのは文明十年のことであるが、年代は特定できないが、それより以前にも称名寺・土居道場について次のような史料がある。

此一帖或人以相伝之本書写者也、愚身所持之抄物等皆以此卿自筆也、雖然於鎮西安楽寺社頭紛失之間、先書留也、彼本等安楽寺宮師律師如申者尋出云々、路次静謐之時分可召上、若愚老存命中不到来者、子孫之中数寄志之輩可伝取、仍後鐙如此申置者也、

（中略）

此内二帖預置他所之間、今所持也、

応永九年八月　日

了俊（花押）

（中略）

九州にてしぜんと御尋有べきために、此草子を土居之道場ニ進者也、

珠阿（花押）

多ゝ良（花押）(24)

今川了俊は安楽寺の社頭で和歌の抄物等を紛失したが、後日、それらは安楽寺の宮師律師が尋ね出したということなので、それについて、これらの抄物は世の中が静謐になった頃に取り戻して欲しい。もし、了俊が存命中に届かなかったら子孫の中で和歌に心得のある人が伝え受け取ってくれ。後の証明のために、その目録とこのことを書き置くと、今川了俊は応永九年（一四〇二）八月に書き記している。

そして、この今川了俊自筆の抄物は九州で捜しやすいように珠阿と多々良が「土居之道場」に進めておいたことが記されている。珠阿は称名寺の僧であろう。多々良は大内教弘である。大内教弘は盛見の子であり、先の史料の政弘は教弘の嫡子である。教弘が博多の支配権を握っていた時期は応永九年より少し後になり、文明十年より以前の十五世紀の半ばである。つまり、十五世紀の半ばには、称名寺は「土居之道場」と呼ばれていたことが分かる。そして、このことから室町時代の十五世紀の半ばには土居は存在していたことが分かる。

鎌倉時代が終った直後の観応二年の史料や、室町時代の応永九年より少し後、文明十年の史料に称名寺のことを土居之道場、土居道場と記していることから、称名寺あたりに鎌倉時代が終った直後の時期には土居という地名があったことが分かる。また、土居という地名があった、土居という地名が成立していたということは、その地名が成立するための施設がそれ以前に既に存在していなければならない。従って、土居という地名の由来となった土居、土塁は鎌倉時代が終った直後の観応二年より以前に遡り、十四世紀以前の鎌倉時代には存在していた施設であることを物語っている。

しかし、どうしてここに鎌倉時代から土居町のルーツである土居という地名があるのであろうか。博多湾岸に波除けの土手が築かれていることはない。博多湾岸を描いている聖福寺之絵図に波除けの土手など描かれて

はいない。海岸は自然の砂浜である。言い伝えられているように土居町の土居は波除けの土居が築かれていたことに由来するというようなことはない。貝原益軒の筑前国続風土記も、青柳種信の筑前国続風土記拾遺も土居町の地名の由来については何も触れていない。このような土居町の名称が何故に博多の中に存在しているのか、博多の研究者や中世史の研究者も誰も触れていない。

土居と同じものに土手がある。福岡市で町名整理が行われる以前、現在の中央区大名に土手町があった。黒田氏が城下町の防禦のために中堀、肥前堀に面して土手を築いていたので、その土手に由来して土手町という地名があったのである。同じく那珂川に沿った中央区橋口町から北側、川下に須崎土手町があった。橋口町には城下町の防禦のために石垣で囲まれた升形門があり、その両側の那珂川に沿った福岡側は高い石垣と土手が築かれていた。その土手に由来して須崎土手町という地名があったのである。大堀や黒門川に面しても城下を防禦するために土手が築かれ、それぞれ杉土手、松土手と呼ばれていた。それらは町名改正まで、荒戸町に杉土手、松土手という町名として残されていた。防禦のために構築された土手に由来して土手町や何々土手という地名が残っていたのである。つまり、城下町の防禦のために土手が築かれていたために、それに因んだ土手町や何々土手という地名があったのである。

土手と同じような土居町に関連しているであろう土居で最も有名なものは、豊臣秀吉が京都の防衛のために京都の周りに築いた御土居である。豊臣秀吉は京都の防衛のために外側に掘を伴った土居を京都の周りに築いた。このために御土居に因んだ土居という地名もある。

博多の土居町の由来であろう土居も、福岡の土手や豊臣秀吉が築いた京都の御土居という防禦のための土塁に由来していると考えるのが当然であろうと思われる。土居町は大水道の内側に、大水道に接して存在している。土居町のこのような在り方から、土居町の由来である土居、土塁は大水道と一体の施設である。また、土居町という地名は大水道が南から北へ通っている所ではその西側に、東から西へ通っている所ではその南側の位置にあり、大水道を挟んで海と反対側にある。つまり、土居町は大水道の内側、博多側にあるのである。このような大水道と土居町の在り方は、大水道と呼ばれた元寇防塁の後ろに第二防衛線として構築されていた堀は、その後ろに土塁、つまり、土居を備えている構造として築かれていたことを物語っている。

先に触れたように大水道は博多の最も先端部の位置にある。ちょうど博多部の陸地が沖浜との境に向かって傾斜して下がって行く坂の先端の下部の位置にある。この位置から海と反対の聖福寺の方を臨むと、目の前は高さ二メートル以上の崖となっているような地形となっており、海岸に構築された元寇防塁を突破して博多に攻め込んでくる部隊を迎え撃つには最も効果的な位置にあるのである。そしてその後ろには更に、高さ数メートルに及ぶ土塁が構築されていたのである。蒙古軍は実際には弘安の役の時、博多湾岸に構築された高さ三メートルの元寇防塁さえも突破することはできなかった。博多部の台地の先端に、大規模な大水道と称された堀とその後ろに構築された土塁は、元寇防塁以上に堅固な構築物である。軍事的には非常に効果的な構築物であったことは言うまでもない。

第二章　第二節（一）に於いて、吾妻鏡に記された藤原泰衡が阿津賀志山に構築した防塁について見た。吾妻鏡には急造された防塁であるにも係わらず、規模（幅）五丈の堀であり、堀には阿武隈川の流れを引き込み、堀には柵《しがらみ》を打っていたことが記されている。この防塁は二重の堀と土塁から構築された大規模な防塁である。また、その後ろの苅田郡の名取川、広瀬川の両川にも、川中に大縄を引いて柵とした防衛線を構築して二重の防衛線を構築していたことが記されている。

鎌倉時代の初期には既にこのような大規模な複合する防衛線が構築されていることから、元寇があった時期の武士達にとっても大規模な堀、それに付随する柵、逆茂木と土塁などの複合している防衛施設を構築するのは常識であったはずである。防衛線の構築について、以上のように見てくると、鎌倉幕府・鎮西探題が博多の防衛のために、海岸に元寇防塁を構築しただけでなく、その後ろに後に大水道と呼ばれた堀と土居町の地名として残った土塁を伴った第二防衛線を構築していたことは当然のことである。元寇防塁とその後ろの土塁を伴った大水道という二重に構築されている防衛線と、大水道や房州堀がいずれも河川と繋がって河川の流れを引き込んでいる構造や、また、大水道の北側、前面には逆茂木と柵が残っており、大水道に付随して柵、逆茂木が備えられている構造、大水道と土塁等とが一体として構築された構造は、阿津賀志山の防衛線と共通した構造であり、鎌倉時代の武士達の防衛線や施設の構築方法であり、このような鎌倉幕府・鎮西探題による博多の防衛線、施設の構築は当時の武士達の防衛線、施設の構築方法に共通した構築方法である。このような大水道の築造方法からしても、大水道は鎌倉幕府・鎮西探題が構築した元寇防塁の後ろの防衛線であることは疑い得ない。

第四節　大水道と土塁を構築した技術と鎮西探題金沢実政

元寇防塁の後ろに第二防衛線として構築された大水道と呼ばれた土塁を伴った堀の構築とその技術に、鎌倉幕府・鎮西探題はどのような関係があったのだろうか。それらのことについて見てみよう。土塁の構築と同じような工事に河川の堤防工事がある。その河川の堤防工事、つまり、築堤については、既に原田信男氏や加藤裕美子氏が下総国下河辺庄の築堤について研究されているので(25)、それらの研究を参考にしながら見てみる。

吾妻鏡の建長五年（一二五三）八月二十九日に次のような記述がある。

廿九日乙亥。下総国下河辺庄堤可築固之由有沙汰。被定奉行人。所謂清久弥次郎保行。鎌田三郎入道西仏。対馬左衛門尉仲康。宗兵衛尉為康等也。

鎌倉幕府は下総国下河辺庄に於いて、奉行人を定めて、「堤可築固」と、堤を築く工事を行わせていることが吾妻鏡に記されている。奉行人として記されている人物はいずれも御家人である。ここで築かれた堤がどのような堤であるかといえば、下河辺庄を流れている川は現在の利根川である常陸川水系や古利根川である。従って、日本最大の大河の流域である。鎌倉幕府はこのような大河の洪水を防ぐために堤を築く工事を行わせている。日本最大の大河の洪水を防ぐための工事であるから、鎌倉幕府が築かせた堤は当然大規模であったはずである。鎌倉幕府は御家人達を奉行として大規模な堤の築造を行わせているが、堤を築造する技術は土塁の築造技術に他ならない。つまり、鎌倉幕府や御家人は大規模な土塁を築く工事を行っており、その技術を持っていたことを物語っている。

更に、吾妻鏡の寛喜四年（一二三二）二月二十六日に次のような記述がある。

廿六日丁丑。武蔵国榑沼堤大破之間。可令修固之由。可被仰便宜地頭之旨被定。左近入道々然。石原源八経景等為奉行下向。彼国諸人領内百姓不漏一人可催具。在家別俵二可充之者。自三月五日始之。自身行向其所。可致沙汰之旨。含命云々。

鎌倉幕府は武蔵国の榑《くれ》沼の堤が大破したので、それを修理するように近隣の地頭達に命じ、その奉行として御家人の左近入道々然、石原源八経景に現地に向かうように命じている。榑沼の堤は入間川支流の越辺川に築かれた堤であるという(26)。越辺川は現在、荒川水系の一級河川であり、かなりの大河である。従って、越辺川の堤の修築はかなりの大工事であったことが想定される。

ついでに見てみると、この史料では、堤の修理には越辺川がある武蔵国中の百姓が動員され、武蔵国の一国平均の役となっている。百姓は一戸に俵二枚を負担させられている。いずれにしろ、鎌倉幕府は越辺川の堤が大破したので、近隣の地頭達に堤の修理、つまり、堤の築造を命じ、奉行人を派遣している。これも鎌倉幕府や御家人が大規模な堤の築造、つまり、大規模な土塁の築造を行っている例であり、その技術を持っていたことを物語っている。

吾妻鏡の以上のような記述の例から、鎌倉幕府や御家人は土塁の築造について、かなりの土木工事の実績と技術を持っていたことが分かる。

次の史料を見てみよう。

去比委細禅札恐悦候、彼御状則入見参候畢、
抑赤岩樋事、令成進御教書候、可令付堤奉行人給候也、他事月迫候之間、令省略候畢、恐々謹言、
(嘉元三年)閏十二月十二日　　掃部助兼雄（花押）
謹上　明忍御房(27)

金沢貞顕の右筆である倉栖兼雄が称名寺の長老剣阿に送った書状である。金沢貞顕は名実ともに初代の鎮西

探題となった金沢実政の兄顕時の子であり、金沢実政にとっては甥になり、十五代執権となったり、北条高時を輔けて活躍した人物である。その金沢貞顕の右筆の倉栖兼雄が「赤岩樋」のことで、「堤奉行人」に指示をしたことを称名寺の長老剣阿に報告している書状である。赤岩は先に見た吾妻鏡の史料にも出てきた下河辺庄の地名である。下河辺庄は称名寺の荘園であり、金沢氏が荘園の経営にあたっていた。

樋は水路、灌漑用の水路である。つまり、赤岩樋とは、称名寺の所領である下河辺庄の赤岩の水路のことである。下河辺庄の赤岩の水路が破損したか、何かの不都合が生じたので、称名寺が金沢貞顕にその修理を指示し、指示を受けた金沢貞顕は、堤奉行人に赤岩樋の修理を命じたことを倉栖兼雄を通じて称名寺に報告している。このことから明らかにすることができるのは、金沢氏の下には堤奉行人という職制があり、堤奉行人は水路の修理、構築を担当していたということである。金沢氏の下の堤奉行人はその名称から、ここで指示されている水路の修理、構築だけでなく、堤の築造、つまり土塁の構築を行っていたことは言うまでもない。

金沢氏が経営する下河辺庄は日本最大の利根川、古利根川などの流域にある。従って、金沢氏は、下河辺庄の経営にあたっては大規模な築堤や掘割を構築する等の治水事業を行っていたことは当然のことである。そのために金沢氏は自らの組織に堤奉行人という職制を置いていたのである。堤奉行人は水路や土塁の構築に専門的な土木技術を持っていた専門家であろう。また、堤奉行人だけでなく、下河辺庄の経営にあたっていた金沢氏もその経験等から水路や土塁の構築に通じた専門的な技術を持っていたことは言うまでもない。

現在、下河辺庄で確認されている鎌倉時代に構築されている人工の土塁は高さ七・二メートル、基部の幅二六メートル、天部の幅七・二メートル、長さは確認されているだけでも六キロメートルに及ぶという。推定では一〇キロメートルから二〇キロメートルにも及ぶという。このような人工の土塁が金沢氏等によって構築されていたのである。博多湾岸に構築された元寇防塁よりもはるかに巨大な堤、土塁である。元寇防塁はたまたまに築造されたのではない。当時のこのような土木技術を元に築造されている。

以上のような鎌倉幕府、御家人、金沢氏の水路や堤、土塁の築造の例を見てみると、大水道と土塁の長さは九〇〇メートル程度であり、鎌倉幕府・鎮西探題や御家人の土木技術で構築することは十分可能であったことが分かる。

また、先に房州堀について見てみたが、房州堀と呼ばれた堀は鎌倉幕府・鎮西探題が構築したとのみ指摘し、鎌倉幕府・鎮西探題が長さ八〇〇メートルの房州堀と呼ばれた堀を構築するような土木技術を持っていたかどうかについては触れなかったが、これについても同様であり、鎌倉幕府・鎮西探題、御家人は房州堀と呼ばれた堀を構築する土木技術を十分持っていた。また、房州堀には大水道に伴うような土居町という地名はない。しかし、房州堀が博多の南側を守るための施設であり、同時期の構築であることからすれば、当然、土塁を伴っていたと考えるべきであろう。初めに見たように、貝原益軒は筑前国続風土記に於いて、房州堀の土堤は十八世紀の初めまで現存していた、と記している。このような房州堀の土塁が鎌倉時代に遡って構築されていたことは当然であろう。

ところで、鎮西探題の金沢実政、政顕は先に見た金沢氏の出である。名実ともに初代の鎮西探題であった金沢実政の探題就任について、川添昭二氏は、「兼時の段階でみられた強い臨戦性が、実政以降薄れたことにある。だから実政以降は、訴訟処理が中心になる。(28)」と説明している。しかし、以上に見てきたように、金沢実政、政顕の出身の母体である金沢氏流は下河辺荘の経営にあたっていたことから、築堤、用水開鑿等の土木技術に長じていた家柄であり、従って、金沢実政、政顕もこうした築堤、用水開鑿等の土木技術や、それらについての知識を備えていたことは当然である。金沢実政が鎮西探題に就任した背景には、金沢実政の武力だけでなく、用水路と同じ構造の大水道、築堤と同じ構造である大水道の後ろの土塁構築、更には元寇防塁、房州堀をはじめとした博多の都市の防備体制の整備や、城郭化の整備に、金沢氏の土木技術を活用するためであったと考えることができる。臨戦態勢をとることは単に甲冑を身にまとい、弓矢、太刀をたばさむことだけではない。博多を元寇から守るために、堀、土塁等の防備施設を十分に構築して備えることも臨戦態勢である。鎌倉幕府が簡単に元寇に対する臨戦態勢を解いたとは考えられない。金沢実政の鎮西探題就任をこのように捉えると、川添昭二氏が説明しているように、金沢実政の鎮西探題就任は、兼時の段階で見られた強い臨戦性が、実政以降薄れて、訴訟が中心になってしまったとする指摘はあたっていないことがお分かり戴けるであろう。それはあくまでも行政官としての面が現れていただけである。

第五節　大水道と土塁、房州堀の工事を担当した筑前国御家人

大水道やその後ろの土塁を構築する土木工事は誰が行ったのであろうか。次の「乱杭」のことについて記している①、②、③の三つの史料を見てみよう。

①肥前国要害所石築地乱杭切立破損事、任本役、来七月中加修固、可被申覆勘候、仍執達如件、
　永仁五年六月廿二日　　　右衛門尉為尚（花押影）
　青方（高家）四郎殿
　青方太郎入道殿(29)

史料①は肥前国の守護代の平岡右衛門尉為尚が、肥前国の異国警固番役分担場所の石築地、「乱杭」、切立の破損について「修理」を行うよう、肥前国の御家人青方四郎に命じた史料である。この史料から、肥前国の異国警固番役分担場所の「乱杭」等が破損している場合、肥前国守護がその修理を肥前国御家人に命じ、その「修理」は、肥前国の御家人がそれを負担している。つまり、石築地、「乱杭」等の「修理」は異国警固番役分担場所の守護の管理であり、その国の御家人がその修理を行うことになっていることが分かる。

次の史料を見てみよう。

②有其隠候、次乱杭修理事、就今□始承候、請取且急役所、可終其功、□
『来月十日以前、可令終其功給□
□
『豊後国守護代殿(30)

史料②の意味について確認する前に、簡単にこの史料について見ておく。この史料は大分県杵築市大字生桑の生桑寺の大般若経の修理の裏打に使用されていた紙に記されていた史料である。従って、多数の断簡となっている。『大分県史料(25)』には八十五通が収められているが、これらの八十五通は紙質、筆跡等から同一文書と判断できる断簡は同一文書として掲載されている。

この史料は、乱杭を修理すべく命じた部分の「有其隠候、次乱杭修理事、就今□始承候、請取且急役所、可終其功□」と「来月十日以前、可令終其功給□」の二通と、宛所の「豊後国守護代殿」との、合わせて三通の断簡であるが、これらの三通を同一文書と推定されて同じ箇所に掲載されているので、それをそのまま引用している。しかし、史料の「有其隠候、次乱杭修理事、就今□始承候、請取且急役所、可終其功□」と「来月十日以前、可令終其功給□」の内容は、直接、乱杭の修理を指示していることと、修理の期日を指示している内容となっていることから、この二つの断簡は、豊後国守護代に宛てたのではなく、豊後国御家人の八坂氏に宛てた書下としたほうが妥当であろう。

前置きが長くなったが、この史料②は、豊後国の守護が、「乱杭」の「修理」について、その修理すべき場所の指示を受けて、ただちにその場所に赴き、その「修理」を来月十日以前に終えるよう豊後国の御家人に命じた史料である。この史料の「乱杭」を「修理」する場所は豊後国の異国警固番役分担場所である香椎前浜である。香椎前浜で乱杭を打つ場所は多々良川の川口しかないから、具体的には多々良川の川口の「乱杭」である。史料の宛名は欠けているが、豊後国御家人の八坂氏である。つまり、豊後国守護が、豊後国の異国警固番役の分担場所である香椎前浜の多々良川の川口の「乱杭」の「修理」を、豊後国の御家人八坂氏に命じている史料である。この史料②からも、先に見た①の肥前国の「乱杭」の「修理」と同様に、「乱杭」の「修理」は異国警固番役分担場所の守護が管理し、守護の命によって、その国の御家人が修理を行うことになっていることが分かる。

次の史料を見てみよう。

③

異国警固構多〻良潟乱杭六本、致用意、来月廿日以前請取彼地、可被打候、仍執達如件、

長一丈、口四寸、

弘安十年三月廿九日　　　浄恵（花押）(31)

宛名を欠くが、筑前国御家人中村弥二郎続に宛てた少弐経資の書下である。筑前国守護の少弐経資が、「異国警固構多〻良潟」と異国警固のため多々良潟の構築工事として、筑前国御家人中村弥二郎続に、長さ一丈、口径四寸の乱杭六本を準備し、弘安十年四月二十日以前に、「請取彼地」と割り振られて指定された多々良潟の乱杭を打つ場所を受け取って、「可被打候」とそこに乱杭を打つ工事を終了しろ、ということを命じた書下である。多々良潟に於いて筑前国守護が筑前国の御家人に命じている工事である。

多々良潟は香椎前浜の中の多々良川の川口であり、香椎前浜の異国警固番役の分担は豊後国である。従って、先の①、②の二つの史料の例からすれば、多々良潟の乱杭工事は当然、豊後国の御家人が担当しなければならない工事と考えられるであろう。

例えば、福岡市教育委員会が元寇防塁の発掘を行った時、発掘を担当した柳田純孝氏は「中村氏は怡土荘（福岡市の西部および糸島郡）の御家人である。筑前国の分担が博多だったのに、中村氏がなぜ豊後国の分担であった多々良川の負担を命じられたのか、理由はわからない。(32)」と記している。また、相田二郎氏もこの史料について、「この乱杭の打込みも当然石築地の修造と関聯した工事と見るべきであろう。」と述べられている。相田二郎氏が修造という言葉をどのような意味で使われているか不明であるが、修造という言葉を修理というような意味で使用されているとしたら、同氏もこの史料の乱杭の打ち込みは元寇防塁の修理とは同じような工事であると捉えられていることになり、柳田純孝氏と同じような捉え方になる。(33)この史料については、現在、大方《おおかた》は柳田純孝氏が受け止められたと同じように考えている。

これら①、②、③の三つの史料はいずれも「乱杭」についての史料である。一見すると同じことを記しているかのように見える。そのために柳田純孝氏のような誤解をしてしまい、現在行われているような解釈をしてしまう。しかし、これら三つの史料をよく見てみよう。三つの史料はどれも同じことを記しているのではない。

今まで見てきたのは、①と②の二つの史料は「乱杭」の「修理」を命じた史料である。それに対して、③の史料は多々良潟に「乱杭」を打つ工事を行うよう命じた史料である。②と③の史料は同じ多々良川の「乱杭」についての史料であるが、②は多々良川の「乱杭」の修理を行うことを命じた史料であり、③は修理ではなく、「乱杭」を設置するという工事を命じられている史料である。「乱杭」を修理することと、「乱杭」を多々良川に設置する工事を行うことは全く区別して行わせているのである。「乱杭」の場所だけに目を向けて史料を見ていると、柳田純孝氏のような見方をして誤解をしてしまう。

これら①、②、③の三つの史料が明らかにしてくれることは、乱杭や防塁の修理は、異国警固番役を分担する国の地区ごとに、その国の守護の命令によって、その国の御家人が担当していた、ということである。そして、異国警固に必要な乱杭を新設するような工事、つまり、異国警固の構、構築のための工事は異国警固番役の分担とは別に行われていたということである。それでは異国警固の構え、構築のための工事はどのように行われていたのであろうか。少し具体的に見てみよう。

筑前国御家人の中村弥二郎続は筑前国守護少弐経資から、異国警固の構として多々良川の川口の割り振られて指定された場所である「彼地」に乱杭六本を打つ工事をするよう命じられた。中村弥二郎続が多々良川の川口で少弐経資から乱杭を打つ場所を割り振って指定されたということは、少弐経資が、中村弥二郎続の分担した場所を含めて、多々良川の川口の全体の乱杭工事について、誰が、どこを工事するか、分担する場所を割り振っていたということである。多々良川の川口に乱杭をどのように配置するかも少弐経資が決定していたのであろう。

また、少弐経資という筑前国守護が管轄して乱杭を打つ工事が行われているということは、当然、工事を担当しているのは筑前国守護の管轄下にある筑前国御家人であるということである。つまり、筑前国守護少弐経資の管轄下に中村弥二郎以下筑前国の御家人が多々良川の川口に乱杭を打つ工事を割り振られて行う、という「異国警固構」の工事を行っていたのである。

以上のことから「異国警固構」のような土木工事は筑前国守護の管轄の下に筑前国御家人が分担して行っていたことが分かる。博多の市中の大水道とその後ろの土塁は、中村弥二郎続ら筑前国御家人が多々良川の川口で行った異国警固の構と同じような土木工事である。従って、大水道とその後ろの土塁を構築する工事も筑前国御家人達が割り振られて分担しながら行った工事である。念のために確認しておくと、博多湾岸に元寇防塁を構築する工事は「異国警固構」と同一の質の工事である。しかし、この工事は九州の国別に分担させられて行われた。「異国警固構」と同一の質の工事でありながら、何故にこのような違いが生じたのであろうか。元寇防塁の工事は博多湾岸の二〇キロメートルに及ぶ極めて大規模な工事であり、短期間で遂行、完成させなければならない緊急を要する工事であったために、関係する国である筑前国御家人だけでは不可能であるとして九州の国別に分担させて行われたのであろう。博多の異国警固番役は筑前、筑後だけに分担させたが、それ以外の博多湾岸地域は筑前、筑後を除く九州の御家人達に分担させたようにである。

また、先に房州堀について見てみたが、筑前国続風土記は房州堀について、「其土堤今もあり。」と記しているように土塁を伴っている。大水道に伴う土塁が大水道と一体として構築されていることから、房州堀に伴う土塁も房州堀と一体として構築されたものであろう。また、房州堀に伴う土塁も、土塁としての機能から大水道と同じように房州堀の内側に築かれていたことは言うまでもないことである。つまり、房州堀は内側に土塁を伴っているが、これは大水道と同じ構造となっている。両者が鎌倉幕府・鎮西探題による構築であることは今までに証明してきたが、両者が同じ構造であることも、房州堀も大水道と同じ時期に構築されていることを物語る。そして更に、房州堀とその土塁を構築する工事と大水道とその後ろの土塁の構築とは同じ時期の工事であることから、房州堀とその土塁の工事も、大水道とその土塁の構築と同様に筑前国守護の指揮の下に筑前国の御家人達が「異国警固構」の工事として、割り振られて分担しながら行った工事であったと判断することができるであろう。

大水道は、海側から大水道があった場所を挟んで聖福寺の方を臨むと、目の前は現在でも場所によっては二メートルほどの段差となっているような地形であり、更にその後ろには土塁が構えられていたのであり、大水道とその後ろに築かれた土塁は海岸に構築されていた元寇防塁を越える軍事施設である。鎌倉幕府・鎮西探題は元寇防塁の構築だけでなく、その後ろに大水道と土塁、また、南側にも房州堀と土塁を構築し、更に大水道の前には乱杭と逆茂木を構え、幾重にも防衛線を構築していた。鎌倉幕府・鎮西探題が博多の防衛にいかに意を尽くしていたかを思い及ばせる。現在の中世史の研究者、博多の研究者が、鎌倉幕府が元寇に際し、博多湾岸に元寇防塁を構築したことをもって、鎌倉幕府の元寇対策をこと足りているとしてしまって、それ以上に研究を深め得ていないのは、鎌倉幕府、鎮西探題の博多の防衛に対する思いに比べて、そのようなことを一片すら思い浮かべない安易な思考しか為し得ていないことである。歴史上の事実とそれに届き得ていない現在の博多の研究の落差に愕然とするしかない。

中世の博多がどのような都市であったか、博多の都市の復元図がいくつか作成されている。福岡市博物館が開館一周年を記念して「堺と博多――展　よみがえる黄金の日々」を催したが、その時出版された図録に天文十五年頃の博多の図が掲載されているが、その図には大水道は描かれていない。また、大庭康時氏、宮本雅明氏が作成された博多の復元図があるが、これらの復元図にも大水道は描かれていない。大水道が何か全く理解していなかったためである。元寇防塁は我が国の貴重な歴史遺産として、現在、ほとんどが国指定史跡となっている。大水道は元寇防塁に劣らぬ貴重な歴史遺産である。そのような大水道を江戸時代の下水道であると誤ってしまい、破壊してしまった。これは偏に博多の研究者、九州の中世史の研究者の責任である。

注

（1）筑前国続風土記　巻之四　博多　伊藤尾四郎校訂　文献出版　七六頁、八三頁
（2）佐伯弘次　5――まぼろしの湊　袖の湊と大水道　川添昭二編　よみがえる中世【1】東アジアの国際都市　博多　平凡社　一七六頁
（3）平成八年三月二十九日　西日本新聞夕刊
（4）筑前国続風土記拾遺巻之（七）　博多神社　福岡古文書を読む会　校訂　文献出版　二〇二頁
（5）筑前国続風土記附録　巻之五　博多　中　土居町　下　綱輪天神　福岡古文書を読む会　文献出版　一二八頁
（6）大庭康時　中世都市鎌倉を掘る　第5章　博多――中世の商業都市　鎌倉考古学研究所　一四六頁
（7）福岡市教育委員会　博多17　福岡市埋蔵文化財調査報告書第２４５集　三頁
（8）佐藤鉄太郎『蒙古襲来絵詞』に見る日本武士団の戦法　軍事史学　第三八巻　第四号
（9）山口県史　史料編　中世一　三四四頁
（10）山口県史　史料編　中世一　三五八頁
（11）筑前国続風土記拾遺巻之（九）　博多寺院（下）　小山町上　龍宮寺　福岡古文書を読む会　校訂　文献出版　二二三・二二三四頁
（12）筑陽記　福岡一　博多二之部　博多神社　冷泉山龍宮寺　聖福寺文庫刊行会　三九頁
（13）川添昭二　中世・近世博多史論　海鳥社　一二四・一二五頁
（14）石城志　巻之五　仏寺下　檜垣元吉監修　九州公論社　一九・二〇頁
（15）筑前国続風土記拾遺巻之（五）　博多　中　川端町　福岡古文書を読む会　校訂　文献出版　一四七頁
（16）渡邊雄二　聖福寺通史　西日本新聞社　一一頁
（17）小田部博美　博多風土記　海鳥社　三七〇頁

(18) 井上精三　福岡町名散歩　葦書房　六七頁
(19) 角川日本地名大辞典　40　福岡県　どいまちかみ　土居町上　角川書店　九一六頁
(20) 日本歴史地名体系41　福岡県の地名　土居町、片土居町　平凡社　五四一〜五四三頁
(21) 山田聖栄自記　鹿児島県史料集（Ⅶ）　四八頁
(22) 日本歴史地名体系41　福岡県の地名　土居町　平凡社　五四一頁
(23) 山口県史　史料編　中世一　三三二頁
(24) 大宰府・太宰府天満宮史料　巻十二　五二七・五二八頁
(25) 原田信男　中世村落の景観と生活――関東平野東部を中心として――　思文閣出版
加藤裕美子　下総国下河辺荘における築堤――万福寺百姓等申状を中心に――　鎌倉遺文研究　第十七号
(26) 加藤裕美子　下総国下河辺荘における築堤――万福寺百姓等申状を中心に――　鎌倉遺文研究　第十七号
(27) 鎌倉遺文　二二四四四　（嘉元三年）閏十二月十二日　倉栖兼雄書状　金沢文庫文書
(28) 川添昭二　九州の中世世界　海鳥社　一五六頁
(29) 鎌倉遺文　一九三九九　永仁五年六月二十二日　肥前守護代平岡為尚書下案　肥前青方文書
(30) 某書下断簡　生桑寺大般若経裏打紙文書　杵築市八坂生桑寺所蔵　大分県史料（二五）第二部　一三三頁
(31) 鎌倉遺文　一六二二四　弘安十年三月二十九日　少弐経資書下　筑前中村文書
(32) 柳田純孝　元寇防塁　博多学４　甦る中世の博多　朝日新聞福岡本部編　葦書房　九四頁
(33) 相田二郎　蒙古襲来の研究　吉川弘文館　一八四頁

第四章　聖福寺之絵図に描かれた博多の東側の堀

第一節　聖福寺之絵図について

（一）聖福寺之絵図の年代

博多の町を描いている絵図として最も古い絵図が聖福寺之絵図である。聖福寺之絵図は一般的には聖福寺古図と呼ばれている。しかし、この絵図の末尾には聖福寺の住職であった玄熊の説明文と署名が以下のように記されている。

聖福寺之絵図
永禄亥年之乱劇過半雖紛失捃拾
余残以修補之冀後人標
傍矣　永禄午春中興玄熊（花押）

玄熊はこの絵図の題として聖福寺之絵図と記しているので、現在一般的に呼ばれている聖福寺古図という呼び方ではなく、玄熊の呼び方に従って聖福寺之絵図と呼ぶ。聖福寺之絵図はいつ頃に描かれたのであろうか。

は明らかである。永祿亥年とは永祿六年（一五六三）である。
聖福寺之絵図が描かれた時期について、現在、次のような説明がされている。
①「古絵図は永祿元年（1558）以前の境内を描いたもので、三方に堀をめぐらした広大な寺域のようすが知られる。」川添昭二編「よみがえる中世【1】東アジアの国際都市 博多」聖福寺古図カラー写真説明文 平凡社 一三六頁
②「しかし、室町時代のものとされる聖福寺古図を見ると、両寺の裏手は松林で、川は流れておらず、溝が両寺を取り巻くように掘られている。」佐伯弘次 戦国期の大土木工事――石堂川と房州堀――「川添昭二編 よみがえる中世【1】東アジアの国際都市 博多」平凡社 一七八頁
③「博多の絵図として最も古いのは、聖福寺古図である。これは室町時代のころのものとされている。」佐伯弘次 自治都市博多「甦る中世の博多 はかた学4」朝日新聞福岡本部編 葦書房 一九七頁
以上のように、川添昭二編「よみがえる中世【1】東アジアの国際都市 博多」一三六頁 の聖福寺之絵図のカラー写真の説明文は「永祿元年（1558）以前」としている。尚、この「永祿元年（1558）」は玄熊が永祿亥年之乱劇と記しているから永祿元年ではなく、永祿六年（一五六三）の誤りである。佐伯弘次氏は「室町時代のものとされる聖福寺古図」、「室町時代のころのもの」と、聖福寺之絵図は室町時代、室町時代の頃に描かれたとしている。しかし、室町時代という時代は、広義にとれば足利尊氏が政権を握った一三三六年から十五代将軍足利義昭が織田信長によって追放された一五七三年までや、狭義にしても三代将軍足利義満が京都の室町に花の御所と呼ばれた室町第を造営した一三七八年頃から一五七三年までであり、二世紀半近くの長い期間があり、聖福寺之絵図が室町時代の成立であるとするのはあまりにも大雑把な論である。聖福寺之絵図が玄熊の記す永祿亥年以前の成立であるとする論も同様であり、永祿亥年以前という捉え方ではどこまで逆

上るのか非常に曖昧《あいまい》な捉え方である。もう少し具体的な考証を行うべきであろう。つまりは聖福寺之絵図の製作の時期について、明確にする手がかりがつかめなかったために、このような大雑把な言い方をされてきたのであろう。

事実、佐伯弘次氏は聖福寺之絵図の製作がいつ頃であるかについて、聖福寺之絵図が製作されたのは永禄六年以前であるとしつつも、「『聖福寺古図』の成立年代については、今後の研究をまつより他にない。(1)」と、聖福寺之絵図の製作年代は現状ではいつ頃であるかは明らかにし得ないので今後の研究にまつより他はない、と聖福寺之絵図が永禄六年以前の成立であるとか、室町時代の頃というような曖昧な表現をしている理由を正直に記している。

その他、福岡市博物館には聖福寺之絵図の複製が展示されているが、それの説明文には、

聖《しょう》　福《ふく》寺《じ》古《こ》図《ず》
製作年不祥
戦国時代の聖福寺の境内を描いたもの。三方を堀で囲まれ、海岸近くには石塁もみえ、砂浜では船をつくっているようすも描かれている。

と記されている。福岡市博物館の聖福寺之絵図の説明文は以上のように聖福寺之絵図は製作年不詳としているものの、戦国時代の聖福寺の境内を描いたもの、即ち、戦国時代の製作であると捉えている。

（二）聖福寺之絵図の損傷

聖福寺之絵図がいつ頃描かれた作品であるかについて検討する前に、聖福寺之絵図については今まで具体的にはあまり触れられていないことがあるので、この機会に見てみよう。聖福寺之絵図に描かれている聖福寺、承天寺に向かって三分の一の位置と、三分の二の位置に、絵図をほぼ三等分する位置に切断された跡があり、右から三分の一の位置の切断された跡は、絵図はうまく継がっているが、三分の二の位置の切断された跡の右側部分は蓮池の一部であり、左側部分は海岸の松林となっており、絵は連続しておらず、明らかに途中が欠落した状態となっている。これらの損傷が永禄六年の略奪によるものであろうことはよく知られていることである。

絵図の絵をよく見てみると、その他にも損傷があり、明らかに後で補修された跡がある。聖福寺之絵図の中央部分の承天寺の伽藍と聖福寺の伽藍が描かれている間の部分である。両寺の間に築地塀で囲まれた寺院か、屋敷らしい建物とその左側に寺中町らしい建物が四軒程描かれ、更にその左側には三軒の建物と蓮の若葉形の池が描かれているが、寺院か屋敷らしい建物は右側の一部を除いて二つある門のうち、一つの門、築地塀等はほとんど後の補修で描き加えられた絵であり、その左側の四軒の建物も後の補修で描き加えられた絵である。一見しただけでは周辺の建物と区別がつかないが、よく見るとこの四軒は明らかに周辺の建物と描き方が異なっている。屋根の描き方も、柱の描き方も、建物の下層部分の描き方も、元々の建物の描き方と異なっている。いかにも元々の建物と同じように似せて描かれているが、元々の建物の描き方と比較すると、この補修で描かれている部分の絵は弱く、明らかに周辺の建物と描き方が異なっている。また、蓮の若葉形をした池の水の取り入れ口は承天寺、聖福寺の後に描かれている堀と継がっているが、その取り入れ口の水路の堀よりの部分は後の補修であり、この部分から寺院か、屋敷と見られる建物の後の堀に沿って築かれている土手の部分も後の補修である。更にこれらの後で補修された部分の前に描かれている寺中町の建物を描いているような部分もかなり損傷している。

その他、海岸の砂浜で作業をしている大工のうち、手斧《ちょうな》で材木の形を整えている二組の大工の下方の、汀から海を描いている部分に補修をしたような痕跡が見られる。手斧で材木の形を整えている二組の大工のうち、特に丸太の材木に乗っている大工の腰から下は、絵がかなり損傷していて、この大工自体の腰から下、足の部分等と、この大工が乗っている材木も、それらの形状も定かでないほど損傷が激しい。そして、この下から右方にかけても長方形の補修をしたような痕跡が認められる。

次に聖福寺之絵図の絵の描き方について見てみよう。聖福寺之絵図の絵は部分部分をよく見てみると非常に精緻に描かれている。海岸に石塁が描かれている。元寇防塁についての史料集としては川添昭二氏編の「注解元寇防塁編年史料」(福岡市教育委員会)がある。ここに描かれている石塁が元寇防塁であるとしたら、当然この絵についても博多地区の元寇防塁の貴重な絵として、川添昭二氏編の同書に収められていなければならない。しかし、この石塁の絵は元寇防塁として川添昭二氏編の同書には収められておらず、また、この絵については全く一言も触れられていない。蒙古襲来絵詞の後巻の絵十二に描かれている生の松原の元寇防塁は川添昭二氏編の同書にはちゃんと触れられているにも係わらずである。川添昭二氏はこの石塁が元寇防塁であると断定することに躊躇したためか、見落としたために、同書に収めなかったのであろう。因みに蒙古襲来絵詞の十三には陸地側から見た生の松原の元寇防塁が描かれているが、これも同書は全く触れていない。見落としたのである。

この絵をよく見てみると、石塁は海岸の砂浜で作業をしている大工達と比べてかなり高く、大工達に覆い被さるように描かれており、大工達の後ろに大工達を圧倒するような迫力をもって描かれている。このような石

聖福寺之絵図に描かれている大工達

大工達は儀式としてではなく、通常に作業している姿を描いている絵であり、大工達は全員烏帽子をかぶっている。従って、この絵が描いている時期は烏帽子をかぶる風習があった時期の絵であり、そのような風習は鎌倉時代から間もない南北朝時代の14世紀の半ば頃までであり、従って、絵もその時期までの絵である。

戦国時代に烏帽子をかぶる風習は全くない。福岡市博物館はこの絵の説明文で戦国時代を描いている絵と説明しているが、その時期の絵ではない。

また、福岡市博物館の説明文では、大工達の作業は砂浜で船を作っている、としているが、聖福寺之絵図は、正平10年（1355）からの聖福寺の再建を描いている絵であり、大工達は船を作っているのではなく、聖福寺再建のための作業をしている姿を描いている絵である。

聖福寺之絵図　聖福寺蔵　福岡市博物館写真提供

塁の描き方を見てみると、中世の博多の海岸にこのような護岸が存在するはずはなく、博多の海岸のこのような場所に護岸が必要なはずもない。この聖福寺之絵図に描かれている石塁は護岸のための石塁等ではなく、明らかに鎌倉幕府が元寇に備えて築いた元寇防塁を描いた絵である。

また、鎌倉幕府が元寇に備えて築いた元寇防塁を中世の人々がどのように見て感じていたかをよく伝えている絵である。巨大な建造物を見慣れてしまっている現在の我々の感覚から見れば、たかだか高さ三メートルの構築物である元寇防塁はとるに足らぬ大きさの構築物として見てしまっているが、中世の人々からすればかなり大きな構築物であると感じていたのではなかろうか。当時の人々の元寇防塁に対するそのような感覚を非常によく表現している絵である。

次に聖福寺之絵図に描かれている元寇防塁の外の海岸で作業している大工の絵について見てみる。大工は向かい合って大鋸《おが》を挽いている二組四人の大工、丁斧《ちような》（釿）で材木の形を整えている二組四人の大工、斧で丸太を切断している二人の大工、以上十人の大工が描かれている。念のために確認しておくと、ここに描かれている大工は別筆でも後筆でもない。聖福寺之絵図には始めから描かれている絵である。ここに描かれている大工達は躍動的で活々とした様子で描かれている。それだけではなく、これらの大工達の格好、風俗も、大工達が使用している大鋸、手斧、斧などの大工道具も非常に精緻に描かれている。向かい合って大鋸を挽いている二組の大工の右側の一組のうち、丸太の上に乗っている大工は諸肌脱ぎの格好で、挽いている丸太の上にいかにも軽やかに登っている。もう一組の右側で向かい合って大鋸を挽いている大工の右側の大工は片肌脱ぎの格好で丸太に乗って大鋸を挽き、その相棒は身体を逆「く」の字形にして精一杯大鋸を挽いている格好で描かれ、大工達の働き振りを軽快な躍動感でもって描いている。

また、大工達の働き振りだけでなく、大鋸で挽き割るために立てた丸太の根っこが砂浜の砂に減り込んで、丸太の根っこの廻りの砂が盛り上がっている様子や、丸太を立てるためにそれを突き支えている支柱など、実に精緻に描いている。また、大鋸で丸太を挽いてる大工達の下には斧で丸太を切断している二人の大工が描かれているが、ほぼ切断し終えかかっている丸太の切断箇所の傍には木屑が盛り上がって散っている様子や、大工達が使用している大鋸には歯がちゃんと描かれている等、実に精緻に描いている絵である。

第二節　聖福寺之絵図の年代考証

（一）描かれている大鋸からの絵図の年代考証

話を本筋に戻して、聖福寺之絵図がいつ頃の絵であるかについて見てみよう。先に見たように聖福寺之絵図には十人の大工達が描かれていて、それぞれ大鋸、丁斧、斧を使って作業をしている。大工達が使用しているこのような道具から、この聖福寺之絵図が描かれた時期が特定できないであろうか。この聖福寺之絵図に描かれている大工道具について見てみる。

丁斧は弥生時代から使用されており、現代でも使用されている。丁斧では時期の特定はできない。斧はどうであろうか。斧も古代から現代まで使用されている道具であり、斧からはこの絵図の時期の特定はできない。大鋸はどうであろうか。大鋸については村松貞次郎氏や吉川金次氏の研究があるので、それについて見てみよう。まず村松貞次郎氏の大鋸についての研究によれば、大鋸については次のような見解を示しておられる。正確を期すために村松貞次郎氏の著書等から大鋸について記述されている箇所を引用させて戴く。

①「オガの名がはじめて文献に出てくるのは室町時代半ばの文安元年（一四四四）にできた『下学集《がかくしゅう》』（二巻）という辞書である。」

②「また絵画の面では、室町時代中期の作といわれる幸節氏蔵『三十二番職人歌合絵』に、明瞭に二人挽きのオガを使用している姿が描かれているし、また福岡市聖福寺蔵の『聖福寺之古図』にも野趣溢れるオガ挽き

の光景が写されている。この古図は先の永禄六年（一五六三）に兵火で焼け残った絵図を集めて一巻とした
という奥書きがあることから、やはり室町時代の中期を下らないものだろうと考えられる。
以上のような諸例を総合してみると、正確な年代は不明としても、オガは室町時代初期から中期、すなわ
ち十四世紀の末から十五世紀の前半にわが国に紹介されてかなり短い時間に広く普及したのではないかと考
えられる。そうしてその伝来はもちろん中国（明）からであろう。(2)」
また、大鋸について、
③「実際の建物が残っている法隆寺のころから室町時代の半ばころまで、日本には縦挽のノコギリがなかった
のである。すなわち製材用のノコギリはなかった。
　だから鎌倉時代の絵巻物をいくら探しても、ノコギリで木を縦に挽いている光景にぶつかるはずはないの
だ。(3)」
と論じられている。更に村松貞次郎氏は、
④「平安時代以後、大工用の鋸はもっぱら木の葉型の横挽きの鋸が用いられ、製材は斧や鑿による打ち割り法
によっていたが、十五世紀前半のころから縦挽きの製材用鋸である大鋸（おが）が出現し、木工技術に革新
をもたらした。(4)」
と、大鋸についての見解を論じておられる。
①によれば、村松貞次郎氏は大鋸の名が始めて文献に登場するのは室町時代半ばの文安元年（一四四四）であ
るとされ、
②によれば、大鋸は室町時代初期から中期、即ち、十四世紀の末から十五世紀の前半に中国から我国に伝来し
たとされている。更に、
④によれば、村松貞次郎氏は平安時代以後、製材は斧や鑿による打ち割り法によって製作されていたが、十五

世紀前半頃から縦挽きの製材用鋸である大鋸が出現し、木工技術に革新をもたらしたとし、大鋸が伝来した時期を十五世紀前半頃とされている。

いずれにしても②、④から村松貞次郎氏は大鋸の伝来を十四世紀末から十五世紀の前半と推定されている。

そして、

③に於いて、縦挽き用のノコギリ、つまり、大鋸は法隆寺の頃から室町時代の半ば頃までなかった。従って、鎌倉時代の絵巻物等の文献に大鋸を使用している例はない、と論じられている。

以上の村松貞次郎氏の大鋸についての論で、同氏が、大鋸は室町時代初期から中期、十四世紀末から十五世紀の前半に中国から日本に伝来して普及したのであろうと推定されている根拠とされた史料の一つが聖福寺之絵図である。聖福寺之絵図を室町時代の中期を下らない作品であると判断されて、それから大鋸が十五世紀頃伝来してきた、とする根拠とされている。

しかし、先に見たように聖福寺之絵図がいつ頃に描かれた絵であるか、具体的に考察されたことは全くなく、聖福寺之絵図が室町時代の中期以後の作品であるとする根拠は全くない。従って、村松貞次郎氏が聖福寺之絵図を根拠にして大鋸が使用されていた年代を先のように特定されているが、それは前提が間違っているのである。従って、村松貞次郎氏の大鋸についての見解からは、大鋸がいつ頃から使用されていたかを判断する基準とすることはできないのである。

次に吉川金次氏の大鋸についての研究を見てみると、吉川金次氏は、古墳の出土品にごく始源的な大鋸型の鋸の出土品があり、正倉院の厨子には縦挽鋸、即ち、大鋸の型の鋸で挽いて板を作った作品があるとし、また、平安時代の中尊寺絵経にも前挽鋸＝縦挽鋸を使用している絵があり、平安時代や鎌倉時代にも大鋸は存在したのではなかろうかと論じられ、大鋸の存在を推定されている。

但し、吉川金次氏は大鋸について、「使用者二人が対向して縦挽きする構造の鋸を大鋸《おが》と呼んでいる。……こうした構造をもつ鋸が簡単に亡びるわけはないから文献や絵画には発見出来ないが、平安時代―鎌倉時代を通じて着々と進歩してきたと考えられる。」(5)と、村松貞次郎氏と同様に、平安時代、鎌倉時代の文献や絵画には大鋸は発見できないとされている。吉川金次氏は鎌倉時代に大鋸が存在したことを推定されているが、平安時代、鎌倉時代の文献や絵画に発見できない、見られないと論じられている。吉川金次氏の平安時代、鎌倉時代にも縦挽鋸の大鋸は存在していたのではなかろうか、とする論はあくまでも推定であって、存在していたとする断定ではない。そして、その裏付けとなる文献や絵画等の史料も発見できないと論じられている。従って、吉川金次氏の大鋸についての見解からも、聖福寺之絵図に描かれている大鋸からは聖福寺之絵図の年代は鎌倉時代以前ではなく、室町時代以後としか判断することはできない。

以上、村松貞次郎氏や吉川金次氏の大鋸についての見解を見てきたが、両者ともに大鋸が鎌倉時代に使用されている文献や絵画等の史料はないとされている点では一致している。そして、現在、研究者は全てこのような見解をそのまま受け止めている。

このような村松貞次郎氏等の大鋸についての見解は正しいのであろうか。大鋸は一体いつ頃から文献に記されているのであろうか。現在、聖福寺之絵図に描かれている大鋸を使用している絵が最も古い例であるとされているが、他に大鋸を使用している古い絵は存在しないのであろうか。

兵庫県多可郡八千代町中野間に天台宗の極楽寺という寺院があり、この寺に六道絵がある。六道絵は三幅からなっているが、右幅の右上部の秦広王が描かれているその下を見てみよう。二匹の鬼形の獄卒が亡者を材木に縛り付けて材木ごとに亡者を縦挽きにしている絵が描かれている。材木に縛り付けた亡者を縦挽きにしている鋸は紛れもない大鋸である。大鋸の絵は中途半端に描かれているのではない。非常に鮮明に大鋸が描かれているのである。大鋸の形状は細部まで明瞭に描かれ、大鋸の歯の形状も明瞭に描かれている。また、二匹の獄卒のうち、上から大鋸を挽いている獄卒は挽いている材木に登るために材木に踏板を渡している様子や、大鋸

兵庫県多可郡多可町八千代区中野間の極楽寺所蔵の鎌倉時代の六道絵に描かれている大鋸
鎌倉時代の絵画史料には大鋸は存在しないとされていたが、平成14年度日本古文書学会大会の「鎮西探題が構築した城郭都市博多考」に於いて、極楽寺所蔵の鎌倉時代の六道絵や下に掲載している香川県高松市の法然寺所蔵の鎌倉時代中期の陸信忠の宋帝王図に大鋸が描かれていることを発表した。鎌倉時代には大鋸が存在していたことを初めて発見した発表である。兵庫県八千代町公民館（現多可町八千代公民館）提供

鎌倉時代中期の慶元府陸信忠の十王像の宋帝王図に描かれている大鋸
鎌倉時代に存在しないとされた大鋸の絵である。十王像の宋帝王図（部分）香川県高松市法然寺所蔵　香川県立ミュージアム写真提供

で挽く材木を立てるための支柱も明瞭に描かれている。大鋸の形状といい、大鋸の挽き方といい、踏板や支柱を使った大鋸の使用の様子といい、大鋸を全く見たことのない絵師が、大鋸が使われているのを想像で描いた絵ではない。大鋸のことや、大鋸が使用されている様子をよく知っている絵師が描いた絵である。この絵の大鋸を挽いている様子を描いた絵師だけが特別に大鋸を知っていたのではなく、或いは絵師だけが伝聞で大鋸を知っていたのではなく、絵師は普段に大鋸やそれを挽いている様子を見ることができていた状況にあった、と判断することができるであろう。つまり、大鋸はかなり普及していて、大鋸や大鋸を挽いている様子は特別にではなく、普段に、日常的に目にすることができていたことを物語っているのである。ただそうであるとしても大鋸は誰もが使用できるものではなく、大鋸の存在と大鋸の使用は特別であり、それ故に六道絵に大鋸が描かれたのであろう。六道絵が描かれた目的の一つは地獄の恐ろしさを民衆に認識させるためであり、大鋸を誰もが自由に扱うことができるとするならば、大鋸を使って地獄の恐ろしさを訴えようとしても、大鋸についての恐怖感は出てこないであろうからである。

この極楽寺の六道絵は画風や構成などから鎌倉時代末期の作品であるとされている(6)。

鎌倉時代の末期に描かれた六道絵に大鋸が描かれていて、また、それに描かれている大鋸と大鋸を挽いている様子から大鋸が日常的に、普段に見ることができていたことを物語っているとしたら、大鋸は鎌倉時代の末期には普及していたことになるのである。

鎌倉時代に大鋸を描いた絵は、兵庫県八千代町の極楽寺の六道絵だけではなく他にも存在している。それについて見てみよう。

香川県高松市仏生山町に高松藩主松平氏の菩提寺である法然寺という寺院がある。法然寺には陸信忠の款記《かんき》がある十幅の十王像がある。この十王像十幅のうちの宋帝王の像の下方に、二匹の鬼形の獄卒が、立てた材木とそれに逆さに縛り付けられた亡者を大鋸で挽き割っている絵が描かれている。大鋸はその形状も明瞭に描かれており、二匹の獄卒が大鋸で材木を、材木に逆さに貼り付けられた亡者共々に挽き割っている様子も、大鋸で挽き割るために立てている材木を立てるための支柱も明瞭に描かれており、それらの描き方は全く自然であり、不自然さはない。つまり、この宋帝王の像を描いている絵師の陸信忠は大鋸と大鋸が使用されている様子を熟知していたことを物語っているのである。

この絵を描いた絵師の陸信忠についてはいくつかの研究があり、それらの研究を借りることとする。それらの研究によれば、絵師の陸信忠は慶元府車橋石坂巷陸信忠である。慶元府とは中国浙江省の寧波が南宋の慶元元年（一一九五）に改元を記念して慶元府と称し、元の至元十四年（一二七七）に慶元路総官府と改められるまでの約八十年間の呼称であるという。陸信忠は慶元府つまり寧波の人であり、寧波に仏画を製作する工房を構えていた人物であるという[7]。陸信忠の款記のある絵画は日本には多数現存しており、聖福寺の近くにある福岡市博多区中呉服町の善導寺にも十王像が所蔵されている。日本と中国との交流は盛んで、日本と中国との交流の拠点がそれぞれ博多と寧波であった。そのような状況から宋代から元代初めにかけて陸信忠の十王像が多数日本にもたらされた。陸信忠によって製作された仏画が日本に伝来したのは寧波が慶元府とされた時期の南宋の慶元元年から元の至元十四年の間の八十年間程の間であり、これは日本では鎌倉時代の初めから元寇の文永の役の直後頃までの時期に相当する。この時期に日本にもたらされた十王像に大鋸が描かれているのである。

勿論、このことは南宋時代から元代初めの頃に中国では大鋸が使用されていたことを物語っている。博多と寧波を拠点として日本と中国の交流は盛んであり、当時中国で大鋸が使用されていたとすれば、当然、大鋸は日本にも輸入されていたとすべきであろう。大鋸がただ単に仏画の中に描かれて絵として伝来していたならば尚更に実物の大鋸の伝来が望まれ、実物がこの時期に伝来したであろうことは想像に難くない。

また、これら六道絵や十王像の使い方であるが、これら仏画は単に民衆の見物に供せられただけではなく、民衆が見物する際に僧侶が絵解きを行っている。即ち、亡者が現世に於いて罪を犯していた場合、冥界に於いて裁きを受け、大鋸で挽き切られるような悲惨な刑罰を受けます、というような絵解きが行われるのであり、従って、鎌倉時代に中国からの伝来とはいえ、大鋸を描いたこのような絵が存在していたことによって、鎌倉時代の人々は大鋸を十分に知っていたのである。

先に見た極楽寺の六道絵は中国から伝来したものではなく、国内で製作された絵であり、これに描かれている大鋸は中国の仏画に描かれた大鋸を写した絵ではなく、既に国内で使用されている大鋸を描いた絵である。また、鎌倉時代の中期頃までに中国から多数伝来した絵に大鋸が使用されている絵が存在し、その絵に描かれている大鋸について絵解きや説明が行われているとしたら、国内に於いても大鋸や大鋸の使用についての知識があり、当然、実物の大鋸が伝来、使用されていたと判断することができるであろう。

先に見たように大鋸は室町時代の十五世紀に中国から伝来したと考えられ、従って、鎌倉時代には大鋸についての文献や絵画等の史料はないとされていた。村松貞次郎氏は先にも見たように、十五世紀半ば頃に縦挽きの製材用鋸である大鋸が出現し、それまでの斧や鑿による打ち割り法に代り、木工技術に革新をもたらしたとされ、更に「鎌倉時代の絵巻物をいくら探しても、ノコギリで縦に挽いている光景にぶつかるはずはないのだ。」と、鎌倉時代の文献や絵画等の史料に大鋸が描かれているはずがないと、鎌倉時代に大鋸の史料が存在することはあり得ないと論じられていた。また、吉川金次氏も平安時代、鎌倉時代の文献や絵画には大鋸を記した史料はないと論じられていた。大工道具や鋸についての研究者の見解は以上のようなものである。

しかし、鎌倉時代に描かれた兵庫県の極楽寺の六道絵には明瞭に大鋸が描かれている。また、中国からの伝来であるが、鎌倉時代の中頃までに描かれた絵である香川県の法然寺の十王像の一幅にも明瞭に大鋸が描かれているのである。以上の大鋸を描いた絵は、大鋸は十五世紀に中国から伝来したとする大鋸についての定説を覆《くつがえ》す史料である。鎌倉時代のこれらの絵画に大鋸が描かれていることについては、平成十四年（二〇〇二）の第三十五回日本古文書学会大会の研究発表の「鎮西探題が構築した城郭都市博多考」に於いて発表した。

話を聖福寺之絵図はいつ頃に描かれたかの問題に戻す。聖福寺之絵図には大鋸を使用している大工達が描かれている。大鋸は十五世紀の室町時代に中国から伝来してきたとされていたために、この絵図は室町時代に描かれたとか、戦国時代に描かれたと判断されていた。しかし、大鋸は兵庫県の極楽寺の鎌倉時代の六道絵や、香川県の法然寺の鎌倉時代の中頃までに描かれた十王像に描かれており、大鋸が鎌倉時代に既に存在していたことは明らかであり、聖福寺之絵図が描かれた時期は鎌倉時代にも逆上ることができる。但し、聖福寺之絵図には鎌倉幕府が元寇の文永の役後の建治二年に築いた元寇防塁が描かれており、聖福寺之絵図は鎌倉時代に逆上っても、建治二年より後に描かれた絵である。

(二) 描かれている烏帽子からの絵図の年代考証

次に作業をしている人々の風俗から聖福寺之絵図が描かれた年代が判断できないであろうか。海岸には作業をしている大工が十人描かれている。そして、その十人は全て烏帽子をかぶっている。烏帽子をかぶることは古代から中世に於いての風習であるが、具体的にはいつ頃まで烏帽子をかぶっていたのであろうか。大工や左官等の職人を描いている絵の主なものを、絵巻や洛中洛外図から抜き出してみると次の一覧のようになる。

[文献名称]	[成立年]	[所蔵]
①法然上人絵伝	徳治二年（一三〇七）～	知恩院
②春日権現験記絵	延慶二年（一三〇九）	宮内庁三の丸尚蔵館
③松崎天神縁起	応長元年（一三一一）	防府天満宮
④石山寺縁起	正中年間（一三二四～二六）	石山寺

⑤慕帰絵詞　観応二年（一三五一）　西本願寺
巻一、巻七は文明十四年（一四八二）の補写
⑥弘法大師行状絵詞　永和四年（一三七八）以前　教王護国寺
⑦洛中洛外図　歴博甲本　大永五年（一五二五）～天文五年（一五三六）　歴史民族博物館
⑧洛中洛外図　東博模本　天文八年（一五三九）以降　東京国立博物館
⑨洛中洛外図　上杉本　天文年間（一五三二～五五）の後半　米沢市立美術館

これらの絵について、烏帽子をかぶっているか、否か、年代を追って見てみよう。尚、念のために触れておくと、大工や職人達を描いた絵には子供が描かれている場合がある。子供は工事現場で手伝いをさせられたり、そこを遊び場にしている場合があるからである。しかし、子供は烏帽子をかぶっていることはない。烏帽子をかぶる風習があるのは成人の男子のみであるからである。従って、絵の中に描かれている子供については考察の対象から除外することとする。絵巻が製作された年代については、各絵巻を収録している中央公論社の日本の絵巻、続日本の絵巻の冒頭の解題から引用させて戴く。

①法然上人絵伝は徳治二年（一三〇七）から十年をかけて成立した十四世紀初めの絵巻である。大工を描いている絵があるが、描かれている大工六人は全て折烏帽子をかぶっている。

②春日権現験記絵は延慶二年（一三〇九）頃製作を始めた絵巻であり、十四世紀初めの絵巻である。この絵巻には多数の大工が描かれているが、全員全て立烏帽子か折烏帽子をかぶっている姿で描かれている。

③松崎天神縁起は応長元年（一三一一）の製作であり、十四世紀初めの絵巻である。松崎天神縁起には二箇所にわたって大工が作業している場面が描かれ、多数の大工が描かれているが、棟梁らしき大工が立烏帽子をかぶった姿で描かれ、その他の大工達も全員が折烏帽子をかぶった姿で描かれている。

④石山寺縁起は正中年間（一三二四～二六）に製作された絵巻であり、十四世紀初めの絵巻である。石山寺縁

起の大工が作業をしている場面には非常に多数の大工をはじめとした職人達が描かれているが、大工の作業をしている職人達はほとんどが烏帽子をかぶっている。しかし、材木を引っ張って運搬している五人の中に坊主頭の人物が二人描かれているが、この二人は烏帽子をかぶっていない。二人のうち材木のすぐ前で綱を引っ張っている人物と前から二人目の人物は明らかに頭に髪がない坊主頭であり、そのために烏帽子をかぶっていないのである。しかし、それと別に材木の横で材木の下に敷いた転《ころ》を梃子《てこ》で動かしている人物は髪を慈姑《くわい》頭風に頭頂部で結っており、頭部に髪がありながら烏帽子をかぶっていない。また、材木を運搬している人々の前に、梵鐘が掘り出され、それに人々が集がっている場面が描かれている。その中に鋤を手にした坊主頭の人物が一人描かれているが、この人物は烏帽子をかぶっていない。頭に髪がない坊主頭なので烏帽子をかぶっていないのであろう。更にその下に牛に索かせて土を運搬している荷車が描かれているが、その荷車を引いている人物は頭の頂部は禿げてしまっていて頭部の下方の部分にしか髪がないが、この人物はまだ髪があるので烏帽子をかぶるべきであるはずなのに、この人物も烏帽子をかぶっていない。石山寺縁起に描かれている大工のほとんどは烏帽子をかぶっているが、有髪でありながら烏帽子をかぶっていない人物が二人描かれている。石山寺縁起は鎌倉時代の最末期の一三二四～二六年に作成された絵巻であるが、大工を描いている絵の中に既に烏帽子をかぶっていない人物が二人描かれている。

⑤慕帰絵詞は観応二年（一三五一）に成立した絵巻である。但し、足利義政に貸し出されたが返却時に巻一、巻七の二巻は紛失し、そのために文明十四年（一四八二）に補われたものである。慕帰絵詞は以上のように巻一、巻七が文明十四年に、それ以外は観応二年に成立した絵巻である。この絵巻には大工を描いている絵はないが、この絵に描かれている人々が烏帽子をかぶっているかどうかについて見てみる。絵に描かれた人々は、烏帽子をかぶっている人々が描かれている場面もあるが、烏帽子をかぶった人が全くいない場面もある。絵の中の場面によっては烏帽子をかぶっている人々も描かれていることもあるが、場面によっては烏帽

子をかぶっている人は全くいない場面もある。

文明十四年に補われた巻七の絵には烏帽子をかぶった人は全く描かれていない。描かれている人々はほとんど髷《まげ》を結って、月代《さかやき》を剃った格好で描かれている。

⑥弘法大師行状絵詞は文和四年（一三七八）の直前に成立した絵巻であり、十四世紀の半ばを過ぎた頃に描かれた絵巻である。この絵に描かれた大工達はほとんどが烏帽子をかぶっているが、その中に材木をかついでいる大工が描かれており、この大工は坊主頭ではなく、髷を結って月代を剃っており、烏帽子をかぶってはいない。

次いで、戦国時代の大工や職人達が烏帽子をかぶる風習があったか、否かについて見てみよう。戦国時代の大工や職人達を描いている絵に洛中洛外図がある。洛中洛外図の製作年代については、『洛中洛外図　都の形象――洛中洛外の世界』（京都国立博物館編、淡交社）の解題を引用させて戴く。

⑦洛中洛外図の歴博甲本は大永五年（一五二五）から天文五年（一五三六）の間の時期を描いた絵であるとされている。左隻一扇に普請をしている大工が四人描かれているが、四人とも髷を結って月代を剃っており、烏帽子はかぶっていない。また、周辺に描かれている人々も烏帽子をかぶっている人はいない。

⑧洛中洛外図の東博模本は天文八年（一五三九）以降の時期を描いた絵であり、⑦歴博甲本と次の⑨上杉本との間の時期を描いた絵であるとされている。右隻の五扇に屋根葺の職人が五人描かれている。屋根に登って、屋根を葺いている二人は傘をかぶっているので、烏帽子をかぶっているかどうか判断できないが、傘をかぶっていることから烏帽子をかぶっていないと思われる。路上で屋根葺の榑《くれ》を束ねている人物と、梯で地上から屋根へ束ねた榑を運んでいる人物は月代を剃った姿であり、烏帽子はかぶっていない。即ち、この絵に描かれている屋根葺の職人は判断できる限り髷を結って月代を剃っており、烏帽子はかぶっていない。

⑨洛中洛外図の上杉本は織田信長が上杉謙信に贈ったものであるとされ、天文年間（一五三二～五五）の後半

を描いた絵であるとされている。左隻の四扇に屋根を葺いている職人達が描かれている。屋根の上に榑で屋根を葺いている職人が二人描かれ、一人は傘をかぶっており、一人は布で頭を巻いている。傘をかぶっている職人は烏帽子をかぶっているかどうか判断できないが、烏帽子をかぶっていないから傘をかぶっていると判断していいのではなかろうか。布で頭を巻いている職人は烏帽子をかぶっていない。その他、屋根の上で榑を渡している職人や梯を登っている職人、榑を屋根に運ぶために梯の横で榑を準備している人物、路地で榑を押える青竹を割っている職人が描かれているが、いずれも月代を剃り、髷を結った姿であり、烏帽子をかぶった人物は一人も描かれていない。また、この絵に描かれている人々も皆月代を剃り、髷を結った様子であり、烏帽子をかぶった人は描かれていない。尚、この屋根を葺いている職人達を描いている場面の右下に、月代を剃っている床屋が描かれている。この絵の時代には月代を剃る床屋が職業として成り立っていたことを物語っている絵である。

戦国時代を描いている洛中洛外図に描かれている人々が烏帽子をかぶっているか、否かについて見てみると、烏帽子をかぶっている人々はいない。聖福寺之絵図に描かれている十人の大工達は全員、烏帽子をかぶっている。従って、福岡市博物館が聖福寺之絵図について説明しているように、同絵図が戦国時代の聖福寺の境内を描いている絵である、ということは絶対にあり得ないことである。

話を元に戻す。以上、十三世紀の後半から戦国時代までの絵に描かれた大工やそれに類する職人達が烏帽子をかぶっているか、否かについて見てみた。

①から③に描かれている大工達は全て烏帽子をかぶっている姿で描かれている。①から③の絵巻で最も新しい絵巻は、③の松崎天神縁起であり、松崎天神縁起は鎌倉時代の応長元年（一三一一）の成立である。従って、鎌倉時代の終わりの十四世紀の初め頃までは大工達は全員烏帽子をかぶるのが風習であったと判断していいであろう。

しかし、④の石山寺縁起には髪がありながら烏帽子をかぶっていない大工が二人描かれている。石山寺縁起は鎌倉時代の最末期の一三二四〜二六年頃の成立である。④の松崎天神縁起より十五年程後の成立である。従って、鎌倉時代の最末期の大工達の中には烏帽子をかぶらない者も出現するようになり、烏帽子をかぶる風習は鎌倉時代の最末期には既に崩れ始めていたと判断することができる。

そして、観応二年（一三五一）に成立した⑤の慕帰絵詞には大工は描かれていないが、この絵巻の中では烏帽子をかぶっている人々を描いている場面もあるが、場面によっては烏帽子を全くかぶっていない人々が描かれている。また、慕帰絵詞の巻七は観応二年より一三〇年後の文明十四年（一四八二）に補われたものであるが、この巻七に描かれている人々はほとんど月代を剃り、髷を結った姿で描かれている。南北朝時代の一三五〇年頃には烏帽子をかぶる風習はかなり廃れ、月代を剃り、髷を結う風習が広まったと言える。そしてその一三〇年後の一四八二年頃は烏帽子をかぶる風習は全くなくなってしまったということが言える。⑥の弘法大師行状絵詞は一三七八年の直前頃に成立した絵巻であるが、この絵巻に描かれている大工は烏帽子をかぶっている大工がほとんどであるが、月代を剃り、髷を結って、烏帽子をかぶっていない大工も描かれており、一三七八年の直前頃には烏帽子をかぶらない大工も出現している。

以上の⑤、⑥に描かれた人々の様子から判断すると、一三五〇年頃には烏帽子をかぶらない大工が出現しているのである。勿論、このような風習は大工だけではなく当時の人々全般にあてはまる風習であり、南北朝時代には烏帽子をかぶる風習は廃れ始めていたということが言える。

以上のことから烏帽子をかぶる風習は鎌倉時代の最末期には崩れ始め、南北朝時代の一三五〇年頃にはかなり廃れ、月代を剃り、髷を結う風習が広まったと言える。そして、その一三〇年後の一四八二年頃は烏帽子をかぶる風習は全くなくなってしまったということが分かる。そして、⑦、⑧、⑨の戦国時代の風俗を描いた洛中洛外図では烏帽子をかぶった大工達は全く見られない。勿論、そこに描かれている一般の人々も烏帽子をかぶっている者は見られない。戦国時代には烏帽子をかぶる風習は全くない。

烏帽子をかぶったり、烏帽子をかぶるのをやめたりする風習は地域によっても異なるであろう。古代以来の風習である烏帽子をかぶったり、烏帽子をかぶるのをやめ、月代を剃って髷を結う新しい風習になるのは、畿内を中心とした地域と九州地域とでは少しの違いはあるであろう。しかし、何十年もズレるようなことはない。せいぜい数年程度でなかろうか。

話を初めに戻そう。聖福寺之絵図に描かれている大工達は全て烏帽子をかぶった姿で描かれている。烏帽子をかぶる風習は以上のように鎌倉時代の最末期には烏帽子をかぶらない人が出現し始め、一三五〇年頃には烏帽子をかぶる風習は、かぶっている人とかぶっていない人とが半々程になっている絵もあり、烏帽子をかぶる風習はかなり廃れている。そして、戦国時代に烏帽子をかぶる風習は全くない。

烏帽子をかぶる風習について以上のように見てくると、聖福寺之絵図は鎌倉時代から南北朝時代の一三五〇年頃より以前の鎌倉時代の最末期に近い時期との間に描かれた絵であるということを明らかにすることができる。戦国時代には烏帽子をかぶる風習は全くなく、聖福寺之絵図は明らかに戦国時代に描かれた絵ではない。また、聖福寺之絵図には先に見たように大工達の上に鎌倉幕府が建治二年（一二七六）に構築した元寇防塁が描かれている。従って、聖福寺之絵図は元寇防塁が築かれた建治二年以後から南北朝時代の一三五〇年頃より以前の鎌倉時代の最末期に近い時期との間に描かれた絵である。

聖福寺仏殿記は聖福寺の再建の工事を正平十年（一三五五）に始め、正平二十二年に落成したと記している。[8]

聖福寺之絵図の特徴は、既に関口欣也氏が触れられているように、承天寺は建物が具体的に描かれているが、聖福寺の建物は描かれておらず、配置図が描かれているだけである。このような聖福寺之絵図の特徴から、この絵図は聖福寺の再建を描いている絵である。但し、関口欣也氏は聖福寺之絵図の成立については「ここにかかげた聖福寺絵図は永禄六年（一五六三）以前のもので、絵の描法は室町後期といわれている。[9]」と、従来の聖福寺之絵図の成立の説明と同じ説明をされている。

そして、聖福寺之絵図が鎌倉時代から南北朝時代の一三五〇年頃より以前の鎌倉時代の最末期に近い時期との間の時期に描かれた絵であると推定した時期と、聖福寺仏殿記に記す同寺の再建の時期とは数年ズレるがほぼ一致する。聖福寺之絵図の絵の時期と内容について以上のように判断すると、大工が作業をしている絵は正平年間の聖福寺の再建のための工事を描いている絵となり、聖福寺仏殿記の記事と一致する。従って、聖福寺之絵図は聖福寺仏殿記の記事に記されている正平十年から始められた聖福寺の再建工事を描いている絵である。

第三節　博多の東側の堀と御笠川の開削

聖福寺之絵図がいつ頃描かれた絵であるかについて、絵図に描かれた大鋸と大工達が烏帽子をかぶっている姿から判断できた。従来、聖福寺之絵図は玄熊が絵図に永祿亥年の乱劇で紛失したのを捜し出したと記していることから、永祿六年以前の絵であると漠然と論じられたり、室町時代の頃とか曖昧な表現がされたり、或は絵図中の永祿亥年の年号に目を付けられて戦国時代の作品であるとされていた。

聖福寺之絵図に描かれている大鋸から聖福寺之絵図について見てみると、従来、大鋸は十五世紀前半に中国から伝来したとされ、それ以前の日本には大鋸は存在せず、そのために平安時代、鎌倉時代には大鋸についての文献や絵画等の史料はないとするのが定説であった。しかし、鎌倉時代に描かれた兵庫県の極楽寺の六道絵には非常に正確に大鋸が描かれている。また、鎌倉時代の中頃、中国から伝来した香川県の法然寺の陸信忠筆の十王像にも正確な大鋸が描かれており、鎌倉時代には大鋸についての文献や絵画等の史料はないとする定説は誤りであることを明らかにした。これらの絵画に描かれた大鋸の発見は、大工道具や鋸等の日本の道具の歴史についての定説を覆す画期的な発見である。従来、日本には鎌倉時代には存在しなかったとする大鋸が鎌倉時代にも存在していたことを証明する史料である。いずれにしろ、鎌倉時代には日本にも大鋸は存在していたのである。従って、聖福寺之絵図には大鋸が描かれているが、聖福寺之絵図は鎌倉時代か、その直後の南北朝時代の早い時期に描かれていたとしても矛盾はしない。

冒頭に記したように福岡市博物館の聖福寺之絵図についての説明文は、聖福寺之絵図は戦国時代の博多を描いた絵であると説明しているが、戦国時代に烏帽子をかぶる風習は全くなく、この説明は明らかに誤りであり、聖福寺之絵図は以上のように鎌倉時代の一二七六年以後、南北朝時代の早い時期である一三五〇年頃より以前の鎌倉時代の最末期に近い頃の時期の間に描かれた絵である。具体的には聖福寺仏殿記に記されている正平十年から始められた聖福寺の再建工事を描いている絵である。

鎌倉幕府・鎮西探題は博多の南側の防備のために後世に房州堀と呼ばれた堀を掘っていた。また、元寇防塁の後ろには第二防衛線として堀と土塁を構築していた。それでは博多の東側はどうであったろうか。博多の東側を描いている絵である聖福寺之絵図は、博多の東側に位置している承天寺、聖福寺の境内と海岸までを描いている絵であるが、その絵に聖福寺、承天寺の後側と承天寺の南側、即ち、博多の東側から承天寺の南側に廻らされている水路が描かれている。この水路は聖福寺、承天寺の大寺院の存在を利用して博多の東側の防備のために掘られた水路であり、この水路が博多の東側の防備のために掘られていた水路であることは間違いないであろう。

聖福寺之絵図は正平十年から始められて同二十二年に完成した聖福寺の再建工事を描いている絵である。従って、南北朝時代の前期を描いている絵である。南北朝時代の前期を描いているとしても、鎌倉時代の末期の博多の様子を伝えている絵としてもいい絵である。その絵に博多の東側を守るための水路が描かれているのである。つまり、鎌倉時代の末期か南北朝時代の前期には博多の東側には、博多の東側の防備のために水路が掘られていたのである。

聖福寺之絵図の聖福寺、承天寺の後ろに描かれている水路は堀であろうか、或は御笠川であろうか。聖福寺之絵図が描かれていた時期には、博多の南側には承天寺の南側から始まっている房州堀が存在していたはずであり、そして、房州堀と絵図に描かれている博多の東側に掘られていた水路とは当然、連結されていたはずである。しかし、聖福寺之絵図には承天寺の南側に水路の一部は描かれているものの、房州堀全体は描かれていない。この一部の水路でもって房州堀を表現しているようである。その理由は、聖福寺之絵図は聖福寺と承天寺の伽藍、境内を描くことが主眼であり、そのために房州堀を描くことは省略してしまったのであろう。つまり、聖福寺と承天寺の伽藍、境内は正確に描かれているが、それ以外の本来存在していたはずの景観はかなり省略されたり、デフォルメされて描かれているのであろう。聖福寺之絵図の描き方を以上のように見てみると、聖福寺、承天寺の裏に描かれている水路は松原の中に独立して掘られた水路として描かれ、御笠川と全く別の水路であるかのように描かれ、御笠川という河川としては描かれていない。本来、この水路は御笠川であるにも係わらず、これは御笠川をデフォルメして描いているためにそのように描いているのかもしれない。つまり、聖福寺之絵図に描かれている博多の東側の水路は、房州堀の描き方と同様に、御笠川を描きながら、御笠川をこのように表現している可能性もある。

この水路が御笠川であるにしても、堀であるにしても、この水路は誰によって構築された水路であろうか。聖福寺之絵図に描かれている承天寺の南側から、承天寺、聖福寺の東側、即ち、博多の南東から博多の東側に廻らしてある水路は、聖福寺之絵図が南北朝時代の早い時期の成立であることからすると、聖福寺之絵図に描かれている博多の東側を守るための堀は鎌倉時代の末期か南北朝時代に存在していた水路である、ということになる。この水路は博多の南東と博多の東側全体に掘られた水路であり、非常に規模の大きい水路である。このような博多の全体に係る水路であれば、博多の統治者によって築造されたとするのが自然である。従って、この堀を構築したのは鎌倉幕府・鎮西探題か、南北朝時代の九州探題のどちらかが構築した水路である、とすることができるであろう。しかし、博多の南側を守るために掘られた房州堀や元寇防塁の後ろに掘られた大水道のところで見たように、南北朝時代の九州探題にはこのような大規模な堀を構築する能力はなかった。従って、このような大規模な堀を構築したのは鎌倉幕府・鎮西探題であるとすることができる。

また、この博多の東側を守るために掘られている水路は、南側を守るために掘られた房州堀、元寇防塁の後ろに構築された大水道と一体となって博多を防衛している水路である。この東側を守る水路と博多の南側を守る房州堀、元寇防塁の後ろの大水道の三者は、三者が揃ってこそ、博多の防衛は十分となる。従って、博多の東側を守る水路、博多の南側を守る房州堀、元寇防塁の後ろに構築された大水道の三者は一体として構築された、と考えるべきであり、このような三者のあり方からも、博多の東側を守る水路も房州堀、大水道と同様に、鎌倉幕府・鎮西探題が構築したと判断することが自然である。

御笠川が那珂川に流れ込んでいた時の流路はどこであったか、見てみよう。大庭康時氏は那珂川に流れ込んでいた御笠川を比恵川とし、同川について、

「東の川（石堂川）は、博多の南側を東から西に大きく蛇行して海に流れ込んでいた比恵川《ひえ》（＝御笠川）を、博多の東の入江にまっすぐに導いたもので、その旧河道の低地には堀が穿《うが》たれ、博多の南の守りとされた。臼杵安房守の掘削によるとされる房州堀で、石堂川の開削と共に、十六世紀半ばの大土木工事である。[10]」

「博多浜の南辺には、かつては、比恵川が流れていた。比恵川は、博多の南東で大きく西に蛇行し、博多の南を通って、博多の西にあった入り江（冷泉津）に流れ込んでいた。戦国時代、豊後の大友氏の家臣であった臼杵安房守がこれをまっすぐに付け変えて石堂川とし、比恵川の旧河道を利用して濠をうがった（房州堀）という。[11]」

「博多の南には比恵川が西流し、天然の堀の役割を果たしていた。これが後の房州堀になることは、すでに触れた。[12]」

と説明している。房州堀は比恵川の旧河道を利用して掘った堀である。つまり、房州堀と比恵川の旧河道は一体であると説明している。

大庭康時氏が説明しているように、御笠川の旧流路と房州堀は同じであり、かつて御笠川が那珂川に流れ込んでいた時は房州堀の位置を流れていたのであろうか。

石城志は管弦橋の項で次のように記している。

昔比恵川、那珂川へ流れ入し時、住よしの方より、博多へ往還の道に渡せる橋也[13]。

管弦橋とは昔、御笠川が那珂川に流れ込んでいた時、住吉から博多へ往還する道に渡していた橋である、と説明している。つまり、管弦橋が架かっている川が、昔、御笠川が那珂川に流れ込んでいた時の跡であると述べている。

第二章　第一節（二）に於いて見た筑前名所図会の瓦町の通りを描いている絵には、防州濠跡と短冊が切ってある堀の南側、つまり、房州堀の南側に川が描かれて、その川に架けられている管弦橋を描いている。管弦橋が架かっている川は房州堀ではなく、鉢の底川である。石城志は管弦橋が架かっている川が、御笠川が那珂川に流れ込んでいた痕跡であると記しているから、鉢の底川が、御笠川が那珂川に流れ込んでいた痕跡であるということになる。

現在の博多駅が建設され、周辺が区画整理されるまで鉢の底川は存在していた。鉢の底川は現在の博多駅が建設される以前は中比恵地区から現在の博多駅の真下を通り、博多区役所の南側辺りから西側は、房州堀の南側に近接し、同堀とほぼ平行した流路となって、若者を中心に賑っているキャナルシティ博多の東側に抜けている流路をとって、博多の南側をほぼ東西に通っていた。鉢の底川は現在の博多駅が建設される以前の地図には中比恵地区辺りでも小河川として大抵の地図には記載されている。国土地理院が公開している米軍撮影の航空写真にも、中比恵地区辺りを流路としている小河川としてはっきり写っている。中比恵地区の東側は御笠川であり、元々は御笠川と鉢の底川が繋がっていたとしても不自然ではない。石城志が記述しているように、鉢の底川は御笠川が那珂川に流れ込んでいた跡であるとする石城志の記述は鉢の底川の流路からして正しく、那珂川に流れ込んでいた御笠川の流路の跡を房州堀である、とする大庭康時氏の説明は誤りであろう。

少し細かくなるが、鉢の底川、つまり、旧御笠川がどのような流路となっていたか、現在の博多駅からキャナルシティ博多までを、鉢の底川が記されている地図を現在の地図の上に重ねて確認してみると、以下のような流路となっている。

博多駅ステーションビルの真下
→それから真っ直ぐに北上し
→博多駅ステーションビルの地下街の北端
→博多駅前二丁目一番の南端
→博多駅前二丁目二番の北東を掠める
→博多駅前二丁目三番の東北
→博多駅前二丁目十六番の西端を掠める
→博多駅前二丁目十七番の西より
→博多駅前二丁目十五番の北東端のコーナーを掠める
→博多駅前二丁目十二番の西より
→博多区役所の南側の道路の北東端を掠める
→藤田公園の最南端
→博多駅前三丁目八番
→博多駅前三丁目三十番の二十三の管弦ビル
→住吉二丁目一番の最北
→住吉一丁目交差点の住吉一丁目一番の最北
→キャナルシティ博多の東側道路

キャナルシティ博多の東側にくねりながら通っている幅一〇メートル程の道路があるが、その道路が鉢の底川の流路の終わりであり、現在、鉢の底川は道路の下に暗渠となって博多川に通されている。平成十一年六月二十九日、平成十五年七月十九日の集中豪雨で御笠川が氾濫し、博多駅周辺は甚大な被害を受けた。現在、博多駅の周辺はビル街となっており、鉢の底川の跡、つまり、御笠川の旧川道は全く見当らず、消されてしまっている。しかし、自然が一旦猛威を振るうと、普段は消されて忘れられて、隠れていた御笠川の旧川道、鉢の底川の姿が甦ってしまうのであろう。

博多の東側の防禦のために聖福寺、承天寺の後ろに御笠川が通されたのはいつ頃であろうか。蒙古襲来絵詞の絵二には住吉神社の横を通って那珂川に流れ込んでいる川が描かれている。この川が御笠川である。この絵が描いている元寇の文永の役の頃には、御笠川は住吉の北を通って那珂川に流れ込んでいた。文永の役の頃には御笠川はまだ現在のように、流路を真っ直ぐに北にとって聖福寺、承天寺の後ろを通って博多湾に直接注ぐような流路をとっていない。御笠川は蒙古襲来絵詞に描かれている頃は博多と住吉の間を通り、那珂川に流れ込んでいたのであるが、地形的に見れば、かつては真っ直ぐに北に流れて直接博多湾に注いでいたことも十分あり得たと考えることができる。御笠川の流路は時期によっては真っ直ぐ北に流れて直接博多湾に注いだり、或は博多の南側で西に流路をとり、博多と住吉の間を通り、那珂川に注いだり、時期によっては流路を変えて流れていたことが考えられる。従って、文永の役の頃は御笠川が那珂川に流れ込んでいても、御笠川の昔の流路の跡が博多の東側にあったことが想像され、その流路の跡を利用して御笠川を直接博多湾に注ぐような工事を行った、と考えることもできるであろう。旧流路の跡があり、それを利用して御笠川の開削を行ったとしたら、全く新しく御笠川の開削を行うよりもはるかに容易に開削を行うことができたはずである。また、そうでなくても、鎌倉幕府・鎮西探題は房州堀や土塁を伴った大水道の構築を行っており、このような大工事を行っていることからすれば、鎌倉幕府・鎮西探題が御笠川の開削を行ったであろうことは否定できない。

筑前国続風土記は博多の東を流れるようになった御笠川について、次のように記している。

此川古昔はなかりしを、大友の家臣臼杵安房守鑑賡ほらせたりと云。故に今川と云。むかしは比叡川は博多と住吉の間を通りしか、川の流西にめくりて、洪水の時、水勢あらく、水災多しとて、南より北へ直にほりて、松原の内を通す。是則今の石堂川也。昔は承天寺、聖福寺の裏迄箱崎の松原つゝきて、今の川ある所も、もとより松原也しなり。(14)

筑前国続風土記は房州堀と同様に大友氏の家臣の臼杵鑑賡が掘ったとしているのである。

また、博多津要録の貞享五年（一六八八）の項には次のように記している。

八十七　承天寺裏松原堀切川之事

同年

一　承天寺之裏松原堀切り、川ニ被成ニ付、御郡方より人夫御雇被成候高、四百七拾人ニ而仕廻申候(15)、この記事は、貞享五年、承天寺の裏（東側）の松原を堀切って川に成した。即ち、博多の東側に御笠川を開削した、ことを記しているというように解釈されている。但し、この記述からそのような解釈は成り立たない。これより前の延宝八年（一六八〇）に、

八十一　石堂口濡衣石かき之事

一　石堂口濡衣石垣破損仕ニ付、御公儀より土たい之木・杭木、松原ニ而拝領仕、右人夫ハ津中より出シ相調申候、并西門口、供（洪）水ニ破損仕ニ付、杭木・しからみ竹、是又御公儀より拝領仕り、津中人夫ニて相仕廻事、[16]

と記している。

先の記事より前の延宝八年に石堂口の濡衣塚の所の石垣と西門口の石垣が洪水で破損した。そのためにそれを修理したことが記されている。貞享五年より前の延宝八年に石堂口や西門口の石垣が洪水で破損した、ということは、延宝八年には既に御笠川が承天寺や聖福寺の裏に掘られていたことを物語っている。従って、貞享五年の記事は博多の東側に御笠川を新しく開削したというのではなく、洪水等の水害をなくすために拡幅したということであろう。

以上のように住吉と博多の南との間を通って那珂川に流れ込んでいた御笠川を真っ直ぐ北に流路を通し、承天寺、聖福寺の後ろに通して直接海に通したのはいつ頃か、はっきりしない。筑前国続風土記は博多の南側の房州堀と同様に大友氏の家臣の臼杵鑑賡が掘ったとしているが、房州堀は、実際は鎌倉幕府・鎮西探題が構築しており、御笠川の開削も房州堀と同様に鎌倉幕府・鎮西探題が構築した可能性は大である。元寇防塁、その後ろの大水道、南側の房州堀と、東側を守るために御笠川を博多の東側に通してこそ博多の防衛は十分となる。元寇防塁、その後ろの大水道、南側の房州堀を構築しただけでは東側が空いてしまう。鎌倉幕府・鎮西探題が元寇防塁、その後ろの大水道、南側の房州堀だけを構築し、博多の東側に防備施設を構築しなかったとは考え

難い。従って、御笠川を博多の東側に通す工事も鎌倉幕府・鎮西探題が行った工事であると判断するのが妥当であろう。

従来、博多の周囲を堀と自然の河川や海を利用した防備は戦国時代に構築されたと考えられていた。博多の都市について研究を行った研究者は全て、博多の都市が周囲を堀、河川、海で囲んで防備を構築したのは戦国時代であると論じてきた。しかし、以上のように博多の南側、東側、元寇防塁の後ろに第二防衛線として堀や土塁が築造されたのは鎌倉時代であり、鎌倉幕府・鎮西探題が博多を城郭都市として構築し、整備していたのである。

注

(1) 佐伯弘次・小林茂　文献および絵図・地図からみた房州堀　小林茂・磯望・佐伯弘次・高倉洋彰編　福岡平野の古環境と遺跡立地　―環境としての遺跡との共存のために　九州大学出版会　一二三一頁
(2) 村松貞次郎　大工道具の歴史　岩波新書867　五十・五一・五二頁
(3) 村松貞次郎　大工道具の歴史　岩波新書867　四四頁
(4) 村松貞次郎　のこぎり　鋸　国史大辞典　11巻　吉川弘文館　三九九頁
(5) 吉川金次　鋸　ものと人間の文化史18　法政大学出版局　八六・八七頁
(6) 中野玄三　六道絵の研究　淡交社　二二一、三〇一頁
宮次男　六道絵　日本の美術12　至文堂　六二頁
(7) 中野照男　閻魔・十王像　日本の美術6　三一・三五頁
田中一松　陸信忠筆十王像　國華878
中野玄三　六道絵の研究　淡交社　一四四頁
(8) 筑前国聖福寺仏殿記　群書類従第弐十四輯　釈家部　巻第四百四十二

（9）関口欣也　名宝日本の美術13　五山と禅院　小学館　一一六頁
（10）大庭康時　戦国時代の博多遺跡群　堺と博多――展　よみがえる黄金の日々　福岡市博物館図録　七頁
（11）大庭康時　中世都市「博多」の縁辺　博多研究会誌　第4号
（12）大庭康時　中世都市「博多」の縁辺　博多研究会誌　第4号
（13）石城志　巻之二　管絃橋　檜垣元吉監修　九州公論社　三四頁
（14）筑前国続風土記　巻之四　博多　伊藤尾四郎校訂　文献出版　九七・九八頁
（15）博多津要録　秀村選三　武野要子　東定宣昌　藤本隆士　松下志郎校註　西日本文化協会　一七四頁
（16）博多津要録　秀村選三　武野要子　東定宣昌　藤本隆士　松下志郎校註　西日本文化協会　一〇九頁

第五章　博多の町づくりに鎌倉を投影した鎮西探題

第一節　櫛田神社と鶴岡八幡宮

鎌倉の鶴岡八幡宮は源氏の氏神であり、源氏の将軍が別当以下の供僧、神官の任免を掌り、祭礼を掌っていた。また、鶴岡八幡宮は源氏や、源氏の将軍の氏神であるだけでなく、源氏の将軍に帰属してきた御家人達の精神的支柱となり、源氏の将軍と御家人達との結束を強める役割を持っていた。鶴岡八幡宮はそのような役割を持っていたために、源氏の将軍はその鶴岡八幡宮を大臣山の中腹の鎌倉の最上部にすえ、それを中心として都市を作った。その後、得宗専制の時期になると、北条氏得宗は鶴岡八幡宮の長である別当をはじめとした主な供僧の任命権を管掌し、祭礼を管掌した。鶴岡八幡宮の別当や供僧の任免、祭礼を得宗が掌ることは、鎌倉政権に帰属していた御家人達の精神的支柱を、源氏将軍に代わって得宗が掌ることになったということであり、得宗は鶴岡八幡宮を源氏将軍に代わって、自らと御家人達とを結び付けるためや、自らに御家人達を帰属させる権力掌握の手段としたということである。得宗は鎌倉政権に帰属していた御家人達の精神的支柱を掌るため、また、自らの下に御家人達を掌握するために、源氏の将軍に代わり、それと同様に鶴岡八幡宮の別当以下の供僧の任免を管掌したり、祭礼を管掌したのである。また、鶴岡八幡宮は源氏の氏神でありながら、鎌倉政権の成立当初、鶴岡八幡宮の供僧・神官には滅ぼされた平氏への配慮から生き残った者が多く登用され、供僧の過半は平氏であり、平氏である北条氏と鶴岡八幡宮との間には元々因縁もあったようである。[1] 鎌倉の都市の要の位置にある鶴岡八幡宮、北条氏、都市鎌倉の三者の関係について見てみると、三者は以上のような関係にあった。鎌倉のこのような三者の関係は、博多ではどのようになっているか、見てみよう。

鎌倉時代末期から南北朝時代の高名な禅僧であった中巌円月は正中元年（一三二四）、博多から入元し、元弘二年（一三三二）、博多に着岸している。また、康永元年（一三四二）、再度、入元を企て博多に来たり、乗船の許可を願ったが、官司に禁じられ、入元を断念した。中巌円月は豊後国守護大友貞宗とその子氏泰から厚遇を受けていた。中巌円月はこのような博多と大友氏との関係から、その著「東海一漚集」に「櫛田宮鐘銘并序」を記している。中巌円月はその序に、櫛田神社について次のように記している。

惟在筑之博多者、持統天皇朱雀年中之建也、距今六百五十余歳也、北条平氏之伯于関東、挙遠江守平随時居茲府、総管西海道九州之時、尤敬本宮、百廃悉興、繇是博多人、厚欽此神、凡有所祈皆答如谷応声、既而祭礼如法、祭器完具、惟鐘未有、以為缺也、邑人浄願、撙己所要、窣積朱寸、遂以元応元年秋七月、鑄而成之、[2]

櫛田神社は北条随時が鎮西探題の時、「尤敬本宮、」と櫛田神社を特別に崇敬し、再建した。その再建は「百廃悉興、」、つまり、櫛田神社は壮麗な伽藍であったがそれが廃れてしまっていたので、それを前にもまさる伽藍に再興した、と記している。北条随時が櫛田神社を特別に崇敬し、その伽藍を前にもまさる伽藍に再興したということは何を物語っているのであろうか。中巌円月は、北条随時が櫛田神社を再興したことについて、わざわざ「北条平氏之伯関東、」と、北条平氏が鎌倉幕府の実権を確立している時、鎮西探題として櫛田神社を再建した、としている。中巌円月は櫛田神社を北条随時が再建したことと、鎌倉幕府で実権を確立している北条平氏とは特別な関係にあったことをわざわざ示唆しているのである。北条氏は平氏である。その平氏である北条氏と櫛田神社はどのような関係にあったのであろうか。櫛田神社は平忠盛が上皇領であった肥前国神崎庄の鎮守であった櫛田神社を博多に勧請した神社である。

つまり、博多の櫛田神社は平忠盛によって創建された神社であり、そのようなことから櫛田神社は九州に於いては平氏と最も関係の深い神社である。北条氏が博多に鎮西探題を設置した時、平氏である鎮西探題の北条氏がそのような櫛田神社に縁を求めて、他の神社を差し置いて特別に崇敬したのは当然のことであったろう。当時の有力者は菩提寺と氏神を祀った。鎌倉に於いて、北条氏が氏神としたのは鶴岡八幡宮であり、菩提寺は東勝寺である。第三節（二）に於いて触れるように、博多に於いて、鎮西探題金沢実政は菩提寺として大乗寺を再興した。しかし、氏神は特に神社を勧請していない。つまり、鎮西探題は特に氏神とする神社を勧請せず、平氏と九州に於いて最も関係があり、既に博多に存在していた櫛田神社を氏神としたのである。博多に於いて、北条氏・鎮西探題が鎌倉の鶴岡八幡宮の代わりとしたのが櫛田神社である。北条随時が櫛田神社を特別に崇敬し、前にもまさる伽藍に再建したのは、櫛田神社を鎮西探題の氏神として遇し、また、鎌倉の鶴岡八幡宮と同じ役割を櫛田神社に求めたためである。つまり、得宗と鎮西探題は博多に於いて、鎌倉に於ける得宗と鶴岡八幡宮との在り方を、鎮西探題と櫛田神社に創造することを意図したのである。

菊池武時が鎮西探題を攻撃した時、櫛田神社は合戦に巻き込まれ、罹災してしまった。博多日記は櫛田神社が罹災したことは記しているが、その理由は記していない。しかし、櫛田神社が炎上したのは菊池武時勢が火を放ったためであることは明らかである。菊池武時勢は何故に櫛田神社に火を放ったのか。櫛田神社が鎮西探題に隣接していたために合戦の示威のために火を放たれたということだけでなく、鎮西探題の庇護を受けた氏神という鎮西探題と特別な関係にあったためであろう。

博多日記は「其上自櫛田浜口打入櫛田宮、此ハ御所カト云テ、二三反宮ヲ打廻、即、人二人打コロス、」と、菊池武時勢が櫛田浜口から進攻する時、櫛田神社を鎮西探題の御所と間違えて櫛田神社に迷い込み、櫛田神社の神官二を人打ち殺した、と記している。菊池武時勢が鎮西探題の御所に進攻するに際し神官二人を殺害したことは櫛田神社の神官達が菊池武時勢の進攻を妨げたためであろう。

太平記に次のように記述がある。

菊池入道櫛田ノ宮ノ前ヲ打過ケル時、軍ノ凶ヲヤ被示ケン。又乗打ニ仕タリケルヲヤ御尤メ有ケン。菊池ガ乗タル馬、俄ニスクミテ一足モ前へ不進得。入道大ニ腹ヲ立テ、「如何ナル神ニテモヲハセヨ、寂阿ガ戦場へ向カハンズル道ニテ、乗打ヲ尤メ可給様ヤアル。其儀ナラバ矢一進セン。受テ御覧ゼヨ。」トテ、上差ノ鏑ヲ抜キ出シ、神殿ノ扉ヲ二矢マデゾ射タリケル。矢ヲ放ツト均ク、馬ノスクミ直リニケレバ、「サゾトヨ。」トアザ笑テ、則打通リケル。其後社壇ヲ見ケレバ、二丈許ナル大蛇、菊池ガ鏑ニ当テ死タリケルコソ不思議ナレ(3)。

太平記は、菊池武時が鎮西探題を攻めるために櫛田神社の前を通り過ぎようとした時、乗馬の足がすくんで、武時が進むのを妨げた。それで武時は社壇にむかって鏑矢を二矢放つと馬の足のすくみが直り、通ることができた。その後、社壇を見ると二丈程の大蛇が矢に当って死んでいた、と記している。大蛇は櫛田神社の眷属（神の使い）であり、菊池武時はそれに鎮西探題への進攻を妨げられたので、それを殺して進攻して行ったことを記している。大蛇とは事実は、櫛田神社に仕えている人々であり、それらの人々によって進攻を妨げられたことを、このように記していると考えることができる。

博多日記に菊池武時勢が櫛田神社の神官二人を打殺したと記していることを、太平記は菊池武時が櫛田神社の眷属である大蛇を射殺して進攻して行った、と記しているのであり、両者は同じことをこのように記している。博多日記や太平記のこれらの記述は菊池武時勢が鎮西探題を攻撃する時、櫛田神社が焼かれた理由を記しており、鎮西探題と櫛田神社の繋がりを物語っている。

北条随時が特別に崇敬し、櫛田神社を再建したことについて、中巌円月は、「繇是博多人、厚欽此神、（これより博多人、この神を厚くうやまう）」と、それから櫛田神社を博多の町衆が厚く信仰するようになった、と記しているが、博多の町衆が櫛田神社を競って崇敬し、信仰を強めたのは、櫛田神社が鎮西探題の氏神として鎮西探題から特別な保護を受け、繁栄を極めるようになったことからであることは言うまでもない。

鶴岡八幡宮の流鏑馬馬場（流鏑馬小路）は鶴岡八幡宮の本殿の前の若宮社の前にある。犬射馬場は鎮西探題の正門の前にあり、また、櫛田神社の正面にも位置する。鎌倉の都市の基準は鶴岡八幡宮であり、博多の都市の中心、基準は鎮西探題である。流鏑馬馬場（流鏑馬小路）が鶴岡八幡宮の本殿の前の若宮社の前面にあり、犬射馬場が鎮西探題の正門の前面、櫛田神社の正面に配置されていることは、流鏑馬馬場と犬射馬場とはいずれもそれぞれの都市の基準の前面に配置されているという共通した位置にある。つまり、犬射馬場は鎌倉の鶴岡八幡宮の流鏑馬馬場を念頭に於いて設置されている。

櫛田神社に於いて流鏑馬の神事が行われていたとする史料はない。しかし、犬射馬場はその名称のとおり馬場であり、その馬場の最も主要な役割は流鏑馬を行うことである。そして、鎮西探題は北条氏得宗が鎌倉に於いて鶴岡八幡宮に果たさせたと同じ役割として櫛田神社を再建している。また、犬射馬場が流鏑馬馬場と共通した位置に配置されていることは、犬射馬場に於いても鶴岡八幡宮の流鏑馬馬場と共通した神事、つまり、櫛田神社の神事として流鏑馬が行われていたことを窺わせる。

鎌倉幕府の追加法である弘長元年二月廿（卅）日の関東新制条々は鎌倉幕府の侍所が執り行わなければならない職掌として次のような項目を定めている。

奉行侍所
一　放生会的立役事
一　同居随兵役事
一　若宮流鏑馬役事
一　二所御参詣随兵役事

（略）　　可被仰侍所奉行人等也(4)

将軍が二所御参詣を行う時の供奉をする随兵役は侍所の職掌であることについては第一章　第三節（三）で触れた。鶴岡八幡宮の流鏑馬馬場に於いて行われる放生会の流鏑馬神事、その的立役、参詣する将軍の供奉をする随兵行列は幕府の侍所の職掌として執り行うとしている。このことはこれらの行事が幕府の公的な行事として行なわれていることを物語っている。

そして、放生会の随兵行列、流鏑馬神事は鶴岡八幡宮の神事というだけでなく、鎌倉最大の行事であり、武士達とその家族だけでなく、鎌倉やその近郊の人々が見物した。人々は桟敷を作って熱中して見物した行事である。

吾妻鏡の弘長元年二月二十九日の箇条に次のような記述がある。

此外厳制数ヶ條也。後藤壹岐前司基政。小野澤左近大夫入道光蓮等爲奉行。

一　放生会桟敷可用倹約事。

人々は流鏑馬神事や随兵行列を桟敷を作って見物したが、鎌倉幕府は流鏑馬神事や随兵行列の見物の桟敷が華美になっていくために、その規制をしたのであり、このような規制がされていることは、人々が随兵行列、流鏑馬神事の見物に熱中していたことを物語っている。

鎌倉幕府は武士達やその従者の衣服、刀剣の装飾、轡等の馬具の材質等、細かく規制し、風俗が華美に流れるのをしばしば規制している。先に記した桟敷の規制はその例である。流鏑馬神事については流鏑馬當色の人数を制限したり、的立役が郎等を従えることを禁止したりしている。しかし、流鏑馬の射手、随兵行列に供奉する御内人、御家人自身の衣装等についての規制は見られない。これは流鏑馬神事、随兵行列を盛大に行うことにより、人々の関心を引きつけて、それらの人々との結びつきを強めて鶴岡八幡宮と得宗の権威を高めるためであることは言うまでもない。

鎮西探題が氏神とした櫛田神社へ参詣する時、御内人、御家人達多数の盛装した武士達を供奉して参詣する。

鎮西探題は館の正門である北門から出御し、犬射馬場を通って櫛田神社に随兵行列を行って参詣する。また、御内人や御家人達による流鏑馬神事が犬射馬場に於いて行われる等、鶴岡八幡宮と同じ神事が行われていたことは当然である。そして、これらの随兵行列、流鏑馬神事は鎮西探題の公式な行事として侍所が管掌して執り行っていたのである。従ってまた、このような行事を行う施設である犬射馬場は侍所が管掌していた。

鎌倉に於いて人々が鶴岡八幡宮の随兵行列、流鏑馬神事の見物に熱中したと同様に、博多に於いても町衆が櫛田神社の正面の犬射馬場で行われた随兵行列、流鏑馬神事の見物に熱中したことは当然である。このような行事を見物することは当時の博多の町衆にとって最大の娯楽であり、博多の町衆が櫛田神社への崇敬を強め、櫛田神社と町衆との結びつきを強めていったであろうことは想像に難くない。犬射馬場は単なる馬場として武士達の武芸の修練の場として使用されていたのではない。鎮西探題は自らの権威を高めるために犬射馬場を儀礼の場として利用していたのである。

中巌円月の櫛田宮鐘銘幷序は、鎌倉に於ける得宗と鶴岡八幡宮の関係を、博多に於いても鎮西探題と櫛田神社の間に創ろうとした得宗・鎮西探題の意図が思惑どおりであったことを記している。鎌倉幕府・鎮西探題は博多に於いて、鎌倉に於ける鶴岡八幡宮と同じ役割を櫛田神社に持たせたのである。

ところで、川添昭二氏は、北条随時が櫛田神社を再建した時期について、「文保元年（一三一七）から元亨元年（一三二一）六月の間、鎮西探題北条随時《ゆきとき》が同社を再興したという同社鐘銘がある（『東海一漚集』）。……随時の再興というのは、元応二年（一三二〇）十二月二十三日夜の博多の大火による罹災からの再興であろう。」[5]と説明している。

中巌円月は序の中で、櫛田神社の伽藍が再建され、そして「祭器完具、惟鐘未有、」と、祭器は全てそろった。ただ鐘だけがまだ無かった。しかし、その鐘も「遂以元応元年秋七月、鑄而成之、」と、元応元年（一三一九）七月に鋳上げることができて完成した、と記している。従って、北条随時が櫛田神社の伽藍を再建したのは元応元年七月よりも前である。博多が博多炎上等と呼ばれた大火に罹災したのは、その後の元応二年十二月二十三日の夜のことであるから、博多炎上は北条随時が櫛田神社の伽藍を再建した後の時期であり、北条随時による櫛田神社の再建は元応二年の博多炎上によるものではない。また、川添昭二氏が説明しているように、鐘銘の中に北条随時が櫛田神社を再建したのは文保元年から元亨元年六月の間ということが記されていることもない。北条随時が鎮西探題であった時期は一三一〇年から一三二〇年の間である。櫛田神社が一三二〇年の暮に起きた博多炎上で罹災したとしたら、北条随時の鎮西探題の任期は終っており、北条随時が再建できるはずがない。川添昭二氏の間違いである。尚、その後、櫛田神社は菊池武時が鎮西探題を攻撃した時に炎上した。そして、その再建について、中巌円月は序に於いて暦応三年（一三四〇）四月二十七日に竣工した、と記している。

第二節　称名寺と鎌倉の極楽寺

――称名寺とその博多に於ける殺生禁断管理権――

(一) 称名寺の成立について

博多の櫛田神社と大乗寺が隣り合って面している通りを北の方に進んでいくと称名寺が存在していた。称名寺は大水道の内側に接して創建された時宗の寺院である。称名寺は大正八年（一九一九）、同地から東区馬出松原に移転し、現在、その跡地は博多リバレイン、博多座の大型開発ビルと下川端町の商店街等からなる繁華街となっており、その跡地に称名寺の痕跡は全く残っていない。

称名寺について筑前国続風土記拾遺は次のように記している。

片土居町
称名寺

金波山西岸院と号す。時宗相模国藤沢山清浄光寺に属せり。本尊は阿弥陀仏立像なり。安阿弥作なり。元応二年当津の住称阿名阿と云父子此寺を建立し乗阿上人を請して開山とす。施主二人の名の一字を取て寺号とせり。又所の名によりて土居道場ともいふ。寺伝に開山は乗阿弥陀仏一運和尚といふ。相模国人なり。俣野五郎景平か伯父一上人の法弟なり。文永三年に生まれ五十五にて入院す。住職八凡三十年貞和五年寂す。一説に開基は元応二年七月十八日と云。(6)

称名寺について、筑前国続風土記拾遺は以上のように記して、鎌倉時代の元応二年（一三二〇）に開基したと記している。また、筑前国続風土記も同様に記している。筑前国続風土記や筑前国続風土記拾遺が記しているように、鎌倉時代末の元応二年頃か、それよりもう少し古い鎌倉時代の末に創建された寺院であろう。一遍は、一遍聖絵に記されているように建治二年（一二七六）、九州に来り、各地で遊行を行った(7)。この時、一遍は遊行の途中で筑前国の御家人に算《ふだ》を賦《くば》り、筑前国の御家人はそれを受け取っている。この筑前国御家人が時衆の活動を理解していなければ、このような行為をするはずがなく、時衆の信仰が既に九州には広がっていたことを物語っている。また、九州の有力守護であった豊後国守護の大友頼泰は一遍に衣服を喜捨し、帰依したことが記されている。一遍の九州遊行を機に時衆の信仰が九州各地に広まったであろうことは言うまでもないであろうが、それよりも前から時衆の信仰は九州に広がっていた。このような時衆の信仰の広まりからすれば、称名寺が創建された頃、九州第一の都市として発展をしていた博多に、時衆の信仰者が増え、時衆の道場、寺院が創建されたであろうことは想像に難くない。

博多には称名寺の他にも時衆の道場があり、時衆の信仰が広まっていたことが考えられる。時衆の道場は地名をとって名付けられる。例えば、京都には時衆の道場がいくつか有るために地名をとって、一条道場、四条道場、六条道場、七条道場のように名付けられている。称名寺は博多に設けられている道場であるから、称名寺が博多で唯一の道場であるなら、博多の地名をとって博多道場と称されてもいいはずであるが、そのように称してはいない。博多の一地名をとって土居道場と称している。このことは博多には土居道場の他にも時衆の道場があったことを物語っており、博多に既に時衆がかなり広まっていたことを窺わせている。

称名寺の山号寺号は金波山西岸寺である。この西岸寺の西岸は博多の西側を流れている那珂川の川岸、つまり、博多の西岸に存在していることに由来して名付けられているのであろう。尚、称名寺の位置は那珂川を主体とすれば称名寺は流路の東側にあり、東岸となることから、西岸の寺号は直接、那珂川の流路に由来して名付けられているのではない。称名寺の寺号は単に地形に因んで付けられているのではなく、博多の中の西岸という位置に由来して名付けられている。称名寺の寺号が博多の中の位置で付けられていることは、称名寺が博多の中に於いて特定した役割を果たしていたことに因んで付けられていることを窺わせる。また、西岸寺というような称名寺の寺号は、博多の中には称名寺の時衆と住み分けた区域に、西岸の称名寺と同じような役割をしている時衆の寺院が、博多の西岸の称名寺と別に博多の東部地域に存在していたために名付けられたのではないか、ということも窺わせる。称名寺の寺号山号から博多に於ける時衆の広まりを以上のように見ていくと、十三世紀後半頃には博多に於ける時衆の活動は盛んであり、時衆はかなり広まっていたことが推測され、称名寺の創建は筑前国続風土記、筑前国続風土記拾遺が記している鎌倉時代末の元応二年よりも、もっと古い十三世紀に遡ることも考えられる。

石城志は龍宮寺の項で次のように記している。

又云、一説に、此寺は四条院仁治二年、善阿といふ時宗の僧、建立といへり、此説古説拾遺にも見へたり。(8)

石城志は、龍宮寺は現在、浄土宗の寺院であるが、元々は時衆の僧である善阿が仁治二年（一二四一）に建立した寺院であると記している。石城志はこのことは古説拾遺にも記されていると、別の書にも記述されていると記しているので、全く根拠のない話ではないであろう。石城志の記すこの記述からすれば、博多に於いて十三世紀の半ばには既に時衆の寺院が建立されていたことになり、博多に於ける時衆の活動は古く、十三世紀に遡ることができる。博多に於ける時衆の活動をこのように見ると、称名寺の創建も筑前国続風土記、筑前国続風土記拾遺が記している鎌倉時代末の元応二年よりも、もっと古い十三世紀に遡ることも十分考えられ、十三世紀の博多に於いて博多の西部地域の称名寺と、東部地域の龍宮寺の二つの寺院が時衆の活動の拠点として成立していたことは十分に考えられる。

尚、川添昭二氏は、筑前国続風土記拾遺が寺名の称名寺は施主の称阿、名阿父子の一字に由来する、としている記述について、「元応二年（一三二〇）称阿・名阿父子が施主となり、乗阿《じょうあ》を開山として創建したから、父子の名を取って称名寺という、と伝えている。乗阿と称名寺との関係は、神奈川県藤沢市の時宗総本山清《しょう》浄光寺《じょうこうじ》にある過去帳でわずかに推測され、右の所伝を裏付けることができるようである。(9)」と述べ、筑前国続風土記拾遺の記述をそのまま認めている。川添昭二氏がそのまま認めているように、筑前国続風土記拾遺が記している称名寺の寺名は称阿、名阿の父子の名称に由来しているのであろうか。また、俣野五郎景平の伯父としている乗阿と称名寺との関係が時衆過去帳から裏付けられるであろうか。

平成十九年現在で全国の称名寺という寺名の寺院を数えてみると百箇寺を越えている。時衆やその元となっている念仏系の寺院でも称名寺という寺名は多い。その中でも時衆としては三河大浜の称名寺、越前武生の称名寺、同大飯の称名寺、播磨姫路の称名寺、叡尊が入って後に律宗となるが元々は念仏系である武蔵金沢の称名寺等は著名である。これらの寺院は博多の称名寺と同名であるが、称阿、名阿とは関係ない。

称名寺の寺名は他阿上人法語巻第一に「称名念仏の行者」、「今は称名をこたらずして。」、「口称名号のしたにさだまりたるなり。」、「浄不浄をきらはず。称名すべき」[10]等とあるように、「南無阿弥陀仏」の名号をひたすらに称《とな》えることを願って付けられた寺名である。念仏系の宗派は念仏を称えることを最も大切にし、このことを願って付けられた寺名である。川添昭二氏は、称名寺の寺名は称阿、名阿に因む寺名であると筑前国続風土記拾遺が記している由来をそのまま認めているが、それは事実ではないであろう。筑前国続風土記拾遺は博多の称名寺の寺名の由来が分からなかったために適当に記しただけであろう。

また、筑前国続風土記拾遺は、称名寺の寺伝は相模国の俣野五郎景平の伯父で、一遍上人の法弟であった「乗阿上人を請して開山とす。」としている。乗阿上人とは浄阿真観のことである。浄阿上人は上総国の出身で遊行二代上人他阿真教の法弟であり、浄阿は俣野五郎景平とは関係はない。浄阿上人は京都四条道場で賦算を行い、京都四条道場を隆盛に導き、活動は京都が中心であった。九州に巡教したことはなく、浄阿と称名寺は直接、関係ないのではなかろうか[11]。

筑前国続風土記拾遺が記している俣野五郎景平に関係している人物は遊行四代上人の有阿呑海であり、呑海は景平の弟である。呑海は正安三年（一三〇一）、京都七条仏師から定朝の邸跡を寄進されて、ここに七条道場金光寺を建てた。呑海は九州を巡教しており、呑海が九州巡教を行ったことからすれば、浄阿上人より呑海の方が称名寺と繋がりは可能性が強いであろう。[12]いずれにしても、筑前国続風土記拾遺が引用したとしている称名寺の寺伝が事実、存在していたとしたら寺伝自体か、または寺伝が存在していないならば筑前国続風土記拾遺が、浄阿と呑海をごっちゃにしてしまって前記のように記したのであろう。従って、筑前国続風土記拾遺が記している称名寺の施主や開山についての記述を、以上のようにそのまま信用することはできない。

また、川添昭二氏は、筑前国続風土記拾遺が記している乗阿と称名寺との関係について、時衆過去帳で一致し、所伝が裏付けられる、と述べられている。しかし、称名寺の開山として記している乗阿について、筑前国続風土記拾遺は「相模国人なり。俣野五郎景平か伯父一上人の法弟なり。」と記している。これは先に記したように有阿呑海を浄阿真観と混同したのであり、この浄阿上人が称名寺と関係していることを時衆過去帳で裏付けることはできるはずがない。この浄阿上人とは別に時衆過去帳には「博多」と注記された乗阿弥陀仏が康安元年（一三六一）九月六日を初見として記載されている。これら乗阿弥陀仏は「博多」と注記されていることから、博多の住人であり、称名寺と関係があることが推定される。

川添昭二氏はこの「博多」と注記された乗阿弥陀仏と浄阿真観とをごっちゃにして説明されているようである。浄阿真観と、時衆過去帳が「博多」と注記している乗阿弥陀仏とは全く別人であることは言うまでもない。従って、川添昭二氏が説明しているように筑前国続風土記拾遺が記す称名寺の所伝が時衆過去帳から裏付けられる、ということはあり得ないことである。称名寺の開山が乗阿であるとすれば、その乗阿として時衆過去帳の康安元年九月六日に「博多」と注記された乗阿弥陀仏も、可能性がある人物の一人と考えられないこともないが、この乗阿弥陀仏と浄阿真観とは全く別の人物である。称名寺の寺伝か、または、筑前国続風土記拾遺は称名寺の歴史を由緒付けるために、時衆過去帳に「博多」と注記された始めの乗阿弥陀仏を浄阿真観、有阿呑海に結び付けて説明してしまったのではなかろうか。

称阿という人物が称名寺の建立に係わっているとしたら、非常に希薄ではあるがその可能性のある称阿という人物がいないことはない。次の史料を見てみよう。

異国警固番役事、三ケ月被勤仕候也、恐〻謹言、

正応五
閏六月十五日　　　　称阿□（在判）

原田四郎（忠俊）殿[13]

薩摩国御家人原田四郎忠俊が異国警固番役を三箇月勤仕したことについて発給された正応五年閏六月十五日の覆勘状である。発給者は称阿となっており、称名寺を建立した称阿と同名であり、この称阿は称名寺を創建した称阿と同じ鎌倉時代末期の人物であることから、同一人物の可能性があり、この称阿が称名寺に係わりがあるか否かについて見てみよう。称阿は薩摩国御家人の原田忠俊の異国警固番役の勤仕について覆勘状を出しているから、薩摩国守護の島津氏か、その守護代であるが、薩摩国の覆勘状は守護代が発給しているから称阿は守護代である。川添昭二氏はこの史料について、「閏六月十五日　称阿（姓未詳）、薩摩国の御家人原田四郎忠俊の異国警固番役三カ月勤務の完了を証す。」と外題、解説文を付け、称阿について姓未詳としている。[14]

しかし、次の史料を見てみよう。旧記雑録前編巻一に記された島津道鑑国廻狩供人数注文案である。

殿御国廻共人数□

国廻狩御共人数事

（中略）

酒匂兵衛入道代「兵衛入道称阿カ」弾正左衛門尉 兵庫允　　上下卅人乗馬十一疋

本田孫二郎「久兼入道兼阿カ」　上下廿五人　馬十一疋

（後略）[15]

この史料には酒匂兵衛入道と本田孫二郎が記されているが、朱書で、酒匂兵衛入道には「兵衛入道称阿カ」、本田孫二郎には「久兼入道兼阿カ」と注記されている。江戸時代の旧記雑録の編纂者の考証によって記されている注記である。本田孫二郎が本田久兼入道兼阿であることは間違いなく、従って、酒匂兵衛入道が酒匂本性であり、兵衛入道称阿であることも間違いはない。また、元寇以後の鎌倉時代末期の島津氏の守護代はほとんど酒匂兵衛入道本性が独占しており、この称阿は著名な酒匂兵衛入道本性であることは疑い得ない。そして、島津忠宗の守護代の酒匂本性は称阿という阿弥号（法号）を名乗っていることから時衆である。また、先に記した史料に酒匂本性とともに本田孫二郎「久兼入道兼阿カ」が記されているが、また、本田孫次郎久兼は酒匂本性の後、南北朝時代の島津氏の守護代として活躍した人物である。本田孫次郎久兼については、

一、本田次郎左衛門入道兼阿事、為年来仁上、自幼少至于今、都鄙令随逐之間、存不便者也、兼阿一期之程、
恩給地等不可有改動之儀[16]、

とあり、本田久兼も兼阿という阿弥号を名乗っているから酒匂本性と同様に時衆である。以上のように、鎌倉時代後期から南北朝時代、薩摩国の守護代はいずれも時衆であった。

少し長くなるが、次の史料を見てみよう。

浄光明寺大概由緒書扣写

一　薩州鹿児島松峰山無量寿院浄光明寺者、相州藤沢清浄光寺の直末也、開山を宣阿説誠和尚といふ、本鎌倉に住して一遍以前の道明衆也（同朋カ）、嶋津氏の鼻祖豊後守忠久頼朝卿長庶子、是を崇敬すること厚し、文治二年丙午の秋、忠久封を薩隅日三州是を惣而嶋津之御庄といふ、に受て下国するの日、宣阿も亦倶ニ来れり、因て一寺を建て浄光明寺と号し、是に居らしむ、既にして一遍上人、建治三年九月大隅国正八幡宮に参籠せらるの日、八幡大菩薩御殿の金扉を開き尊容を現、神詠を示し給ふ歌に曰、十詞に南無阿弥陀仏と唱ふれハ、なむあミたふに生れこそすれ、是十念相伝の一流也と云々、夫より上人修行して薩州に来る、此時忠久の嫡

孫下野守久経国家を知る、上人の道徳殊勝なるを以、遂に一遍の門派と成る、弘安七年久経厳考大隅守忠時十三回忌に当り、追孝の志を以大に当寺を再建して旧制を増し、六時の行法般舟三昧を修せしめ、薩隅日三州の小本寺たる事、本寺世ミの證文明白也、遊行上人回国の時ハ数ヶ月淹留有而、尽夜六時礼讃の勤行賦華化益の道場也、忠久及ひ二代大隅守忠時・三代下野守久経・四代上総介忠宗・五代上総介貞久神祇を置て菩提所たり、此寺に住する者ハ、世ミ本寺の免許に依て惣金襴の袈裟を着、且傘・半畳輿を免さる、薩隅日ハ元来嶋津氏伝領の国たり、故ニ古来よりの法式を以、今に至り浄光明寺末寺頭・組頭たる事、本寺数多の文献炳焉也、浄光明寺由緒大概如件、

一　浄光明寺

右、御元祖ゟ五代迄之御牌所ニ而御座候、

忠久公　得仏道阿弥陀仏　御簾中　法名不知　畠山次郎重忠女
忠時公　道仏仁阿弥陀仏　御簾中　忍西　伊達入道念性（妹カ）女
久経公　道忍義阿弥陀仏　御簾中　妙智　相馬小次郎左衛門尉胤綱女
忠宗公　道義仲阿弥陀仏　御簾中　法名不知　三池杢助入道道知女
貞久公　道鑑道阿弥陀仏　御簾中　法名不知　大友因幡守道徳女

右五代御簾中様御牌者無御座候、

（以下略）[17]

浄光明寺大概由緒書扣写によれば島津氏は忠久から貞久に至るまで、歴代にわたって時衆の信仰を熱心に行っていた。

また、島津下野三郎左衛門尉忠長の申状に

亡父下野入道道忍去建治元年、被仰付警固役、被差下鎮西畢、而道忍弘安七年於役所死去之後者、雖為不肖、

充于身、二十余箇年、令勤仕彼役畢、

と記されたり[18]、旧記雑録前編一巻8の久経公御伝中に、

弘安七年甲申閏四月廿一日、卒于筑前州筥崎役所、享年六十、法名道忍、号義阿弥陀仏、浄光明寺殿、

と記されているように、島津久経は異国警固番役の役所の箱崎で生涯を送り、そこで死去している[19]。

その子島津忠宗も旧記雑録前編一巻8に、

忠宗公

久経公の長子、母ハ相馬小次郎左衛門尉胤綱女（享保中追謚して浄温院殿妙智神一房とす、[20]神主を浄光明寺に立つ、）建長三年辛亥生る、弘安元年戊寅久経公に従て筥崎津を鎮す、久経公薨して猶爰に有る事数年也、

と記されているように、父久経と同様に異国警固番役の役所の箱崎で生涯のかなりの期間を過ごしている。このように島津久経、忠宗親子は建治以後二代にわたって箱崎の地で生活していた。箱崎は博多の東隣の地であり、箱崎の東寄りの小松地域から博多まで国道三号線経由で二・七キロ、筥崎八幡宮の社頭から博多までは国道三号線経由で僅かに一・七キロでしかなく、現在でも徒歩三十分圏内であり、箱崎と博多とは一体の地とも言うべき地である。このような島津氏の時衆信仰に伴って守護代や島津氏の被官達が時衆の信仰を行っていたことは当然のことである。従って、島津忠宗期の守護代の酒匂本性も熱心な時衆の信仰者であったであろうことが分かるであろう。また、酒匂本性は島津忠宗期の守護代や総地頭代として多方面にわたって活動している。島津久経や忠宗が異国警固番役やその他の職掌のために箱崎、博多に滞在していたことに伴って、酒匂本性は島津氏の任国である薩摩国に在国していただけでなく、博多とは一体の地とも言うべき箱崎、博多に滞在していた。つまり、時衆であった酒匂本性は称名寺が建立された博多と関係があり、酒匂本性が称名寺を建立するような環境はあったと見ることができるであろう。

次の史料を見てみよう。酒匂本性が守護代として発給した覆勘状に以下の三通がある。

①正安四年（一三〇二）八月二十八日　延時三郎入道宛　薩摩国守護代酒匂本性石築地修理覆勘状(21)
②嘉元三年（一三〇五）閏十二月二十九日　下野彦三郎左衛門尉代官宛　薩摩国守護代酒匂本性異国警固番役覆勘状(22)
③延慶三年（一三一〇）十二月十五日　比志嶋孫太郎宛　薩摩国守護代酒匂本性異国警固番役覆勘状(23)

①、②、③の覆勘状は薩摩国の異国警固番役の地に於いて酒匂本性が発給した覆勘状である。①の「石築地修理覆勘状」は酒匂本性が箱崎に於いて発給した覆勘状である。

しかし、異国警固番役は嘉元二年（一三〇四）十二月晦日より、それまで今津後浜、青木横浜、生の松原、姪浜、博多、箱崎、香椎前浜を国別に分担し、警固していた制度から、九州を五番に編成し、博多に滞在し、警固する制度に変わる。従って、薩摩国の異国警固番役の勤仕地もそれまでの箱崎から博多に滞在、勤仕する体制に変わっている。薩摩国守護代酒匂本性が発給した②、③の覆勘状はその嘉元二年（一三〇四）十二月晦日より後に発給された覆勘状である。従って、酒匂本性が発給した②、③はいずれも薩摩国の異国警固番役の勤仕地が箱崎から博多へ変わった後に発給された異国警固番役覆勘状であるから、酒匂本性が薩摩国守護代として博多に於いて発給した異国警固番役覆勘状である。つまり、酒匂本性はそれまでの箱崎から変わって博多に滞在していたことになる。

次の史料を見てみよう。

依今度京都騒乱事、被馳参間、奉付着到、注進申公方候了、仍執達如件、

元徳三
十月廿九日　　　　本性（花押）

比志嶋（義範）彦太郎殿(24)

後醍醐天皇の元弘の変によって、薩摩国御家人の比志嶋彦太郎義範は博多に馳せ参じ、酒匂本性がその着到

をつかさどり、鎮西探題の北条英時に注進するとしている着到受取状である。酒匂本性は博多に馳せ参じて来た薩摩国の御家人の着到をつかさどっているのであるから、博多に於いて守護代としてその職務を行っていることは当然であり、このことも、酒匂本性がこの時期、博多に滞在していたことを物語っている。

薩摩国の異国警固番役勤仕地である箱崎に於いての守護代としての職掌は覆勘状の発給だけでなく、元寇防塁の監督、修理の指示等多方面にわたっている。酒匂本性が箱崎に滞在しなければならない期間は多々あったことが推定される。酒匂本性が箱崎に居留していたことは博多と一体の地に居留していたと言っても過言ではない。そして、嘉元二年十二月晦日より以後、酒匂本性はそれまでの箱崎に変わって、博多に居留するようになっている。酒匂本性は博多とは非常に関係が深かったことは明らかである。

鎌倉時代に時衆教団の発展に寄与した武士達について見てみよう。鎌倉時代に時衆教団の発展に大きく寄与した武士としては、俣野彦太郎、藤沢四郎太郎、出雲五郎左衛門入道、雅楽助、武田小五郎入道教阿を挙げることができる。これらの人々について見てみると、

○俣野彦太郎　俣野彦太郎は楠木合戦注文に幕府方の軍勢として、次に記している藤沢四郎太郎とともに記されている。俣野彦太郎は相模国俣野荘を本拠地とした有力御家人であり、在京御家人である。(25)

○藤沢四郎太郎　藤沢四郎太郎は相模国藤沢を本拠地にした有力御家人であり、在京御家人である。有力得宗被官の諏訪氏の一族であり、諏訪神家《みわ》である。一族に御内人の神四郎入道がいる。(26)

○出雲五郎左衛門入道　相模国波多野荘を本拠地とした有力御家人で、得宗被官である。浄阿上人伝に「頭人波多野出雲入道法名道憲」とある。頭人とは六波羅引付頭人のことである。(27)

○雅楽助　六波羅探題奉行人である。在京御家人である。(28)

○武田小五郎入道教阿　法語巻六に記され、真教に帰依した得宗被官・御内人である。(29)

これらの武士達のうち、俣野彦太郎、雅楽助の二人は得宗被官であることを検証できないが有力御家人であ

り、他はいずれも有力御家人にして得宗被官という特徴がある。有力御家人・得宗被官の身分にあった武士達が、博多に於いても時衆の勢力の伸張に活動したかどうか、史料はない。ただ、第一章　第三節（一）で触れた鎮西探題北条英時の御内人である武田八郎は真教に帰依し結縁した得宗の御内人であった武田小五郎入道教阿と同族であることは言うまでもなく、武田八郎が武田小五郎入道教阿と同様に時衆の支援者だった可能性は十分に考えられる。このような関係は他の鎮西探題の御内人達にも多数あったことが窺われ、鎮西探題の御内人達が時衆の支援者だった可能性は十分に考えられる。また、称名寺や時衆の慈善救済活動が博多の都市生活を維持していくためには必須である以上、元寇後、博多という大都市を建設し、その支配者となった鎮西探題とその被官である御内人が称名寺と時衆を支援したのは当然であったと考えるべきであろう。

酒匂本性の先祖は相模国酒匂郷の出身の御家人である。相模国酒匂郷を本拠地とした武士に在京御家人の酒匂中務入道がいるが、酒匂中務入道は得宗被官と断定はできないが、得宗被官の可能性がある。[30]つまり、酒匂中務入道は前記した御家人とともに、当時、京都に於いて隆盛を始めた時衆の支援者であった可能性がある。酒匂本性と酒匂中務入道とが同族であることから、酒匂本性は酒匂中務入道、もしくはその一族と交流があったことは当然のことである。つまり、酒匂本性は酒匂中務入道、もしくはその一族から京都の時衆の活動についてその事情を聞き及んでいたことは十分にあり得たことである。こうしたことからも酒匂本性が博多の時衆の活動を積極的に支援していたであろうことを裏付けることができるであろう。島津忠宗期の守護代であった酒匂本性について以上のように見てくると、称名寺の創建を行ったと寺伝に記されている称阿とは酒匂本性であり、称名寺の創建を行ったのは薩薩摩国守護代の酒匂本性であると推定することもできる。

（二）称名寺とその博多に於ける殺生禁断管理権

称名寺の境内は大正八年東区馬出に移転するまで存続していた江戸時代の範囲よりかなり広かったようである。称名寺は江戸時代の絵図では、櫛田神社、大乗寺が面している通りよりも一つ西側の通りに面しているように描かれている。櫛田神社、大乗寺の前を通る通りに面しては大水道の南側に接して光泉寺という寺があり、その光泉寺の西側の通りに面して称名寺は光泉寺と同様に大水道の南側に接して存在している。光泉寺について、筑前国続風土記拾遺は、土居町下の光泉寺の項に於いて、

　袖湊山と号す。称名寺に属す。始は同寺の境内にありしか、いつの比こゝに移せしならん。寺内に文殊堂有。(31)

　博多寺院（下）の光泉寺の項に於いて、

　土居町下に在。袖湊山安永の書に神助山と有と号す。時宗称名寺の末なり。寛文年中の開基なり。始は本寺の境内に在しと云。寺内に文殊堂　地蔵堂あり(32)。

と記している。これらの記述によれば、光泉寺は称名寺に属している寺であり、始めは称名寺の境内にあったとし、称名寺の境内からいつ頃か、今の地に移ったと記している。

光泉寺についてのこのような記事からすると、光泉寺は称名寺の塔頭であったのであろう。筑前国続風土記は称名寺の項に於いて、

　称名寺と云。塔頭六坊、慶長年中迄ありしかとも、今は一坊もなし(33)。

と記している。称名寺には慶長年中まで塔頭六坊があったと記している。光泉寺は筑前国続風土記が称名寺に慶長年中まであったとしている塔頭六坊のうちの一つであろう。そして、筑前国続風土記拾遺は光泉寺が称名寺の境内にあった寺で、いつ頃にか現在の地の称名寺の門前に移ったとしているが、事実はそうでなく、光泉

寺の位置は変わらず、塔頭であった光泉寺の境内までが元々の称名寺の境内であったのである。或は光泉寺が移動したとしても、光泉寺は称名寺の境内の中で移動したのである。光泉寺の境内までが称名寺の本来の境内である。そのことは筑前名所図会の光泉寺についての次のような記述が証明している。筑前名所図会は光泉寺について、

光泉寺ハ片土居町にあり、称名寺に属す、此寺も土居の道場と称す㉞

と記し、光泉寺も称名寺と同じように土居道場と称しているとしている。つまり、光泉寺と称名寺はどちらも土居道場であり、光泉寺を含んで土井道場である。両者は別々ではなく、称名寺の境内は光泉寺の境内までを含んでいたことを記している。称名寺の境内は以上のように光泉寺の境内までであり、称名寺は元々櫛田神社、大乗寺の前を通る通りに面した寺であったということになる。

元々称名寺の境内と一体であった光泉寺の境内は江戸時代の絵図には非常に細長い地形に描かれているが、これらのことから称名寺のどのようなことが分かるであろうか。

筑前国続風土記拾遺は称名寺の次のような古文書を記している。

博多津土居道場同官内両門前東西在家諸職人牛馬以下諸公役事。任先例被免除畢。可被存其旨之由。依仰執達如件

越中守

下野守　花押

三河守

天文四年七月九日

杉弾正忠殿㉟

古文書には「博多津土居道場同官内両門前東西」と記されている。土居道場とは称名寺のことであり、称名寺とその称名寺「官内両門前東西」と記しているのである。官内とは称名寺が管理する地という意味であり、境内と称してもいい地域のことである。「両門前東西」というのは称名寺が管理する地の両門、即ち、東門と西門の

前という意であり、称名寺が管理する地、境内に東門と西門が存在していることが記されている。尚、称名寺は東向きの伽藍であり、東向きの地に東門と西門があるということは、東西に長い地形であることを表している。そして、その地形の東側に東門が、西側に西門が存在しているのである。つまり、この区域の両端の東側と西側に門が設けられているのは、この区域が閉鎖的に独立している区域であったことを物語っている。また、「土居道場同官内」とする表現は土居道場、即ち、称名寺そのものの境内と、称名寺が管理する別の区域とがあったことを表している。ただ両者は全く別々の土地ではなく、連続した土地であることを表わしている表現である。従って、東西に長い地形で称名寺の境内と連続している土地は、江戸時代の絵図に描かれている光泉寺の境内に他ならない。同官内は称名寺の前、東側の光泉寺の境内となっている地域である。即ち、細長い光泉寺の境内は中世には称名寺の官内であり、称名寺の境内の一部として門前の地域であった。そして、その土地の東端にある門が東門であり、その土地の西端にあった門が西門である。

後記する宋希璟の老松堂日本行録は称名寺について、「寺在閭閻中」と、称名寺の在り方を記している[36]。閭閻とは門、木戸があって、家々が建ち並んでいる細長い路地状の街路のことである。称名寺には門、木戸があって、家々が建ち並んでいる細長い路地状の街路があって、その奥に称名寺はあると記しているのである。老松堂日本行録に、称名寺は閭閻の奥にあると記されていることは、先の史料に「同官内両門前東西」と記されている東西に長い地形が存在していたことや、後に光泉寺の境内となった東西に細長い地形の在り方と一致しており、中世の称名寺の景観を非常に良く描写している。

このような特徴のある称名寺の境内の在り方から、称名寺がどのような寺院であったかについて少し見てみよう。先の古文書には「土居道場同官内両門前東西在家諸職人牛馬以下諸公役事。任先例被免除畢。」と記されている。また、老松堂日本行録には「寺在閭閻中」と、称名寺の境内の前には家々が建ち並んでいる細長い街路があったことが記されているが、これはどういうことを記しているのであろうか。東西に細長い地形の東側に東門が、西側に西門が存在している。つまり、この区域の両端の東側と西側に門が設けられているということは、この街路が閉鎖的に独立していた区域であったことを物語っている。

そして、史料は、更に、称名寺とこの区域とその門前について「在家（諸職人牛馬）以下諸公役事。任先例被免除畢。」と記している。この区域とその門前の区域に住んでいる人々、諸職人、牛馬等については諸役の負担を免除すると記している。つまり、称名寺とこの街路区域とその門前の区域には諸税免除の特権が与えられているのである。この街路区域とその門前には称名寺に関係した人々や称名寺の庇護を頼った人々が住んで生活していたことは当然であるが、そのような人々と、その他に「諸職人」と特記しているように種々の職人が居住していた。また、牛馬に負担させる諸税も免除すると特記されている。

博多は元寇後、鎮西探題が設置されて北条氏一族、鎮西探題の御内人、九州の御家人等多数の武士達が居住していた。南北朝、室町期の九州探題の時期に至っても同じような事情であったであろう。これらの武士達に馬は必需品であり、博多には多数の馬が飼われていたようであり、このような事情からか、博多の所々からは埋葬された馬の骨が発掘されている。しかし、ここに記されている区域の馬や牛は課役を免除するとあり、本来ならば課役の対象となる馬であるからそのような馬ではなく、使役用の馬であり、また、牛も同様に、使役用の牛である。馬牛を使役する目的は運送用や農耕用である。しかし、称名寺は博多の町中にある寺院であるから境内とその門前に農耕用の馬牛が多数いるはずはなく、ここにいる馬牛は都市の中で使役されている馬牛であるから、運送用の馬牛であると考えることができ、称名寺の境内、街路とその門前には多数の運送用の馬牛がいたことを物語っている。称名寺の境内、街路とその門前に多数の運送用の馬牛がいたことはまた、称名寺の境内、街路とその門前にこのような馬牛を使役して運送に従事していた人々が居住していたということである。そして、称名寺の境内、街路とその門前に居住している住人、馬牛と職人についてわざわざ租税を免除するとしていることは、馬牛が運搬、運送の主たる手段である当時、称名寺が物資の運搬、運送について特権を持っていたことを物語っている。

このような特権についての史料は、史料の蓋然性《がいぜん》もあるのであろうが、博多に於いては称名寺にしか見られない。従って、称名寺とその関係者のみが博多の中で運搬、運送について諸税を免除されるという特権を与えられていたことになる。博多は当時、日本最大の貿易港である。そして、称名寺は貿易船が接岸する博多の海岸に最も近い位置にあった寺院である。このような地理的位置にあった称名寺とその関係者が運搬、運送について特権を与えられていたのである。

称名寺は何故にこのような特権を持っていたのであろうか。また、称名寺が運送についてこのような特権を持つようになったのはいつ頃であろうか。天文四年（一五三五）の史料に「任先例被免除畢。」とあることから、天文四年より以前に遡ることは言うまでもない。称名寺とその関係者が馬牛についてこのような特権を持つようになったのはどのような理由からであろうか。運送や農耕の役用として使役されていた馬牛は、当然、ある程度の期間を過ぎると老齢化して使役に耐えなくなり、野山に捨てられるか、捨てられなくても屠殺されていたはずであり、また、病気、疾患で使役に耐えなくなった場合も捨てられたり、屠殺されていたはずである。鎌倉時代や南北朝時代頃、野山に捨てられたり、屠殺される馬牛の数は、馬牛が運送や農耕の中心的な役割を担っていたためにかなりの数であったのであろう。例えば、忍性が野山に捨てられた馬を救済するために鎌倉の極楽寺に馬病屋を建てたことは、そのような事情を物語っている。博多が商業都市としての機能を維持していくために多数の馬牛がいたということは、一方では、多数の捨てられた馬牛や遺棄される馬牛を引き取って、処分する、つまり、屠殺して解体することを生業とする人々がいなければならない事情を創り出す。屠殺して解体するような技術は誰にでもできるというような技術ではなく、特別な技術が必要である。また、馬牛の屠殺、解体は皮鞣《なめし》、膠《にかわ》の製造と一体となっていた職業である。

鎌倉時代や南北朝時代頃の博多の海岸や松原は墓地であり、療病者や死体の捨て場でもあった。博多日記に次のようなことが記してある。

一　或人ノ従女、去四日懸置頸ヲ見ニ行テ見程ニ、身毛ヨタチ覚ケルカ、ヤカテ労ヲ付ケリ、カヽル程ニ或僧一両人、彼家主許ニ行、対面シケル時、彼従女労シケルカ、ヲキアカリ、男ノ風情シテ、アフキ取ナヲシ、僧ニ向、色代シケリ、僧ヲ上ニ請シ、下ニ座シテ、カシコマリケル間、彼僧アヤシミテ、問云、何ナル人ニテ御座スルソト尋ケレハ、（中略）我カ息浜ヲ打出シ時、夜フクルマテ、酒ヲノミ、水ノホシク候シヲ、呑スシテ打出テ死テ候間、水カホシク候トテ、水ヲコヒ、小桶ノ二桶ノミケリ、又我ハシヤウコニテ候、酒ノミ候ハントテ、酒ヲ提ノ一提ノミケリ、水ヲノマスシテ死テ候シ間、我ニハ常ニ水ヲマツリテ給候、又後世ヲ訪テ給候ヘト、彼僧達ニ語申ケリ、其又弐日、僧申云、カヽル尫弱ノ女性ノ許ニ、御ワタリ候ハ、タカイ候ト申ケレハ、家ヲモタス候テ、如此候ト申ケレハ、家ヲツクリテマイラせ候ハント申テ、卒都婆ヲ作テ、松原ニ立ニ行ケレハ、御共可仕ト申テ、タフレフシテ、シハシアテ、ヲキアカリ、彼労サメ、又殊ニ漢字ヲカク時、我名ヲソトハニカヽレ候ハヌト申ケレハ、ヤカテ名字ヲソトハニカキテ立ケリ、[37]

博多日記は、ある人の従女、従女とあるから召使の女であろう、が四月四日、犬射馬場に梟された菊池一族の頸を見物に行ったところ、身の毛が立って、人の霊が乗り移った、と記している。長くなるので要点を述べると、僧達が、霊が乗り移った従女の家主の家に行って、その従女に対面したところ、従女に霊が乗り移り、霊は犬射馬場で打死した菊池武時の甥の左衛門三郎であると答えた。左衛門三郎の霊は僧達に鎮西探題を攻撃するために沖浜を出陣した前夜、遅くまで酒を呑んでいたので喉が渇いていたが、水を飲まないで討死をしてしまったので自分にはいつも水を供えて下さい。また、自分の後生を訪って下さいと語った。僧達が左衛門三郎の霊に、か弱い女性にどうして乗り移ったのか、このようなか弱い女性に乗り移ったのは間違っていると言うと、霊は、自分は住む家を持っていないのでやむを得ずこのようにしたと語ったので、僧達は霊が住む家を作ってあげようということで、卒塔婆を作り、松原に立てに行った、と記している。

博多日記の以上のような話の前段はともかくとして、後段は僧達が左衛門三郎の霊が住む卒塔婆を松原に立てに行ったことを記している。つまり、鎌倉時代は、松原は墓地であったことを記している。博多日記は博多で起きた出来事を記しているのであるから、ここに記してある松原は勿論、博多の松原である。第四章に於いて聖福寺之絵図について見たが、同絵図に聖福寺の蓮池と元寇防塁との間は松原が描かれているように、博多の海岸は松原である。当時の博多の海岸には松原が広がっていた。そして、博多日記はその松原が、鎌倉時代は墓地として使用されていたことを記している。

更に、博多日記は僧達が松原に左衛門三郎の卒塔婆を立てたことを記しているが、このことは左衛門三郎の霊の住む家、つまり、墓地を作った行為であり、埋葬の代償行為を行ったのである。また、左衛門三郎の霊の頼みに応じ、水を供えたり、左衛門三郎の霊が往生するように卒塔婆を立てていることは、死者の供養を行ったり、死者を往生させる行為である。つまり、博多日記は、ここに記されている僧達が合戦で打死した人の供養を行ったり、往生できない人々の供養を行ったり、博多の松原に身寄りのない人の埋葬を行っていることを記している。

このようなことを行っている僧達は言うまでもなく念仏系の僧であり、時衆の僧である。もう一つ、博多日記に記されている時衆の僧達は何故に犬射馬場に梟された菊池武時勢の左衛門三郎の霊に憑かれた見物の従女に係わったのであろうか。僧達は霊に憑かれた見物の従女の話を聞いて、この従女と全く関係がなかったにも係わらず、この従女の家主の所に行ったのであろうか。そうではないであろう。博多日記は従女と僧達との関係については具体的には何も触れていないので少し憶測となってしまうが、犬射馬場に梟された菊池武時勢の頸を見物していた従女と、時衆の僧達は同じ犬射馬場にいたという関係があったのであろう。僧達と従女とはそのような関係にあったからこそ、僧達は犬射馬場に梟された左衛門三郎の霊に憑かれた従女の家主を訪れたのではないのであろうか。つまり、僧達は犬射馬場にいて梟された菊池武時勢の頸の供養とその処理を行っていたのである。博多日記の従女についての記述は、時衆の僧達の犬射馬場に於けるこのような活動を浮かび上がらせている。時衆の僧達は犬射馬場に於いて梟された菊池武時勢の頸の供養とその処理等、様々の作業に従事していたのであり、また、犬射馬場は鎮西探題の役所の一つである侍所の管理下にある。つまり、こうしたことは鎮西探題が時衆の僧達に博多市中の都市機能や都市生活の維持のための業務を委任して行わせていることを物語っている。

もう少し称名寺や時衆の僧が梟された頸等に係わっている例を見てみよう。第三章　第三節に於いて、大内政弘の重臣相良正任の日記である正任記の次のような記述を見た。

十月三日　辛卯　天陰

一　仁保新左衛門尉弘名頸事、自一昨日朔至今日三ケ日、於土居道場称名寺門前被掛了、則於当寺可孝養之由、御懇被仰付、千疋被遣了、守護代奉行、

十九日　丁未　天晴

一　仁保十郎弘名事、依彦山座主頼有計略、(38)

文明十年十月、大内政弘は重臣の仁保弘名を斬り、その頸を称名寺の門前に一日から三日までの三箇日間、梟したことを記している。仁保弘名の頸が称名寺の門前に梟されているのは、博多市中で行われている処刑とその供養に時衆の僧達と称名寺が係わっていることに他ならないことを物語っている。

また、同じ時に送還されるためにたまたま博多に滞在した朝鮮の漂流民金非衣達が見聞したことが記されている。

金非乙介、姜茂。李正言、（中略）陸行二日至博多、聞大内殿与小二殿相戦、小二殿戦敗遁去、大内殿軍士散住諸家、一日見江上懸人首四、又一日梟首二、問之則曰、彼梟首者、乃小二殿人也(39)

大内政弘勢は、「一日見江上懸人首四、又一日梟首二、」と、一日目は少弐政資勢の首四を、次の日は更に首二を江上に梟した、とある。朝鮮の漂流民達は江上に梟された少弐政資勢の首を見物したことを記しているのである。少弐政資勢の首を梟した江上の江とは博多のどこの川のことであろうか。江とは一般的には河川、特に大きい河川を言う。博多を流れる大きな河川は那珂川である。従って、この江は那珂川のことを指している。大内政弘勢は討ち取った少弐政資勢の首を那珂川に梟しているのである。しかし、具体的には那珂川のどこに梟したのであろうか。勿論、那珂川に梟したとしていても、何もない那珂川の川面に梟したのではない。称名寺は金波山西岸寺といい、称名寺が那珂川に面していた寺であるために、それに由来してこのような寺号山号が付けられたであろうことは先に見た。また、後で見るように、宋希璟は老松堂日本行録に於いて「花柳満江寺」と、称名寺のことを江寺と詠んでいる。この江が那珂川であることは言うまでもない。称名寺の境内と那珂川とは一体となって美しい景観をしていたことを詠んでいるのである。称名寺の境内と那珂川とが一体となっているようなこのような在り方からすれば、大内政弘勢は討ち取った少弐政資勢の首を那珂川に梟したとしているが、その梟した場所は那珂川とはいえ、先に大内政弘が称名寺の門前に於いて仁保新左衛門尉弘名の頸を梟したことを見たが、この場所と無関係な場所ではないだろう。つまり、称名寺の境内と那珂川とが一体となっている場所であろう。そして、このことも処刑とその供養に称名寺と時衆が係わっていることに他ならないことを物語っている。

話を元に戻そう。博多区古門戸町二十八－二十九番は称名寺と大水道を越えた北側と元寇防塁との間の位置にある。従って、この地域は、鎌倉時代は松原であった地域である。平成四年、この地域でビル建設に伴う発掘が行われた。一二七平方メートルの狭い地域の発掘であったが、この地域からは鎌倉時代頃の二体分の土壙墓（十二世紀後半、十三世紀前半）と頭頂骨のみが発掘された。本来は土葬墓であったと推定される土壙（十二世紀後半）、一体分の木棺墓（十三世紀前半）である。また、それ以外に人骨が発見されなかった二つの土壙墓（十二世紀前半、時期不明）が発掘された。これらの土壙墓の副葬品は土師器皿、和泉型瓦器皿のみであり、通常の埋葬墓に多く見られるような輸入陶磁器は全く伴っておらず、普通の町衆の埋葬墓であることは考えられず、遺棄された療病者や死体を松原に埋葬した墓地であることを物語っている。また、この地域の砂丘面からは埋葬された痕跡がない低温で焼かれている頭頂骨（十二世紀後半）や、埋葬された痕跡のない右側頭部の断片のみの人骨（時期不明）も発掘された。[40]

これについて大庭康時氏は「埋葬行為を行わない葬送すなわち、野辺の送りを済ませた遺体放置と考えることもできる。[41]」と説明しているが、前者の焼かれている頭頂骨はともかくとして、後者は一々野辺の送り等の葬送を行わずに、松原に放置、遺棄されていた野捨ての死体の人骨であろう。

昭和六十三年から平成元年にかけて、綱場町八番二五の発掘が行われた。同地は古門戸町二十八－二十九番より三六〇メートル程東南東側になり、博多小学校内から発見された元寇防塁の遺構から昭和通りを隔てた南側の地域であり、鎌倉時代は松原であったと推定される地域である。この地域の砂丘面から、鎌倉時代の十二世紀後半の木棺に埋葬された人骨二体が発掘された。いずれも木棺は朽腐してなくなっていたが、鉄釘が出土しているので木棺で埋葬されていることが分かる。そのうちの一体の右足の内側からは二体分の頭骨片が発掘された。木棺で埋葬された人骨と別の人骨であり、木棺で埋葬された人骨と別に埋葬されていた人骨であろう。更に鎌倉時代より前になるが、十一世紀の人骨であると推定される、うつ伏せになって、両手を胸の前で組むようにして、身体を伸ばして倒れていた人骨が発掘された。遺体に副葬品はなく、釘もなく、土壙の痕跡もなかったとある。[42]従って、この人骨は埋葬された痕跡はなく、行き倒れか、遺棄された野捨ての死体の状態を推定させた。この人骨の状況からも、先の古門戸町の人骨は野辺の送りを済ませた遺体放置ではなく、野捨てされて遺棄された死体や療病者の遺体と考えた方が妥当であろう。

以上のように博多日記や古門戸町、綱場町の発掘から分かるように、鎌倉時代頃や南北朝期の博多の海岸は松原であり、その松原は墓地であり、遺棄された療病者や死体の捨て場でもあった。そのような場所で遺棄された療病者や死体の処理をしたり、埋葬をし、供養していた人々がいた。鎌倉時代の後半頃から、そのような人々の中に博多日記に記されているような僧達が現われ、また、それらの僧に従っていた人々がいた。これらの僧達は時衆の僧であり、また、それらの僧達に従っていた時衆の人々である。

そして、当然のことであるが、海岸の松原はこのような場所であるが故に、馬牛の捨て場でもあったのである。そのために博多の海岸には必然的に馬牛の解体や捨てられた死者の処理を専門的に行う人々が、生活する場所とその組織を創っていたのであろう。馬牛の解体や捨てられた死者の処理行為は殺生であるために動物や死者の葬送行為を伴う。当時、捨てられた動物や死者の葬送行為に念仏して丁重な供養を行ったのが時衆の人々である。殺生である馬牛の解体、処理や死者の処理を職業とするような人々と時衆の人々とはそうした関係から結び付いたのであろう。その結果、博多の海岸の近くに時衆の人々が中心となって道場が創建され、その道場が称名寺である。また、先に記した筑前国続風土記拾遺の光泉寺についての記述の中には地蔵堂があったことが記されている。地蔵菩薩像は死者の霊を弔うために墓地やその入り口に建てられることもある。光泉寺は称名寺の官内である。称名寺の官内に地蔵堂が建てられていたことは、称名寺とその官内と墓地であった博多の松原との以上のような関係を証明している。

また、馬牛の解体、処理を行う人々は当然のことであるが、馬牛の飼育と使役も行ったであろう。つまり、馬牛の解体、処理を行う人々、死者の処理を行う人々、それらの供養を行う時衆の人々は称名寺の境内やそれと一体となった場所に住み着き、これが「博多津土居道場同官内両門前東西」と記された地域であろう。称名寺の境内と官内とその門前はこのような職業の人々が馬牛とともに居住している区域であるために、これらの人々と馬牛は、諸公役を免除する特権が与えられていたのである。

称名寺が捨てられた馬牛の救済だけでなく、療病者、貧窮者、乞食人等の慈善救済を行っていたことは次のようなことが証明している。筑前国続風土記拾遺は光泉寺の境内には先に見た地蔵堂だけでなく、文殊堂があったことも記している。叡尊、忍性が文殊信仰に基づいて慈善救済事業を行ったことについては、既に松尾剛次氏の研究があるので、文殊信仰と慈善救済事業との関係については、同氏の研究を参考にさせて戴く。光泉寺の境内に文殊堂があったことは、称名寺に於いて文殊信仰が行われていた。つまり、称名寺に於いて療病者、貧窮者、乞食人等の慈善救済活動が行われていたことを証明している(43)。

第三章　第二節に於いて、山田聖栄自記が、島津氏久が十七歳の時、観応二年九月二十日、将軍方と宮方が合戦をした時、氏久は将軍方として戦って負傷し、博多の土居道場、つまり称名寺で養生した、と記していたことを見た。島津氏久が称名寺で負傷の療養を行っていることは、たまたま同寺に滞在したのではなく、同寺が薩摩の島津氏や酒匂氏が後援している時衆の寺院であり、また、称名寺が負傷者や病者の治療を行い、博多のみならず九州に於いて治療行為の中心が称名寺であり、同寺の治療行為の技術の評判が高かったことを証明している。また、時衆の僧侶が治療を行っていたことを証明している。

鎌倉の極楽寺と鎌倉の海岸の殺生禁断の管理権について少し見てみよう。極楽寺と鎌倉の海岸の殺生禁断の管理権については、これについても既に松尾剛次氏の研究があるので、以下、同氏の研究を使用させてもらう。鎌倉の海岸に於いて屠殺、漁等の殺生を行うことについて、それを許可する権限、つまり、殺生禁断の管理権は忍性以来、極楽寺に与えられていた。足利尊氏が極楽寺に殺生禁断の管理の特権を与えていたことは良く知られている。殺生禁断権の管理（管領）権を与えられた極楽寺は、認められた者だけに鎌倉の海岸に於いて屠殺、漁等の殺生を許可した。つまり、極楽寺は鎌倉の海岸に於いて、一般の人々が屠殺や漁等の殺生行為を行うことを禁止して、許可された人々だけが殺生を行うことができるようにしていた。極楽寺は鎌倉の海岸に於いて屠殺、漁等を職業とする人々に特権を与えていたのであり、その人々達だけがそのような職業に従事することができる特権を与えていたのである。殺生禁断を許可された者はその代わりに一定の金品を極楽寺に納めた。鎌倉の海岸に於いて、殺生禁断の管理者であった極楽寺と屠殺、漁等の殺生を職業とする人々とは以上のような関係にあった。

また、鎌倉の材木座の海岸に往阿弥陀仏が港湾施設として築いた和賀江島があり、和賀江島に面した海岸に浄土宗の光明寺がある。光明寺は日向延岡藩の藩主内藤家の菩提寺としても知られており、鎌倉の寺院の中でも最大の伽藍を誇っている大寺である。その光明寺の境内には、元々は極楽寺の末寺である万福寺があったという。極楽寺は忍性以来、鎌倉の和賀江島の荷役等の管理、維持についても特権を持っていたが、万福寺は極楽寺が和賀江島の管理、維持のために和賀江島の前に置いた寺院であり、和賀江島の実際の管理、維持は万福寺が行っていた。以上が極楽寺と鎌倉の海岸の殺生禁断の管理権の内容である。(44)

称名寺は博多の海岸の殺生禁断権の管理について、鎌倉の海岸に於ける極楽寺やその末寺の万福寺と同じような役割と権限を持っていたことが推定される。土居道場同官内両門前の「在家諸職人牛馬以下」が諸公役事を免除されているということは、称名寺とその官内とその門前の人々、諸職人（これは主として時衆の人々である）が博多の港湾としての役割をしていた海岸についても、管理権と同等に近い権利を持っていたことを窺わせる。称名寺やその官内とその門前の人々、諸職人、馬牛について、博多に於いて馬牛が最も重要な運搬、運送の手段である時、その馬牛に課す諸税を免除すること、それだけでなく、その運搬、運送に携わっている人々の諸税も免除することは、称名寺とその官内とその門前の人々、諸職人は博多の市中の運搬、運送を他の業者よりもはるかに有利に営業する権利を認められていることであり、尚且、称名寺は海岸に近い位置にあるという利点から、称名寺とその官内、その門前の人々、諸職人は博多の港湾の中心である海岸での運搬、運送を独占的に営業する権利を認められているも同然の状況であったことを物語っている。鎌倉に於いて極楽寺、万福寺が和賀江島の管理、維持を独占していた権限程ではなくとも、それとほぼ同様に、称名寺とその官内、その門前の人々、諸職人も博多の港湾の役割をしていた海岸や市中に於いて運搬、運送に特権を与えられて営業を行っていたのである。

称名寺とその官内、その門前の人々、諸職人が博多に於いてこのような権限を獲得したのは、称名寺とその官内、その門前の人々、諸職人が博多の海岸部に於いて、捨てられた馬牛、海岸に捨てられた療病者、貧窮者、乞食人や捨てられた死体について、丁重な供養と葬送、施療等の慈善救済活動を行っていたため、その代償として海岸部の管理権的な権限が与えられ、また、それらと合わせて、馬牛を屠殺したり、解体処分したり、また、それに関連する皮鞣《なめし》、膠の製造等の職業に従事していた代償として馬牛の使役について特権を与えられたのであろう。博多は当時、日本最大の貿易港である。その博多に於いて運搬、運送について諸税を免除されるという特権を与えられていた称名寺と時衆の利権は極めて大きなものであったろうことが想像される。

そして、称名寺とその官内、その門前の地域の人々の博多に於けるこのような特権は時衆の活動に基づいて与えられた特権であるから、称名寺とその官内、その門前の地域の人々がこのような特権を持つようになったのは、称名寺と時衆の活動が博多の都市活動に於いて必要不可欠となった時期である。その時期は鎌倉幕府、鎮西探題による博多の都市構築が行われ、博多が都市として発展を始めた頃からであろう。鎌倉幕府が極楽寺の忍性に鎌倉の海岸の殺生禁断の管理権を与えたり、鎌倉の港湾である和賀江島の管理権を与えたのは、鎌倉幕府が鎌倉の下層民救済政策として極楽寺の忍性を通して鎌倉の都市周辺の職能民の組織を利用した代償であるという。鎌倉幕府、鎮西探題は鎌倉と同様に、博多に於いては都市の下層民対策として称名寺とその官内、その門前の住民、時衆、諸職人の組織を利用し、慈善救済活動を行わせ、その代償として称名寺、その官内、その門前の住民、時衆、諸職人に先に見てきたような特権を与えたのである。

ついでにもう少し称名寺について見てみよう。応永二十四年（一四二〇）、応永の外寇が起きたため、幕府は博多妙楽寺の無涯亮倪、平方吉久を朝鮮に派遣した。朝鮮ではその翌年、回礼使として宋希璟を日本に派遣してきた。その宋希璟が老松堂日本行録に、先に「寺在閭閻中」を引用した箇所であるが、博多に滞在した時のことを記している件《くだり》である。

戯題念仏寺

寺在閭閻中　仏殿内僧尼分左右而宿

花柳満江寺　青紅各自春　外看雖異態　生意一時新(45)

宋希璟が「戯題」と戯れに記した詩ですとして、念仏寺について詠んでいる。念仏寺とは称名寺のことである。称名寺のことを「花柳満江寺」と、江寺と称している。称名寺のことを江寺と称しているのは、同寺が那珂川の辺にあったことに由来していることによることは先に見た。紅い花や緑の柳が色彩鮮やかな自然の美しさに溢れた称名寺の様子を詠んでいるのである。

時衆は遊行にあたって、僧衆と尼衆とが同時に行動、生活するために、一遍の布教当時から性の乱れがあると批判されていた。

川添昭二氏は博多の称名寺について、このような性の乱れについて、「『尼法師のあひだみだりがはしき』問題を、他の時宗教団同様にかかえていたものなのかどうか。史料はない(46)。」、「称名寺にそのような問題があったかどうかは分からない(47)。」と、博多の称名寺についてはそのような史料はない、分からない、と説明している。

宋希璟が称名寺について「花柳満江寺」と、称名寺には自然の美しさが溢れていると、称名寺の景観の美しさを詠んでいる句を今一度気を付けて見てみよう。花柳とは紅い花と緑の柳と自然の美しさを表現している言葉だけの意味であろうか。言うまでもなく、花柳にはそれと別の意味があるのである。花柳とは遊里、廓、即ち、男と女が性の営みを行う淫らな場所のことを言うのである。宋希璟が称名寺のことを「花柳満江寺」と詠んでいるのは、何も称名寺に自然の美しさが満ちていることだけを詠っているのではない。「花柳」という言葉に引っ懸けて、称名寺の性の乱れや、僧衆と尼衆とが性の享楽に耽っていること、しかもそれが満ちていること、つまり盛んであることを揶揄しながら詠っているのである。称名寺の同じ仏殿の内で僧衆と尼衆が同宿し、それらの人々は仏殿の内で左右に分かれて宿泊するといっても、同じ仏殿の内で僧尼が過ごしておれば当然、生じてくる男女の性の乱れを揶揄しているのである。念仏寺、即ち、称名寺についての真面目な詩であれば、わざわざ戯題、つまり、戯れの詩ですよ、というような表現はしない。

更に「青紅各自春　外看雖異態　生意一時新」も、男女の性の営みについて詠んでいる句である。口にするのも憚られるが、学問上のことであるからお許しを願う。これらの句には裏の意味がある。「青紅各自春」の青紅の青は男であり、紅は女を指しており、春とは男女が性の営みを行うことである。つまり、男女がとりわけ性の営みに励んでいる、という意味を裏で表現しているのである。「外看雖異態」は、人間の男女と自然の生物の雌雄が性の営みを行うことは、それぞれ外見は異なっているが、「生意一時新」と、生きる活力が一斉に爆発するように新しく生じますなあ、という意味である。

宋希璟が含み笑いをしている表情が浮かぶではないか。宋希璟は博多の称名寺に於いて男女の性の乱れがあり、巷《ちまた》にとかくの噂があることを知っていたために以上のような詩を詠ったのである。博多の称名寺の性の乱れが朝鮮の宋希璟の耳に達していたほどであるから、称名寺の性の乱れの実情は推して知るべしであったのであろう。川添昭二氏は称名寺について、男女の性の乱れを指摘するような史料は全くない、分からない、としているが、それは川添昭二氏が宋希璟の詠んでいる詩の意味を理解されていないだけであり、事実は以上のようにちゃんと存在している。

第三節　大乗寺と鎮西探題金沢実政

（一）神宮寺の文殊菩薩騎獅像について

櫛田神社が面した通りに櫛田神社の北側に隣り合って存在していたのが大乗寺である。大乗寺について見てみる前に、大乗寺と同じ西大寺律教団の寺院であった神宮寺と、そこに伝えられている文殊菩薩騎獅像について見てみよう。それらが大乗寺の成立と役割を明らかにする手懸りになるからである。西大寺末寺帳の筑前国の項には西大寺の末寺である大乗寺以下五箇寺が記されている。(48)

筑前国
大乗寺《転田（博多）》　最福寺《宰府》
安養院　神宮寺《田村》
長福寺《江セ》

五箇寺の中に記されている「神宮寺《田村》」は福岡市西区大字飯盛に在る飯盛神社の神宮寺であった寺院である。
筑前国続風土記拾遺は神宮寺について次のように記している。

神宮寺
本社の南二町余山間に在。閑寂の地なり。飯盛山真教院と号す。天台宗比叡山正覚院の末なり。昔ハ真言律にして、門下の寺七ヶ寺あり。（中略）伏見院永仁六年因幡次郎左衛門尉康成といふ人当寺を開基せり。其由来を本尊文殊菩薩の心木に記文ありて詳なり。
（中略）昔の本尊は釈迦文殊　観音なりしとかや。今は文殊仏の像のミあり。此仏体巨像にして古作也。心木記文曰。（中略）近世は文殊堂のミわつかに本社の側に古の神宮寺ハ本社の西南側近に其址有。寛文のころ今の所に移せり。残りて有しなり。(49)

神宮寺は元々飯盛神社の西南の傍らにあったが、寛文の頃、その場所から移されたと記している。筑前国続風土記附録は飯盛神社の西南の位置に神宮寺とその側に文殊堂を描いているが、現在、神宮寺は廃寺となっており、文殊堂が残っているだけである。その文殊堂には筑前国続風土記拾遺が記している大型の文殊菩薩騎獅像が祀られている。文殊菩薩騎獅像は筑前国続風土記拾遺が「此仏体巨像にして古作也。」と記しているように、獅子像を含めると二・一メートルを超す大きさであり、文殊菩薩坐像は後世の修理により本来の美しさが少し損なわれているが、それでもよく見ると気品があり、獅子像は力強く、極めて優品である。昭和五十三年、福岡市の文化財に指定されている。そして、筑前国続風土記拾遺が記しているように文殊菩薩騎獅像の心木には「飯盛山開闢鎮座智恵大聖文殊像一体。」以下の銘文が記され、神宮寺が開闢した時に製作が始まった文殊菩薩騎獅像の由来を記していた。現在、心木の銘文は江戸時代以来行われてきた修理のために消失してしまっている。しかし、幸いにも筑前国続風土記拾遺、児玉韞採集文書、太宰管内志に収録されているので、それらによって知ることができる。また、文殊菩薩坐像の胎内には墨書されている銘文があり、文殊菩薩坐像の製作の由来を記している。折角の機会であるから、文殊菩薩騎獅像と心木の銘文、文殊菩薩坐像の胎内銘文について見てみよう。

心木の銘文には「永仁六年八月五日奉作始之。仏師播磨坊実名実阿弥此時大檀那当寺本願因幡次郎左衛門尉康成。」とあり、文殊菩薩騎獅像は永仁六年（一二九八）八月五日に製作を始めたとある。また、文殊菩薩坐像の胎内銘文は八尋和泉氏が記されているので、それを引用させて戴く。(50) それによれば、上部に種子が墨書され、その下部に次のことが墨書されている。

梵字（真言）

□□浄戒上人之時造立
　仏師堪幸法印
　　元弘三年癸酉
　　九月廿日造始
了融観一上人之時塗之
　塗師源兵衛尉政貞
　　暦応三年庚辰
　　八月六日塗始

この文殊菩薩坐像の胎内銘文は「元弘三年癸酉九月廿日造始」と元弘三年（一三三三）九月二十日造り始めとし、先に見た心木の銘文が永仁六年八月五日造り始めたと記しているのと三十五年のズレがあり、一致していない。また、心木の銘文が仏師を播磨坊実名実阿弥と記しているのに対し、文殊菩薩坐像の胎内銘文は仏師を堪幸法印と記している。この造り始めの年月日の違いと仏師の違いは何を物語っているのであろうか。まず、製作の年月日の違いについて見てみよう。

両者の日付が出鱈目に記されたりすることはあり得ないから、どちらも正しいことになる。心木と文殊菩薩坐像が同時に作製されたとすれば、両者の造り始めの日付は一致しなければならない。両者の日付がどちらも正しく、銘文の造り始めの年月日が違うということは、心木と文殊菩薩薩坐像とが別々に作製されていることを物語っている。勿論、心木だけが単独で作製されるということはあり得ないことであるから、心木が関係している部分が文殊菩薩坐像と別に作製されているということである。

心木の銘文によれば文殊菩薩騎獅像の製作が始まったのは永仁六年八月五日である。この時の仏師は播磨房実阿弥であり、檀那は因幡次郎左衛門尉康成である。そして、仏師京都東寺大工源兵衛尉政貞が文殊菩薩騎獅像を塗ったのが暦応三年（一三四〇）八月七日から九月二十九日である。文殊菩薩騎獅像の塗りが終る前の暦応三年九月二十五日には、長老が出席して文殊菩薩騎獅像の水精開眼が行われている。文殊菩薩騎獅像は文殊菩薩坐像と獅子像との組み合わせであり、胎内銘文ではこれらの作業の前の元弘三年九月二十日から文殊菩薩坐像の製作が始められているから、文殊菩薩騎獅像全体の製作が本格的に始まったのはこの時期からであろう。文殊菩薩騎獅像の製作を始めた永仁六年から三十五年間の長い期間を経過しており、文殊菩薩騎獅像の製作の期間としては長過ぎる。文殊菩薩騎獅像の製作の檀那は因幡次郎左衛門尉康成から因幡四郎永康に変わっている。この時点では神宮寺の長老も開山から三世目の了融観一房と変わっている。永仁六年八月五日から製作が始まった文殊菩薩騎獅像は何らかの事情があって中断していたことを物語っている。

　現在の文殊菩薩坐像は永仁六年から製作が始められたものではなく、胎内の銘文に記されているように新たに元弘三年九月二十日、浄戒上人によって製作が始められた文殊菩薩坐像である。浄戒上人はどのような人物であるかというと、胎内の銘文に塗りを始めたことを記されているのが神宮寺の長老了融観一房であるから、胎内の銘文のその前に造り始めたことを記されている浄戒上人も神宮寺の長老である。また、心木の銘文には神宮寺の開山であった長老は「同（康永元年）七月七日当寺開山十三廻追忌也開眼」と記され、康永元年が十三回忌であるから、開山の没年は元徳二年（一三三〇）となり、元弘三年の三年前に歿しているから、浄戒上人はその次の二世長老ということになる。つまり、胎内の銘文は、現在の文殊菩薩坐像が開山の長老によって永仁六年から造り始められた文殊菩薩騎獅像の文殊菩薩坐像ではなく、新たに元弘三年から神宮寺の二世長老の浄戒上人によって造り始められ、三世長老の了融観一房の時、塗りが始められて完成した文殊菩薩坐像であることを記している。

　但し、新たに元弘三年から造られたのは文殊菩薩坐像だけであり、心木の銘文は永仁六年から始められた文殊菩薩騎獅像全体の由来を説明していることから、蓮華台と獅子像は心木の銘文のとおり永仁六年の当初から製作されていたものである。心木の銘文は永仁六年から始められた文殊菩薩騎獅像全体の由来を説明しているのであり、文殊菩薩坐像の胎内の銘文はその三十五年後の元弘三年から新たに製作が始められた文殊菩薩坐像の由来だけを記している。現在の文殊菩薩騎獅像は蓮華台・獅子像の上に乗せるべき文殊菩薩坐像が何らかの事情で製作されていなかったか、無くなってしまっていたために三十五年後、新しく文殊菩薩坐像を製作し、元々製作していた蓮華台・獅子像と繋ぎ合わせた像である。

文殊菩薩騎獅像について以上のように見てくると、文殊菩薩坐像を作製した仏師が堪幸であり、その造り始めが元弘三年九月二十日であり、蓮華台・獅子像として残っている部分を製作した仏師が播磨房実阿弥であり、その造り始めが永仁六年八月五日である。文殊菩薩騎獅像の心木の銘文と文殊菩薩坐像の胎内銘文に二人の別々の仏師が記され、造り始めの時期が違っている謎は以上のような製作の由来からである。

また、京都東寺の大工源兵衛尉政貞が文殊菩薩坐像を塗り始めたのが胎内銘文では暦応三年八月六日であり、文殊菩薩騎獅像を塗り始めたのが心木の銘文ではその翌日の暦応三年八月七日となっている。源兵衛尉政貞が両者の塗り始めを一日違いで始めていることは、この時点で胎内銘文のある文殊菩薩坐像と心木の銘文のある蓮華台・獅子像が同じ工房にともに安置されて、一体化されて、塗りが行われていることを物語っている。一人の仏師が別々の離れた場所に置かれている文殊菩薩坐像と蓮華台・獅子像を同時進行で塗って行くというような作業はあり得ないからである。そして、源兵衛尉政貞が文殊菩薩坐像と蓮華台・獅子像の両方に同時に塗師として係わっていることは源兵衛尉政貞と文殊菩薩坐像を製作している堪幸と蓮華台・獅子像を製作している播磨房実阿弥は全く無関係な仏師ではないことを物語っている。源兵衛尉政貞が文殊菩薩坐像と蓮華台・獅子像を一体として塗りを行っているということは、これらが同じ工房で製作されていたことを物語っている。従って、播磨房実阿弥と堪幸が製作活動している時期にズレがあるかもしれないが、源兵衛尉政貞、堪幸、播磨房実阿弥の三人は同じ工房の大工、仏師であったことになる。

源兵衛尉政貞が暦応三年（一三四〇）九月二十九日に塗り終って、絵師規矩大工治部房良心達が康永元年（一三四二）六月八日から彩色を始める。彩色は豊前国の規矩の大工治部房良心達が行っているから、博多、もしくは神宮寺といった地元で行われている。文殊菩薩騎獅像が塗りを終えてから彩色を始めるまで一年八箇月ある。この期間が特に作業もなく空白となっているのは文殊菩薩騎獅像の輸送に費やした期間があるためであろう。つまり、文殊菩薩騎獅像は博多、もしくは神宮寺といった地元で製作されていたのではなく、博多、もしくは神宮寺まで一年八箇月に近い日数か、かなりの日数を掛けて輸送しなければならなかった距離の所にあったということである。このことも文殊菩薩騎獅像が京都の工房で製作されていたことを物語っている。従って、源兵衛尉政貞は京都東寺の大工と記されているので言うまでもないが、堪幸、播磨房実阿弥は源兵衛尉政貞と同じ京都の仏師である。勿論、堪幸はその堪の字を称している名前と京都の仏師であることから運慶、快慶に連なる慶派の流れを汲む仏師である。

文殊菩薩騎獅像の文殊菩薩坐像を作製した仏師が堪幸であり、蓮華台・獅子像として残っている部分を製作した仏師が播磨房実阿弥であり、両者が別々に製作されていることは文殊菩薩坐像と蓮華台・獅子像の在り方からも良く分かる。上に載っている文殊菩薩坐像と獅子像をよく見てみると、獅子像はかなり大きく、文殊菩薩坐像はそれに対して小さくバランスが取れていない感じがする。もう少し細かく見てみると、文殊菩薩坐像だけが小さく、文殊菩薩坐像の下の蓮華台は文殊菩薩坐像に対して大き過ぎるが、獅子像の大きさとはバランスが合っている。文殊菩薩坐像の高さは七四・三センチであり、蓮華台の高さは四八センチである。蓮華台の高さは文殊菩薩坐像の高さに対して、像の半分を超える高さとなっている。文殊菩薩坐像に対して蓮華台が少し大きい感じがする。蓮華台の大きさからしたらその上に載っている文殊菩薩坐像はもう少し大きい方が、バランスが良いような感じがする。つまり、文殊菩薩坐像とそれから下の蓮華台・獅子像とがバランスが合っていない。文殊菩薩坐像とそれから下の蓮華台・獅子像が一体として同時に作製されていたのであれば、このような違和感はなく、全体のバランスが合った像となっていたはずである。文殊菩薩坐像と蓮華台・獅子像とがこのように少しアンバランスであることからも、文殊菩薩坐像と蓮華台・獅子像が別々に製作されたものであることを物語っている。

現在、文殊菩薩騎獅像は光背を失くしているが、光背部分を加えた像高は二七六センチ（九尺二寸）程であったと推定される。叡尊の十三回忌の供養として弟子達が製作したという西大寺の文殊菩薩騎獅像は、西大寺の御教示によれば、獅子像の高さ一五七センチ、文殊菩薩像の高さ八二センチ、獅子像の足下から光背の天辺までの高さ三〇七センチ程であるという。この像より少し小振りであるが、この像に準ずる大きさの像となる。文殊菩薩騎獅像が光背を失くしてしまっているのは残念であるが、いずれにしても、本像は極めて巨大で優品である。

尚、八尋和泉氏は神宮寺の文殊菩薩騎獅像について研究され、神宮寺の文殊菩薩騎獅像の心木銘文と胎内銘文の造り始めの年月日の違いについて「永仁六年所願の木造騎獅文殊像は仏師実阿弥によって一度完成されたが、なんらかの事情で、文殊像と蓮華座を再造することになり、それが堪幸の工房に発注されたのではないかと考えている。」(51) と述べられ、文殊菩薩坐像と蓮華台とが再造と捉えられているが、先に説明したように、文殊菩薩坐像とそれに対する下の蓮華台・獅子像の大きさの違い、バランスの違い、心木の位置から、文殊菩薩坐像だけが下の蓮華台・獅子像と別に作製されている。蓮華台の大きさは獅子像とバランスが合っており、それから下の蓮華台・獅子像は一体であり、本来のままである。八尋和泉氏が指摘されているように文殊菩薩坐像と蓮華台が一体で作製されて、獅子像だけがそれと別に作製されているということではない。

また、八尋和泉氏は永仁六年八月五日から造り始められた文殊菩薩騎獅像は「仏師実阿弥によって一度完成された」としているが、文殊菩薩騎獅像の塗りは堪幸が文殊菩薩坐像の製作が始めた元弘三年九月二十日より後の暦応三年八月七日から京都東寺の大工源兵衛尉政貞が始めている。彩色もその後の康永元年六月八日から絵師規矩大工治部房良心達が始めている。これら塗りと彩色は文殊菩薩坐像を再造したために補修として行っている二度目の塗りと彩色ではなく、初度の製作として行っている作業である。このような文殊菩薩騎獅像の製作作業の在り方から、同像が完成していたと見ることはできない。心木の銘文にも文殊菩薩騎獅像が一度完成していたとするようなことが窺われる記述はない。文殊菩薩騎獅像は八尋和泉氏が指摘されているように一度完成していたのではなく、製作を中断していたとするのが妥当である。

（二）大乗寺の成立と鎮西探題金沢実政

大乗寺の創建について見てみよう。大乗寺の創建を明らかにする鍵の一つは神宮寺の創建である。それでまず神宮寺の創建の時期を確認しておく。神宮寺の文殊菩薩騎獅像の心木の銘文には

「同（康永元年）七月七日当寺開山十三廻追忌也開眼供養平座曼陀羅供導師博多大乗寺長老暁海信証上人請五ヶ寺僧同十五日奉安置本尊畢。寺住僧朝春禅信房、了融親（観）一房当寺長老琳幸」、

「右現当二世悉地円満所造立如件。康永元年壬午七月廿五記畢。求法沙門衆首了融記之。」

とあり、文殊菩薩騎獅像が完成した時の神宮寺の長老は了融観一房であり、心木の銘文は康永元年（一三四二）七月二十五日に、了融観一房が記したとしている。西大寺光明真言会過去帳には神宮寺の僧として良法房を始めとして、念観房、観一房と記されており、元徳二年（一三三〇）に歿したと記されている開山は良法房である。念観房は先に見たように文殊菩薩坐像を造り始めた二世長老の浄戒上人である。了融観一房は神宮寺の三世の長老である。

心木の銘文には

「飯盛山開闢鎮座智恵大聖文殊像一体。永仁六年八月五日奉作始之。仏師播磨坊実名実阿弥此時大檀那当寺本願

因幡次郎左衛門尉康成。」

とある。神宮寺の開闢の時に製作を始めた文殊菩薩騎獅像製作の始めは永仁六年八月五日とあることから、神宮寺の創建は永仁六年となり、神宮寺を創建したのは文殊菩薩騎獅像製作の檀那でもある因幡次郎左衛門尉康成である。

　ところで、飯盛神社の江戸時代に写されている古文書であるが、神宮寺が創建された永仁六年よりも以前の文永八年（一二六八）四月二十七日付の正月元三次第注文に「一　神宮寺分馬場之畠ヨリ　三斗」、同年月日付の社領坪付に「神宮寺修理料田　二町国免、在富永郷彌武名、」、「神宮寺修正田　一段　宮師行増」とあり、神宮寺とその田地が記載されている。[52] 古文書は江戸時代の終り頃に写されたものであるが、記載されている内容は信用できる。心木の銘文は、神宮寺は永仁六年の創建であると記しているが、それよりも前の文永八年の古文書に神宮寺についてのことが記され、永仁六年より前に既に神宮寺が在ったことが記されている。

　このことはどういうことであるかと言えば、因幡次郎左衛門尉康成が良法房を開山として神宮寺を創建したのは永仁六年であるが、因幡次郎左衛門尉康成がこの時、神宮寺を創建したのは、全く新しく寺院を創建したのではなく、それ以前から飯盛神社の神宮寺（普通名詞）として神宮寺（固有名詞）が存在していた。その神宮寺を西大寺律の寺院として再創建したということである。鎌倉の極楽寺は元々念仏系の寺院であったが、忍性が入って西大寺律の拠点となった。武蔵国金沢の称名寺も元々念仏系の寺院であったが、審海が招かれて西大寺律の寺となった。西大寺律がこのようにして教団を拡大していった方法については松尾剛次氏が既に指摘されている。[53] 西大寺律のこれと同じような方法が神宮寺にも見られ、神宮寺は再創建で西大寺律の寺院となっている。

　尚、八尋和泉氏は永仁六年に創建されたとする神宮寺について、飯盛神社の古文書がそれより以前の文永八年四月二十七日の正月元三次第注文や社領坪付に既に神宮寺について記していることについて、「『拾遺』や

『太宰管内志』が、文永八年（一二七一）の飯盛社領坪付にみえる神宮寺修理料田や同修正田のことを引き、あるいは当神宮寺の開基は、文永年間（一二六四－一二七四）に起って永仁年中（一二九三－一二九八）に至って漸く成就したものであろうということを述べていることも、ほぼ首肯できる。[54]」と、筑前国続風土記拾遺や太宰管内志がそれを引用して、神宮寺の開基は文永年間に始まって永仁年中になって成就した、としている説明を首肯できるとして賛同し、そのまま受け入れられているが、これは筑前国続風土記拾遺や太宰管内志が、西大寺律が教団の拡大方法として既にあった寺院を西大寺律の寺院として新たに成立、復興させていくという方法を採っていることに気が付かず、適当に説明しているだけである。つまり、既にあった神宮寺を西大寺律の教団の神宮寺として新たに成立させた西大寺律の教団の方法を理解していないために適当に説明しているだけである。それを八尋和泉氏が首肯できるとして賛同しているのは、同氏も西大寺律宗の教団拡大の方法と、その一つとして神宮寺が再創建されていることを理解されていないということである。

心木の銘文は「開眼供養平座曼陀羅供導師博多大乗寺長老暁海信証上人請五ヶ寺僧」と神宮寺の文殊菩薩像の開眼供養の導師を博多の大乗寺の長老暁海信証上人が勤めていることを記している。大乗寺の長老暁海信証上人が大乗寺と同じ西大寺律の末寺である神宮寺の文殊菩薩像の開眼供養の導師を勤めていることは、大乗寺が神宮寺等西大寺末寺帳の筑前国の項に記されていた末寺に対して指導的立場にあったことを物語っている。このことは大乗寺が博多にあって筑前国に於ける西大寺律教団の布教の拠点としての役割を担っていた寺院であり、西大寺律教団は博多の大乗寺を拠点として教団の拡大を行っていたことを物語っている。そして、その一環として神宮寺が創建されたのである。筑前国の大乗寺と神宮寺、その他の西大寺末寺との関係をこのように見てみると、大乗寺の創建は博多に於ける西大寺律教団の活動の始めであり、大乗寺の創建は神宮寺の創建以前となり、大乗寺は神宮寺が成立した永仁六年以前に創建されていたことになる。

西大寺光明真言会過去帳には大乗寺の僧として、神宮寺の文殊菩薩騎獅像の開眼の導師を行った博多大乗寺長老暁海信証上人まで、林証房、願証房、信証房の三人が記されている。林証房について、松尾剛次氏は西大寺光明真言会過去帳には徳治二年（一三〇七）に死去した桂宮院長老中観房と正和四年（一三一五）に死去した極楽寺長老円真との間に記載されているので、一三〇七年から一三一五年の間に死去したのであろうとされ、また、西大寺光明真言会過去帳には林証房が大乗寺の僧として最初に記載されているので、林証房が大乗寺の開山であったかも知れないとし、従って、林証房の死去以前に大乗寺は成立していた、としている。[55] 松尾剛次氏が指摘されているとおりである。大乗寺の開山は林証房である。その林証房が死去しているのは一三〇七年から一三一五年の間であるから、大乗寺の開山の時期はそれ以前である。また、神宮寺の開山の時期から大乗寺の開山の時期は永仁六年以前となる。しかし、神宮寺の文殊菩薩騎獅像が完成した時期までの長老は神宮寺の長老も開山の良法房から観一房まで三世であり、大乗寺の長老も林証房から観一房と同じ時期の信証房まで同じく三世であることから、大乗寺の開山の時期は神宮寺が開山した永仁六年をそれほど遡ることはない。

別の面から大乗寺の成立について見てみよう。大乗寺の位置について確認しておくと、第一章　第一節（二）で明らかにしたように、大乗寺は鎮西探題の館を中心として、櫛田神社、犬射馬場、奥堂屋敷とともに博多の中枢部を構成し、鎮西探題の館の周りに防禦施設の役割を担わされて配置されている。櫛田神社と大乗寺との間には博多市中と外部への通路である櫛田浜口が設けられていた。菊池武時勢が鎮西探題を攻撃した時、進攻した博多への出入り口であり、博多市中への重要な出入り口であり、城戸構の構造であった。櫛田浜口の城戸構の構造は櫛田神社の境内と大乗寺の境内があってはじめて機能する。大乗寺は櫛田神社とともに櫛田浜口の押さえとしての役割を果たしている施設であり、この中枢地域の構成で極めて重要な役割を担っている。このような地域に大乗寺が配置されていることは、鎌倉幕府、鎮西探題の意向を抜きにしてはあり得ない配置である。この地域に西大寺律が鎌倉幕府、鎮西探題の意向と関係なく、自らの意向のみで大乗寺を設立することはあり得ないことである。鎌倉幕府、鎮西探題の意向があってこそ、大乗寺はこの地域に成立できたのである。つまり、大乗寺は鎌倉幕府、鎮西探題による博多の都市計画の下で成立しているのであり、大乗寺の成立は鎌倉幕府、鎮西探題の意向によるものであることを物語っている。このことを別の例から確認してみよう。

忍性が開山となった鎌倉の極楽寺は西大寺律の鎌倉の拠点である。極楽寺の位置は東海道から鎌倉への出入口である極楽寺坂口の位置にある。極楽寺坂口は新田義貞の鎌倉攻めでは最も激しい戦いが行われた場所であり、新田義貞勢の大館二郎宗氏、江田三郎行義が鎌倉への突入を図った時に迎え撃った幕府軍の大仏貞直との間に激戦が行われた。極楽寺はその極楽寺坂口の押さえの役割を担っていた[56]。大乗寺は博多の南西からの出入り口である櫛田浜口の押さえとして配置されており、極楽寺坂口の押さえであった鎌倉の極楽寺と共通した配置、役割となっている。西大寺律の博多の拠点である大乗寺は鎌倉の拠点とした極楽寺と同じ位置、役割となっている。このような配置は偶然ではない。西大寺律が意図的に行っていることであり、鎌倉幕府、鎮西探題の意向によるものである。

神宮寺の成立についても鎌倉幕府、鎮西探題の意向が窺えることを見てみよう。神宮寺は飯盛山の麓に創建されている。飯盛山は標高三八二メートルであり、それほど高い山ではないが、山頂が周りより突出し、直接、早良平野に面しているので、平野全体を見渡せるだけでなく、博多湾や博多をも見渡すことができる山である。その麓には博多から日向峠を通り、唐津、平戸等の松浦地方へ向かう街道が通っている。戦略上の要地である。また、早良平野の第一の大河である室見川が眼前に流れており、西海地方へ向かう街道の渡河地点でもある。飯盛山の麓の神宮寺の周辺の室見川の流域には古代、早良郡四箇（福岡市早良区）と橋本（福岡市西区）に博多警固所の領田である警固田が設置され、早良郡小田部（福岡市早良区）には主船司の領田が設置されていた。この地域にこのような領田が設置された理由は、室見川を利用した水運と博多湾の海上輸送を利用して、現在の福岡城跡に設置されていた博多警固所、主船司を直接、結ぶことができるという輸送ルートの便のためである。このような古代の例から分かるように、中世も神宮寺の前を流れている室見川が水運に利用されていたことは想像に難くない。

尚、川添昭二監修「福岡県の歴史」（光文館）をはじめ、主船司について論じている研究は拙稿と田島公氏の論稿を除くと、現在全て、筑前国続風土記拾遺が説明している主船司は周船寺という地名がある福岡市西区周船寺に設置されていたとする説明をそのまま信じ、そのように説明しているが、勿論、これらの説明は誤りである。主船司は鴻臚館、博多警固所、大津城とともに福岡城跡の地域に設置されていた。西区周船寺は主船司が設置されていた場所ではなく、主船司の領田が設置されていた場所であり、それが地名として残ったものである。詳しくは拙稿の「主船司考（一）、主船司考（二）[57]」を御覧戴きたい。

飯盛山はそのような早良平野、松浦地方へ向かう街道、室見川の渡河地点、室見川を利用した輸送、水運を押さえる要衝の地である。そのために飯盛山は南北朝時代には山頂に城郭が構築され、攻防が繰り返されている。次の史料を見てみよう。

寄進　筑前国飯盛権現上宮、
　同国元岡兵衛次郎跡田地頭職事、
右、為逆徒誅伐令発向之刻、所取陣於飯盛山、合戦勝利、偏依仰当宮擁護、寄附□□、為天下泰平四海静謐、殊将軍家御繁盛、寄進之状如件、
　文和二年卯月二日　　（一色直氏花押カ）[58]□□□

一色直氏が文和二年（一三五三）、飯盛山に陣を取って、南朝方と合戦を行っている。その外、以下に示すように南北朝時代には飯盛山に城郭が築かれ、それをめぐる攻防が繰り返されている。

①同今年五月廿日筑前国浦山要害構之時、同飯盛城責以下、毎度属御手、抽軍忠上者、
　正平八年十月　日　　志岐隆弘軍忠状[59]

②追啓、飯盛城難儀ニ候之間、馳向候て、後攻仕、凶徒追払、

③同十一日博多御打入之時、令御供畢、次飯盛城構之時、令御供、次於綾部城、去七月二日之夜、御敵依寄来、及散々合戦訖、次為飯盛城後攻御発向之間、

文和二年十一月十八日　一色範光書状写[60]

文和二年十一月　日　綾部幸依軍忠状写[61]

④而去正平八年惟時為飯盛城退治、令在津之時、

正平十一年六月　日　宇治惟澄申状案[62]

⑤次為細峯之御陣、日夜致合戦訖、随而迄于飯盛・油山之御陣、抽忠節者哉、

延文六年九月　日　龍造寺家平軍忠状[63]

これらの事例は飯盛山が軍事上の要地、交通上の要地であったことを物語っている。そして、神宮寺はこの飯盛山の麓にあり、軍事上、交通上の要地に創建されている。神宮寺がこのような位置に創建されていることは、西大寺律教団が神宮寺の位置を計算し尽くして創建していることを確認できる。勿論、西大寺律教団は飯盛山を含む神宮寺の位置について、博多湾岸に於いて起こったばかりの元寇のような対外戦争をも念頭に置いて軍事上、交通上の要地として考慮していたことは言うまでもない。

元寇に於いて少弐経資の弟景資が活躍したことは蒙古襲来絵詞にも描かれており、周知のとおりである。その少弐景資は弘安八年、鎌倉の安達泰盛が討伐された霜月騒動の時、肥前国の御家人で構成した警固之当番衆を率いた北条時定と金沢実政に岩門城に拠って討伐された。所謂、岩門合戦である。この岩門城は福岡平野を前にし、その前には福岡平野の最大の河川である那珂川が流れ、眼下に福岡平野と肥前国を結ぶ街道と、それとクロスしながら大宰府と早良平野を結ぶ街道が通っており、軍事、交通上の要衝にある。元寇の戦役に於いて直接元軍と戦い、実戦で活躍した少弐景資がこの岩門城を拠点にしていたことは、同城が元寇のような対外戦争を念頭に於いて構えられていた城郭の一つであったことを物語っている。岩門城があった城山は標高一九

五メートルであり、飯盛山ほど高くはないが、麓から眺めた山容は飯盛山とそっくりであり、岩門城と飯盛山は極めて共通している存在である。飯盛山が元寇のような対外戦争を念頭に置いて拠点とされていることは明らかである。

常陸国三村寺は忍性が極楽寺に入る前に関東の拠点とし、その弟子定瞬も拠点としていた。その三村寺は筑波山から南に伸びてきた尾根の標高四六一メートルの小田山（宝鏡山）の麓の小田にある。小田は霞ヶ浦を結ぶ物資の運搬に利用されたという桜川を前にした筑波街道の宿場であり、背後の小田山は小田の前面の平野を見渡し、霞ヶ浦の土浦まで見渡すことができる。南北朝時代は南朝の拠点であり、神皇正統記を著した北畠親房が滞在した小田城があり、軍事、交通の要衝である。神宮寺と位置、地形ともそっくりである。

西大寺律が筑前国に於いて無原則に寺院を創建しているのではないことは、このような飯盛山と神宮寺、小田山と三村寺の位置が証明している。大乗寺についてもその位置を熟慮して配置しているのである。そして、その結果が鎌倉の極楽寺と同じ役割、位置となっている。以上のような軍事上、交通上の要地に寺院を配置することは西大寺律、大乗寺が独断で行えることではなく、鎌倉幕府・鎮西探題との合意がなければ成立しないことである。神宮寺の成立について西大寺律、大乗寺が鎌倉幕府・鎮西探題との合意の下に行っているということであり、このことは大乗寺の成立についても西大寺律が鎌倉幕府・鎮西探題との合意の下に行っているということである。

鎌倉幕府・鎮西探題や西大寺律が岩門城、飯盛山を拠点としていることについて、もう少し確認しておく。第一章　第四節に於いて挙げた史料の次の箇条を見てみよう。

　　条々
一　城郭事
次岩門并宰府構城墎之条、為九州官軍、可得其構云〻、早為領主等之沙汰、可致其構云〻、(64)

川添昭二氏はこの史料について、「弘安の役後まもなくのこの時点で、九州の領主たちの課役で、岩門と大宰府に軍事施設を設置（再建）しようとしたのは、むしろ当然の措置である。なお、弘安八年十一月に、武藤経資に対する弟景資の反乱、いわゆる岩門合戦がおこるが、幕府の右の措置と何らかの関係がありそうに思われる。」と説明している。(65) 川添昭二氏はこの史料について、岩門と大宰府の軍事施設を再建すること、つまり、岩門城と大宰府の二箇所の軍事施設を再建することと受け止めているのであろう。

この史料はそのような限定された軍事施設の再建を指示している内容であろうか。鎌倉幕府は博多と大宰府を防衛するために博多湾全体である東は香椎から西は今津まで二十キロメートルに及ぶ元寇防塁を構築した。博多の前面だけに限って元寇防塁を構築したのではない。「岩門幷宰府構城郛」とは「岩門城と大宰府」の構の城郭である。この史料が二箇所のみの施設であったとすれば、構という文言を使用する必要はない。構という文言は単独の施設の構造を表現することもあるが、戦略的に多数箇所に施設を構築し、それらを複合して配置することを表す文言でもある。つまり、これは博多湾岸の防衛線である元寇防塁の後ろに、更に岩門城と大宰府を中心とした構、つまり、岩門城を核として福岡平野全体に防衛線として構築した施設のことと受け止めるべきであろう。そして、それらを強化構築することを指示した法令である。この法令をそのように受け止めれば、弘安の役の後も鎌倉幕府・鎮西探題は元寇防塁の後ろの大宰府の前面の福岡平野に岩門城を中心に構築していた防衛線を強化しようとしていたと理解することができる。そしてその一つが岩門城と地形的に全く共通し、福岡平野の西端に位置する飯盛山である。

これらの地はいずれも福岡平野の奥の縁の位置にあたり、同平野を見下ろす位置にある戦略上の要地である。福岡平野に侵攻された場合、岩門城、飯盛山はそれを迎撃する絶好の要地となる。つまり、岩門城、飯盛山を結ぶ線は博多湾岸に構築した元寇防塁や博多の防衛網が万が一にも突破された時、湾岸地域や博多から後退して、その後ろの防衛線であり、岩門城、飯盛山は拠点として配置していたのである。

鎌倉幕府・鎮西探題は博多を城郭都市として構築していただけではなく、更に博多湾岸に構築した元寇防塁を突破されて、その後方の内陸部に後退せざるを得なくなった状況に対する対策をもちゃんと立てていた。八幡愚童訓の元寇の戦いについての記述の部分は鎌倉幕府・鎮西探題のこのような戦略を全く理解していないし、無知であり、このようなことを知らないことからも元寇と無縁となった後世の書き込みである。

大乗寺の成立の起点となっている大乗寺を博多の政治的中枢部に割り振った博多の都市の構築がいつ頃始まったかについて見てみよう。鎌倉幕府は博多湾岸の二〇キロメートルに及ぶ元寇防塁を建治二年（一二七六）の三月から半年間の工事期間で完了している。この元寇防塁の構築は最前線の海岸の防備施設であるという緊急を要する事案であったために極めて短期間で工事を完了している。博多の都市の構築は元寇防塁の構築に劣らず都市全体を構築する大規模な工事であり、鎌倉の都市規模を超えるような大都市の構築であり、正確に設計された都市の構築であることから、鎌倉幕府・鎮西探題でなければ不可能な構築工事であり、鎌倉幕府・鎮西探題による構築であることは疑い得ない事実である。

従って、このような博多の都市の構築は北条兼時か、金沢実政から始まったのであろう。北条兼時、金沢実政のいずれかから博多の都市構築工事が始まったとすると、構築工事の始まりの時期は、北条兼時は正応六年三月に下向し、永仁三年四月に鎌倉に帰っている。北条兼時が博多にいたのはほぼ二年間である[66]。金沢実政が鎮西探題として赴任したのは永仁四年であり、五十三歳で正安三年九月出家するまで五年間、鎮西探題の職にあった。鎮西探題の職は子の政顕に引き継がれ、金沢実政は翌乾元元年十二月七日に卒している[67]。

最も重要で緊急を要する最前線の海岸の元寇防塁の構築は既に完了していたことと、鎮西探題の館の構築をはじめとした博多の都市の構築は大工事であるために、何年か継続した工事として行われたと考えるべきであろう。更に、このような大工事は博多に於ける鎮西探題の体制と組織が確立していなければできない構築工事である。そのように考えると博多の都市の構築を行ったのは、ほぼ二年間しか博多に滞在していなかった北条兼時よりも、五年間、鎮西探題の職にあって本格的に鎮西探題として体制と組織を作り上げた金沢実政によって行われたと見るのが妥当であろう。いずれにしろ、北条兼時が赴任したのは永仁と改元される直前の正応六年三月であり、金沢実政にしても永仁四年に赴任しており、両人の活動は永仁年間の直前からか、その永仁年間からということになる。言い換えれば永仁年間からということになろう。その時期には博多の都市の青写真ともいうべき設計図が出来上がっていて、その設計図には当然、大乗寺の配置も割り振られていたことになるから、大乗寺の成立は永仁年間ということになる。先に神宮寺の開山の時期が永仁六年であり、大乗寺の成立の時期は永仁六年をそれほど遡ることはないことを明らかにしたが、このこととも一致し、永仁六年以前の永仁年間である。

大乗寺について筑前国続風土記附録は次のように記している。

大乗寺

法皇山宝珠院と号す。仁和寺に属す。本尊ハ阿弥陀仏なり。寺伝に、此寺ハ大同元年弘法大師、唐土より帰朝せられし時、千手観音の像を自ら彫刻し、請来の如意宝珠此宝珠の事ハ本編に見えたり。寺説には、弘法請来の宝珠三顆あり。一顆ハ泉州堺大寺に、一顆ハ和州室生山の岩窟に、一顆ハ即当寺に蔵むといへり。一顆を納らる。其観音の像今に現存す。これ博多七観音の一也。寺説に、天明七年公命にて此仏像を修飾せしむ。仏胎中に国家安全当所繁栄の為といふ字あり。此款識を寺僧も知さりしか、此時始て見たるといふ。其後四百余年を経て頽破せしかは、亀山法皇建治三年南都西大寺の叡尊後に興正菩薩と謚号あり。に詔ありて、当国に下し給ひ当寺を再造あり。法皇山と云号を賜ハりて勅願寺となし給ふ。已上の事叡尊か本伝には見えす。といえり。昔ハ西大寺の律院にて西大寺の旧記には天下七大寺の一也と記せるよしいひ伝ふ。有しか、近古より浄土宗の寺となりし事本編に見えたり。（中略）

大師堂・観音堂・地蔵堂・宝経印塔一基あり。又、平石一箇立り。文字あり。敕願所のしるしに建たる石のよし寺家はいへり。詳ならす[68]。

筑前国続風土記附録は大乗寺について以上のように記しているが、筑前国続風土記もほぼ同じようなことを記している。これらの記述によれば、大乗寺は亀山上皇が建治三年、西大寺の叡尊を博多に下して、勅願寺として再興した寺であるとしているが、叡尊が亀山上皇の勅により大乗寺を再興するために博多に至った史料はない。叡尊は大乗寺が創建された永仁年間には既に亡くなっている。大乗寺が西大寺律の大寺であることを由緒付けるために叡尊が再興したという話がいつの間にか作り上げられてしまったのであろう。筑前国続風土記附録は大乗寺の千手観音の胎中に「国家安全当所繁栄の為といふ字」があったと記している。このことは大乗寺が異国襲来に対する備えと当所、つまり、博多及び九州の繁栄を願って創建されたことを物語っている。そして、「国家安全当所繁栄の為」の祈願を主催できるのは鎌倉幕府、鎮西探題とその意向を受けた上皇、天皇に限られる。このことから大乗寺は鎌倉幕府、鎮西探題とその意向を受けた上皇の意向によって創建された寺院であることを物語っている。

先に神宮寺は永仁六年に因幡次郎左衛門尉康成が良法房を開山として創建したことを明らかにしたが、因幡次郎左衛門尉康成がこの時、神宮寺を創建したのは、全く新しく寺院を創建したのではなく、それ以前から飯盛神社の神宮寺として存在していた神宮寺を西大寺律の寺院として再創建したということを明らかにした。大乗寺について、筑前国続風土記附録も「当国に下し給ひ当寺を再造あり。」と記している。この記述の「当寺を再造あり。」が事実とすれば、大乗寺も金沢実政が林証房を開山として全く新しく創建したのではなく、博多に既に在った大乗寺を新たに西大寺律の寺院として現在の位置に再創建した寺院である。

次に、文殊菩薩騎獅像の心木の銘文は、文殊菩薩騎獅像製作の檀那は神宮寺を創建した因幡次郎左衛門尉康成であるとしているが、文殊菩薩騎獅像製作の檀那となったり、神宮寺を創建した因幡次郎左衛門尉康成とはどのような人物であろうか。因幡の苗字と左衛門尉の官途を持つのは鎌倉幕府に於いて政所の初代別当であった大江広元の子孫である。大江広元の子時広は左衛門尉の官途を持ち、その所領武蔵国長井荘に因み、長井氏と称した。その次男の泰重は因幡守となり、その子の頼重も因幡守となり、泰重以後、子孫は官途の因幡守の因幡を苗字にしていた。因幡次郎左衛門尉康成はその長井泰重の一族であろう。長井泰重は六波羅評定衆筆頭の地位にあり、六波羅探題に次ぐ地位にあった人物であり、泰重、頼重は備前、備後、周防の守護となっている[69]。長井氏は泰重、頼重の後、貞重、高広と続き、鎌倉幕府、六波羅探題で重きをなした一族である。

次の史料を見てみよう。

宣陽門院御下文案因幡二郎許へ持向候、遂重〻問答候了、就其、昨日合内談、今日書下すへきよし、約束して候か、かた奉行他行の事候とて、ひるほどに書下へきよし、奉行人佐渡入道申候者、又十八日朝に地頭当庄へ可入部之由、上下三十五人か雑事幷馬のぬか・わら用意すへきよし申候て、(中略)十九日のむまの時に、これへ付て候か、いまたこれに候、其故ハ、縫殿の御状をとりて給候か、又、いかにと候へきそとの使にて候、(中略)

(正和二年)十月廿二日　　頼尊[70]

京都の東寺の公文の頼尊の書状である。鎌倉遺文は書状の年代を正和二年(一三一三)としている。書状中の縫殿は長井貞重である。頼尊は書状に東寺の荘園である大和国平野殿庄等の訴訟を担当していた六波羅探題の奉行人である因幡二郎という人物を記している。因幡二郎と頼尊の関係は、書状に頼尊が因幡二郎に訴訟の資料を持ち込んだり、繰り返し問答、問い合わせをしたり、訴訟のことについて内談したことを記していることから、因幡二郎と頼尊は単に訴訟についてそれを担当している六波羅探題の奉行人と訴人、原告という関係だけではなく、両人は知己である。因幡二郎は東寺の公文の頼尊の書状にはこれだけではなく、「因幡二郎」、「因幡二郎殿」としてその外にも登場する。因幡二郎は六波羅探題の奉行人であるから長井氏の一族である[71]。

因幡二郎と因幡次郎左衛門尉康成とは次郎の排行名が一致する。また、康成は泰重の読みとも通じ、康成の康は泰、成は重の宛字とも考えられる。但し、因幡二郎が史料上に初めて見られるのは正和二年十月であり、文殊菩薩騎獅像の製作が始まった永仁六年から十五年経った後であり、因幡二郎の活動の時期と文殊菩薩騎獅像の製作を始めた時期に少し齟齬《そご》がある。しかし、因幡二郎の史料上に見られる活動の時期が限定されていて、同人の活動の時期は実際はそれより遡ることができ、十五年程度遡って永仁年間に至っていたとしてもおかしくはない。このように活動の時期もほぼ一致することから、因幡次郎左衛門尉康成はこの長井氏の一族の六波羅探題奉行人である因幡二郎であろう。

先に神宮寺の文殊菩薩騎獅像は播磨房実阿弥、京都東寺の大工源兵衛尉政貞、堪幸という京都の仏師によって、京都の工房で製作が行われていたことを明らかにした。また、神宮寺の文殊菩薩騎獅像の製作は塗りまでは京都の仏師達が行っていること、つまり、神宮寺の文殊菩薩騎獅像は京都の仏師に製作が依頼されているこ とからも神宮寺の創建と文殊菩薩騎獅像の製作の檀那である因幡次郎左衛門尉康成が京都に係わりのある人物であることを物語っているが、以上のように、因幡次郎左衛門尉康成は長井氏一族の六波羅探題奉行人の因幡二郎であり、京都の東寺とも繋がりがあった。文殊菩薩騎獅像の心木の銘文に記されている因幡次郎左衛門尉康成が単なる早良地域の非御家人、凡下であることはあり得ないことであり、筑前国、九州の御家人にもそのような人物は史料に見られない。つまり、神宮寺の文殊菩薩騎獅像は鎌倉幕府、六波羅探題の要人であった長井氏一族の因幡次郎左衛門尉康成が、繋がりのあった京都東寺の大工であった源兵衛尉政貞達京都の仏師に注文して製作していたのである。

それでは、鎌倉幕府、六波羅探題で重要な地位にあった長井氏の一族の因幡次郎左衛門尉康成が神宮寺を創建したこと、神宮寺の文殊菩薩騎獅像を製作していたことは、大乗寺、西大寺律教団、博多について、どのようなことを物語っているのであろうか。六波羅探題の要職にあった因幡次郎左衛門尉康成が神宮寺を創建したり、神宮寺の文殊菩薩騎獅像を製作しているのは大乗寺と無関係に行っていることではない。大乗寺は西大寺の筑前国の末寺の神宮寺等に対して指導的立場にあったことは先に見たが、大乗寺が神宮寺に対してこのような立場にあった以上、因幡次郎左衛門尉康成が神宮寺を創建したり、神宮寺の文殊菩薩騎獅像を製作していることは、西大寺律と大乗寺の了承を抜きにしてはあり得ない行為である。むしろ、大乗寺と西大寺律の依頼によって行われた、と捉えるべきである。先に見たように、心木の銘文には神宮寺の文殊菩薩騎獅像の開眼供養の導師を大乗寺長老暁海信証上人が勤め、そして、その場には西大寺律の筑前国の五ヶ寺の僧が列席していたことが記されている。五ヶ寺の僧とは五ヶ寺のそれぞれを代表した僧ということではなく、五ヶ寺の全僧侶ということであろう。神宮寺の仏事であるにも係わらず大乗寺の長老が主導して執り行っており、その場には西大寺律の筑前国の五ヶ寺の全僧侶が列席していることは、大乗寺長老が筑前国の五ヶ寺の全僧侶の頂点にいたということであり、大乗寺の意向によって神宮寺の意思が決定されていることを物語っている。勿論、神宮寺だけでなく、他の筑前国の西大寺律の寺院の動向も大乗寺の意向によって決定されていることを証明している。そして、それはまた、得宗を中心とした鎌倉幕府の意向の下に行われていることである。

つまり、神宮寺の文殊菩薩騎獅像の心木銘文は、因幡次郎左衛門尉康成が大乗寺と西大寺律の依頼によって筑前国に新しく神宮寺という寺院を創建してやったり、その寺院に京都の仏師によって文殊菩薩騎獅像を製作してやったことを記しているのであり、大乗寺と西大寺律の博多を中心とした以上のような教団拡張と、その活動を支援していた鎌倉幕府・鎮西探題・その要人との繋がりを物語っているのである。更に鎌倉幕府・鎮西探題・その要人が神宮寺に対して支援を行っていることは、その以前に鎌倉幕府・鎮西探題・その要人が神宮寺の上にあった博多の大乗寺を支援していたことを物語っている。筑前国の西大寺の末寺の指導的立場にあった大乗寺の創建等の支援が一段落してこそ、神宮寺の創建等の支援に進むことができるからである。

そして、その大乗寺は鎮西探題金沢実政が遂行していた博多の城郭都市としての構築の中に配置されていた。つまり、博多の大乗寺の創建は金沢実政によって推進されていた。その金沢実政と因幡次郎左衛門尉康成とはどのような関係があるのであろうか。金沢実政と因幡次郎左衛門尉康成との繋がりについて見てみよう。長井氏は大江広元の子時広―泰秀―時秀―宗秀―貞秀と続くが、金沢実政にとっては大叔母にあたる実時の父実泰の妹は時広の兄親広の室となっている。金沢実政にとっては叔母にあたる実時の妹は時広の兄広時に嫁いでいる。金沢顕時、実政の妹は宗秀に嫁ぎ、嫡子貞秀の生母となっている。[72]また、金沢文庫の古文書には、金沢貞顕が長井貞秀に宗秀のことを気遣った書簡、長井貞秀の書簡、その他、金沢貞顕が長井氏に関係して記した書簡等、多数の書簡が残されており、金沢氏と長井氏とは極めて親密な関係にあった。従って、金沢実政と因幡次郎左衛門尉康成は交流があって親しい関係にあったことは疑い得ない。また、金沢実政が鎮西探題として活動したのは永仁四年から正安三年九月であり、因幡次郎左衛門尉康成の神宮寺の創建と文殊菩薩騎獅像の製作を始めたのは永仁六年であり、金沢実政の博多に於ける活動の時期と因幡次郎左衛門尉康成の神宮寺に於ける活動の時期は一致する。金沢実政とこのような関係にあった因幡次郎左衛門尉康成が神宮寺の創建と文殊菩薩騎獅像の製作を行ったのである。

長井氏の活動の場は京都が中心であるが、その京都に於いて、叡尊は弘安四年閏七月一日から衆僧を率いて石清水八幡宮に参籠し、元寇退散の法要を行った。閏七月一日に伊万里湾に集結を完了し、翌日、博多を目指そうとした元軍はその直前に超大型の台風の襲来を受け、壊滅的な大打撃を受けた。叡尊が石清水八幡宮に参籠し、元寇退散の祈禱を始めた日であった。このために叡尊に対する上皇、天皇、鎌倉幕府とその有力者達の評価はいやが上にも高まり、叡尊の後を継いだ西大寺律の活動に対しても強い信頼と支援が寄せられたことは言うまでもない。[73]

六波羅探題の奉行人であった因幡次郎左衛門尉康成もこのような西大寺律の熱心な支援者であった。鎮西探題金沢実政は「国家安全当所繁栄の為」、つまり、異国襲来に対する備えと博多・九州管内の治世を使命とした。金沢実政の父実時は叡尊に帰依し、鎌倉の教化のため懇請して叡尊を招いた。金沢実政が父実時の影響を受けて叡尊、忍性の西大寺律に帰依したことは当然のことである。金沢実政と実時の関係からのみならず、鎮西探題としての金沢実政からすれば「国家安全当所繁栄の為」に叡尊、忍性でなくとも西大寺律の関係者を大乗寺の長老に迎えたことは当然である。西大寺律も鎌倉幕府、鎮西探題の支援によって筑前国の活動拠点として博多に大乗寺を成立させた。長井氏の一族として金沢実政と親しい関係にあったと思われる因幡次郎左衛門尉康成へも金沢実政の要請があったことも想像に難くない。また、西大寺律の熱心な支援者の一人として西大寺律の大乗寺を中心とした活動を支援し、その一環として神宮寺の創建や文殊菩薩騎獅像の製作を行ったのである。

しかし、因幡次郎左衛門尉康成は鎌倉幕府、六波羅探題で重要な地位にあった長井氏の一族であっても、金沢実政と交流があり、親しい関係にあって、金沢実政の要請もあったとしても、元々直接、博多に関係がない。このような因幡次郎左衛門尉康成が神宮寺を創建したこと、文殊菩薩騎獅像を製作していたことは、金沢実政が大乗寺を博多の中枢部に配置して、大乗寺をはじめとした西大寺律の支援を行っていることと併せて、得宗をはじめとした北条氏一族、鎮西探題の御内人・被官、有力御家人等の幕府の要人がこぞって大乗寺や博多の西大寺律の支援を行っていたことを物語っている。博多とは接点のない因幡次郎左衛門尉康成が神宮寺を創建したこと、文殊菩薩騎獅像を製作していたことはそのような状況の一例を物語っている。同人が檀那となって製作した文殊菩薩騎獅像は巨大であり、極めて優品である。西大寺律教団の本拠である西大寺で叡尊の十三回忌を供養して製作された文殊菩薩像に準ずる像である。因幡次郎左衛門尉康成が博多の周辺に於いてこのような像を製作していることは、本人のみならず、得宗をはじめとした北条氏一族、鎮西探題の御内人・被官、有力御家人等の幕府の要人がこぞって大乗寺や博多の西大寺律の支援を行っていたことと、西大寺律教団の博多を中心とした布教活動の力の入れ方が並々ならないことを物語っている。

本章　第一節に於いて、鎮西探題北条随時が鎌倉の鶴岡八幡宮に習い、櫛田神社を再建し、北条氏の氏神としたことを明らかにした。北条随時の代になって櫛田神社を氏神として再建したのは、既に鎮西探題北条氏の菩提寺としては大乗寺が成立していたためではなかったろうか。当時の武士達は精神的支柱として菩提寺も、氏神もどちらも必要としていた。しかし、生死を賭けて戦うことが使命であった武士が心安らかに戦うためには、まず菩提寺が必要であることは当然である。楠木合戦注文には「大手搦手奈良路、紀伊路、信仰人〻同道之時衆雖及二百余人、於今一人モ無其難」と記され、楠木正成の討伐に奈良路、紀伊路から進攻した幕府軍は二百余人に及ぶ時衆の僧侶を同道していたことが記されている。二百人に及ぶ多数の時衆の僧侶が同道されているのは第一義に討死した時の弔いをしてもらうためである。鎮西探題は「国家安全当所繁栄の為」に、つまり、異国と戦うことや治安のために戦うことを前提に九州に派遣されている。鎮西探題も常に死と向かい合わせの生き方をしなければならなかったのであり、心の拠り所として痛切に菩提寺を必要としていた。そのために金沢実政は博多の都市の構築を始めると同時に大乗寺を再興したのである。つまり、大乗寺は博多に於ける鎮西探題の菩提寺として再興された寺である。大乗寺は博多の中枢部地域に氏神としての櫛田神社と相並んで配置され、櫛田神社に先んじて再興されていることは何よりもそのことを物語っている。

　大乗寺の伽藍について考えてみよう。大乗寺は九州最大の権力者であった金沢実政の威光で再興された寺院である。しかし、鎌倉時代の大乗寺の伽藍がどのようなものであったか、現在、その遺構は全く伝わっていない。金沢実政の父実時は武蔵国金沢に叡尊を招き、称名寺を再興した。金沢実政が大乗寺を鎮西探題の菩提寺として成立させるにあたっては、金沢氏の菩提寺である武蔵国称名寺を念頭に置いたことは当然である。称名寺の伽藍の壮麗さは元亨三年二月二十四日付の称名寺大界結界図や、復元された庭園であるが国の名勝に指定されている浄土式庭園によって現在に伝えられている。現在、大乗寺の伽藍の遺構は全く伝わっていないが、武蔵国称名寺からその伽藍をある程度想像することができる。

　また、第一章　第二節　（四）で述べたように鎌倉の東勝寺は鎌倉幕府の滅亡に際して、北条高時以下、北条氏一族、郎党ら八百七十余人が同寺に籠って自刃した。東勝寺は幕府の東南の地にあって、背後は山肌を垂直に切り落とした切岸の構造とし、前面は深く切れ込んだ滑川を堀の代わりとし、境内の前は石垣が何段にも構えられ、直進できないような構造となっており、城郭構えの防衛機能を有した寺であり、幕府に一旦事ある時は東勝寺に籠って戦うことができるような構造であり、また、避難場所であった。鎌倉に於ける幕府と東勝寺の位置関係は、南北が逆になるが、博多の鎮西探題と大乗寺と同じ位置関係になる。大乗寺のあり方も当然、東勝寺と同様であったと推察することができるであろう。大乗寺が櫛田神社と並んで櫛田浜口を押さえる役割を果たしていたことは、大乗寺がそれなりの構えであったことを物語っている。ただ、鎌倉の東勝寺は山に囲まれているが、博多は平坦な土地であり、そのために山の代わりに那珂川を背後にした構造となっていたのであろう。

(三) 大乗寺の地蔵菩薩板碑について

現在、大乗寺の遺構を伝えているのは、旧冷泉小学校の北側の塀の一角を区切って立てられている康永四年乙酉六月廿四日の年月日の銘がある自然石に刻まれた地蔵菩薩像、亀山上皇の勅願石と伝える石碑、碇石等が残っているだけである。地蔵菩薩像について、多田隈豊秋氏は「本碑は博多櫛田神社前にあった大乗寺境内から掘り出されたもので、頭部が四ツに割れているが、幸いに破損部が揃っているので、それを接着してほぼ原形が保たれている。」[74]と説明し、川添昭二氏も「本碑は博多櫛田神社前にあった大乗寺跡から四部分に割れた状態で出土したもので、地元有志の人が接合し、現在地に建てられた。」[75]と説明し、この地蔵菩薩像について触れている研究者は全て、大正八、九年、冷泉小学校建設のために整地している時に出土し、その時初めて発見されたかのように記している。しかし、先に記した筑前国続風土記附録は、勅願石について、「又、平石一箇立り。文字あり。敕願所のしるしに建たる石のよし寺家はいへり。詳ならす。」と記しており、筑前国続風土記拾遺が著された当時、勅願石は大乗寺の境内に立てられていたことを記している。地蔵菩薩像も勅願石と同様に、この時初めて出土し発見されたのではなく、元々大乗寺の境内に立てられていたが、何らかの事情によって地中に埋めて処分していたのが出土したのである。

尚、多田隈豊秋氏と川添昭二氏の両人ともに地蔵菩薩像板碑が発見された大乗寺跡は博多櫛田神社前とされているが、大乗寺跡は櫛田神社の北隣である。文の頭は両人ともに同文であり、多田隈豊秋氏が勘違いされたのを川添昭二氏がそのまま孫引きしてしまったのであろう。石城志が、濡衣塚板碑が出土したと記述している聖福寺の西門の位置についてもそうであり、後掲している地蔵菩薩板碑の碑文についても同様である。調べもしないで孫引きすると火傷してしまう。多田隈豊秋氏は福岡県大牟田市の人であり、間違えてもやむを得ないであろうが、川添昭二氏は地元の専門家である。

ついでに、川添昭二氏が平成二十年七月発行の著書「中世・近世博多史論」（海鳥社）の「三――蒙古襲来と博多　【付論】『蒙古襲来絵詞』に見える福岡市関係地名　【いきのまつはら】」に於いて次のように記述しているることについて見てみる。

「弘安四年（一二八一）閏七月一日の大風で早良郡壱岐松原の松数百本が吹き倒されたことが石清水文書（『筥崎宮史料』九四〇頁、筥崎宮、一九七〇年）に見える。」

これは筥崎八幡宮の正応二年（一二八九）八月十七日の年月日が記された八幡筥崎宮造営材木目録に記されている史料による記述である。この史料について川添昭二氏が記述しているのはこれが初めてである。同氏の「注解元寇防塁編年史料」（福岡市教育委員会）にも「中世史選書1　蒙古襲来研究史論」（雄山閣）、「日本史の世界　元の襲来」（ポプラ社）やその他、同氏のそれまでの研究に於いて、同氏がこの史料を引用したり、この史料によって説明していることは一切ない。

この史料は弘安の役で元軍を壊滅状態にした大風であり、その大風が台風であるのか、神風であるのかを証明する格好の史料である。にも係わらず、この史料は佐藤が引用するまで川添昭二氏はもとより、研究者は誰も引用したことのない史料である。この史料は単独の史料ではなく、八幡筥崎宮造営材木目録という筥崎八幡宮の造営材木目録の中に記されている史料であるために誰も気が付かずに見落としてしまっていたのであろう。この史料について佐藤は、地元の元寇関係の講演に於いてもしばしば引用し、神風の実体を証明する格好の史料であるにも係わらず、この史料に研究者がなぜ気が付かないのか、不思議であると繰り返し述べていた。

川添昭二氏は同氏の著書「中世史選書1　蒙古襲来研究史論」（雄山閣）に於いて、神風について、第四章四（二）　異国降伏の祈禱及び神風、第五章　五　神国思想と「神風」に関する問題　（二）「神風」論争　の項目を立てたり、自己の神風に関する見解を論文で紹介したり、また、十箇所以上にわたって神風についての見解を説明しているが、この史料を使用したことはない。同氏はこの史料に気が付かなかったのである。また、他の研究者もこの史料を使用してその意義を説明したことはない。

この史料は佐藤が文献では平成十五年三月発行の「『蒙古襲来絵詞』に見る日本武士団の戦法」（軍事史学第三十八巻第四号）に於いて初めて使用した。念のため同論稿のこの件《くだり》を記す。

「一　北南鳥居造立事、弘安四年辛巳八月造立之
件鳥居朽顚後、無造立而年久成処仁、弘安四年辛巳閏七月一日大風仁所々樹等多顚内、早良郡壱岐松原松数百本吹顚之間、件松於為修理行事成弘沙汰、城二郎殿御侍加世ノ箕輪《ミノワノ》小五郎光季仁付天、城二郎殿仁申天、大松十本ヲ申請天、南北鳥居并竈殿・鳥居已上三ヲ令建畢、件日大風ニ蒙古乗船大宋南船并高麗賊舡也、数千艘、皆以吹破失畢、当宮東鳥居冠木、同日吹落畢、

（中略）

右注進如件、

正応二年八月十七日　　修理行事権大宮司成冬在判

右の史料によれば弘安四年閏七月一日の大風にあちらこちらの樹木が吹倒されたが、壱岐（生）の松原の

松も数百本が吹倒された。また、筥崎八幡宮の東鳥居の冠木もその大風で吹落される被害を受けたと記している。博多湾の東部にある筥崎八幡宮も被害を受け、竹崎季長等肥後国の御家人達が異国警固番役を勤めている役所である博多湾の西部にある生の松原の松も数百本が吹倒される被害を受けているのである。」と、史料の関係部分を記して、生の松原の松が「弘安四年閏七月一日の大風に……壱岐（生）の松原の松も数百本が吹倒された。」と記している。川添昭二氏も「弘安四年（一二八一）閏七月一日の大風で早良郡壱岐松原の松数百本が吹き倒された」と、佐藤の記述とそっくりな記述で記しているが、佐藤がこの史料を初めて引用してその意義を紹介するまで、川添昭二氏がこの史料を使用して説明したことはない。

佐藤が「『蒙古襲来絵詞』に見る日本武士団の戦法」（軍事史学　第三十八巻第四号）に於いて、初めてこの史料を引用してその意義を論じた。しかし、川添昭二氏はそのことは全く記していない。つまり、川添昭二氏は自分のオリジナルの説明として紹介しているのである。川添昭二氏が同号の佐藤の論稿を知らない筈はない。同号は元寇特集号で、同号には川添昭二氏も執筆しているからである。川添昭二氏は自分が明らかにし得ず、他の研究者が既に明らかにしていることについてはそのことを明示すべきであり、そのことを明示しないで記すことは剽窃《ひょうせつ》する行為である。

川添昭二氏の「【付論】『蒙古襲来絵詞』に見える福岡市関係地名　【いきのまつはら】」に言及したついでである。もう少し、同氏の「【付論】『蒙古襲来絵詞』に見える福岡市関係地名」について述べる。同氏は「【とりかひかたのしほやのまつ】」の項に於いて、塩屋の地名が現在のどこの地であるかについて説明しているが、「塩屋は……樋井川下流の鳥飼に塩屋橋がある。」（一〇〇頁）と説明しているだけである。現在は廃線となったが、旧国鉄、ＪＲの鳥飼駅の前、北側から樋井川の流路までは町名改正で福岡市城南区鳥飼六丁目、四丁目となっているが、それ以前はこれらの地域は塩屋町という町名であった。塩屋橋はその町名の名残である。旧町名の塩屋町については全く触れていない。蒙古襲来絵詞に記されている「とりかひかたのしほや」の地であることは言うまでもない。川添昭二氏は塩屋町がつい最近まで存在していたことを御存知なかったのであろう。

川添昭二氏の著書「中世・近世博多史論」（海鳥社）の誤りについて、もう少し指摘すると、「津厨《つのみくりや》なんていうのが出てきます。海の中道遺跡がそれだという意見もあります。それから福岡市の南区には曰佐《おさ》という地名がありますが、これは通訳という意味なんですね。それが地名として残っている。鴻臚館の関係かなと思われます。」（三〇頁）と説明している。津御厨は鴻臚館の接待所の役割を果たす役所であるから、鴻臚館と一体の場所に設置されてその役割が果たせる。つまり、鴻臚館と一体の場所に設置されていなければならない。鴻臚館から遠く海を隔てた海の中道に鴻臚館の接待所を設置する筈がない。川添昭二氏が監修している「福岡県の歴史」（光文館）が主船司を鴻臚館や博多警固所から離れた主船司の領田に由来する地名が残っている西区周船寺に設置されていた、と説明しているのと同じ誤りである。西区周船寺に主船司に由来する地名があるのは主船司そのものではなく、その領田に由来している地名である。因みに主船司の領田に由来する地名はその外にも早良区小田部にも存在していた。

また、川添昭二氏は曰佐という地名について南区の一箇所しか触れていないが、博多区那珂に深曰佐があり、これも曰佐に由来する地名である。

川添昭二氏は同書のこれらの説明に関連して、鴻臚館について、田島公氏の論稿「大宰府鴻臚館の終焉――8世紀～11世紀の対外システムの解明」（日本史研究三八九号）しか掲載していない。同氏が拙稿を知らない筈はない。鴻臚館、博多警固所、主船司、大津城等については拙稿の「実在した幻の城――大津城考」（中村学園研究紀要第二六号）、「鴻臚館考」（中村学園研究紀要第二六号）、「博多警固所考」（中村学園研究紀要第二六号）、「主船司考（一）」（中村学園大学・中村学園大学短期大学部研究紀要第三八号）、「主船司考（二）」（中村学園大学・中村学園大学短期大学部研究紀要第三八号）を御参照賜りたい。

話を大乗寺の地蔵菩薩板碑に戻す。筑前国続風土記附録には大乗寺の絵が掲載されているが、その絵には筑前国続風土記拾遺に「大師堂宝経印塔及石碑有。」、筑前国続風土記附録に「宝経印塔一基あり。」と記されている宝篋印塔が山門を入った正面に描かれている。絵は大乗寺の山門の高さをはるかに超えている大型の宝篋印塔を描いている。叡尊、忍性の西大寺律教団には石工集団が従い、教団が布教活動した地域に十三重塔等の層塔、五輪塔、宝篋印塔等の巨大な石造物を建立している。奈良の般若寺には総高一四メートルを超す巨大な十三重塔があり、鎌倉の極楽寺には忍性塔という総高三メートルを超す巨大な五輪塔がある。この大型の宝篋印塔もその一つであろう。現在、この大乗寺の宝篋印塔は所在不明であり、この宝篋印塔が製作された年代、製作者等の詳細は不明である。しかし、筑前国続風土記拾遺が「大師堂宝経印塔及石碑有。」、筑前国続風土記附録が「宝経印塔一基あり。」と、大師堂等とともにわざわざ宝篋印塔について記していることは、単なる普通の宝篋印塔ではなく、大師堂等の建物と同等に大乗寺の由緒を物語っている建造物であり、大乗寺の建立について叡尊、忍性の西大寺律教団が係わっていたことを証明する可能性があった宝篋印塔であったのであろう。

筑前国続風土記附録の大乗寺の絵には山門を入った所にあった宝篋印塔とともに、観音堂の東側に五基の石塔が並んでいる絵が描かれている。五基の石塔の絵は、現在、地蔵菩薩像、勅願石と伝える石碑、碇石等であり、地中に埋められる以前の境内に立てられている石碑、碇石が描かれている。最も南側の角柱のように描かれているのが碇石である。以上のように筑前国続風土記附録の大乗寺の絵には冷泉小学校建設の時に発掘される以前の地蔵菩薩像、勅願石と伝える石碑、碇石等が描かれている。

尚、碇石が大乗寺の境内を冷泉小学校建設のために整地している時に出土したために、大乗寺の境内は碇石が出土するような貿易が行われていた港湾に関連していた場所であると受け止めておられる向きもある。例えば、柳田純孝氏は「博多区の冷泉小学校横に建つ碇石（表1のNo.8）は大正八〜九年冷泉小学校建設工事のとき出土したとされるもので、この地は大乗寺跡にあたり旧冷泉津に面していたと考えられる。[76]」、「No.8は19

19~1920年の冷泉小学校建設工事のとき出土したとされるもので、この一帯は大乗寺跡にあたり、旧冷泉津に面した地点と考えられる。[77]」と述べている。また、松尾剛次氏もこれを引用されて「大乗寺跡には碇石があるが、それは大正八－九年の冷泉小学校建設工事の時に出土したとされる。それゆえ、その碇石は、博多津が大乗寺のすぐ前にあったことを示す遺物であろう。[78]」と述べられている。

　しかし、碇石は大乗寺の絵に描かれていることから、碇石が江戸時代に境内から発掘された可能性はほとんどないと考えるべきである。現在、文化財に指定されている碇石は史料館に所蔵されているものを除き、全て神社と寺院に存在している。これは碇石のあり様を物語っており、碇石が神社や寺院の境内から出土したのではなく、奉納されていることを物語っている。碇石のこのようなあり方から考えると、大乗寺の碇石も境内から出土したものではなく、奉納されたものであると考えるのが妥当であり、この碇石から大乗寺の境内が、貿易が行われていた港湾であった場所であると想定することはできない。

　次に地蔵菩薩像の下部の銘文について見てみよう。この銘文については現在、多田隈豊秋氏、福岡市博物館、松尾剛次氏等が読まれている。多田隈豊秋氏[79]、福岡市博物館、松尾剛次氏[80]が読まれた銘文のそれぞれを記すと次のようになる。

［多田隈豊秋氏］

元女姿
樂師
妙□　源二郎
□大　小三郎

［福岡市博物館］

(元) 妙
光女姿
薬(樂)師
妙□　源二郎
□大　小三郎

［松尾剛次氏］

妙一
光女　□
樂師
妙□　源二郎
□覺　小三郎

□次　密長
重行　正住
本阿　豪空
守重　妙佛
浄願　恕阿
浄法　丈堂
康永二季乙酉六月廿四日
蓮阿　廣則
景田　道覺
好六　肢女
杠玉　□女
二郎太郎予能
念阿　西□
左近太郎□□
實妙　南浄
□妙　□□
□久阿　住□
□□□　□□

□次　密長
重行　正住
本阿　豪空
守重　妙佛
浄願　忍阿
浄法　丈堂（重）
康永　四季　乙酉　六月廿四日
蓮阿　廣則
景回　道覺
孫六　□女
松王　□女
二郎太郎　平鶴
念阿　西□
左近太郎　妙王
覺妙　□□
□□　□□
祖父□□□女久阿　住一女
祖母□□□如□□　妙□

守次　□□
重行　正住
本阿　家重
守重　妙佛
浄願　忍阿
浄法　友重
康永四年　乙酉　六月廿四日
連阿　廣則
景□　道覺
孫六　□女
松王　□女
二郎太郎　予鶴
念阿　西□
左近太郎　妙王
覺妙　南浄
道妙
祖父□女久阿　住□□
祖母□如□□　妙阿

各氏は以上のように読まれている。

また、その他に、川添昭二氏、三木隆行氏の読みもあるが、両氏は多田隈豊秋氏の読みを引用している。地

筑前国続風土記附録の大乗寺の絵に描かれている地蔵菩薩像板碑以下の石塔

大正８、９年の冷泉小学校建設工事中に掘り出された勅願石、地蔵菩薩板碑、碇石等の５基が大乗寺の観音堂の南側に建てられていた様子が描かれている。

筑前国続風土記附録　平岡邦幸氏蔵　福岡県立図書館提供

蔵菩薩像の年の干支は向かって右側が乙、左側が酉であり、多田隈豊秋氏もそのように記している。しかし、川添昭二氏は右側が酉、左側が乙と実物と逆にされている。地蔵菩薩像を実際は御覧になっておられないのであろう。また、□妙の下の□□は記していない。二郎太郎　予能の頭を一字分上げられ、旧字は新字とされている。[81] 三木隆行氏は多田隈豊秋氏の読みを全くそのまま引用している。[82] 松尾剛次氏は福岡市博物館の読み方と康永四季を康永四年、妙を妙一、□大を□覚、□次を守次とされる等十数箇所違っているが、基本的には福岡市博物館の読みと同じである。

　地蔵菩薩像の銘文は風化が進んでおり、かなり読み辛いが、この碑文について分かることを説明する。地蔵菩薩像の下部に刻まれた文字は現在、多田隈豊秋氏、松尾剛次氏の読みに見られるように全て同じ種類の銘文として読まれている。多田隈豊秋氏の読みをそのまま引用している川添昭二氏、三木隆行氏も勿論、そのような読みをしている。しかし、地蔵菩薩像に向かって右側端に刻まれている「光女」、「樂師」の文字と「源二郎」以下の列記されている名前の文字とを比べてみると、右側の「光女」は草書風の書体であり、「源二郎」以下の名前が楷書風のきちんとした書体で記されているのと異なっている。また、「光女」は「源二郎」以下の列記されている名前の文字よりもかなり大きい。特に「樂師」の文字は「源二郎」以下の列記されている名前の大きさよりも縦、横ともに二倍程も大きい。また、「源二郎」以下の名前が楷書風のきちんとした書体で記されているのに対して、明らかに書体も異なっており、雑で稚拙な文字である。

「光女」、「樂師」の文字と「源二郎」以下の列記されている名前の文字とを比べると以上のように異なっている。従って、「光女」、「樂師」の文字は「康永二季乙酉四月廿四日」の年月日を中心として刻まれている人々と別刻であり、追刻であろう。これらの文字を何故に追刻したかは、例えば、「樂師」は、地蔵菩薩像の両脇に童子と木札を持っている冥官の司命が刻まれているが、司命が持っている木札を琴と間違え、司命も楽師と間違え、つまり、琴を持っている楽師と誤解して、その誤解のままに説明するために後世、誰かが記した追刻であろう。

また、年月日の左側はそれから十人目の行の下段の人名までは他の人名と同じ大きさで同じ字体であるが、十人目の上段の並びとそれから上は判読が困難であり、上段の並びとそれから上が連続している人名であるかどうかも不明であるが、上段の並びの上は別刻であり、追刻であろう。左端の行は年月日を中心として刻まれている人々と頭の位置が違い、判読が困難であるが、字体も異なっているようであり、これらも別刻であり、追刻であろう。

（四）大乗寺の地蔵菩薩板碑と厳島神社釣燈炉に刻銘されている左近太郎

――大乗寺と博多の交易船の船頭――

博多の講衆が現世と来世の安穏を願って正平二十一年（一三六六）三月三日、厳島神社に釣灯炉一口を寄進している。釣灯炉には次のような銘が刻まれている。[83]

敬白厳島大明神宮灯炉一口、筑前国博多講衆等、二世心中所願決定円満故也、

左近太郎
向阿　然阿
楽阿
満次郎
慶通　聖祐
祥汲　孫三
五郎　孫二郎
四郎太郎
四郎太　孫七
左衛三郎
教詮
了玄

正平廿一年丙午三月三日講衆等謹言

厳島神社に釣灯炉一口の寄進を行った博多の講衆とはどのような人達であろうか。松岡久人氏は博多の講衆について、博多の商人と推定されている。ただ、博多の講衆が何故に商人であると判断されたかについては説明されていない。[84]川添昭二氏は博多の講衆について、可能性であるとして色々挙げて幅の広い説明をしているが、最もまとめとして記している部分を挙げると次の文の部分であろう。「講衆の階層についてはいろいろ想

定されるが、一応、海運と交易に従う博多商人とみておこう。少なくとも従来の博多を担ってきた博多綱首に替って当代の博多を直接に支えていた人々であることはいうまでもなく、博多綱首に替わる在地の新興博多商人とみうる可能性は高いと思う。もちろん航行専従者（一部、全部）という見方を捨て切らないのことである。[85]」と説明している。川添昭二氏のこのまとめの説明で博多講衆は、新興の博多商人である。但し、一部か全部かは断定できないが、航行専従者という見方も捨てきれない、という説明をされ、幅広い捉え方で説明している。要するに明確な説明ができずに判断に困られたのであろう。いずれにしろ、川添昭二氏は博多講衆について新興博多商人である。しかし、一部か全部かは断言できないが、航行専従者という見方も捨てきれない、と捉えている。

博多講衆とはどのような人々であろうか。釣灯炉には寄進した博多の講衆として左近太郎以下十七人の名前が記されているが、全員男性である。女性は一人もいない。従って、博多の講衆は男性だけで構成されている職業の人々である。厳島神社は古来、航海・船運の守護神として崇敬されていた。それと男性だけで構成される職業の人々が関係するとすれば、これらの人々は船舶の運航に携っている人々、つまり、船舶の乗組員である。また、十七人の中に孫三、孫二郎、孫七という名の三人がいる。この三人の名について、博多と厳島を結ぶ博多商人の名としてふさわしいのか、船舶の乗組員としてふさわしいのかを見てみると、三人もこのような名があることは新興の博多商人よりも、船舶の乗組員、それも下級の乗組員としてふさわしい名である。また、博多の講衆が商人達であり、商人として二世の安穏を願っているとすれば、当然、商人には家族があり、家族の安穏も願うということになるから女性が混じっていることになろう。しかし、女性は一人もいない。これはたまたま女性がいないのではなく、この講衆は元々女性を入れない性格の構成であると見るべきである。

厳島神社に釣灯炉を寄進した博多の講衆について以上のように見てくると、川添昭二氏が判断したように博多の講衆は新興博多商人ではないし、一部に船舶の運航従事者が加わっている講衆でもない。博多の講衆は明らかに船舶の運航者である。

　また、始めに記載されている左近太郎はどのような身分の人物であろうか。南北朝時代の九州関係の史料に記されている左近太郎がどのような身分の人物であるかについて見てみよう。瀬野精一郎氏編の南北朝遺文九州編から左近太郎の名を抜き出すと、南北朝時代の九州関係の史料に記されている左近太郎は以下の十例であるが、⑥の肥後阿蘇家文書の作人左近太郎は建徳三年壬子十一月十三日付の阿蘇社領検見馬上帳に五箇所記されているが同じ文書の中に記されているので同一人物であり、これを一人とすれば、左近太郎は六人である。

①同中間左近太郎討死　松浦党討死合戦交名写　北肥戦誌二所収(86)

②中間左近太郎腰骨被射抜畢、　税所宗円軍忠状　肥後相良家文書　康永元年九月廿九日(87)

③同（中間）左近太郎左ノカヰナ同　建部清成・同清有軍忠状写　大隅禰寝文書　文和三年三月　日(88)

④若党左近太郎等　津奈木某申状案　肥後相良家文書　正平九年潤十月　日(89)

⑤郎従左近太郎胸射疵　周布士心軍忠状写　萩藩閥閲録百二十一之一所収　応安五年九月　日(90)

⑥作人左近太郎　阿蘇社領検見馬上帳　肥後阿蘇家文書　建徳三年壬子十一月十三日(91)

　以上の例に見られるように左近太郎は中間の身分が三人、若党、郎従、作人の身分がそれぞれ一人となっている。中間、若党、郎従は独立した武士ではないが、苗字が有る者もおり、武士の身分の範囲に含まれているとしていいであろう。また、阿蘇神社の領内に於いて作人がどのような身分にあるのか検討を要するが、同じ時期の別の「阿蘇社領検見馬上帳」には作人はほとんど有苗字者として記されている(92)。従って、阿蘇社領検見馬上帳に記されている左近太郎は単なる農民ではなく、武士の範囲に含まれている身分である。

　鎌倉幕府が訴訟の場所を身分によってどのように規定しているかを第一章　第二節（三）に於いて見た。吾妻鏡の宝治元年十二月十二日の記述によれば、雑人は庭であったのに対し、郎等は広庇を訴訟の場所とした。

郎等は鎌倉幕府に於いて侍として処遇している。鎌倉幕府のこのような処遇の規定からしても南北朝時代に於いても郎等は武士の身分であるとしてもいいであろう。

左近太郎の名について以上のように見てみると、左近太郎という名は武士の従者であるが、武士の範囲に含まれる名に見られ、一般の農民や町衆に見られる名ではない。左近太郎の名についてこのように見ることができる。

また、左近太郎は厳島神社の釣灯炉の寄進者の始めに記載されていることから寄進者を代表する人物である。つまり、左近太郎は博多の船舶の単なる乗組員ではなく運航の責任者である。また、博多の一般の町衆ではなく、上層の町衆である。

左近太郎の名は先項で見た大乗寺の康永四年六月廿四日の年月日の銘がある地蔵菩薩像板碑の中にも見られる。左近太郎はどちらも博多の人物であることは間違いないが、釣灯炉の正平二十一年（一三六六）と地蔵菩薩板碑の康永四年（一三四五）とは二十一年のズレがあり、両者が同一人物であるかどうか、少し検討しなければならない。しかし、左近太郎という名は先に見たように、鎌倉時代後より南北朝時代の全時期の五十九年間を通して九州関係全域に於いても六人しかなく、それほどざらにある名ではない。従って、博多の中に左近太郎という同名の人物が同じ時期に二人いた可能性は少ないこと、二十一年程度のズレであったら同一人物としてもおかしくはないことから、両人は博多の同一人物としていいであろう。つまり、大乗寺の地蔵菩薩板碑に刻まれている左近太郎は厳島神社に釣灯炉一口を寄進した博多の講衆の左近太郎と同一人物であり、船舶の運航に従事していた人物であり、その船舶の運航の責任者であった人物である。且、博多の上層の町衆である。

その左近太郎はどのような船舶の運航に従事していたのであろうか。厳島神社は瀬戸内海航路等の航海の守り神として信仰されていただけでなく、日宋貿易、朝鮮貿易等の海外貿易に従事していた人々の航海の守り神として信仰されていた。従って、そこに博多の左近太郎が祈願の釣灯炉を寄進していることは、同人が海外との貿易に従事している船舶の運航に従事していた可能性があることを物語っている。釣灯炉に記銘されている人数の十七人は同じ船舶の全乗組員であろうから、これだけの人数では外洋航海する貿易船の運航ができるほぼぎりぎりの乗組員数であろう。しかし、外洋航海ができない乗組員数ではない。従って、左近太郎が博多の貿易船を運航していたことを想定することができないこともない。左近太郎が博多の貿易船を運航していたのではないか、ということを念のために別のことから見てみる。

福岡市東区志賀島の志賀海神社の近くの荘厳寺は臨済宗東福寺派であり、文殊菩薩像、福岡県の文化財に指定されている平安時代前期の観世音菩薩立像を伝え、中世以来行われているという文殊祭りを行っている。これらの仏像は元々志賀海神社の神宮寺であった吉祥寺の所蔵であったが、吉祥寺が明治元年（一八六七）、廃寺になったために荘厳寺に移されたという。吉祥寺は筑前名所図会の志賀神社の絵や筑前国続風土記附録の志賀大明神社の絵には志賀海神社の社殿の西側に隣接して描かれている。筑前国続風土記附録の吉祥寺の絵には本殿の後ろに大きな文殊堂が描かれているが、この文殊堂も毀され、文殊菩薩の木造、大蔵経等は荘厳寺に移された[93]。文殊祭りも吉祥寺の行事であったのが、荘厳寺に引き継がれたのであろう。志賀海神社の参道の西側に、文殊菩薩を表すマンの種子と「貞和三年丁亥　八月十五日　大檀那　橘□□」と、貞和三年（一三四七）の年号が刻まれた全高三・三四五メートルの巨大な法篋印塔がある。文殊堂の後ろにも同堂の高さに近い巨大な法篋印塔が短冊に多宝と記されて描かれている。叡尊、忍性の西大寺律教団には石工集団が従い、教団が布教活動した地域に十三重塔等の層塔、五輪塔、宝篋印塔等の巨大な石造物を建立していたことは先に見た。また、大乗寺にも巨大な法篋印塔が建立されていた。志賀海神社の参道脇の法篋印塔もその一つである。荘厳寺にはキリーク（阿弥陀如来）、サ（観世音菩薩）、サク（勢至菩薩）に、文殊菩薩を表すマンの種子と「大永四年（一五二四）庚申二月十五日」の年月日を彫った板碑がある。このことは吉祥寺が西大寺律教団の文殊菩薩信仰の拠点であったことと、吉祥寺を中心とした文殊菩薩信仰が深まっていたことを物語っている。

それではいつ頃から西大寺律教団は吉祥寺を文殊菩薩信仰の拠点としていたのであろうか。法篋印塔は西大寺律教団の布教した証として建立され、それに刻まれた年号が貞和三年であることから、少なくともこの時期には吉祥寺が文殊菩薩信仰の拠点として成立していたことを物語っている。そして、布教の成果として建立したのがこの時期であることから、信仰が行われていた時期は鎌倉幕府・鎮西探題が博多の都市を構築していた時期、大乗寺が成立した十三世紀末に遡ることができるであろう。

太閤記に記す細川幽斎の「幽斎道之記」は志賀島について次のように記している。

夕浪あらくなりて、やうやう志賀の嶋に着きて、金剛山の宮司坊にやどるに、春日鹿嶋当社おなじ御ちかひの神なりと物語有。

　みかさ山さしてやかよふしかのしま神のちかひのへだてなければ

（中略）

立出見侍りけるに、砂の遠さ三里ばかりも海の中をわけて、島につづき十四五間ばかりも有と見えたり。文殊などもおはしませば、橋立《はしだて》の事など思ひくらべられき。(94)

細川幽斎は豊臣秀吉の九州征討に従って、九州に下って来た時、志賀島の金剛山吉祥寺の宮司坊に滞在した。志賀島には文殊菩薩が祀られて信仰されており、海の中道という砂州の先端にある志賀島と、同じ砂州である細川幽斎の所領丹後国にある天橋立にも鎌倉時代から文殊信仰が行われていた智恩寺があり、両者の景観の優れた風情と文殊信仰が共通していることが思い比べられて、感慨深いと記している。

細川幽斎は織田信長、豊臣秀吉政権の大名としてだけでなく、文学に造詣が深く、文化人としても著名である。細川幽斎が志賀島についてこのように記していることは、志賀島の景勝と文殊信仰が日本の文化人達に広く知られていたことを物語っている。細川幽斎が志賀島の文殊信仰についてこのように記しているのは既に近世初期に入った十七世紀の直前である。従って、十七世紀の直前に至った時期に於いても、志賀島に於いては文殊信仰が盛んであり、そのことが日本の文化人達に知られていたことが分る。

それでは何故に西大寺律教団は吉祥寺を拠点としたのであろうか。志賀島は古来、海外渡航の船舶を運航した安曇《あずみ》族の白水郎《あま》の居住地であり、安曇族の白水郎と海上交通の守り神である志賀海神社が鎮座している島であり、吉祥寺はその神宮寺である。また、海外から入国する通関の手続きをするまでは志賀島か、その隣の能古島の前海の泊地で待機しなければならない地であり、海外交易を行う船舶にとっては最も重要な地である。円仁は承和十四年（八四七）、唐から帰国してきた時、「（九月）十七日、博太《はかた》［博多］の西南［北？］能挙《のこ》島の下に船を泊す。十八日、鴻臚《こうろ》館前に到る。」と、博多に入港する許可を得るまで能古島の沖に停泊させられた。恐らく、鎌倉時代も同様であったろう。現在でも博多に入港する外洋船が多数、通関のために能古島、志賀島の前海に停泊しているのが見られる(95)。

吉祥寺は筑前名所図会の志賀神社の絵や筑前国続風土記附録の志賀大明神社の絵に描かれている絵が分かりやすいが、志賀海神社の社殿の西側に隣接し、志賀島の海岸近くの高台にあって博多湾を眼下に一望する地に位置し、博多の津に出入りする船舶を一望できる絶好の地に位置している。吉祥寺の博多に対するこのような位置は、鎌倉の極楽寺が和賀江島の維持、管理を行うために置いていた万福寺と同じであり、博多の大乗寺と吉祥寺の関係は鎌倉の極楽寺と万福寺の関係に他ならない。

文殊祭りは現在、吉祥寺から荘厳寺に引き継がれて文殊菩薩に参拝する寺内の行事として伝えられているが、志賀島の全島民が吉祥寺の信仰者であったことから、文殊祭りは吉祥寺の文殊堂に於いて志賀島の全島民が参加する行事として行われていたのであろう。西大寺律教団が吉祥寺を中心として志賀島の島民を結束させるために行った行事である。西大寺律教団、大乗寺が吉祥寺を拠点として志賀島の島民を信仰者とした目的は、志賀島の位置と島民が博多の港と海外交易には欠くべからざる位置と役割を果たしていたためであり、西大寺律教団は吉祥寺を拠点とした志賀島によって、博多の港と海外交易を掌握することができるからである。

筑前国続風土記附録の志賀島の絵に描かれている志賀海神社と吉祥寺

博多湾を一望する志賀島の高所に志賀海神社と吉祥寺が描かれ、その後ろには文殊堂も描かれている。吉祥寺の位置は博多港に出入する船舶や志賀島とその島民を掌握する大乗寺と吉祥寺の役割を象徴する位置にある。筑前国続風土記附録　平岡邦幸氏蔵　福岡県立図書館提供

宋希璟は京都から帰る途中の博多に入港する前、荒天を避けて志賀島の漁師の家に宿泊していたが、
八月初一日早朝島中代官聞予宿漁家来謁請予移寓島中断過寺主僧全的欣然接対書示
と、宋希璟が漁師の家に宿泊しているのを知った島の代官が、島の断過寺に移るように要請をしたのでそこに移った、と記している。[96]断過寺について、筑前国続風土記附録は「〇瑠璃光寺・正光寺・正覚寺・旦過寺の名あり。皆吉祥寺に属すといへとも、いまは廃して其址さたかならす。[97]」と記し、福岡県地理全誌は志賀嶋の廃寺址の項で「村中ニ琉璃光寺。正光寺。正覚寺。旦過寺ノ名アリ。皆吉祥寺ニ属セシ寺ト云。[98]」と記し、断過寺は吉祥寺が管掌していたことを記している。

断過寺と吉祥寺の関係は大乗寺の成立の時期に遡っても良いであろう。断過寺は旦過寮に因む名称であり、宿泊を目的とする寺院であるために代官は宋希璟にそのような要請をしたのである。吉祥寺が断過寺を管掌していたことから、断過寺は西大寺律教団が設置、管掌していた施設であり、博多に入港する許可を得るまで志賀島の近海に停泊させられた船舶や、志賀島に寄港したり、近くを航行する船舶の客や商人、旅行者の宿泊の便のために設置していた施設である。吉祥寺が断過寺を設置し、それを管掌していたことは、西大寺律が貿易商人、商人、旅行者に便宜を図っていたということだけではなく、貿易商人、商人、旅行者の活動に関与し、掌握しようとしていたことを物語っており、西大寺律が志賀島を掌握していた目的がここにも表されている。

以上のように、西大寺律教団が志賀島の吉祥寺を拠点とした目的は博多の港と海外交易を押さえることにあり、これらのことを中心になって進めたのは、勿論、博多と筑前国に於いて西大寺律教団の指導的立場にあった大乗寺である。つまり、大乗寺の西大寺律教団での役割の一つに博多の貿易の拠点の確保と貿易船の運航者の確保があったのである。大乗寺と博多の津と海外交易について以上のように見てくると、大乗寺が海外交易の船舶の運航者を掌握していたことを明らかにすることができる。

大乗寺が志賀島の吉祥寺を拠点として貿易に従事していた船舶の運航者を掌握していたことは、左近太郎も

貿易船の運航に従事していた可能性があることを物語っている。いずれにしても、左近太郎は博多と瀬戸内海航路を中心とした国内の各地を結ぶ航路を運航していた船舶の運航の責任者か、博多を拠点として貿易を行っていた船舶の運航の責任者である。その左近太郎が大乗寺に地蔵菩薩板碑を建立しているのは単に現世と来世の安穏を祈願しているだけでなく、航海安全の祈願を込めて建立しているのである。

左近太郎について以上のように見てくると、大乗寺が瀬戸内海航路を結ぶ国内の交易だけでなく、貿易に係わっていたことを物語っている。大乗寺を拠点とした西大寺律教団が神宮寺等の交通や軍事的要衝を押さえていたことは先項の（二）に見た。それとともに地蔵菩薩像板碑は大乗寺が瀬戸内海航路を結ぶ交易や貿易に係わり、博多を拠点とした貿易船の運航に携っていた人物と係わっていたことを現在に伝えている証である。つまり、大乗寺の地蔵菩薩信仰は博多の都市民の現世と来世の安穏を祈願して行われているが、それを細かく見てみると、博多の町衆の中に海外交易や国内交易の船舶の運航に携わっていた人々がいて、航海安全を大乗寺に祈願していたことが見える。

更に、大乗寺と金沢氏とが海外貿易船にどのように係わっているかについて見てみよう。次のような史料がある。金沢実政の後を継いで鎮西探題となったその子の政顕が金沢貞顕に宛てた書状である。

かやうに仰下被候御事、ことにかしこまり入候、
さてたうせんこの十九日出て候、まさあきか承候ふねにのせて候、□□□の
□□□□□とおほせ候、御心得候て、こさせ給へく候、
あなかしく〳〵、
卯月廿八日　　まさあき[99]

この書状に記されている内容を箇条書的に列挙してみると、
①鎮西探題金沢政顕は金沢貞顕が命じたこと、指示をしたことを特に大事に受けること

②鎮西探題金沢政顕に対して金沢貞顕が命じたり、指示をしていること
③唐船が四月十九日博多を出航したことを鎮西探題金沢政顕が金沢貞顕に報告していること
④この唐船は鎮西探題金沢政顕が金沢貞顕から連絡を受けていた船舶であること
⑤その唐船に鎮西探題金沢政顕が金沢貞顕から連絡を受けていた積荷を載せたことを報告していること

この書状は以上のことを記している。唐船とは具体的には幕府の管掌下にある貿易船のことである。

まとめると、鎮西探題金沢政顕にとって、博多に来航する唐船について金沢貞顕に報告すること、つまり、博多に来航する唐船の来航、出航の動向を連絡すること、その唐船について金沢貞顕の指示があった場合、その指示を実行すること、唐船の積荷を掌握していることが、金沢貞顕に対する重要な役割であったことを記している。これらのことを鎮西探題を主体として見れば、鎮西探題金沢政顕は博多に、唐船がいつ来航し、いつ出航したか、その唐船はどこに向かったか、を掌握していた。また、唐船の積荷についても掌握していたことを物語っている。そして、それらのことを金沢貞顕に逐次報告することは特に重要な役割であったことを記している。

更に、鎮西探題金沢政顕が金沢貞顕に対し、唐船に博多に於いて荷を積んだことを報告していることは、唐船は博多から金沢貞顕のいる鎌倉か、金沢氏の本拠地称名寺がある武蔵国六浦に向かっていたことを物語っている。つまり、唐船は鎮西探題の掌握の下に、博多→鎌倉→武蔵国六浦という航路で運航されていたことを物語っている。この書状は鎮西探題金沢政顕と金沢貞顕との関係を記しているが、この書状について以上のように見てくると、金沢氏が鎮西探題の博多を拠点として海外貿易をどのように掌握していたかを明らかにしている史料であり、また、鎮西探題の管掌の下に海外貿易が行われていること等、鎮西探題が海外貿易に重要な役割を果たしていたことを明らかにしている史料である。金沢文庫古文書には唐船について記した金沢貞顕等の書状が多数見られ、金沢氏が海外貿易について極めて関心を持っていたことを物語っている。

尚、ことばの中世史研究会編『「鎌倉遺文」にみる中世のことば辞典』（東京堂出版）に於いて「唐船　からぶね・とうせん」の項目があり、鎌倉遺文に所収されている唐船関係の史料が紹介されているが、この史料はその中には入っていない(100)。

鎮西探題と金沢氏が唐船の運航、積荷等について情報を確保することができたのは、一つには海外、国内の交易船の運航に係わっていた大乗寺を通じてであろう。大乗寺を創建したのは鎮西探題金沢実政であったことは先に明らかにしたが、鎮西探題が大乗寺の創建に係わった理由の一つが、西大寺律の大乗寺が海外、国内の交易船の運航に携る人々を従え、交易船の運航に重要な役割を果たしていたためであり、鎮西探題はこのような大乗寺を通じて唐船の運航、積荷等について情報を確保していたのである。

（五）大乗寺とその志賀島に於ける殺生禁断管理権

大乗寺が志賀島の島民を掌握していたことは海外交易や国内交易を行う船舶の運行に携る人々や商人を掌握するためだけでなく、他にも理由がある。大乗寺が志賀島の島民をどうして掌握できたのか。また、そのことから大乗寺が博多に於いて担っていた役割について見てみよう。宋希璟は老松堂日本行録に於いて、志賀島について次のように記している。

志賀島

売魚常給食舟子逆潮行（島中無田島倭売魚而生）(101)

志賀島の人々は魚を売って生計を経ている。志賀島には田は無いので、島民は魚を売って生計を経ている、また、島民は舟を操るのに巧みであると記している。志賀島の島民の主要な生業《なりわい》が漁業であり、島民の多くが漁業に携っていたことを記している。宋希璟がこのように記しているのは応永二十七年（一四二〇）の時期であるが、これより前の鎌倉時代、南北朝時代も島民の生活は同様であったことは間違いない。明治初期の調査でも志賀島地区の戸数は二五五戸で、そのうち村は一〇三戸、浦は一四九戸となっており、漁業従事者が農業従事者より多い。

志賀島の人々はどこに漁獲した海産物を売って生計を経てていたのであろうか。志賀島の人々の多くが漁業に従事していたということは、志賀島の島内では漁獲した海産物を販売、消費することはできないということである。勿論、志賀島の近傍の村々も海に近い地域であるから、そのような地域でも漁獲した海産物を販売できない。こうしたことから判断すると、志賀島の人々が漁獲した海産物を販売していたのは九州第一の都市として成立していた博多であろう。博多の都市民が生活を維持して行くためには大量の食料、生鮮食料品等の消費物資が他の地域から供給されなければならない。そのような博多の都市民が食料の蛋白源として摂取していたのは動物よりも魚介類等の海産物の方が圧倒的に多い。また、博多の遺跡から出土している魚介類には博多の海岸で住民自らが漁獲したものよりも、専門の漁業者によって漁獲された海産物が圧倒的に多い。つまり、博多の都市民が消費していた海産物は博多の外部から専門の漁業者が漁獲した海産物が供給されているのである。こうした魚介等海産物を博多に外部から供給していたのが志賀島の島民であり、志賀島の島民は博多の都市民が消費する海産物の供給源の一端を担っていた。

博多と志賀島は陸路では海の中道を経由しなければならず、二二キロメートル程の距離となるが、船舶を利用すれば一直線となり、十一キロメートル程であり、それほどの距離ではない。宗祇が志賀島に遊んだ時、筑紫道記に「爰より船出して志賀の嶋にをしわたる。思ふかたの風さへ添て片時の間と覚ゆ。」と記しているように、宗祇は博多から志賀島を船で訪れているが片時であった、と苦にしていない。船の運航に慣れた志賀島の島民では簡単な行程であり、船便を利用すれば志賀島の漁獲物を博多に運ぶのは簡単であったろう。

漁業は殺生を行う生業である。鎌倉の海岸で漁業を行うことを許可する権限は忍性以来、極楽寺が管理していた。つまり、鎌倉の前浜の殺生管理権を極楽寺が持っていた。志賀島の漁業に従事している人々が生活を営むために殺生を行っても、現世と来世の安穏を願っていたことは当然である。西大寺律はこのような志賀島の漁民が漁業を行っても、吉祥寺によって漁民の現世と来世の安穏を保証していたのであろう。そして、吉祥寺の信仰者となる代わりに島民が漁業を行うことを許可していたのであろう。つまり、吉祥寺に殺生禁断の管理を行わせていたのである。古代に於いては志賀島の住民は白水郎《あま》であり、その氏神が志賀海神社であることに由来して、志賀島の全島民は志賀海神社の氏子である。吉祥寺はその志賀海神社の神宮寺であり、志賀海神社と一体である。従って、志賀島の全島民が吉祥寺の信仰者という関係にあった。そして、その島民のほとんどの人々が漁業に従事していた。西大寺律、大乗寺はこのような志賀島の島民に対して、島民が漁業を行うことを保護することによって生活を保証し、また、漁業という殺生を行っても現世と来世の安穏を保証するという殺生禁断の管理を吉祥寺に行わせることによって全島民を掌握していたのである。

また、志賀島の島民が博多に於いて漁獲物を販売する方法は販売物が加工品よりも生鮮品が主であるということ、販売者が志賀島の島民であるということから、市の立つ特定の日に市場で販売したり、常設の店を構えて販売する方法もあるが、市中に於いて行商を行う方法が最も合理的であり、行商を行う方法が主であったことが推定される。そして、そのような志賀島の島民が博多市中に於いて行商を行うことを大乗寺が保証していた。大乗寺が志賀島の島民が漁業を行うことを認めても、その漁獲物の販売まで保証しないと島民の生活を保証することにならないからである。

鎌倉幕府の追加法である弘長元年二月廿（卅）日の関東新制条々は次のような項目を定めている。

一　可停止立商人事

或徘徊在家門戸、或停立往反路頭、致売買犯奸詐之輩、仰保之奉行人、自今以後、可制止之矣[102]、

鎌倉幕府が鎌倉市中に於いて立商人を禁止した法である。立商人とは行商人のことであり、行商人が民家を

訪ねて物品をF売買したり、道路上に於いて通行人に物品を売買すること、つまり、行商を行うことを禁止し、行商行為は今後、保奉行人が禁止して取り締まるとした法令である。この法令から鎌倉市中で行商を営むことは禁止されていたことが分かる。

また、吾妻鏡の文永二年三月五日には次のような記述が記されている。

五日甲戌。鎌倉中被止散在町屋等被免九ヶ所。又堀上家前大路造屋同被停止之。且可相觸保々之旨。今日。所被仰付于地奉行人小野沢左近大夫入道也。

町御免所之事

一所　大町　　一所　小町　　一所　魚町　　一所　穀町　　一所　武蔵大路下

一所　須地賀絵橋　一所　大倉辻

鎌倉に散在する町屋はここに指定している七箇所等の九箇所に限って許可する、とした法令である。幕府は鎌倉市中に於いては、先に見たように行商を営むことは禁止しているだけでなく、商業を営むことも限定した九町でのみ許可している。これらは幕府が鎌倉市中に於いてどのように商業行為に対応しているかの実情である。

博多に於いても行商するにしろ、町屋に於いて販売するにしろ、商業行為についての取り締まりは同様であったことは当然であろう。博多市中に於いて鎮西探題の許可がなければ、販売等の商業行為は勝手に行うことはできず、行商も認められなかったはずである。況や博多市外の志賀島の人々が博多市中に於いて、生鮮食料品を販売する町屋を構えたり、行商したりすることが認められるはずがない。

志賀島の島民が博多市中に於いて行商を行うことができるのは、鎌倉幕府、鎮西探題と密接な関係にあった大乗寺のような存在が介在してこそ認められる行為である。博多市中に於いて大乗寺と志賀島の島民とにはただ単に漁業を行うことを認めるだけでなく、博多市中に於いて漁獲物を販売することを保証する。つまり、志賀島の島民が博多市中に於いて漁獲物の行商を行うことを保証してこそ、大乗寺は志賀島の島民と他者の介在を認めない排他的にして強力な結び付きを創出することができたのである。西大寺律、大乗寺の信仰が吉祥寺を通じて志賀島の島民と結びついているのはこうした事情を物語っている。

西大寺律、大乗寺の信仰が飯盛の人々と結びついているのも、志賀島の島民と同じような事情であろう。西大寺律、大乗寺が室見川の渡渉地点である飯盛に神宮寺を創建して、この地を拠点としていることは、飯盛は西海への街道の室見川の渡渉地点であり、従って、飯盛には渡しを職業として人々がいたはずであり、それらの人々は大乗寺、神宮寺との結びつきを窺わせる。つまり、渡しというような職業は飯盛の人々が勝手に行うことができる職業ではなく、神宮寺、大乗寺が保証してこそ行える職業であり、渡しを行っている飯盛の人々の職業を神宮寺、大乗寺が保証していたことを物語っている。

西大寺末寺帳には志賀島の吉祥寺は記載されていない。つまり、吉祥寺は西大寺の直末寺とはされていない。吉祥寺は大乗寺の管掌下に置かれていたのであろう。鎌倉の海岸の殺生禁断の管理を行うために極楽寺の管掌下にあった万福寺も同様である。西大寺律教団、具体的には極楽寺と大乗寺が博多の港と海外交易を掌握するために吉祥寺によって志賀島の島民を掌握することは、吉祥寺を西大寺の直末寺にするよりも、博多に在った大乗寺が吉祥寺を直接管掌した方が、都合が良かったためであろう。

尚、吉祥寺の寺名は文殊菩薩の漢訳の妙吉祥に由来している。この寺名は西大寺律教団の文殊菩薩信仰にあまりにも合致しすぎている。先に触れたように吉祥寺から荘厳寺に移された仏像に平安時代前期の作とされる木造観音菩薩立像がある。吉祥寺にこのような仏像が存在していたことは同寺の歴史がかなり古いことを物語っている。文殊菩薩信仰は西大寺律教団によって広められ、吉祥寺が西大寺律教団の寺院となったのは鎌倉時代の後期であり、それ以前は別の宗派の寺院であったのであろう。先に神宮寺や大乗寺の例に見たように、西大寺律は別の宗派であった寺院を新しく同教団の寺院の吉祥寺として再創建したのである。

西大寺律教団は叡尊、忍性以来、熱心に文殊信仰を行っていた。大乗寺に於いても熱心に文殊信仰が行われていたことは当然であったと思われるが、現在、大乗寺に於いて西大寺律教団が文殊信仰を行っていたことを物語る史料は残っていない。しかし、先項の（二）に於いて明らかにしたように、大乗寺の長老が神宮寺の文殊菩薩騎獅像の開眼供養を主導していたことや、大乗寺が直接、管掌していたと推定される志賀島に於いて吉祥寺によって文殊信仰が勧められていることは、大乗寺が文殊信仰を行っていたことの証であり、また、西大寺律教団が大乗寺を拠点として筑前国に於いても文殊信仰を行っていたことの証である。文殊信仰の象徴である文殊菩薩騎獅像を鎌倉幕府、六波羅探題に於いて要職にあった長井氏の一族の因幡次郎左衛門尉康成が製作し、また、同人が鎮西探題金沢実政と親交があったことが想定されることは、鎮西探題、鎌倉幕府、幕府の要人が文殊信仰を支援していたことを物語っており、大乗寺を創建した金沢実政が同寺に於いて文殊信仰を支援していた証でもある。神宮寺の文殊菩薩騎獅像を安置している御堂の前に、円の中に文殊菩薩を表すマンの種子が彫られ、「貞和五年己丑　八月九日　大尼慈善」と彫られている板碑が現存している。文殊菩薩を表すマンの種子が彫られている文殊菩薩板碑は福岡市内に於いてはこれと、先に述べた志賀島の荘厳寺の板碑の二例が知られる。このことは西大寺律教団が大乗寺を中心として神宮寺と志賀島に於いて文殊信仰を勧めていたことを物語っている。

西大寺律教団の文殊信仰は都市民とその周辺の病者、孤児、貧民等の弱者救済を行う。また、都市生活に必要な職能民の組織化を行う。鎌倉幕府、鎮西探題が博多を城郭都市として構築、整備すれば、民衆の流入を伴い、そのために病者、孤児、貧民等の弱者が増加したことは当然である。博多が都市としての機能を維持するためには都市生活を支える職能民が必要となる。鎌倉幕府、鎮西探題は「国家安全当所繁栄の為」の「当所繁栄の為」、つまり、博多の繁栄と安定のために博多とその周辺の病者、孤児、貧民の救済を行わなければならなかったが、そのことを文殊信仰の実践として都市の病者、孤児、貧民の救済を行っていた西大寺律教団に依存し、そのために西大寺律教団を支援したのである。また、都市としての機能を維持するために、その組織化が必要となる。第二節（二）に於いて明らかにしたように、鎌倉幕府、鎮西探題は博多の都市民の弱者救済と都市生活に必要な職能民の組織的活動を時衆の称名寺等に依存していた。大乗寺は吉祥寺によって博多の港や海外交易の船舶と停泊地である志賀島、海外交易や国内交易の船舶の運航に係わりがある島民を掌握していた。鎌倉幕府、鎮西探題は海外交易や国内交易の船舶の運航に従事していた志賀島の島民の掌握を大乗寺に依存していたのである。また、それだけでなく、極楽寺の管掌の下にあった鎌倉の前浜の住民が鎌倉の都市生活を支えていたように、吉祥寺が掌握していた志賀島の島民が博多の都市生活の中の食料の魚介類等海産物の供給を支えている部分があり、大乗寺は吉祥寺によってそのような志賀島の島民を掌握、組織化するとともに、支援していたのである。鎌倉幕府、鎮西探題は博多の都市民の弱者救済と特定の職能民の組織的活動を称名寺だけでなく、大乗寺にも依存していた。大乗寺に於いて文殊信仰が行われていたことはそのことを物語っている。つまり、鎌倉幕府、鎮西探題は博多の都市の弱者救済と都市生活を維持していく職能民の組織化と支援を称名寺と大乗寺等に行わせていた。

第四節　博多城と鎌倉城の都市構造の共通性

博多と鎌倉の関係について、もう少し見てみよう。鎌倉に於いて、鶴岡八幡宮は鎌倉の北にある大臣山の中腹にあり、北、東、西の三方を山に囲まれ、南に広がっている鎌倉の町を見下ろす位置にあり、逆に町からは見上げる位置にある。また、その鶴岡八幡宮を基点にして海岸まで若宮大路が真っ直ぐに通っており、鶴岡八幡宮とこの若宮大路を基準にして町は構築されている。鶴岡八幡宮は鎌倉の町の基準となっている存在である。鎌倉幕府の得宗邸、将軍の御所は若宮大路の東側、町の基準となっている鶴岡八幡宮からすると若宮大路の左側になる、鶴岡八幡宮の境内の下を東西に通っている横大路の南側、若宮大路の一つ東側の若宮大路に平行した通りである小町大路との間に置かれた。いずれも若宮大路の東側、鶴岡八幡宮からすると左側の、鎌倉の東北の位置に置かれた。これらの施設がある若宮大路の東側の地域は大路の西側の地域より一段高くなっており、西側からの侵攻に備えた地形構造となっていた。若宮大路の幅は三〇メートルあり、大路の両側には幅三メートル、深さ一・五メートルの堀があり、鎌倉の東側を守る防禦線となっていた。

また、第一章　第二節（四）で述べたように北条氏の菩提寺である東勝寺はこれらの施設より更に東側の、小町大路の東側を流れている滑川の東に置かれた。東勝寺は背後に山を控え、その前は深く切れ込んで渓谷をつくった滑川を堀の代わりとし、石垣が何段にも構えられ、直進できないような構造となった城郭構えの防衛機能を有した寺であり、幕府に一旦事ある時には東勝寺に籠って戦うことができるような構造であった。事実、鎌倉幕府の滅亡に際しては、北条高時以下北条氏一族、郎党ら八百七十余人が東勝寺に籠って自刃し、最後を迎えた。

博多の施設はどのように配置されているのであろうか。鎌倉に於いては鶴岡八幡宮が都市の形成の基準とされていた。得宗・鎮西探題が鎌倉の鶴岡八幡宮と、博多に於いて同じ役割としたのは櫛田神社であることは先に明らかにした。鎌倉は鶴岡八幡宮が都市の基準となって都市が形成されている。しかし、櫛田神社は博多の都市形成の基準とはなっていない。鎌倉の都市形成の基準と違っているのである。これは源頼朝が幕府を鎌倉に開いた時、源氏の氏神である鶴岡八幡宮を前面にしなければならなかったためであろう。博多に鎮西探題が設置された時期は既に得宗の権力は確立していた。そのために博多の都市を形成する時、政権の役所である鎮西探題を都市の中心としたのである。つまり、博多に於いて鎌倉幕府が都市形成の基準としたのは鎮西探題である。鎌倉の鶴岡八幡宮に相当するのは博多では鎮西探題である。

博多は後で明らかにするように、東西七町及び八町、南北十一町半の範囲に半町を単位として正確に碁盤の目状に区画され、設計された都市である。このような博多の中の鎮西探題、櫛田神社、大乗寺、犬射馬場の位置と範囲については、第一章に於いて明らかにした。鎮西探題の敷地の北側・正面は聖福寺の伽藍の基軸線から半町南側の位置を通る線であり、敷地の東側は伽藍の基軸線と総門を通り、直交する線から一町西側の線である。鎮西探題はこれらの線の位置の南側、西側に囲まれた東西、南北それぞれ二町半の正方形の敷地である。鎮西探題の敷地のこの位置は、東西七町及び八町の幅の博多の南北を通る中心線を基準にすると、東側に半町はみ出すだけで、他の二町の部分は中心線より西側に位置する。また、鎮西探題の敷地の南側は博多の南端である房州堀より一町北側となるだけであり、東西七町及び八町、南北十一町半ある博多の中で鎮西探題の敷地はかなり南西寄りに位置していることになる。そして、その北側に犬射馬場がある。また、西側には櫛田神社があり、櫛田神社の北側に鎮西探題の菩提寺である大乗寺がある。櫛田神社、大乗寺は西端にあり、博多の西側の端である那珂川を背にしている。また、大乗寺の北端は十一町半ある博多の中で南端から六町の位置にあり、かなり南寄りの位置になる。以上のように鎮西探題、犬射馬場、櫛田神社、大乗寺は、博多の東西七町及び八町、十一町半の中では、南西の位置にまとまっている。

但し、鎮西探題の館の北側にある犬射馬場は侍所の管轄であり、ここまでが実際上の鎮西探題の館の範囲であるとすると、この馬場の北側は聖福寺の総門を通っている伽藍の基軸線上となるから、鎮西探題の館の北側は聖福寺の伽藍の基軸線となり、博多の南北の中心線の南側にあることになる。また、犬射馬場の北側、奥堂屋敷の南側、櫛田神社の北側、大乗寺の南側が聖福寺の伽藍の基軸線上となる。

先に見たように鎌倉は鶴岡八幡宮を基点として北から南に向けて広がっているが、得宗邸、将軍の御所はその鶴岡八幡宮の下に若宮大路の左側である鎌倉の東北の地域にまとめられ、更にその東に東勝寺が置かれている。鎮西探題は南から北に向かって広がっている博多に於いて、北から南に向かって広がっている鎌倉にある鶴岡八幡宮の在り方と違って、少し西寄りの位置にあるが、その鎮西探題と、犬射馬場、櫛田神社、大乗寺は博多の都市の南西にまとめられている。以上のように鎌倉と博多を比べてみると、都市としての向きは反対であるが、鎌倉と博多のいずれも都市が広がっている方向に向かって、都市の中心線から左側の手前に主要施設を配置していることが共通した在り方になっている。このような両都市に共通した施設の配置は偶然ではなく、そのように都市計画された結果である。つまり、鎌倉幕府・鎮西探題は博多の都市を構築する時、鎌倉を念頭に置いて博多の都市設計を行ったためである。

また、鎮西探題を博多の中で配置する時、鎌倉に於ける鶴岡八幡宮のように都市の中心線上ではなく、敷地のほとんどを中心線上から西側に配置したのは、一つは鎮西探題を設置した時、その東側には既に承天寺と聖福寺があり、両寺と鎮西探題との間の南に辻堂口という博多の南側からの出入り口があり、その辻堂口に通じている通りと、その通りに面している幅一町の町屋の地域を設けたためである。もう一つは鎮西探題、櫛田神社、大乗寺、犬射馬場のような施設を一箇所に集中的に配置した方が、鎌倉より防衛体制がとり易いという軍事的な効果を配慮したためであろう。鎌倉ではこれらの施設の東に東勝寺が配置されているが、博多の中では、大乗寺は鎮西探題に近接して北西の区域にまとめて配置された位置となっており、鎌倉よりも集中した配置となっている。

博多に於いてこれらの施設がまとめて配置された南西部は、西側は福岡平野の大河である那珂川、南側は房州堀、更にその南側に鉢の底川と、堀と河川が二重に存在した地形となっている。御笠川は現在、博多の東側を通り、直接、博多湾に流れ込んでいるが、元々は博多と住吉の間を通り、那珂川に流れ込んでいた。その御笠川の痕跡は、第四章　第三節で明らかにしたように鉢の底川である。鉢の底川は中比恵から博多駅の直下を通り、博多区役所の南側辺りから西側は房州堀の南側に近接し、同堀とほぼ平行した流路となり、キャナルシティ博多の東側を通って博多川に流れ込んでいた。キャナルシティ博多の東側では鉢の底川は同施設の東側のくねりながら通っている幅一〇メートル程の道路の位置であり、現在はその下に暗渠となって通っている。

キャナルシティ博多となっている鉢の底川の西岸は明治三十年に建設された博多絹綿紡績会社の工場が在った所である。その工場の建設中の写真があり、その写真に鉢の底川が写っているが、鉢の底川はかなりの幅をもった川であり、また、鉢の底川の東岸は湿地帯となっている。その他、鉢の底川は戦前の博多駅を描いた絵に描かれたり、現在の博多駅ができる以前の地図にも記されたり、戦後、米軍が撮影した航空写真にも写っているが、それらを見ればかなりの川幅があり、鉢の底川の本来の姿は現在の暗渠となっている形状とは全く異なっており、博多の南側を守る防衛線としては十分な川幅の河川である。

従って、博多の南側は鉢の底川と房州堀による二重の防衛線が構築されていたことは疑い得ない。また、房州堀は単なる堀だけではなく、内側に土塁が築かれている構造であることは先に見たとおりであり、極めて厳重な構造となっていた。

ところで、先に引用した筑前国続風土記の房州堀についての記事の後ろに、次のような記事が続いて記してある。

又西一面の堀も、むかしは瓦町のうらより、袖の湊迄南北に通りてありしが、いつのほとにかうつもれて、今はわつかに残り、片原町のうらにあり[103]。

片原町とは現在の川端町である。筑前国続風土記は袖の湊の遺構が大水道であると記しているので、瓦町の裏から袖の湊までとは瓦町の裏から大水道までのことである。筑前国続風土記は、博多の西側に、瓦町の裏から川端町の裏を通り大水道まで南北に貫いていた堀があった。その堀は貝原益軒が筑前国続風土記を著した十八世紀の初めには川端町の裏に一部が僅かに残っていた、と記している。筑前国続風土記が博多の西側に瓦町の裏から大水道まで東西にあったとしている堀は、現状では地形からも、発掘調査からも確認されていない。従って、筑前国続風土記は事実を記しているのか、或は根拠のないことを適当に記しているのか、確認できない。筑前国続風土記が根拠のないことを記していることは多々ある。しかし、筑前国続風土記はその時期についての誤りはともかくとして、実際に存在していた房州堀について記していた。そして、この堀の跡は十八世紀の初めには川端町の裏にまだ残っていたと記していることから、筑前国続風土記が全く荒唐無稽のことを記しているとは言い切れない。従って、この博多の西側にあったとしている堀については現在確認できないからといって完全に否定はできない。

もし、筑前国続風土記が記しているように博多の西側に瓦町の裏から川端町の裏を通り、大水道まで堀があったとしたら、そして、その堀が房州堀と同様に鎌倉幕府・鎮西探題によって構築されていた堀であるとしたら、博多の西側には那珂川があり、その内側に更に堀があったことになり、博多の南側の鉢の底川、房州堀の二重の防衛線と同様に、西側も那珂川、その後ろに堀と二重の防衛線が構築されていたことになり、鎌倉幕府・鎮西探題は鎮西探題が設置されていた博多の南西部に極めて厳重に防衛線を構築していたとすることができる。勿論、この博多の西側の堀の有無に係わらず、鉢の底川、房州堀、那珂川は博多の南西部の極めて厳重な防衛線となっていたことになる。

いずれにしても、博多の南西部はこのような河川や防備のために掘った堀を背後にして防衛体制をとり易い地形となっており、このような地形の地域に鎮西探題、犬射馬場、櫛田神社、大乗寺はまとめて配置されている。このような博多に於ける鎮西探題以下の施設の配置と防衛体制は、鎌倉に於ける得宗邸以下の施設の配置とそれらの防衛体制を下敷きにして構築され、鎌倉と共通する配置をとりながら、更に鎌倉よりも施設を集中させ、防衛体制を強化する形で構築されている。鎌倉幕府・鎮西探題が博多の都市を構築する時に、鎌倉を博多の都市造りのモデルとして、鎌倉の都市のあり方を博多に投影しているために、博多と鎌倉は共通した都市の在り方となっており、そして、尚、博多の都市としての防備体制は鎌倉より強化された在り方となっている。つまり、博多は鎌倉幕府・鎮西探題が鎌倉を理想化した都市として構築した都市である。

防備体制を整えた博多の全体像について少し見てみよう。宋希璟は老松堂日本行録に於いて、「淼〻石城聳水雲石城朴加大別名（淼々《びょうびょう》たる石城は水雲に聳《そび》え《石城は朴加大《はかた》の別名なり。》」と記している。(104) 博多について、「石城朴加大別名（石城は朴加大の別名なり。）」と、博多の別名を石城という、と記している。その他、博多を石城と記している記事は多い。また、世宗荘憲大王実録や成宗康靖大王実録には、

「到於博多城冷泉津、風帆無恙、」　世宗荘憲大王実録　二一

「博多城藤氏母使送信沙文、」　成宗康靖大王実録　三一

「西海路筑前州博多城冷泉津藤氏母、」　成宗康靖大王実録　四三

「日本国西海路筑前州博多城冷泉津藤氏母、」　成宗康靖大王実録　四四

と、「……博多城」、「博多城……」と記している記事が多数見られる。博多のことを博多城と記しているのである。宋希璟が博多のことを石城と称すると記していたり、朝鮮の世宗荘憲大王実録や成宗康靖大王実録が博多のことを博多城と記しているのはどういうことであろうか。筑前国続風土記は博多のことを石城と称した

理由を次のように記している。

北一面は皆石壁なり。是上古より有し石壁にて、弘安異賊の来りし時、再修補せるなり。猶下に詳なり。此石壁ありし故に、博多を名付けて、石城府と云。妙楽寺を石城山と号せしも。彼寺昔は海濱に在て、前に石壁有し故とかや[105]。

筑前国続風土記は、博多を石城と称した理由は、博多は古来大陸との交易の重要地であり、古代より外敵の襲来に対する防禦のために海に面した北側全面に石壁を築いていた。元寇の弘安の役の時にそれを再修補して元寇防塁を築いた。このような石垣の防塁が構築されていたために博多を石城と称したと記している。それは事実であろうか。博多の北側の海岸全体に構築されていた石垣やそれを修理して造ったという元寇防塁からくる呼称だけであったら、石城という呼び方も妥当であろう。しかし、博多を博多城とも称しているのである。海岸に外敵を防ぐための石塁や元寇防塁が築かれていることから博多を博多城と称する、というのは根拠にならない。

博多を石城と称したり、博多城と称しているのは、元寇防塁等の石塁が海岸に築かれているためにだけ呼ばれていたのではなく、単に都市としての博多を称した言葉でもない。博多の全体のあり方に対しての呼び方である。博多は今まで見たように南側は房州堀を構築し、東側は御笠川の流路を変えて真っ直ぐに北に通して博多の東側に通し、北側の海岸には元寇防塁、その後ろには大水道と土塁を構築して防備体制を構築した城郭構ともいうべき都市、つまり城郭都市として構築された。このような鎌倉幕府・鎮西探題による博多の城郭都市としての構築が、博多を石城や博多城と呼ばせたのである。

南北朝時代、九州探題の一色道猷は南朝方との合戦中に聖福寺の直指庵を宿所としていた。一色道猷は南朝方と対戦中に聖福寺の直指庵に滞在していることについて、「合戦最中寄宿聖福寺直指庵、早依無其構、」[106]と、聖福寺の直指庵はその構がない、即ち、無防備であることを訴えている。事実、一色道猷がこの時、聖福寺直指庵に滞在していることについて、単に一寺院の聖福寺直指庵に居候していると把えられている。しかし、それは立前である。一色道猷が南朝方と合戦中に博多の聖福寺直指庵に滞在していることは、博多の聖福寺が城郭の代りになるようなそれなりの構、即ち、構造であったことを物語っている。

一色道猷は足利尊氏の一族であり、足利尊氏側近の有力武将であり、数多くの合戦の経験者である。また、南朝方と合戦の最中であり、聖福寺は一色道猷が記しているように全くの無防備な単なる寺院であるならば、聖福寺に滞在するはずがない。「無其構」とは一色道猷の足利尊氏に対する嘆願の飽くまでも口実であり、直指庵がある聖福寺や博多が十分に城郭的な構造に代る構造であったことを物語っている。一色道猷が博多の聖福寺直指庵に滞在していたのは博多が単に九州の中心都市であったということだけではなく、博多が城郭都市としての構造であったためであることを示唆している。

一色道猷の聖福寺直指庵滞在から博多が城郭としての構造であったことを説くのは少し隔靴掻痒《かつかそうよう》の感があるので、もう少し直接的に博多が城郭都市であったことを記している史料を見てみよう。イギリス東インド会社の商船隊司令官ジョン＝セーリスは平戸にイギリス商館を開設するために、慶長十八年（一六一三）八月七日、徳川家康、徳川秀忠に謁見し、許可を得ようとして平戸を出発、駿府、江戸に向かった。その途中、博多に寄港した。既に関が原の合戦が終って徳川幕府が成立し、江戸時代に入った時期である。しかし、江戸時代に入ったとはいえ、関が原の合戦が終ってまだ十三年しかたっていない時期であり、まだ中世の面影をそのまま残している時期である。ジョン＝セーリスはその間の航海について日本渡航記を著しているが、その中で、博多について次のように記している。

その一つの博多Ｆｕｃｃａｔｅというのは堅牢な城があって、それは自然石で築かれているが、その中には大砲もなく、兵士もおらぬ。それは周囲に深さ五尋、幅その二倍位の濠があり、跳橋があって、修理がよく行き届いている。予は上陸し、市中で昼食をした。逆潮と逆風が強くて、通り抜けができなかったのである。

この市はロンドンの城壁以内のロンドンぐらいの大きさに見えた。家屋はたいそうよく建築され、平らであるから、市街の一端から他端まで見通される。ここは人口がはなはだ稠密で、人々ははなはだ穏和、丁寧である[107]。

セーリスは博多について「博多というのは堅牢な城があって、」と記しているが、これは「博多というのは堅牢な城であって、」という意味であろう。即ち、博多は堅牢な城のような構造の都市であると、セーリスは博多の在り方を記しているのである。そして、その城のような構造の博多は自然石で築かれていると記しているが、博多が城であり、自然石で築かれているとは博多の周り全体が自然石の石垣で築かれているのではなく、博多はそれを囲んでいる堀があって、その内側に土塁を築き、その土塁の腰の部分が自然石の石垣で築かれていたということであろう。また、セーリスは博多には跳橋があり、外部とは跳橋によって通じていると記しているが、当時の博多に跳橋があったかどうか疑問である。当時の日本に跳橋が存在していなかったことはないが、跳橋は少ない。セーリスは当時のヨーロッパの城の感覚で記してしまったのであろう。そして、セーリスは博多の周囲には深さ五尋、幅はその二倍位の堀があるとしている。一尋は一・八メートルであるから、博多は深さ一〇メートル、幅はその二倍の二〇メートルの堀が囲んでいるとしている。

博多についてセーリスは以上のように記している。いずれにしろ、セーリスは、博多は幅二〇メートルの堀で囲まれ、自然石で積まれた石垣で築かれた堅牢な城であると記している。念のために、博多についてのセーリスの観察が正しいかどうかを確認してみよう。ずっと後の十九世紀の初めの筑前名所図会に、博多の全体を上空から見た鳥瞰図で描いた博多惣細図という絵がある。十九世紀の初めに描かれた絵であり、中世や江戸時代の初めの頃とは時期がかなり隔たっているが、博多の全体の景観としてはそれほど大きく異なっているとは考えられない。その博多惣細図に描かれた博多は、町の通りに沿ってびっしりと、且、整然と家々が並んでいる。そして、家々のほとんどは平屋であるから高低差がなくて建ち並んでいる。処々に大きい建物があるが、それは寺院である。寺院を除いて大きい高い建物は見当たらず、博多は高低差がほとんどなく、同じような高さの建物がびっしりと建ち並んでいる。また、博多は高い地域で海抜六メートルであり、ほとんどの地域は海抜三メートルであり、地形的にもほとんど高低差のない土地であり、平坦な地である。火の見櫓等の少し高い構造物に登れば博多は一端から他端まで完全に見通すことができたであろう。セーリスが日本渡航記に記している博多の景観は、筑前名所図会が描いている博多惣細図とそっくりであり、セーリスの博多の景観についての記述は正しいことを証明している。セーリスは中世の面影を残している博多の景観をよく捉えて記しているであろう。

そして、そのセーリスは博多について、博多というのは幅二〇メートルの堀で囲まれ、自然石で築かれた堅牢な城である、と記している。セーリスが見た博多は十七世紀に入ってからの景観であるが、博多は堅牢な城であるという、セーリスの博多についての表現は、博多が明確に博多城や石城ともいうべき構造と景観であったことを記している。

博多は堅牢な城であるとセーリスが表現したのは、博多が、北は博多湾の海に面し、西は那珂川、東は御笠川、南は房州堀等、海や自然の河川、人工の堀によって周りを囲み、防備を施した構造と景観であったために博多を堅牢な城と表現したのである。このような博多の構造と景観が、博多が石城、博多城と呼ばれていた所以である。そして、そのような博多の構造と景観は今まで見てきたように、既に鎌倉幕府・鎮西探題によって構築されていて、博多が石城、博多城ともいうべき姿となったのは鎌倉幕府・鎮西探題の時期に遡る。鎌倉は、幕府を開いた源頼朝以来、都市として整備され、南側だけが海に面し、三方を山で囲まれた地形を利用し、城郭都市として整備し、鎌倉城と称されていた。

鎌倉を城郭都市として構築した鎌倉幕府は、元寇後、博多に鎮西探題を設置した。このような博多について、鎌倉幕府・鎮西探題は鎌倉城と同様に博多を博多城として整備したのである。筑前国続風土記が記しているように、古代以来、博多の北側の海岸には外敵の襲来に備えて石垣が築かれていて、それを元寇の文永の役の後、修理して元寇防塁とし、そのような元寇防塁があったために博多を石城と称したのではない。博多は鎌倉幕府・鎮西探題によって城郭都市として構築されていたために石城、博多城と称されていたのである。筑前国続風土記は博多が石城、博多城と称された理由や鎌倉時代等の中世の博多の実像が想像もできなかったために適当に記しただけである。

ところで、福岡市教育委員会の大庭康時氏は、博多の都市の構造がどのようになっていたかを多項目にわたって論じている。大庭康時氏が論じている多項目の一々を列挙して、その一々について誤りを指摘する余裕はないので、大庭康時氏が、博多の都市のあり方を、菊池武時勢が鎮西探題を攻撃したことを記している博多日記の記述から論じている部分と、多項目をまとめて論じている部分についてのみ指摘する。

先ず大庭康時氏は博多日記の記述から、「この記事には、門に関する記述はまったくなく、菊池勢が自由に博多から出たり入ったりしていることからも、門等の防御施設は設けられていなかったと見てよかろう。」とし、更に「おわりに」に於いて、「戦国期に房州堀と石堂川が開削されるまで、中世を通じて、博多には都市域とその外とを絶対的に分離してしまうような施設は存在しなかった。(108)」と論じている。

博多日記の記述を確認してみる。博多日記は、菊池武時勢が鎮西探題を攻撃しようとした時、菊池武時勢は始めに博多の東南部に位置する「松原口辻堂」より進攻を始めたが、自らが放火した火勢が強く「松原口辻堂」から進攻できず、博多の西南部に位置する「櫛田浜口」に廻り、そこから進攻しようとして、そこに軍勢を待機させた、と記している。菊池武時勢は自由に博多を出入りしているのではなく、菊池武時勢が博多の内部に進攻しようとした時、松原口辻堂と櫛田浜口の「……口」と記された場所からのみ進攻を企てている。このことは南の方から博多に出入りする時は……口と名付けられた「松原口辻堂」と「櫛田浜口」の二場所しか出入りできなかったことを博多日記は記しているのである。そして、松原口辻堂と櫛田浜口にわたる間の博多の南側は、既に房州堀が構築されており、筑前国続風土記が「その土手今もあり。」と記しているように、房州堀はその内側に土塁を構えていた。房州堀は戦国時代に構築されたのではなく、既に鎌倉時代に構築されていた。これについては第二章、第三章に於いて明らかにしたとおりである。当時、博多に出入りするには……口と名付けられた出入り口しか出入りすることができなかったことを博多日記は記している。博多の……口という名称は、鎌倉の市中への出入り口である鎌倉七口と同様な呼び方である。そのような呼び方から当然、厳重な防備施設を整えていた鎌倉の七口と同様な構造であったことが想定される。

　博多日記は櫛田浜口に進攻してきた菊池武時勢がそのまま鎮西探題に進攻せず、そこで控えたことを記している。菊池武時勢が櫛田浜口から一気に進攻せず、そこで何故に控えたのか。言うまでもなく櫛田浜口に城戸、つまり、門が設けられて防備施設が設けられていたからである。博多日記は、菊池武時勢は決して自由に博多を出たり入ったりしているように記しているのではない。また、門等の防備施設は設けられていなかったのではない。博多日記が記す櫛田浜口の位置と状況は、厳重な防備施設が設けられていた鎌倉七口と同様に、博多の……口にも城戸、門が設けられていたことを物語っている。

　一九二・一九三頁に挙げた筥崎八幡宮の田村大宮司家文書の文治三年の年号が記されている坪付帳に「辻《つしの》堂《とうの》出口《てくち》」と記されている。「辻《つしの》堂《とうの》出口《てくち》」は博多日記が記す「松原口辻堂」に他ならない。この史料は第二章第二節（一）で触れたように鎌倉時代の末期か、それに近い時期の史料であり、宋希璟が来日した一四二〇年よりずっと古い鎌倉時代頃についての記述であり、その史料に「辻《つしの》堂《とうの》出口《てくち》」と記されていることはこの場所が出ることができる限定された場所ということであり、逆に他の場所はどこでも自由に出入りができない、制限された都市の構造となっていることを示す。境界が構築されておらず、どこからでも自由に出入りができるならば、特に出口という特別な施設の呼称をすることはない。このような史料からも博多は既に鎌倉時代には外部とは区画された構造の都市であったことが分かる。

尚、博多日記に記されている松原口（辻堂口）、櫛田浜口以外にも博多の出入り口を記している文献を御紹介しよう。山田聖栄が文明十四年八月に記した山田聖栄自記に次のような記述がある。

一　先代迄者九州探題とて秀時居住候、（○先代とは北条九代之事也）京都関東鎮西同月日ニ滅亡候、其後ハ探題職なし、貞久下向ニ付、
　於九州は大友・小二・嶋津殿奉行頭として国々可有談合由被仰下、去ルニ依而博多ニ松口と云所（申所ニ）へ屋形
　作有て松口殿と申、[109]

鎮西探題が滅亡した後、島津貞久は足利尊氏に従っていたが、九州に下向し、大友、少弐氏とともに九州の国々の政治を行うように命じられたので、博多の松口に屋形（館）を作った。それで島津貞久は松口殿と呼ばれた、と山田聖栄は記している。鎌倉時代が終った直後の足利尊氏政権の時期に、博多に松口という地名が存していることを記している。松口という地名は博多の松という地域にあった博多への出入り口であろう。また、これは鎌倉時代が終った直後の足利尊氏政権の時期のことを記していることから、松口は鎌倉時代に遡って存在していた施設であるとして良い。博多に於いては松原口、櫛田浜口の他に松口という出入り口もあったことが記されている。

島津貞久が館を作った博多の松口が現在の博多のどこであるかは明らかにし得ないが、島津貞久の祖父久経は異国警固番役の勤務地の箱崎で亡くなり、父忠宗も祖父久経と同様に初めは箱崎で、嘉元二年以後は博多で異国警固番役を勤務している。北条時定と姪浜、安達盛宗と生の松原、大友貞宗と香椎の繋がりに見られるように、守護と異国警固番役の勤務地とは非常に結び付きが強く、島津氏が箱崎と密接な関係にあったことが当然想定される。従って、松口は博多の中で、箱崎に近いか、箱崎に接した地であったことが想定される。博多の南部の出入り口が松原口（辻堂口）、南西部の出入り口が櫛田浜口である。松口はこれらの施設とまったく別の地域である博多の東北部の島津氏と強い結び付きが想定される箱崎方面への交通路に設置されていた木戸構の出入り口であったと推定してもおかしくはない。

話を元に戻す。大庭康時氏が先の論稿に於いて多項目をまとめている結論部分をそのまま引用する。

「以上をまとめると、中世前半の博多には、元寇防塁を除けば、領域を画する人為的施設は存在しなかった。15世紀前半、博多の『岐路』に門が設けられたが、それは博多全体を囲い込むような城壁を伴うようなものではなく、要路を抑えて町の治安を保つ程度のものであった。

博多に本格的な防禦のための施設、堀・土塁・門が設けられたのは16世紀中頃から後半のことである。戦国時代の只中で、博多は大友氏・毛利氏・島津氏など戦国大名の争奪の対象となり、これに龍造寺氏・筑紫氏などの有力国人がからんでたびたび戦火にかかっていた。これらの施設はかかる戦乱状態の中で築かれたもので、都市『博多』に本来付属したものではなかったと考えられる。」

と、博多の都市の構造について以上のように論じている。

第一章から第四章に於いて明らかにしてきたように、博多は戦国時代よりずっと古く、鎌倉幕府・鎮西探題によって外側だけでなく、内部に於いても厳重に防備を施した城郭都市として構築されていたことを証明してきた。大庭康時氏のこのような論が間違いであることが御分かり戴けるであろう。尚、宋希璟が老松堂日本行録で記している博多の木戸については、後章で宋希璟が記しているようなことは事実でないことを明らかにするので御覧戴きたい。

注

（1）鎌倉市史　社寺編　一〇一頁
（2）玉村竹二編　五山文学新集　第四巻　東京大学出版会　六八四・六八五頁
（3）太平記巻第十一　筑紫合戦事　日本古典文学大系34　岩波書店　三七二・三七三頁
（4）牧健二監修　佐藤進一、池内義資編　中世法制史料集　第一巻　鎌倉幕府法　岩波書店　一九七頁

(5) 川添昭二　中世九州の政治と文化　文献出版　七〇頁
(6) 筑前国続風土記拾遺上巻　巻之（九）博多寺院（下）　福岡古文書を読む会　文献出版　一二三八頁
(7) 小松茂美　日本の絵巻20　一遍上人絵伝　中央公論社
(8) 石城志　巻之五　仏寺下　檜垣元吉監修　九州公論社　二〇頁
(9) 川添昭二　九州の中世世会　海鳥社　一八八頁
(10) 大日本佛教全書第67巻　名著普及会　五頁、一四頁、一五頁、二一一頁
(11) 高野修　時宗教団史　岩田書院　三七・三八頁
(12) 高野修　時宗教団史　岩田書院　五三・五四頁
(13) 鎌倉遺文　一七九五二　正応五閏六月十五日　称阿覆勘状案　早稲田大学所蔵禰寝文書
(14) 川添昭二　注解元寇防塁編年史料　福岡市教育委員会　二六四頁
(15) 鎌倉遺文　三〇九七二（年月日欠）島津道鑑国廻狩供人数注文案　薩藩旧記前編巻一〇山田
(16) 南北朝遺文　九州編　四〇九七　延文四年卯月五日　島津道鑑置文　薩摩島津家文書
(17) 旧記雑録前編一　巻四　鹿児島県史料３５２　浄光明寺大概由緒書扣写　一五六・一五七頁
(18) 鎌倉遺文　二二二一一　嘉元三年二月　日　島津忠長申状案　島津家文書伊作家文書
(19) 旧記雑録前編一　巻八　久経公御伝中　鹿児島県史料８５３　三一七頁
(20) 旧記雑録前編一　巻八　忠宗公の項　鹿児島県史料７９０　二九七頁
(21) 鎌倉遺文　二一二二四　正安四年八月二十八日　薩摩守護代酒匂本性石築地修理覆勘状　薩摩延時文書
(22) 鎌倉遺文　二二四九三　嘉元三年閏十二月二十九日　酒匂本性異国警固番役覆勘状　島津家文書伊作家文書
(23) 鎌倉遺文　二四一四一　延慶三年十二月十五日　薩摩守護代酒匂本性異国警固番役覆勘状　薩摩比志島文書
(24) 鎌倉遺文　三一五三八　元徳三年十月二十九日　薩摩守護代酒匂本性著到請取状　薩摩比志島文書
(25) 大橋俊雄　時宗の成立と展開　吉川弘文館　一〇八頁
高野修　時宗教団史　岩田書院　四三頁

(26) 大橋俊雄　時宗の成立と展開　吉川弘文館　一〇八頁
森幸夫　六波羅探題の研究　続群書類従完成会　一六五頁、二九〇頁
佐藤進一　鎌倉幕府訴訟制度の研究　岩波書店　七四頁
(27) 大橋俊雄　時宗の成立と展開　吉川弘文館　一〇九頁
森幸夫　六波羅探題の研究　続群書類従完成会　九一頁、一一一頁、一七二頁
佐藤進一　鎌倉幕府訴訟制度の研究　岩波書店　七四頁
(28) 大橋俊雄　時宗の成立と展開　吉川弘文館　一一〇頁
森幸夫　六波羅探題の研究　続群書類従完成会　二一二頁
(29) 大橋俊雄　時宗の成立と展開　吉川弘文館　一二五頁
佐藤進一　鎌倉幕府訴訟制度の研究　岩波書店　七三頁
(30) 森幸夫　六波羅探題の研究　続群書類従完成会　九七頁
(31) 筑前国続風土記拾遺　巻之（五）　博多　中　光泉寺　福岡古文書を読む会　校訂　文献出版　一三九頁
(32) 筑前国続風土記拾遺　巻之（九）　博多寺院（下）　光泉寺　福岡古文書を読む会　校訂　文献出版　二四二頁
(33) 筑前国続風土記　巻之四　博多　称名寺　伊東尾四郎　校訂　文献出版　九四頁
(34) 筑前名所図会　春日古文書を読む会　文献出版　二一八頁
(35) 筑前国続風土記拾遺　巻之（九）　片土居町称名寺　福岡古文書を読む会　校訂　文献出版　二四一・二四二頁
(36) 村井章介校注　宋希璟　老松堂日本行録　岩波文庫　青四五四－一　六八頁、二〇二頁、
(37) 尊経閣叢刊　楠木合戦注文附博多日記　前田育徳会
(38) 正任記　山口県史　史料編　中世1　三三二、三五一頁
(39) 成宗康靖大王実録　一〇四　大宰府・太宰府天満宮史料　巻十三　四五二頁
(40) 博多44　福岡市埋蔵文化財調査報告書第３９３集
(41) 大庭康時　都市「博多」の葬送　五味文彦・齋木秀雄編　中世都市鎌倉と死の世界　高志書院　一一八頁

(42)博多17　福岡市埋蔵文化財調査報告書第245集　福岡市教育委員会
(43)松尾剛次　持戒の聖者叡尊・忍性　吉川弘文館　一一六・一一七頁、一三三頁
(44)松尾剛次　中世都市鎌倉の風景　吉川弘文館　一四六頁
(45)村井章介校注　宋希璟　老松堂日本行録　岩波文庫　青四五四－一　六八頁、二〇二・二〇三頁、
(46)川添昭二　中世九州の政治と文化　文献出版　八〇頁
(47)川添昭二　九州の中世世界　海鳥社　一八八・一八九頁
(48)鎌倉市史　史料編　第三　極楽寺文書　西大寺末寺帳　四一八頁
(49)筑前国続風土記拾遺　巻之(四十四)相良郡　中　神宮寺　福岡古文書を読む会　文献出版　二一二・二一三頁
(50)八尋和泉　九州西大寺末寺の美術遺品　佛教藝術　一九九号
八尋和泉　筑前飯盛神社神宮寺文殊堂文殊菩薩騎獅像および豊前大興善寺如意輪観音像について――九州西大寺末寺の仏像新資料二例――九州歴史資料館研究論集　2
(51)八尋和泉　九州西大寺末寺の美術遺品　注9　佛教藝術　一九九号
(52)鎌倉遺文　一〇八二三　文永八年四月二十七日　筑前飯盛社元三次第注文　筑前飯盛社古文書写
鎌倉遺文　一〇八二四　文永八年四月二十七日　筑前飯盛社社領坪付　筑前飯盛社古文書写
(53)松尾剛次　中世都市鎌倉の風景　吉川弘文館　一二八頁
(54)八尋和泉　筑前飯盛神社神宮寺文殊堂文殊菩薩騎獅像および豊前大興善寺如意輪観音像について――九州西大寺末寺の仏像新資料二例――　九州歴史資料館研究論集2
(55)松尾剛次　博多大乗寺と中世都市博多　鎌倉遺文研究　第17号
(56)太平記巻十　鎌倉合戦ノ事、赤橋相模守自害事付本間自害事、稲村崎成干潟事、鎌倉兵火事付長崎父子武勇ノ事、大仏貞直幷金澤貞将討死ノ事、日本古典文学大系34　岩波書店　三三一～三四三頁
(57)佐藤鉄太郎　主船司考(一)、主船司考(二)中村学園大学・中村学園大学短期大学部研究紀要　第38号
(58)南北朝遺文　九州編　三五四一　文和二年卯月二日　一色直氏寄進状　筑前青柳文書

(59) 南北朝遺文　九州編　三六一八　正平八年十月　日　志岐隆弘軍忠状　肥後志岐文書
(60) 南北朝遺文　九州編　三六二六　文和二年十一月十八日　一色範光書状写　薩藩旧記二十四所収
(61) 南北朝遺文　九州編　三六二七　文和二年十一月　日　綾部幸依軍忠状写　肥前綾部文書
(62) 南北朝遺文　九州編　三八八〇　正平十一年六月　日　宇治惟澄申状案　肥後阿蘇家文書
(63) 南北朝遺文　九州編　四三〇五　延文六年九月　日　龍造寺家平軍忠状　肥前龍造寺文書
(64) 鎌倉遺文　一八三一六　関東評定書　近衛家本追加
(65) 川添昭二　注解元寇防塁編年史料　福岡市教育委員会　二一七・二一八頁
(66) 尊卑文脈　第四篇　桓武平氏　北条系図　新訂増補国史大系　吉川弘文館
帝王編年記　巻二十七　後伏見　新訂増補国史大系　第十二巻　吉川弘文館
(67) 尊卑文脈　第四篇　桓武平氏　北条系図　新訂増補国史大系　吉川弘文館
帝王編年記　巻二十七　後伏見　新訂増補国史大系　第十二巻　吉川弘文館
(68) 筑前国続風土記附録　巻之五　博多　中　新川端町上　大乗寺　福岡古文書を読む会　文献出版　一三三、一三六・一二七頁
(69) 佐藤進一　増訂鎌倉幕府守護制度の研究　東京大学出版会　備前、備後、周防の項　東京大学出版会
(70) 鎌倉遺文　二五〇六五　（正和二年）十月二十二日　頼尊書状　東寺百合文書は
(71) 森幸夫　六波羅探題の研究　続群書類従完成会　一四三、一六九頁
(72) 続群書類従巻第百四十　糸円部三十五　北條系図
永井晋　人物叢書　金沢貞顕　金沢氏略系図　吉川弘文館　二二五頁
(73) 松尾剛次　持戒の聖者叡尊・忍性　吉川弘文館　三〇・三一頁
(74) 多田隈豊秋　九州の石塔　財団法人西日本文化協会　一〇八頁
(75) 川添昭二　南北朝期博多文化の展開と対外関係　地域における国際化の歴史的展開に関する総合研究　――九州地域における――　五五頁
(76) 柳田純孝　海から出土した碇石　川添昭二編　よみがえる中世【1】　東アジアの国際都市　博多　平凡社　一九五頁

(77)柳田純孝　福岡市の文化財　―考古資料―　福岡市教育委員会　五二頁
(78)松尾剛次　博多大乗寺と中世都市博多　鎌倉遺文研究　第17号
(79)多田隈豊秋　九州の石塔　財団法人西日本文化協会　一〇八頁
(80)松尾剛次　博多大乗寺と中世都市博多　鎌倉遺文研究　第17号
(81)川添昭二　南北朝期博多文化の展開と対外関係　地域における国際化の歴史的展開に関する総合研究　―九州地域における―　五五・五六頁
(82)三木隆行　福岡市の板碑　福岡市教育委員会　四三頁
(83)大日本史料　第六編之二十七　六七二・六七三頁
(84)松岡久人　安芸厳島社　宝蔵館　一五一頁
(85)川添昭二　南北朝期博多文化の展開と対外関係　地域における国際化の歴史的展開に関する総合研究　―九州地域における―　五九頁
(86)南北朝遺文　九州編　一一六一　(年月日欠)　松浦党討死合戦交名写　北肥戦誌二所収
(87)南北朝遺文　九州編　一八五四　康永元年九月二十九日　税所宗円軍忠状　肥後相良家文書
(88)南北朝遺文　九州編　三六六九　文和三年三月　日　建部清成・同清有軍忠状写　大隅禰寝文書
(89)南北朝遺文　九州編　三七四三　正平九年潤十月　日　津奈木某申状案　肥後相良家文書
(90)南北朝遺文　九州編　四九八二　応安五年九月　日　周布士心軍忠状写　萩藩閥閲録百二十一之一
(91)南北朝遺文　九州編　四九九四　建徳三年十一月十三日　阿蘇社領検見馬上帳　肥後阿蘇家文書
(92)南北朝遺文　九州編　四九九五　建徳三年　阿蘇社領検見馬上帳　肥後阿蘇家文書
(93)福岡県地理全誌　巻之百二十四　六五九・六六〇頁
(94)太閤記巻第十　幽斎道之記　谷昭彦　江本裕　校注　新日本古典文学大系60　岩波書店　二五五・二五六頁
(94)入唐求法巡礼行記2　円仁　足立喜六訳注　塩入良道補注　東洋文庫442　平凡社　三二〇頁
佐藤鉄太郎　鴻臚館考　中村学園研究紀要　第26号

佐藤鉄太郎　主船司考（一）、主船司考（二）　中村学園大学・中村学園大学短期大学部研究紀要　第38号

（96）村井章介校注　宋希璟　老松堂日本行録　岩波文庫　青四五四－一　一六六・一六七頁、二二八頁

（97）筑前国続風土記附録　巻之八　那珂郡　下　莊嚴寺　福岡古文書を読む会　校訂　文献出版　二三七頁

（98）福岡県地理全誌　巻之百二十四　六六七頁

（99）鎌倉遺文　二三三五六　（徳治三年）卯月二十八日　北条政顕書状　金沢文庫文書

（100）ことばの中世史研究会編「鎌倉遺文」にみる中世のことば辞典　東京堂出版　一四〇・一四一頁

（101）村井章介校注　宋希璟　老松堂日本行録　岩波文庫　青四五四－一　一六八・一六九頁、二三八頁

（102）牧健二監修　佐藤進一、池内義資編　中世法制史料集　第一巻　鎌倉幕府法　岩波書店　二一三頁

（103）筑前国続風土記　巻四　博多　福岡古文書を読む会　文献出版　七八頁

（104）村井章介校注　宋希璟　老松堂日本行録　岩波文庫　青四五四－一　六二頁、二〇一頁

（105）筑前国続風土記　巻二十四　古城古戦場一　博多古塁　文献出版　五三八頁

（106）南北朝遺文　九州編　一四八一　暦応三年二月　日　一色道猷目安状　祇園執行日記紙背文書

（107）村川堅固訳、岩生成一校訂　セーリス日本渡航記　雄松堂書店　一六三頁

（108）大庭康時　中世都市「博多」の縁辺　博多研究会誌　第４号

（109）山田聖栄自記　鹿児島県史料集（Ⅶ）　五六頁

第六章　鎌倉時代に形成されていた博多の都市の復元

第一節　博多の都市の基準と全体像の復元

(一) 博多の都市の基準となっている線

中世の博多はどのような都市であったのであろうか。中世の博多の都市の復元については、福岡市博物館が平成四年、開館一周年を記念して特別展「堺と博多――展よみがえる黄金の日々」を開催した時の図録の二十八頁に、福岡市博物館が作成した復元図が「博多の町並み（一五五〇年頃）」として、二十七頁の景観のイラストとともに掲載されている。また、福岡市教育委員会の大庭康時氏が作成した復元図が「中世後半期『博多』推定復原図（十五～十六世紀頃）」として「大陸に開かれた都市　博多　中世の風景を読む－7　東シナ海を囲む中世世界」（網野善彦・石井進編　新人物往来社）[1]に掲載されている。その他、九州大学芸術工学部教授宮本雅明氏が作成された復元図が「戦国期の博多概要推定図」として、「図集　日本都市史」（東京大学出版会）[2]に掲載されている。これら三者の博多の復元図は部分的に少し違いがあるものの、福岡市博物館の図録に掲載されている復元図と共通しており、基本的には同じ図である。これらの復元図は江戸時代の地誌の類と、聖福寺、承天寺等現在に残っている博多の中世の遺構を基に想像復元されているようである。これらの復元図に描かれている博多の地形はいずれも博多の陸部と沖浜との間に東側と西側の両方から入江が入り込み、博多の陸部と沖浜とで瓢簞《ひょうたん》の形をした地形となった特徴で描かれている。筑前国続風土記等の江戸時代の地誌が、沖浜はかつて那珂川の下流の海中にあった洲であった、としている記述や、袖湊という入江があったとしている記述から地形を想像復元されたのであろう。

また、現在、博多の代表的な中世の遺構は聖福寺、承天寺であるが、これらの博多を代表する中世遺構である聖福寺、承天寺が実際の範囲よりも大きく広げられて描かれて復元図が作成されているのが目に付く。特に聖福寺が西側に大きく広げられて描かれている。聖福寺、承天寺は現在の博多に於いて中世を代表する遺構であり、博多に於いて中世の遺構と言えばまず聖福寺、承天寺が頭に浮かぶことは当然である。聖福寺は博多の繁華街の近くに現在も広大な境内を占めて禅宗寺院の幽玄さを湛《たた》えている。承天寺は旧博多駅の建設やその後の現在の新博多駅の建設にともなって行われた区画整理によって建設された道路のために境内が分断されてしまったが、それでも博多駅に近い場所に広大な境内を占めて禅宗寺院の佇《たたず》まいを湛えている。

そして、その聖福寺、承天寺の前には、博多の南の入り口である辻堂口から北端の博多湾岸まで北北西に一本、少しくねりながら道路が描かれている。博多の南端の辻堂口から北端の博多湾岸まで描かれているのはこの道路だけであり、この道路は他に描かれている道路より幅が広く描かれている。この道路は博多の研究者達に博多の大道、博多のメーンストリートと位置付けられている通りである。他の道路はアトランダムに枝分かれしたり、途切れ途切れになっている道路として描かれ、きちんと碁盤の目状に直交する道路としては描かれていない。博多はこのような道路の在り方に見られるようにちゃんとした都市計画、設計の下に形成された都市として描かれてはいない。自然発生的、アトランダムに形成された都市として描かれている。現在、作製されている博多の復元図はこのような特徴で描かれている。

博多の町の東側には現在尚、復元図に描かれている聖福寺、承天寺という鎌倉時代に創建された禅宗の寺院が並んでいるが、西側にも平安時代末期に創建されて、鎮西探題北条随時が壮麗な伽藍に再興した櫛田神社、鎮西探題金沢実政が再興した大乗寺、称名寺といった寺院があった。そして、鎮西探題の館もあった。しかし、鎮西探題の館は鎌倉幕府の滅亡とともに消滅してしまい、大乗寺は太平洋戦争の戦災を被り、移転を余儀なくされ、果ては廃寺となってしまった。また、称名寺は明治四十一年、福博幹線道路が建設されたために境内が削られ、大正八年、東区馬出に移転し、更にその後、下川端地区の再開発による大型商業施設博多リバレインが建設され、現在、称名寺の跡は全く痕跡を残していない。以上のように、鎮西探題の館は消滅し、大乗寺は廃寺となり、称名寺は移転したために、現在の博多の西側には聖福寺、承天寺が並んでいる東側のような歴史的景観はストレートには見られない。しかし、少し気を付けたら西側にも、江戸時代の絵図を見れば櫛田神社、大乗寺、称名寺といった鎌倉時代に創建された神社、寺院が直線的に並んで分布していたことが分かる。また、承天寺は博多への南からの出入り口である辻堂口（松原口）を押さえる博多の東南の角に境内を占め、櫛田神社と大乗寺は博多への西南からの出入り口である櫛田浜口を押さえる博多の西南に境内を占めている。このような神社や寺院の分布は、博多が福岡市博物館や研究者達が現在、自然発生的、アトランダムに形成されたとしているような都市ではなく、一定の規則で、つまり、きちんとした都市計画、設計の下で形成された都市であることを物語っている。

実際の中世の博多はどのような都市であったのであろうか。現在の博多に残っている中世の遺構を基準として見てみよう。現在の博多に残っている中世の遺構で都市の基準とすることができるものを挙げてみると、次のようになる。

①まず、聖福寺の総門、山門、仏殿、法堂、方丈を通る伽藍の基軸線がある。この基軸線は鎌倉時代に聖福寺が創建された時のままであるとされている。

②博多の東側から西側に通っている大水道がある。大水道は第三章に於いて明らかにしたように、鎌倉幕府・鎮西探題が博多を守るために、海岸に構築した元寇防塁の後ろに、第二防衛線として構築した堀であり、その後ろには土塁、土居が築かれていた。元寇防塁が海岸に構築されたのに対し、大水道と土居は博多を直接防衛するために構築された。鎌倉幕府・鎮西探題が構築した大水道と聖福寺の伽藍の基軸線との関係については第三章で述べたが、もう一度整理してみると、次のような関係になっている。

㋐大水道は入定寺と本岳寺との間から楊ケ池の南を通り、西町と土居町の間で北に向きを変えるまで流路は聖福寺の伽藍の基軸線と正確に平行し、基軸線から正確に北に三町の位置を通っている。

㋑大水道は綱輪天神社の境内の東側で向きを西に変え、綱輪天神社と成就院の間を通り、そのまま称名寺の北を通り、湊橋の下を通り、博多川に流れ込んでいる。綱輪天神社の境内の東側で向きを変え、称名寺の北を通り、博多川に流れ込んでいる流路は、聖福寺の伽藍の基軸線と正確に平行し、基軸線から北に四町半の位置を通っている。

㋒大水道は西町と土居町の間で向きを変え、そこから綱輪天神社の境内の東側まで北に通っているが、この流路は聖福寺の総門を通り、聖福寺の伽藍の基軸線に直交する線に正確に平行し、総門を通る線から西に二町半の位置にある。また、その長さは正確に一町半である。

聖福寺の伽藍の基軸線、聖福寺の総門を通って伽藍の基軸線と直交する線と大水道とは以上のような関係になっている。聖福寺の伽藍の基軸線と大水道の東西に走る部分の間は正確に三町、四町半となっている。また、聖福寺の総門を通り、伽藍の基軸線と直交する線と大水道の南北に走る部分との間は正確に二町半、東西に走る大水道と大水道との間は正確に一町半という関係になっている。

また、南北に通る大水道は聖福寺の総門を通り、伽藍の基軸線と直交する線に正確に平行し、この線から西へ二町半の位置を通っていることから、大水道の南北の流路も聖福寺の総門を通り、伽藍の基軸線と直交する線を基準として構築されている。従って、大水道は聖福寺の伽藍の基軸線と同じ基準によって構築されている。
③元寇防塁の遺構は博多小学校の校庭と古門戸町四番の二箇所から出土している。博多小学校の校庭の遺構は聖福寺の伽藍の基軸線から北へ六町の位置であり、古門戸町四番の遺構は伽藍の基軸線から北へ七町の位置にある。

博多地区の元寇防塁の遺構は現在、二箇所の線でなく、点でしか出土していないので、元寇防塁がどのように構築されていたか、全体像は不明であるが、たまたま、聖福寺の伽藍の基軸線を基準とした町の倍数となる位置で出土した可能性もあるが、基軸線と同じ基準で構築されていたために六町、七町という基軸線から町単位の位置から出土した可能性が大であろう。もし、そうであるとすれば、元寇防塁も聖福寺の伽藍の基軸線と同じ基準によって構築されていたと判断することができる。
④博多の区域の南東のコーナーは承天寺の境内の南東のコーナーであり、ここは大楠様が在る位置であるが、大楠様は聖福寺の基軸線から南へ四・五町、総門を通り、伽藍の基軸線に直交する線から二町の位置にある。大楠様のこのような位置は基軸線を基準とした線と同じ基準線によって決定されているためにこのような位置になっている。
⑤鎮西探題の敷地と櫛田神社の境内の境界である段差は、国体道路辺りで顕著に見られるが、聖福寺の伽藍の基軸線と総門を通り直交する線から正確に西側に三町半の位置を通ってこれと平行する線と一致する。
以上のように、
①、②大水道が聖福寺の伽藍の基軸線や、聖福寺の総門を通り伽藍の基軸線と直交する線と正確な間隔の関係に在ること。
③の元寇防塁の遺構が聖福寺の伽藍の基軸線から六町、七町の位置に在ること。
④の博多の東南のコーナーである大楠様が基軸線から南へ四町半、総門を通り、それに直交する線から東へ二

町の位置に在ること。
⑤に見られる鎮西探題と櫛田神社の境界である段差が、つまり、鎮西探題と櫛田神社の境界線が、聖福寺の伽藍の基軸線に総門を通り直交する線から正確に西側に三町半の位置にあってこれと平行していること。
以上のような在り方から、博多の都市としての基準線の一つが聖福寺の伽藍の基軸線と、聖福寺の総門を通り基軸線と直交する線と平行、直交している線であることが分かり、これらの基準線を基に博多の都市が構築されていることが分かる。

そして、聖福寺の伽藍の基軸線を基準としている線で判明している線は基軸線から三町、四町半、六町、七町の位置を通っている。また、この基軸線と総門を通り直交している線を基準としている線で、判明している線も、総門を通る線から二町半、三町半の位置を通っている。これらの距離は半町を単位とした間隔となっている。博多の都市の設計が一町を単位として行われているならば、博多の施設の間隔に半町という間隔が見られることはないであろうから、博多の都市の設計は一町ではなく、半町を基準として設計されていることが分かる。

そしてこれらのことから、博多は決して自然発生的、アトランダムに成立した都市ではなく、半町を単位として正確に碁盤の目状に区画して都市の設計を行って構築されている都市であることが分かる。

以上のような聖福寺の伽藍の基軸線、総門の位置、大水道、元寇防塁、大楠様、鎮西探題の敷地と櫛田神社の境内との境界の段差等の関係から、博多の都市の設計の基準は次のようになっていることが分かる。
①聖福寺の伽藍の基軸線は鎌倉時代の博多の都市の東西の基準に基づいている、と判断することができる。つまり、聖福寺の伽藍の基軸線は博多の東西の基準線の一つである。
②聖福寺の総門を通り、聖福寺の伽藍の基軸線と直交する線は博多の都市の南北の基準に基づいている、とすることができる。つまり、聖福寺の総門を通り、聖福寺の伽藍の基軸線と直交する線は博多の南北の基準線

の一つである。
③元寇防塁の位置は博多の都市の東西の基準線に基づいて建設されている。
④大楠様の位置は博多の都市の東西の基準線に基づいて建設されている。
⑤国体道路辺りに見られる鎮西探題の敷地と櫛田神社の境内の段差は、博多の都市の南北の基準線に基づいている。つまり、鎮西探題の敷地と櫛田神社の境内の段差は博多の南北の基準線の一つである。
そして、また、
⑥鎮西探題の館が構築されたのは鎌倉時代である。また、聖福寺の伽藍の基軸線は鎌倉時代のままである。以上の①、②、③、④、⑤、⑥のことから、博多の都市設計の基準は鎌倉時代に行われた博多の都市設計の基準である。
⑦博多の都市設計が鎌倉時代に行われたとすれば、都市設計を行ったのは博多の為政者である鎮西探題である。また、博多の都市設計と構築は鎮西探題が単独で行えるはずがなく、鎌倉幕府の意向を受けて行ったはずであるから、博多の都市設計と構築を行ったのは鎌倉幕府・鎮西探題であったと判断することができる。
と、以上のように考えることができる。

博多の都市設計の基準は何故に聖福寺の伽藍の基軸線と総門を通り伽藍の基軸線と直交する線を基準としているのであろうか。聖福寺の伽藍について、第四章　第二節　（二）　で触れたように、聖福寺仏殿記は正平十年（一三五五）に工事を始め、正平二十二年に落成したことを記している。このように聖福寺の伽藍は再建されているが、聖福寺の伽藍を再建する時の基準にするような博多の都市設計の基準が元々あった。例えば、最も考えられることは、博多の都市設計を行った鎌倉幕府・鎮西探題が鎮西探題の館を基準として、博多の都市設計を行っていたことである。第一章　第一節で復元した鎮西探題の館を基準としても、今まで確認してきた博多の都市の在り方は聖福寺の伽藍の基軸線が鎮西探題の館に替わるだけであり、十分に説明できる。ただ、鎮西探題の館は鎮西探題の滅亡とともに消滅してしまったために、博多の都市の設計の基準が現在の聖福寺の伽藍に最も分かり易く残ったのであろう。

鎮西探題の館を基準として、今まで見てきた博多の都市の基準を見てみると、東側は館の東門から半町幅を加えた線が辻堂口から承天寺の前を真っ直ぐ北に伸びている通りであり、北側は犬射馬場の半町幅を加えた線が櫛田浜口から真っ直ぐ東に伸びている通りとなり、聖福寺の伽藍の基軸線となる。鎮西探題の館は博多の南北、東西に走る主な通りから半町、西と南に寄せた位置となっている。鎮西探題の館を中心として都市を設計しながら、博多の都市に於いて鎮西探題の館が都市の中心の位置ではなく、半町幅で西と南に寄せた配置になっているのは、博多の防衛体制としての配置からである。但し、館の北側にある犬射馬場は侍所の管轄であり、ここまでを鎮西探題の館の実際上の範囲であるとすると、鎮西探題の館の北側の線は聖福寺の伽藍の基軸線となり、博多の南北の中心線となる。このことについては第五章　第四節で明らかにした。

鎌倉時代の博多は決して自然発生的、アトランダムに成立した都市ではない。正確に鎮西探題の館を基準として半町を単位とした南北、東西に通る基準線で区画して設計されて建設されている都市である。先に第一章第一節　(二)　に於いて、奥堂屋敷について見てみた。奥堂屋敷は全体の敷地が二町半であり、その内の居屋敷は方一町となっていた。また、このことから奥堂屋敷は南北一町、東西二町半の長方形の敷地であったことが分かるが、東西の敷地の長さが二町ではなく二町半という在り方からも、博多の都市の区画は半町を単位として行われていることが分かる。博多の都市のおおよそ東西八七〇メートル、南北一三〇〇メートル程である区域の範囲で、都市の設計、区画を行うには一町では長過ぎ、半町が適当な単位と判断したためであろう。また、奥堂屋敷の敷地が南北一町、東西二町半の長方形の形をしていることや、奥堂の居屋敷が方一町、つまり、一辺が一町の正方形ということから、博多の道路が直交していることが分かる。都市の中の屋敷の敷地の在り方は当然、道路の在り方に規制されるからである。

(二) 博多の都市の範囲

それでは鎌倉幕府・鎮西探題は博多をどのような範囲で半町を単位とした碁盤の目型に区画して都市を構築していたのであろうか。それについて見てみよう。

○博多の南側の範囲

第二章に於いて、房州堀は鎌倉幕府・鎮西探題が博多の南側を守るために構築した堀であることを明らかにしたが、房州堀がこのような堀であるからには、鎌倉時代の博多の都市としての南側は房州堀までであるとすることができるであろう。房州堀は、東の方は承天寺の境内の南東の角に大楠様があったが、その大楠様と博多東の郭門（辻堂口門）を結んだ線の南側にあり、博多東の郭門より西の方は横矢掛の構造を伴って少し屈曲しながら、北々西の方向に向きを変えて鉢の底川に通じていたことを確認していた。

房州堀の内側にある大楠様と博多東の郭門を結んだ線について見てみると、現在の房州堀の北側の線の跡は大楠様の前と博多東の郭門の前を走っている道路であり、この線については第二章　第二節（二）で触れたように、聖福寺の伽藍の基軸線とはズレがあり、豊臣秀吉の博多の復興の線となっている。勿論、現在の承天寺の伽藍の基軸線も豊臣秀吉の博多の復興の線となっている。しかし、大楠様自体の位置はこの道路より少し内側（北側）になり、大楠様自体の位置は鎌倉時代から変わっていない。豊臣秀吉の博多の復興によって房州堀の範囲が少し変わり、現在の大楠様がある境内の範囲がそれに伴って少し南側に拡張されているだけである。大楠様自体と博多東の郭門を結ぶ線は聖福寺の伽藍の基軸線に平行する線となり、この線は聖福寺の伽藍の基軸線から南にほぼ四町半の位置にある。そして、大楠様自体と博多東の郭門を結んだ線が聖福寺の基軸線にほぼ平行し、それから四町半の位置にあるという在り方は房州堀の内側（北側）にある大楠様と博多東の郭門を結んだ位置が偶然に決められているのではなく、鎌倉幕府・鎮西探題がきちんとした博多の都市計画に基づいて画定していることを証明している。つまり、鎌倉幕府・鎮西探題が区画した博多の都市の南側は聖福寺の伽藍の基軸線から四町半南側の大楠様と博多東の郭門とを結んだ線である。そして、その外側に房州堀が構築されていたのである。尚、博多東の郭門（辻堂口門）の位置は江戸時代の位置である。江戸時代の博多東の郭門の位置が聖福寺の伽藍の基軸線から南に四町半の位置にあることは、鎌倉時代の博多日記に記されている松原口辻堂（辻堂口）の位置とほぼ同じ位置であり、辻堂口の位置は鎌倉時代から変っていないことを物語っている。

博多の都市としての南限は、房州堀の位置が博多東の郭門から西側は北北西に構築されて東側と違っているために、少し違っていると想定されるが、博多の都市の南限の線が聖福寺の伽藍の基軸線に正確に平行する大楠様と博多東の郭門を結んだ線であることから、聖福寺の伽藍の基軸線から南へ四町半の位置で、伽藍の基軸線に正確に平行する線である。

○博多の北側の範囲

博多の都市としての北限はどこであろうか。平成十年から十一年にかけて、旧奈良屋小学校跡地に博多小学校を建設するため、敷地の事前調査が行われ、博多小学校の敷地の南寄りの場所から元寇防塁の一部が発見された。発見された元寇防塁は聖福寺の伽藍の基軸線から六町北側の位置であり、入定寺と本岳寺の間を通っている大水道から三町北側の位置である。従って、この位置は鎌倉時代の元寇の頃の海岸線である(3)。また、平成二年、それより北北西に二五〇メートル程離れた古門戸町九八―一の敷地からも元寇防塁の跡と推定される石塁跡が発掘された。福岡市教育委員会は元寇防塁であろうと推定しているが、元寇防塁の遺構であることは間違いないであろう。この元寇防塁の遺構は聖福寺の伽藍の基軸線に平行して、基軸線から北に四町半の位置にある綱輪天神社と湊橋の下を通り博多川に流れ込む大水道から、正確に二町半北の位置にある。また、聖福寺の伽藍の基軸線から正確に北に七町の位置にある。この位置も鎌倉時代の元寇頃の海岸線である[4]。

博多を東西に貫いている大水道は聖福寺の伽藍の基軸線と正確に平行して構築されているが、途中で折れて、東側部分は聖福寺の伽藍の基軸線から北に三町の位置にあり、西側部分は基軸線から北に四町半の位置に構築されて、横矢掛の構造で構築された堀と土塁であることは先に見た。大水道が以上のように構築されていたのに対し、博多地域の元寇防塁はどの位置に構築されていたのであろうか。元寇防塁は大水道の更に北側の海岸に構築されているが、元寇防塁は博多小学校の位置では聖福寺の伽藍の基軸線から六町北、大水道から三町北の位置、古門戸町九八—一の位置では基軸線から七町北、大水道から二町半北の位置から発掘されている。博多小学校の位置と古門戸町から発掘された元寇防塁は東西に一直線になる位置から出土しているのではなく、東西一直線になる位置からかなりズレた位置から発掘されている。大水道の東側と西側の位置から、それぞれ三町、二町半の位置から発掘されており、折れている大水道の位置からそれぞれ半町の倍数の距離から発掘されている。博多地区に於いて発掘されている元寇防塁は現在、僅かに二箇所にしか過ぎないので、博多地区の元寇防塁がどのように構築されていたのか、全体像は不明である。博多地域以外の元寇防塁は海岸線に沿って線状に連続して構築されている。従って、博多地域の元寇防塁も他の地域と同様に海岸線に沿って線状に連続して構築されていたと推定すると、博多小学校から発掘されている元寇防塁は東西にほぼ一直線状に出土しており、恐らくこの状態で元寇防塁はまだ西に延びていると考えられる。それに対し古門戸町から出土している元寇防塁はこれから一町北にあり、博多小学校の位置の元寇防塁と古門戸町の元寇防塁とを結んでいる元寇防塁は曲線を描きながら連続しているのであろう。あくまでも推定であるが、大水道の前面に構築されている元寇防塁は、東側の大水道と西側の大水道のあり方に対応するような位置に曲線を描いて構築されていたのであろう。また、元寇防塁が東西の横一直線でなく、東側より西側が北の海側に食《は》み出して構築したあり方が、その後ろの防衛線として大水道を構築する時、東側と西側とで位置を変えた、つまり、途中で折った横矢掛の構造で構築することになった理由の一つであるかもしれない。

室町時代、博多に於いて聖福寺、承天寺と並ぶ禅宗の大寺であった妙楽寺がある。妙楽寺は聖福寺とともに室町幕府の外交にも係わっていた大寺であった。現在、妙楽寺は黒田氏が入封して博多を城下町の一郭として構築したために、海岸部から移転し、聖福寺と承天寺の間に位置している。妙楽寺は海岸に臨む地にあったとするが、具体的には鎌倉時代の博多の都市の範囲のどこに位置していたのであろうか。つまり、都市の内にあったのであろうか。それとも外側にあったのであろうか。

妙楽寺があった地域が妙楽寺町であり、その門前が妙楽寺前町である。妙楽寺の境内は妙楽寺前町にまで広がっていた可能性もある。しかし、妙楽寺の境内が妙楽寺前町にまで広がっていたとしても、境内の中心は妙楽寺町にあり、それは一部であろう。妙楽寺の境内があったことを示す妙楽寺町の範囲から妙楽寺の位置を見てみよう。石城志は妙楽寺町に関する記事として、「秋月蔵邸　妙楽寺町浜辺にあり。(5)」と記している。石城志が秋月藩の蔵屋敷について妙楽寺町の浜辺にあったと記していることは、逆に言えば、秋月藩の蔵屋敷があった場所は妙楽寺町の浜辺であったということになる。従って、妙楽寺町の範囲は妙楽寺町の通りから秋月藩の蔵屋敷があった浜辺までの中にあったことになる。つまり、妙楽寺の境内は妙楽寺町の通りから北側にあったということになる。妙楽寺の境内が妙楽寺町の通りより南側にあることはない。そして、妙楽寺町の通りと同じ通りの東側は古渓町の通りであるが、その通りの北側に室町時代に創建されたという西方寺がある。従って、西方寺と妙楽寺の境内は東西に並んでいたことになる。西方寺は現在では博多の商業地の中にあり、また、太平洋戦争の戦災を受けたため、境内の範囲は変わっているであろうが、現在も同じ位置に存在している。古門戸町の元寇防塁の遺構は西方寺の南西の位置にあり、西方寺の位置は元寇防塁の外側にある。従って、その西方寺の境内と東西に並び合っていた妙楽寺の境内も当然、元寇防塁の外側にあったことになる。

妙楽寺は鎌倉時代の正和五年（一三一六）、創建された石城庵であり、その後、貞和五年（一三四九）、月堂宗規が開山となって石城山妙楽円満禅寺になったという。妙楽寺は室町時代、博多に於いては聖福寺、承天寺と並ぶ禅宗の大寺であったが、妙楽寺の前身の石城庵は、誕生した頃は元寇防塁の外側に砂浜が形成されて広がり、そこに創られていた小庵に過ぎなかったのではなかろうか。妙楽寺があった地域は那珂川の川口の右岸にあたる。博多の海岸部や那珂川の川口辺りでは、博多湾の湾流は西から東に流れており、妙楽寺があった地域の那珂川の川口の右岸は砂地の堆積が一番盛んな場所である。従って、その後、妙楽寺の境内は急激に広がって室町時代には大寺となることができたと考えることができるであろう。

尚、福岡市博物館が作成した博多の復元図では、妙楽寺は元寇防塁の内側に復元されている。大庭康時氏も先に挙げた「大陸に開かれた都市　博多」の「中世後半期『博多』推定復原図（十五～十六世紀頃）」に於いて、妙楽寺は元寇防塁の内側に復元している。また、同氏はその他にも福岡市教育委員会の発掘調査報告書に於いて、「石城山の号の石城とは、元寇防塁に他ならないし、博多の市街が容易に防塁の外に出ようとしなかったことを見れば（大庭、１９９５）、妙楽寺の寺域も、北側を防塁で画されていたものと考えて、大過ないだろう。妙楽寺のかつての寺域の広がりを示す資料はないのだが、元寇防塁の南側に本来の寺域を設定するならば、……」[6]と、妙楽寺は元寇防塁の南側・内側にあったと述べているが、元寇防塁の遺構と妙楽寺の位置の考証からすれば、妙楽寺が元寇防塁の内側にあったとすることはあり得ないことである。

鎌倉幕府・鎮西探題は博多の都市の北側を元寇防塁までと想定して区画したのであるか、それとも元寇防塁の外側にあった妙楽寺を含んで区画したのであろうか。妙楽寺の南側・内側に元寇防塁があり、つまり、妙楽寺は元寇防塁の外側に創建されていること、鎌倉幕府・鎮西探題が博多の都市の設計、区画を行った時期は鎮西探題の成立の時期であると考えるべきであるとすれば、その時期には妙楽寺はまだ石城庵としても創られていなかった時期であること、また、この元寇防塁の位置が聖福寺の伽藍の基軸線から七町の位置にあることから、博多の都市の北側の区画は元寇防塁の位置までであり、聖福寺の伽藍の基軸線から七町までであったとすることができる。

○博多の東側の範囲

　博多の都市としての東側はどこまでであろうか。博多の都市の中に於いて承天寺の境内は博多の都市の東南の位置に配置されている。その北側には聖福寺があり、両寺が南北に並んでいる。承天寺の境内の東側では同寺の境内の東側が博多の東側となり、聖福寺の境内の東側では同寺の東側が博多の東側となる。承天寺の境内の東側では大楠様は承天寺の境内の東南の角にあり、ここが博多の都市の南限となっていることは先に見た。大楠様があるこの位置は承天寺の境内の東端でもあり、大楠様のこのような位置からすると、聖福寺の総門を通り、伽藍の基軸線と直交する線に平行しながら、正確に二町東側にあり、大楠様を通る線が博多の都市の東端の線であるとすることができる。承天寺の境内のこの線から東側は現在、御笠川となっており、承天寺の境内の東端はこの線の中に収まっている。

　承天寺の境内の北側に接して聖福寺があるが、聖福寺の東側はどのような位置になっているのであろうか。第七章に於いて詳述するのでここでは簡単に述べるが、聖福寺の境内の最も北側の地域には安山借屋牒に記載されている魚之町、中小路の町があり、中小路が最も東側の町並である。安山借屋牒に「サヤ」と記載されている魚之町の北端にあった地蔵堂は道路建設のために移転させられ、位置は十数メートル移動しているが、現存し、本来の地蔵堂の位置も明らかである。魚町の町並は地蔵堂から六十三間五尺東へ続き、更にこの東側に中小路の「従西至東境五十二間三尺五寸」と記されている町並が続いている。中小路の町並は「至東境」と記されているので関内町の東端の位置となり、この東端までが関内町の東端であるとともに、博多の東端である。六十三間五尺と五十二間三尺五寸を加算すると一一五間八尺五寸となるが、安山借屋牒の一間は六尺五寸の寸法となっているので一一六間二尺となる。一一六間二尺は二二六・八メートルであり、それに幅二間程度の道路幅二本分を加えると、魚町の地蔵堂から中小路の町並の東端まで約二三四メートルとなる。この位置は現在、御笠川の博多の対岸となる東岸に近い、河中である。聖福寺の伽藍の基軸線に総門を通り直交する線から三町東側の線より少し内側の位置となり、二町半の線より外側の位置となる。従って、聖福寺の関内町の東端は二町半の線では収まり切れず、三町の線に近い位置に収まっていると判断することができる。つまり、聖福寺の関内町、境内の東端、つまり、博多の東端は基軸線に総門を通り直交する線から三町東にそれと平行する線である。

関内町を記している安山借屋牒は鎌倉時代よりずっと後の天文十二年の年号を記しており、本来はストレートに鎌倉時代の都市の状況に当てはめることはできないが、魚町の地蔵堂には南北朝時代の早い時期である延文五年（一三六〇）銘の板碑が存在していることから、地蔵堂は南北朝時代の延文年間に成立していたことが分かる。地蔵堂は町を守護するために町の入り口や堺目等に建立されるから、地蔵堂の成立は町並の成立でもある。従って、安山借屋牒に記されている魚町の町並の成立は南北朝時代の延文年間に成立していたことになる。また、町並は一朝一旦に成立することはあり得ないから、町並が延文年間に成立していたことは町並が既に鎌倉時代に遡って成立していたと判断することができる。また、このことから、魚町、中小路等の聖福寺の関内町もこの時期には成立していたことを明らかにすることができる。つまり、安山借屋牒に記された聖福寺の関内町の東端がこの位置にあることは、鎌倉時代の博多の東端がこの位置であったことでもある。

魚町、中小路の通りは聖福寺の境内の最も北側の区域であり、魚町、中小路の東側で博多の東端となるこの位置は、南側へはどこまで続いているのであろうか。聖福寺の関内町の東端は聖福寺の境内の東北の角の位置であるが、境内の南辺は承天寺の境内の北辺に接しており、承天寺の境内の北辺は聖福寺の伽藍の基軸線から南へ二町の位置にあり、それと平行している線である。従って、聖福寺の境内の南辺もそれと接しているから、伽藍の基軸線に平行し、それから南へ二町の線となっている。聖福寺境内の前面、西側は伽藍の基軸線に直交する線である。聖福寺の西、北、南がこのような在り方であれば、東側だけが基軸線に対して直交しない線であるとか、不整形な線となっていることはあり得ず、東側の辺も基軸線に直交する線となっていたはずであり、聖福寺の境内の形は基軸線を基準とした長方形の範囲となっていたはずである。

念のために別の角度からも、聖福寺の境内の東側は基軸線に直交している線となっていることを見てみる。安山借屋牒には聖福寺の境内として中屋敷が記されている。中屋敷の具体的な内容については次章で明らかにするので、ここではその結論だけを使用する。中屋敷という名称は承天寺と聖福寺の間にある屋敷ということに由来する。つまり、中屋敷は承天寺の境内の北辺に接し、それより聖福寺の総門の方に広がっていた聖福寺の境内である。円覚寺までが聖福寺の塔頭の配置の範囲であり、そこから中屋敷の半町の範囲まで、つまり、承天寺の境内の北辺までが聖福寺の境内の範囲であり、聖福寺の境内の南辺は承天寺の境内の北辺と接し、伽藍の基軸線から二町の範囲までである。近世に至って沖浜より移転した妙楽寺等が配置された区域が中屋敷の跡であろう。

その中屋敷の後ろの最も外側に外窪少路の町並があった。外窪少路がその中屋敷の後ろの最も外側にある町並であるということは、外窪少路の町並は聖福寺の境内に於いて最も南側で、最も東側にある町並ということになる。つまり、外窪少路の町並は境内の東南端に配置されている町並である。そして、外窪少路の町並は「従南至東」と記されており、南から東の方向に走っている町並となっている。聖福寺の境内の北東にある中小路の町並の一つの、境内の北東の角から始まっている町並は、「従東至南境」と東から南へ走っている町並である。境内の南側で最も東側にある外窪少路の町並も、境内の北側で最も東側にある中小路の町並の一つも、どちらも東─南の同じ方向の聖福寺の伽藍の基軸線に直交する線上にある町並となっている。二つの町並が聖福寺の境内の東側の北区域と南区域に於いて同じ東─南の方向となって配置されていることと、町並が境内の東側に沿って配置されていることから、境内の東辺は伽藍の基軸線に直交して一直線となっていることを物語っている。

聖福寺の境内の東側の線と位置について、以上のように見てくると、聖福寺の境内の東側は北区域も南区域も同じ位置にあり、伽藍の基軸線に総門を通り、直交する線から三町東側の線となる。このような聖福寺の東側は北にそのまま海岸まで延びていたと推定される。博多の東側は、承天寺の境内の東側では同寺の境内の東側が博多の東側となり、聖福寺の境内の東側では同寺の東側が博多の東側となっており、また、それが海岸まで続いていたと推定されるが、承天寺の境内の東側は聖福寺の伽藍の基軸線に総門を通り直交する線から二町東側にこの線と平行する線であり、聖福寺の境内の東側は伽藍の基軸線に総門を通り直交する線から三町東側にこの線と平行する線であり、承天寺の境内の東側と聖福寺の境内の東側とは直線とはならず、聖福寺の境内の東側、及び、それより北側の地域が一町張り出した配置となっている。

聖福寺の境内の旧御供所小学校の敷地、旧西門町の地域は承天寺の境内より東側に広がって食《は》み出している。聖福寺之絵図が鎌倉時代から間もない頃の南北朝時代の絵であることは第四章で明らかにしたが、この絵でもこの地域は東側に膨らんだ地形で描かれている。現在、この食み出した部分の地形をよく見てみると、承天寺の境内と聖福寺の境内の境目から始まっている。つまり、この食み出した部分の地形は、かつて聖福寺の境内が承天寺の境内よりも一町張り出していた地形が御笠川によって侵食されて削られた名残であり、この地形は聖福寺の境内が承天寺の境内よりも一町張り出していた地形の名残であろう。

以上のように、博多の都市の東側の区画は、承天寺の東側では聖福寺の総門を通り、聖福寺の伽藍の基軸線と直交する線に正確に平行しながら、その東側二町の位置を通っている線である。また、この線は聖福寺の伽藍の基軸線と直交して大楠様を通っている線である。聖福寺の裏側及びそれより北側の地域では聖福寺の総門を通り、聖福寺の伽藍の基軸線と直交する線に平行しながら、その東側三町の位置を通っている線である。

○博多の西側の範囲

博多の都市としての西側はどこまでであろうか。第三章で触れたように、現在、大水道が博多川に注ぐ出口は博多リバレインの敷地の直下にある。この位置は聖福寺の総門を通り伽藍の基軸線に直交する線から西へ五町半を越える位置にある。基軸線に直交し西へ五町半の位置は、大水道の出口辺りはともかくとして、それから一町程南の方になると博多川の流路の中になってしまう。恐らく、五町半の位置は鎌倉時代も那珂川の流路の中か、博多湾が入江のように入り込んでいた状態であったと想像される。従って、西側は五町半より内側、つまり、総門を通る線から西へ五町の位置までとなる。

○博多の全体の範囲

以上のように博多の南側、北側、東側、西側の範囲がどこまでであったかについて確認した。南側は聖福寺の伽藍の基軸線から四町半まで、北側は聖福寺の伽藍の基軸線から七町までであり、南北は十一町半の長さの範囲となる。東側は、承天寺の境内の後ろは聖福寺の伽藍の基軸線に総門を通り直交する線から二町まで、聖福寺の境内の後ろより北側は同寺の伽藍の基軸線に総門を通り直交する線から三町まで、西側は聖福寺の伽藍の基軸線に総門を通り直交する線から五町までであり、東西は七町及び八町の長さの範囲となる。

これは鎮西探題の館の東北の角を基準とすると、南側はそれより四町、北側はそれより七町半の範囲となる。東側はそれより三町及び四町、西側はそれより四町の範囲となる。つまり、博多は南北十一町半、東西七町及び八町の長方形の形状の範囲で、それを碁盤の目状に半町を単位として正確に区画して構築した都市である。

尚、博多の都市の範囲と構造に関係することなのでここで触れておくが、大庭康時氏が「博多町割り変遷概念図」という、博多の地形と都市がどのように形成されているかを、⑴古代（11世紀以前）、⑵中世（12～13世紀）、⑶中世後半（14～16世紀）、⑷近世（17世紀）の四時期の段階に区分し、作図されている[7]。最近、この図が博多を研究する研究者によって正しい当然の図として引用されたり、博多の歴史を論じる研究論文に引用されているので、この図が正しい図であるか否か、きちんと確認しておく。

⑴古代（11世紀以前）は十一世紀以前の博多として、沖浜が那珂川下流の海中の洲として描かれている。筑

前国続風土記は「中比奥《おきの》浜といひし所は、入海の中にありし洲なり。[8]」と記し、沖浜はかつて那珂川の下流の海中にあった洲であった、としているが、これは筑前国続風土記のこのような記述に基づいて想定された図であろうか。筑前国続風土記は第二章、第三章等に於いて証明したように、正確な事実を記述しているのではなく、適当に話を創作して記述している場合がある。沖浜という地名が語っていることは、沖浜は島ではなく、浜であったということである。沖浜地域が十一世紀以前の奈良時代、日宋貿易が行われていた平安時代に島嶼であったとしたら、沖浜ではなく、当然、沖島という地名として残ったと考えるべきであろう。そのような地名になっていないことは、博多に於いて人々の生活が始まった時期、それは古代には始まっていたことは間違いないから、その時期には沖浜地域が島ということはなく、浜であったということである。つまり、大庭康時氏が博多の古代に於いて想定復元されている(1)に描かれているような地形はなかったということである。

(2)中世（12〜13世紀）、(3)中世後半（14〜16世紀）という中世の分類において、(2)中世（12〜13世紀）とする区分は(3)を中世後半と区分されているので、中世前半とすべき区分の単純なミスであろう。このような区分のミスはともかくとして、(2)、(3)には貝原益軒の筑前国続風土記等に記されている袖の湊らしい入り江が記されたり、先に証明したように房州堀は鎌倉幕府によって構築されているから(2)の時期でなければならないのに、筑前国続風土記が記しているように戦国時代の(4)の時期に描かれたり、元寇防塁の後ろに博多を防衛するために構築された大水道と称された堀と土塁は、筑前国続風土記等の地誌が入り江として記しているために記載されていない。基本的には福岡市博物館等が作製した博多の復元図と同様に、筑前国続風土記等の地誌を参考にして想定復元された図のようである。筑前国続風土記等の地誌は中世の博多の都市の状態がどのような状態であったか、理解し得ずに適当に記している部分があることについては今まで明らかにしてきたが、これらの地誌の記述を参考にしているために、本来の博多の地形や都市の実態と懸け離れた復元図となってしまっている。

また、単純なことであるが、博多湾内の湾流、潮流はどのような流れであり、そのために博多の地形が那珂川下流にどのように形成されていくのか、の考察さえも欠けている。那珂川下流において沖積地、つまり、博多は、同川によって運搬された土砂の沖積と、西から東に向かって流れる博多湾内の湾流とによって形成される。大庭康時氏が作製された図は、那珂川の下流の沖積地として形成される博多は那珂川の水流の方向に逆らって、それを横切るように北西の方向に向かって形成されている。このような沖積地の形成は湾流が東から西に流れている場合に形成される。博多は福岡平野第一の河川である那珂川の下流に、西から東に向かって流れている湾流によって形成される。那珂川の下流に同川によって運ばれた土砂は湾流によって東の方に押し流されるので、その沖積地である博多の地形は北東の方向に形成される。江戸時代の古絵図に那珂川や御笠川の下流の流砂が堆積してできた砂州を描いている絵がある。それらに描かれている砂州は西側から東側に流れて堆積しているように描かれている。東側から西側に流れて堆積しているようには描かれていない。大庭康時氏が作製された「博多町割り変遷概念図」に描かれているような博多の形成図は、那珂川の流水と博多湾の湾流の方向からすれば実状と逆の方向となっており、博多の地形がこのような経過で形成されていくはずがない。大庭康時氏が作成されたような図は成立しない。

(三)　博多の都市の諸施設の位置と範囲

それでは博多の南北十一町半、東西七町及び八町の碁盤の目状に区画された範囲の中で、どのような施設が、どのように配置されていたのであろうか。第一章　第一節に於いて、鎮西探題、櫛田神社、犬射馬場、大乗寺、奥堂屋敷の位置関係や、鎮西探題は東西、南北それぞれ二町半の正方形の敷地であり、犬射馬場は鎮西探題の館と奥堂屋敷の間に在ったことも明らかにした。また、第一章　第二節に於いて、奥堂屋敷は油座文書に二町半の敷地であると記されているが、これは東西二町半、南北一町の東西に長い長方形の敷地であることも明らかにした。鎮西探題、犬射馬場、奥堂屋敷以外の櫛田神社、大乗寺、称名寺、承天寺、聖福寺は聖福寺の伽藍の基軸線、聖福寺の総門を通り、聖福寺の伽藍の基軸線と直交する南北の基準線と、どのような関係の配置となっていたのであろうか。

○櫛田神社の位置と範囲

鎮西探題は櫛田神社と東西に並んで存在していた。そして、第一章に於いて、鎮西探題の敷地と櫛田神社の敷地の境界は、櫛田神社の楼門の前から東側に通（向か）っている通りを少し入った、まちやふるさと館の西南の前辺りから始まり、国体道路を横切り、順正寺の境内に続いている段差であることを明らかにした。この段差は聖福寺の総門を通り、聖福寺の基軸線と直交する線から正確に西に三町半の位置にあり、また、この線に平行している。つまり、東西に並んでいる鎮西探題と櫛田神社の境界は聖福寺の総門を通り、伽藍の基軸線に直交する線から西に三町半の位置にこれと正確に平行する線である。

櫛田神社の境内の西側はどこまでであろうか。現在、櫛田神社は博多の西側を流れる那珂川の支流である博多川沿いの川端町の商店街の東側までである。この通りは櫛田神社の境内の西端に接した位置であり、聖福寺の総門を通る線から五町の位置である。この五町の位置は東西七町及び八町に区画された博多の西端の位置になり、櫛田神社の境内の西端が櫛田浜口への通りの部分を除き、この位置であったことは現在と同じであろう。つまり、櫛田神社の敷地は鎮西探題と櫛田神社の境界から、櫛田浜口への通りの部分を除く東西一町半の広さであった。また、博多の範囲の西端を通る線の櫛田浜口への通りの部分を除く位置までであり、聖福寺の総門を南北に通る線からほぼ五町の位置までである。

櫛田神社の境内の南北の範囲はどこまでであろうか。櫛田神社の境内の北側は、大乗寺の境内の南側と櫛田神社の境内の北側で櫛田浜口の木戸を構成しているからそこまでであり、櫛田浜口の中間線が聖福寺の伽藍の基軸線である。現在の櫛田神社の境内は聖福寺の伽藍の基軸線を基準とすると、かなり歪《いびつ》な形となっている。

境内は豊臣秀吉の博多の復興や黒田氏が入封後、博多を城下町の一郭として構築し、博多の南部の防衛線として妙定寺、万行寺、順正寺、善照寺を配置したためにかなり歪な形になったのであろう。現在の櫛田神社の南北の範囲は、北側は大乗寺跡の南側にある通りから、南側は国体道路までとなっている。この幅は一町半である。櫛田神社の境内の北端から南端までの範囲は近世の範囲と同じ一町半と見ても良いであろう。つまり、櫛田神社の境内の南北の範囲は、北側は大乗寺の境内の南側の聖福寺の伽藍の基軸線である櫛田浜口の通りの南側までであり、南側はそこから一町半、つまり、聖福寺の伽藍の基軸線から南へ一町半の位置までである。

○大乗寺の位置と範囲

次に大乗寺の位置について見てみよう。櫛田神社の境内と大乗寺の境内は南北に並んで存在しているが、櫛田神社は東向きであり、江戸時代の大乗寺は川端町に面して西向きとなっており、櫛田神社と大乗寺は向きが違っている。しかし、鎌倉時代の大乗寺は櫛田神社と櫛田浜口の木戸を構成していたことから、大乗寺は元々櫛田神社と同様に東向きで、南北に並んで存在していたはずである。従って、大乗寺の境内は櫛田神社の境内の北側に、鎮西探題の敷地と櫛田神社の敷地の境界である段差をそのまま北に延ばした線の西側に櫛田浜口の木戸を挟んで南北に並んで存在していたことになり、大乗寺の境内の東側の境界は櫛田神社の東側の境界と同様に聖福寺の伽藍の基軸線に、総門を通り直交する線に平行し、これから三町半の位置に南北に通る線となる。

ところで、櫛田神社と大乗寺の間には博多の西南方面からの出入り口である櫛田浜口を入り、真っ直ぐに東に向かうとその南側は犬射馬場であり、更にその南側は東西二町半に及ぶ鎮西探題の敷地であった。そして、北側に東の方へ二町半に及ぶ奥堂屋敷の敷地が犬射馬場を挟んで鎮西探題と向かい合って存在する位置関係となっていた。つまり、櫛田神社と大乗寺の間にある櫛田浜口を入ると、その前にある道は犬射馬場と奥堂屋敷の間にある道で犬射馬場の北側と奥堂屋敷の南側にある道となり、奥堂屋敷の二町半続いている敷地の南側に沿って延びている道である。この道はそのまま聖福寺の総門に至る道である。つまり、聖福寺の伽藍の基軸線を延ばした線の南側が櫛田神社であり、北側が大乗寺である。以上のように大乗寺は聖福寺の総門を通り、伽藍の基軸線と直交する線から三町半の位置の、これと平行して通る鎮西探題と櫛田神社の間の段差の西側に、櫛田神社の北側、聖福寺の伽藍の基軸線の北側に存在していた。また、大乗寺の西側は櫛田神社の境内の西側の櫛田浜口に通じている道の位置と同じ博多の都市域の西端である那珂川までであったはずであり、聖福寺の総門を通る線から五町の位置にあったとすることができる。

また、伽藍の基軸線の南側には櫛田神社、犬射馬場、犬射馬場の南側に鎮西探題があり、犬射馬場の北側には奥堂屋敷が存在していることから、奥堂屋敷は大乗寺の東側に位置していたことになる。その奥堂屋敷は南北一町、東西二町半の敷地で大乗寺の東側に存在している。奥堂屋敷は南北一町、東西二町半という長大な敷地であるために、その位置は特異な位置とならざるを得ず、鎮西探題の敷地と対の関係でしか成立たないことは第一章　第一節　(二)に於いて説明した。つまり、奥堂屋敷は鎮西探題と犬射馬場を挟んで向かい合って存在していた。従って、奥堂屋敷の敷地の西側は鎮西探題の敷地の西側と同じ線上とならなければならない。また、この線は櫛田神社の東側の線ともなる。そして、この線は現在、鎮西探題の敷地と櫛田神社の敷地の間の段差として残っている聖福寺の総門を通る線から三町半の位置を南北に走っている線である。江戸時代の大乗寺の境内は旧冷泉小学校の敷地であり、間口は一町である。つまり、東側に隣り合っている奥堂屋敷の間口と同じ一町となるのである。

筑前国続風土記拾遺は片土居町の栄昌庵と順弘庵について「中世大乗寺浄土宗なりし時塔中にて境内にあり。高樹公大乗寺を真言宗となし浄土宗の僧を住吉村に移されし時二寺ハ今の所に引しといふ。[9]」、また、筑前国続風土記附録は両寺について、「始は大乗寺の内にあり、寛永年中今の地に移す。[10]」と記しており、栄昌庵と順弘庵は大乗寺の塔頭であり、同寺の境内にあったが、寛永年間、黒田忠之の時に今の場所に移されたと記している。大乗寺は江戸時代の初め頃まで塔頭があり、大寺院の面影を残していたようである。大乗寺の境内は元々これらの塔頭が配されていた区域を含んだ範囲であった。筑前国続風土記附録等に描かれている江戸時代の大乗寺の景観は既に塔頭が廃された後の景観である。何故に栄昌庵、順弘庵等の塔頭を大乗寺から分離して移したのであろうか。大乗寺の境内の北側は浄土真宗東本願寺派の妙行寺の広い境内と接していた。この妙行寺の境内を広げるために、大乗寺の塔頭を独立させて移し、それらが在った区域を妙行寺の境内の一部に繰り入れたのである。

以上のように、現在、旧冷泉小学校の敷地として残っている江戸時代の大乗寺の遺構の間口は一町であるが、元々の大乗寺の境内は塔頭が配されていた区域分だけ妙行寺側に広がっており、南北は一町半の範囲となる。

大乗寺の西側は先に見たように博多の区域の西端の那珂川までであり、聖福寺の総門を通る線から五町の位置となり、東西は一町半の範囲となる。

○称名寺の位置と範囲

櫛田神社と大乗寺が隣り合って面している通りを北の方に進んでいくと称名寺が存在していた。称名寺については第五章　第二節　（一）で触れたように、称名寺は大正八年、東区馬出に移転、現在、跡地にその痕跡は全く残っていない。称名寺は江戸時代の絵図では、櫛田神社、大乗寺が面している通りよりも一つ西側の通りに面しているように描かれている。櫛田神社、大乗寺の前を通る通りに面しては大水道の南側に接して光泉寺があり、称名寺はその光泉寺の裏側の通りに面して、光泉寺と同様に大水道の南側に接して存在している。第五章で明らかにしたように称名寺と光泉寺とは一体であり、称名寺の境内は元々光泉寺の境内までであった。従って、称名寺は櫛田神社、大乗寺の前を通る通りに面した寺である。豊臣秀吉の博多の復興の町割によって現在の位置に配置され、更にその後、江戸時代の初め頃に、塔頭の光泉寺が称名寺から分離して独立してしまったために、称名寺は櫛田神社、大乗寺の並びから一つ西側の通りに面している寺院となってしまったのであるが、創建された鎌倉時代当時から櫛田神社、大乗寺と同じ通りに面して存在していたと推定できる。

称名寺の境内の北側について見てみる。江戸時代の絵図によれば、光泉寺も称名寺もいずれも大水道に接して描かれている。従って、称名寺の境内の北側は大水道までであったことは確かである。つまり、称名寺の境内の北側は、聖福寺の伽藍の基軸線から正確に北の四町半の位置に規定されている。また、このような称名寺の境内の在り方から、称名寺の境内は計画的に策定されたものであり、寺域が恣意的に定められていたのではないことが分かる。

称名寺の境内の西側はどこまでであったろうか。江戸時代の絵図では、境内の西側は川端町の町並とその南端に鏡天神社となっており、その更に西側が那珂川の分流の博多川となっており、称名寺の境内は博多川まで広がっていない。称名寺の山号寺号は「金波山西岸寺」という。この西岸寺の西岸は博多の西側を流れている那珂川の川岸、つまり、博多の西岸に位置していたことに由来して名付けられている。称名寺の寺号は博多の西岸を流れる那珂川に関連した名称となっている。また、第五章　第二節（二）に説明したように、宋希璟が老松堂日本行録に於いて称名寺のことを江寺と呼んでいるように、那珂川に因んだ呼び方をすることから、称名寺の境内は元々那珂川と接していたのであろう。以上のような称名寺の呼称から称名寺の境内の西側は那珂川までであったと判断することができる。従って、称名寺の境内の西側は櫛田神社、大乗寺の西側の範囲と同じであり、聖福寺の総門を通る線から五町の位置まであったと判断することができる。

称名寺の境内の東側はどこまであったのであろうか。豊臣秀吉の町割より前の称名寺の境内の東側がどの位置にあったか、証明すべき指標はないが、元々の称名寺は先に見たように豊臣秀吉の再興の町割りでは櫛田神社、大乗寺と同じ通りに面し、また、境内の後ろも櫛田神社、大乗寺と同じように西側を流れる那珂川までとなっている。また、豊臣秀吉の町割より前も、以後も、櫛田神社、大乗寺と称名寺との境内の西側はいずれも那珂川までと共通しているのを見ると、称名寺の境内の東側も櫛田神社、大乗寺の境内と同じ位置であり、従って、聖福寺の総門を通る線から西に三町半の位置にあったと判断することができるであろう。

それでは境内の南側はどこまでであったのであろうか。明治四十一年（一九一〇）、称名寺とその南側に隣接していた栄昌寺の境内に現在の明治通の原形である幅十八間の福博幹線道路が通された。従って、明治四十年頃までの称名寺の境内は現在の博多の中心街である明治通りに及んでいた。栄昌寺は最近、郊外の福岡市西区今宿町に移転するまで、明治通りの南側の商店街の裏に存在していた。大水道から明治通りの南側の商店街の敷地まで（これは栄昌寺の境内の北側の境界となる）がほぼ一町であり、ここまでが称名寺の敷地であろう。称名寺の境内の南北の範囲が一町であるとすると、北側は大水道に接して聖福寺の伽藍の基軸線から北に四町半の位置までであったから、南側は基軸線から三町半の位置までである。また、東側は聖福寺の総門を通り、伽藍の基軸線に直交する線から西側に三町半の位置を通る線であり、西側はそれから一町半西側の線までとなる。

○承天寺の位置と範囲

先に博多の南側の範囲で説明したように、現在の承天寺の伽藍の基軸線や境内の南側は豊臣秀吉の博多の復興の線となっているが、元々は聖福寺の伽藍の基軸線を基準とする線である。博多の都市としての南側の範囲が聖福寺の伽藍の基軸線から四町半の位置にある房州堀までであり、承天寺の境内の南側はこの位置にある房州堀と境内を接しているから、承天寺の境内の南側は聖福寺の伽藍の基軸線から四町半の位置までである。

また、承天寺の境内の南辺の範囲は、江戸時代は境内の東南の角である大楠様から博多東の郭門の位置までである。大楠様自体は鎌倉時代から位置は変わらず、承天寺の境内の東南の角であり、先に博多の南側の範囲で見たように鎌倉時代の辻堂口は江戸時代の博多東の郭門の位置と同じ位置である。鎌倉時代の承天寺の境内の南側も大楠様と辻堂口であり、江戸時代の博多東の郭門との間と同じであり、大楠様と江戸時代の博多東の郭門との距離は二町半であるから、大楠様と鎌倉時代の辻堂口の間もそれと同じ二町半となる。従って、承天寺の境内の南辺は聖福寺の伽藍の基軸線に平行し、それから四町半の位置にあり、大楠様と辻堂口との間の二町半の範囲である。また、承天寺の境内の南辺が聖福寺の伽藍の基軸線から四町半南側に、これと平行して二町半の幅で存在していることは、承天寺の境内がこれから二町半の幅で北に広がっているということであり、この南辺を一辺として聖福寺の伽藍の基軸線に直交する線を基準としながら、方形の範囲で広がっている。つまり、承天寺の境内の南辺は東西七町及び八町、南北十一町半という博多の範囲の東南の角から西へ二町半まででであり、それを一辺として北へ長方形か正方形の形状で広がっている。従って、承天寺の境内の東側は博多の範囲の東端の辺と重なりながら、北に延びていることになる。

承天寺の境内の北側の範囲はどこまで広がっていたのであろうか。承天寺の北側には同寺の塔頭である乳峯禅寺、天徳院その他の塔頭の並びがある。現在の承天寺の塔頭の並びは博多駅の設置以来、くり返し行われた区画整理によって本来の在り方と大きく変わっている。例えば、現在の乳峯禅寺は聖福寺の前を通る通りから離れた位置となり、南向きの境内となっているが、筑前名所図会には乳峯禅寺の境内は妙楽寺の南側に、それと並んで聖福寺の前を通る通りに面して西向きの境内として描かれている。そして、その他の塔頭は乳峯禅寺の後ろ、東側に承天寺の方を向いて並んでいる配置として描かれている。このように乳峯禅寺の境内の位置と向きは、現在と元々では違っているが、現在の乳峯禅寺の境内は元々承天寺の塔頭が並んでいた場所である。従って、現在の乳峯禅寺がある場所は元々承天寺の塔頭が配されていた場所である。このような乳峯禅寺の境内の北側は南辺から二町半の位置より、少し食み出してしまうが、承天寺の境内と乳峯禅寺等の塔頭群は二町半の範囲にほぼ収まってしまうので、この二町半の位置までが承天寺の境内であったのであろう。乳峯禅寺の境内の北側の境界線は豊臣秀吉の復興の線となっており、乳峯禅寺の境内の北側の二町半の線より食み出している部分は二町半の線と豊臣秀吉の復興の線との間の範囲である。従って、元々の境内の境界は二町半の線まででであったが、豊臣秀吉の復興の線に従って引き直されたために二町半の線より食み出してしまったのであろう。

以上のように承天寺の境内は博多の範囲の東南の角を基点にして、博多の範囲の南辺の二町半と、博多の範囲の東辺の二町半を辺とする正方形の範囲であったと判断することができる。

○聖福寺の位置と範囲

博多の都市は聖福寺の伽藍の基軸線と総門を通り、伽藍の基軸線と直交する線を基準とした線で区画されている。従って、聖福寺の境内自体も、南北の範囲は聖福寺の伽藍の基軸線を基準とした範囲にあり、東西の範囲は総門を通り、基軸線に直交する線を基準とした範囲にあることは言うまでもない。

聖福寺の境内の南側はどこまでであったのであろうか。現在、聖福寺の南側には円覚寺があるが、同寺は聖福寺の塔頭である。円覚寺は元々は別の場所にあったが、黒田氏が筑前国の大名となり、博多を城下町の郭として整備した時に現在の場所に移転し、聖福寺の塔頭となったようである。中世の聖福寺の境内の中で塔頭は円覚寺のある範囲まで配置していたことが想定される。現在、円覚寺が存在している区域は伽藍の基軸線から南へ一町半の位置にほぼ収まってしまう。この位置は承天寺の境内の北辺から半町の間隔の位置となる。この半町の幅の区域は承天寺の境内の北辺と接している聖福寺の中屋敷である。従って、聖福寺の境内の南辺は伽藍の基軸線から南へ二町の範囲までである。

聖福寺の境内の西側はどこまでであったのであろうか。次の第二節（二）で証明するので説明を省略し、結論だけを述べると、聖福寺の総門の位置は中世の時期も豊臣秀吉の博多の復興以後も変わっていない。つまり、総門の位置は創建当初から現在の位置のままである。従って、聖福寺の境内の西側の範囲は現在の位置のままである。

聖福寺の境内の北側はどこまでであったのであろうか。聖福寺の境内の北側三町の位置には博多の北側を直接防衛していた大水道が構築されていた。この大水道より内側、南側に聖福寺の北側の範囲があったことになる。聖福寺の安山借屋牒には同寺の関内町が記されている。関内町に記されている町は中小路、普賢堂、寍少

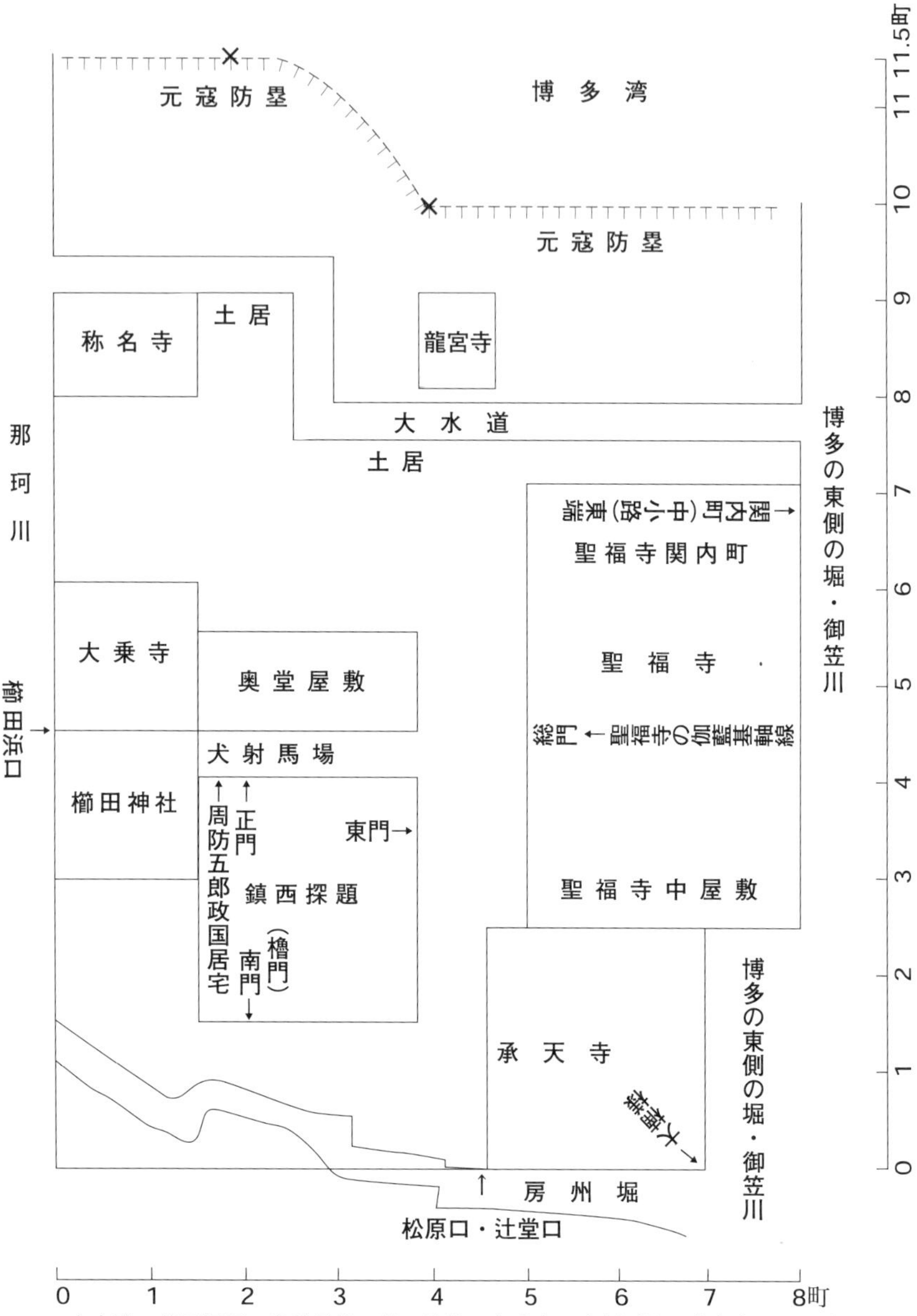

大水道、鎮西探題、奥堂屋敷、櫛田神社、大乗寺、犬射馬場、称名寺、承天寺、聖福寺が戦略的に配置され、城郭都市として都市計画され、構築されている博多。元寇防塁の遺構は現在、×印の２箇所から出土しているのみであり、元寇防塁の位置は推定である。

路、瞥《はた》板、魚之町、中屋敷、瞥板浦屋敷、毘沙門堂門前である。これらの町で中小路、普賢堂、魚之町は昭和四十一年の町名改正により現在の上呉服町に統一されるまで現存していた町である。そして、これら三つの町の、普賢堂は聖福寺の伽藍の基軸線に最も近い位置にあり、中小路、魚之町は基軸線からすればその外側にある町である。中小路、魚之町が並んでいる通りの外側は蓮池町であり、蓮池町が聖福寺の蓮池に由来している町名であることは言うまでもない。聖福寺の蓮池は聖福寺之絵図では関内町の外側に描かれている。従って、聖福寺の関内町は中小路、魚之町までであり、聖福寺の境内は中小路、魚之町までであろう。中小路、魚之町があった現在の通りは聖福寺の伽藍の基軸線から二町半の位置の内側にある。この線の外側は蓮池町となる。従って、聖福寺の伽藍の基軸線から二町半の位置までが聖福寺の境内であったと判断することができる。大水道の位置は聖福寺の伽藍の基軸線から三町の位置にあるから、大水道より半町南側までが聖福寺の境内である。境内の北側に蓮池があり、蓮池を含んだ半町北側に大水道が構築されていたことになる。

聖福寺の東側の区域は博多の東側と重なり、同じ範囲となる。従って、博多の範囲の東側で明らかにしたように、博多の東端は魚町の地蔵堂から一一六間二尺の二二六・八メートルであり、それに二本分の道路幅を加えた位置になる。この位置は現在、御笠川の博多の対岸となる東岸に近い、御笠川の河中となり、聖福寺の総門から三町の位置である。

以上、博多の主な施設である鎮西探題、犬射馬場、奥堂屋敷の位置と範囲については第一章に於いて明らかにしていたので、それ以外の主な施設である櫛田神社、大乗寺、称名寺、承天寺、聖福寺について、それらが博多の東西七町及び八町、南北十一町半の碁盤の目状に区画された範囲の中で、どのような位置と範囲になっているかを見てみた。櫛田神社、大乗寺、称名寺は聖福寺の総門から三町半の位置にある櫛田神社と鎮西探題の境界を北に延ばした線の西側に、聖福寺の総門から五町の位置にある那珂川の支流の博多川までの一町半の範囲に一直線に並んでいた。また、称名寺は大水道に接し、その南側に聖福寺の伽藍の基軸線から三町半と四町半の間の範囲にあった。承天寺は博多の東南の角に位置し、聖福寺の境内はその北側に、承天寺の境内より半町東側に引いた配置となっていた。聖福寺の北側は伽藍の基軸線より二町半の位置までであり、大水道より半町南側の範囲までである。それらを鎮西探題、犬射馬場、奥堂屋敷とともに博多の都市の範囲と諸施設の配置を図示すれば四三二頁の図のようになる。

第二節　博多の道路の配置

（一）博多の大道

博多は鎌倉幕府・鎮西探題が半町を単位として南北十一町半、東西七町及び八町の長方形の範囲に正確に碁盤の目型に都市計画を行って構築した都市である。それらの基準として、聖福寺の伽藍の基軸線と、それに総門を通って直交する線が残っている。従って、博多の道路も半町を基準として、聖福寺の伽藍の基軸線と、それに総門を通って直交する線にそれぞれ平行して構築されていたことは言うまでもない。

現在、中世の博多の復元図に於いて道路がどのように復元されているかを見てみよう。中世の博多を復元した図は第一節（一）で触れたように福岡市博物館、大庭康時氏、宮本雅明氏の復元図がある。これらの復元図は細部に若干の異同があるが、共通した図である。これらの復元図で最も目立つのが、博多の南端の東寄りの位置にある辻堂口から、聖福寺、承天寺の門前を通り、北の海岸まで、少しくねりながら通っている道路が描かれている。博多の大道、メーンストリートと称されている道路である。福岡市博物館の復元図や大庭康時氏の復元図は、この道路は他に描かれている道路よりも幅広く描き、博多の大道、メーンストリートであることを象徴的に描いている。

この道路は聖福寺、承天寺の門前を通って南北に走っているが、先に承天寺、聖福寺の範囲で見たように、承天寺の東西の幅は二町半であり、聖福寺の東西の幅は三町であり、また、聖福寺の境内の西側は承天寺の境内の西側より半町東側に引っ込んだ位置となっている。しかし、復元図ではいずれも承天寺、聖福寺は一直線に並んでいるように描かれ、承天寺、聖福寺の配置が誤っているが、このような誤りはさて置くとして、西側に半町出ている承天寺の位置を参考にメーンストリートを見てみると、メーンストリートは承天寺の前を通っているから、博多の最東端から三町半の位置を通っているように復元されていることになる。

　博多は東西七町及び八町、南北十一町半の地形であり、東から三町半の位置を南北に走っている道路が、博多の唯一のメーンストリートであるとすると、西側は主要な道路がない四町半の空間となり、この道路は東側に片寄り過ぎた位置を通っていることになる。東西の幅が七町及び八町である博多の地形からすれば、東側のこの道路と対称に、西側にこの道路と平行してもう一本道路が存在していなければ、西側には主要な道路がなく、都市の機能としても、地形的にもバランスが取れない。博多の中心線の位置にメーンストリートがあればともかくとして、東から三町半の位置にのみメーンストリートがあるとすれば、西側は主要な道路がない四町半の空間となり、バランスが取れない極めて歪《いびつ》な都市図となっている。そのためであろうか、聖福寺の境内が実際よりも異様に西側に張り出した範囲の絵として復元され、メーンストリートをできるだけ西側に移して中心線に近づけて描かれている。聖福寺の境内が西側に張り出して復元されているのは、勿論、このためだけでなく、次項の（三）で触れるように筑前国続風土記が聖福寺の境内は「当昔は此寺の境内甚広かりしとかや。……今はむかしにしかすといへとも、寺内猶ひろし。[11]」と記していることも理由とされているのかもしれない。

　いずれにしろ、博多の東側から三町半の位置にのみメーンストリートともいうべき通りが通っていたとしたら、東側と同様に、西側にも別のメーンストリートが存在していなければ都市として機能的、地形的にバランスが取れない。つまり、博多の東西の中心線から対称的な位置の、東から三町半、西側にもそれに近い位置にそれぞれメーンストリートが存在していたとすれば、博多の東西七町及び八町の地形にメーンストリートが二本バランスよく配置されていることになり、博多に於いてメーンストリートが都市としての機能的にも、地形的にも片寄りなく配置されていたことになる。博多のメーンストリートにはこのような前提が必要であり、現在、復元されている中世の博多の復元図が機能的にも、地形的にも非常に歪で、あり得ないような形で復元されている。

更に、現在、復元されている博多の道路があり得ない復元になっていることについて説明する。逆に言えば、博多の道路を復元する時にどういうことを念頭において復元しなければならないかである。鎌倉は鶴岡八幡宮を基点として、そこから南に一直線に海岸まで延びている若宮大路が基準となっているが、鎌倉の施設配置は若宮大路から東側、つまり、都市の向きからは左側に重点が置かれ、幕府関係の施設は左側に配置されていた。そして、鎌倉に於いては若宮大路より東側、都市の広がりからすれば左側を通っていた小町大路が賑っていた通りであった。博多の都市に於いても鎌倉の都市構造と共通して都市の左側に幕府関係の施設が配置されていたことについて、第五章　第四節に於いて明らかにした。鎌倉と博多は都市の向きはそれぞれ南向きと北向きとなっており、反対であるが、そのことを別にして都市の向きからした施設の配置は共通している。鎌倉と博多にこのような都市構造の共通性が存在するとすれば、博多に於いても鎌倉と同様に都市の向きの左側、西側に小町大路のような賑っていた通りがあったのではないか、ということを想定しなければならない。

このことは次のことからも想定される。第三章　第一節に於いて、大水道が土塁を伴った元寇防塁の後ろに構築された博多の都市の直接の防衛線であることを明らかにし、その大水道は横矢掛の構造で折れた構造であったことを明らかにした。その横矢掛の折れは一町半の距離で西側、つまり、博多の都市の向きからすれば左側が張り出されて広い範囲となっている構造となっている。このことは博多の都市が西側、都市の向きからすれば左側が広がっていたことを証明している。つまり、博多は西側、左側が都市として発展し、賑っていた。このように博多の都市構造は鎌倉の都市構造と共通しており、このことからも博多に於いても鎌倉の小町大路のように都市の左側、西側に賑っていた通り、つまりメーンストリートがあったのではないか、ということが想定される。

現在、福岡市博物館、大庭康時氏等が復元している聖福寺、承天寺の門前を通り、博多の南端の東寄りの位置にある辻堂口から、北の海岸まで真っ直ぐに通っている道である博多の大道、メーンストリートと称されている道は、博多の東側に片寄った位置に配置されており、博多の中心的な施設として考えられている聖福寺、承天寺は博多の東側にあり、博多の都市の向きからすれば右側に偏った位置となり、鎌倉の都市と逆になっている。博多の都市を構築したのが鎌倉幕府・鎮西探題であり、従って、幕府が設置されていた鎌倉と博多は共通した構造、影響を受けた構造があったはずである。実際、博多は鎌倉幕府・鎮西探題が鎌倉を更に理想化するような都市として構築していたことは先に見たとおりである。しかし、現在の博多の復元図には都市の構造についてそのような配慮は全く見られない。現在の復元図は鎌倉と博多の関係や共通点を一顧だにしていない復元図であり、そのような博多と鎌倉の在り方に思いが至っていない復元図である。

現在の博多の中世遺構で最も目立っている存在は聖福寺、承天寺である。そのために中世の博多の都市の復元も聖福寺、承天寺を焦点として想定復元を行ってしまったのであろう。しかし、聖福寺、承天寺のみならず、博多に於いて現在に伝えられている中世の遺構はそれなりに存在している。従って、聖福寺、承天寺のみならず、このような現在に伝えられている中世の遺構を総合的に考慮して博多の復元を行うべきである。

博多に於いても鎌倉と同様に都市の左側に、つまり、承天寺、聖福寺の前を通る東側の通りよりもむしろ西側にメーンストリートがあったことを見てみよう。博多の西側から一町半の位置には、櫛田神社、大乗寺、称名寺といった神社、寺院が一直線に配置され、甍を列ねていた通りがあった。これらの神社、寺院はいずれも平安時代末から鎌倉時代に創建された寺社であり、北条随時が鎌倉の鶴岡八幡宮になぞらえて鎮西探題の氏神として再建した櫛田神社、鎮西探題金沢実政が鎮西探題の菩提寺として創建した大乗寺等の神社、寺院が、博多の南から北に一直線に走っているこの通りに面して甍を列ねていた。これらの神社、寺院が甍を列ねていただけでも、この通りは承天寺、聖福寺が並んでいる東側の通りと肩を並べる通りであり、博多の通りの随一であったことが分かる。

この通りについて別の角度から見てみる。第五章　第二節　（二）に於いて、相良正任の正任記に、文明十年十月、大内政弘が重臣の仁保弘名を斬り、その頸を土居道場称名寺の門前に一日から三日までの三箇日間梟したことを記していたことを見た。梟首は見せしめのために行うのである。仁保弘名の頸が称名寺の門前に梟されたのは、仁保弘名の頸をできるだけ多くの博多の人々に見せつけて見せしめにするためであり、当時、称名寺の門前は博多の人々がより多く群参していた場所であったことを物語っている。称名寺の門前が博多の人々が群参するような場所でない、人目が少ない場所であるとしたら、梟しても見せしめの意味がないからである。

また、仁保弘名の頸が称名寺の門前に梟されたと同じ時に、たまたま、博多に滞在した朝鮮の漂流民金非衣達が、称名寺の境内と那珂川とが一体となっている場所に梟されている少弐政資勢の首を見物したことを記していたことを見た。これについても仁保弘名の頸が称名寺の門前に梟されたことと同様である。称名寺の境内と那珂川とが一体となっている場所とは称名寺の界隈であり、この場所は博多の東側ではなく、西側であり、博多の西側が博多の人々が群参するような場所であったことを物語っている。称名寺の門前とその界隈はしばしば梟首の場所とされていたのである。そして、これらのことから称名寺の前の通りは博多で最も人々が群集し、通行量が多かった通りであったことが推察できる。それ故に称名寺の門前が梟首の場所にされたのである。

更にその他にも、この通りに近い場所で梟首が行われていた例を見てみよう。正慶二年三月十三日、鎮西探題を襲撃した菊池武時勢の頸二百余が犬射馬場に梟された。犬射馬場の位置については、第一章　第一節（一）に於いて明らかにした。犬射馬場は鎮西探題の乾《いぬい》（西北）の位置にあったために犬射馬場と称された。鎮西探題の乾の方向は博多の位置からすれば西側寄りの位置であり、博多の東側寄りの位置ではない。犬射馬場は櫛田神社、大乗寺、称名寺が甍を並べていた通りに接している通りであり、この通りに近い犬射馬場で菊池武時勢の頸が梟されたことは、犬射馬場が鎮西探題の正門の前にあるというだけでなく、この通りが当時、博多で最も通行量が多かったことを物語っている。

現在、博多に於いて辻堂口から承天寺、聖福寺の前を通り、海岸まで通っている通りがあるとして、その通りを唯一のメーンストリートと想定して復元している。博多の東側には聖福寺、承天寺の大寺が立ち並び、そして、辻堂口から承天寺の前を通っていた通りが博多の主要な通りの一つであったことは確かである。但し、この通りは次の（三）項で証明するように聖福寺の門前を通る通りではない。聖福寺の門前から半町西側を通っている通りである。この博多の東側の通りに対して、博多の西側に櫛田浜口を出入り口として、櫛田神社、大乗寺、称名寺が甍を競っていた通りが、鎌倉時代から室町時代に於いて博多の中で最も通行量の多い通りとして、本来のメーンストリートとも呼ぶべき賑っていた通りとして存在していた。また、博多の町を南北に貫くこの西側の通りと、辻堂口から承天寺の前を通る東側の通りの二本の通りがあって、東西の幅七町及び八町の長方形の地形をしている博多の道路ははじめて機能的、構造的にバランスが取れた配置になる。

鎌倉に於ける通りは都市の基準となっている若宮大路があり、そして、東側にはそれと並んで小町大路の通りが配置されていた。鎌倉に於いてはこの二本の通りが主要な通りであり、これら二本の通りに挟まれて、得宗邸、将軍の御所というような鎌倉幕府の最も重要にして主要な施設が配置されていた。そして、鎌倉に於いて最も賑わっていた通りは得宗邸、将軍の御所の右側の若宮大路ではなく、左側の小町大路であった。博多に於いても町を南北に貫く通りは、鎮西探題を挟んで辻堂口からその左側を通る通りと、その右側を通る通りの二本の通りであり、鎌倉と同じ配置となっているが、右側を通る通りが鎌倉に於ける小町大路と同じ位置となっており、そして、この右側の通りが小町大路と同じように最も通行量の多い通りであり、本来のメーンストリートとも呼ぶべき賑わっていた通りとなっており、博多の南北に通る主要な通りは鎌倉と共通した配置と役割となっている。

（二）博多の道路と木戸

それでは博多の大道以外の街路はどのようになっていたのであろうか。福岡市博物館の博多の復元図に於いて、道路のあり方はメーンストリートとして聖福寺、承天寺の前を通っている東の通り以外は特に考察された形跡はなく、適当に記されているとしか思えないような出鱈目《でたらめ》な道路の記し方である。中世の博多の道路には木戸が設けられていた。中世の博多に木戸が設けられていたことについては、宋希璟の老松堂日本行録の次の記事がよく知られている。

作門

朴加大無城、岐路皆虚、夜〻賊起殺人、无追捕之者、今予之来、探題為我懼此寇、使代官伊東殿、里巷岐路皆作門、夜則閉之、[12]

朴加大（博多）には町をとり廻いている城壁がなく、岐路には木戸が無かった。それで毎夜毎夜、賊のために人が殺されたが、それを追捕する者もいなかった。ところが宋希璟が博多に滞在することになって、九州探題の渋川義俊は宋希璟が賊の被害にあうことを恐れて、代官の伊東に命じて博多の町の岐路には全て木戸を設けた。そして、夜はその木戸を閉じた、と宋希璟は記している。宋希璟が博多に滞在するのを契機にして博多には木戸が設けられたとする、宋希璟の老松堂日本行録のこの記述を真に受けて、研究者は宋希璟が博多に滞在した時から、博多には木戸が設けられたとしている。

例えば、佐伯弘次氏は「博多の町では、一四二〇（応永二七）年、朝鮮使節宋希璟の来日の際に、市街の道路に門がつくられた。使節一行を賊から守るためであった。[13]」、「とくに応永二十七年の日本通信使宋希璟一行

祇園山笠巡行図屏風に描かれている博多の近世の木戸

博多の木戸が描かれている唯一の絵である。博多の中世の木戸もこのような形状であったろうか。祇園山笠巡行図屏風　福岡市博物館蔵

の博多入津に際して、博多の里巷の岐路に門を作ったことは、博多の都市形成の上で特筆すべきことである[14]。」と、宋希璟の記述をそのまま信じて、一四二〇（応永二十七）年、宋希璟が来日した際に博多の町では木戸が作られた、とそのとおりに受け止めている。

また、大庭康時氏も「応永27年（１４２０）来日した朝鮮の使節宋希璟は、博多には城壁がなく道路は無防備であったことを述べ、九州探題渋川義俊は朝鮮使節の警護のため、『里巷の岐路』に門を造り、夜になると閉ざしたという（『老松堂日本行録』）。市中の道の辻々に木戸を設けたということであろうか。前にある『無城岐路皆虚』の文言を受けたものであるから、少なくとも博多から外部に通じる道々には門が設けられたものと見てよかろう[15]。」と、「博多には城壁がなく道路は無防備であった」が、宋希璟が来日した一四二〇年、九州探題渋川義俊が警護のために市中の道の辻々に木戸を設けたと、宋希璟の記述をそのまま信じて、そのとおりに受け止めている。

しかし、宋希璟が記していることは事実ではない。宋希璟は博多について、「朴加大無城」と記しているが、第一章、第二章、第三章、第四章に於いて明らかにしたように、博多は鎌倉幕府・鎮西探題が、南側は後ろに房州堀と呼ばれた土塁を備えた堀によって、東側は聖福寺之絵図に描かれている土塁を備えた堀によって、北側は博多湾の海とその後ろの元寇防塁と後ろに大水道と呼ばれた土塁を備えた堀によって、西側は自然の河川である那珂川によって、厳重に防備を施し、城郭都市として構築されていた都市であり、また、博多への通行は自由に行われていたのではなく、博多の出入りは辻堂口、櫛田浜口と「何々口」と称された木戸を構えた構造の場所からだけであることを明らかにした。宋希璟が来日した一四二〇年頃に至っても博多の都市としての構造はそれを引き継いだままであったとしていいであろう。つまり、博多の都市構造について、博多城として厳重に防備されていた博多の実情と、宋希璟が「朴加大無城」と、博多は外部から防備する城壁等の施設がなかったと記していることは全く違っている。また、先に見たように宋希璟は称名寺について、「寺在閭閻中」と記している。閭閻中にあるというのは、長い通路の奥にあるという意味だけではなく、木戸の中にあるという意味もある。称名寺に木戸が存在していたとすれば、当然、町の通りにも木戸が存在していたと考えるべきであろう。

木戸は各町の通りの始めと終りの二箇所に設けられ、町中や通りで事件が起きた場合、両側の木戸を閉じて、中に犯人や事件の関係者等を閉じ込めて、犯人を捕縛する仕組みであり、また、夜間は犯罪を防ぐために許可した者以外の通行を禁止する等の役割である。従って、木戸は通りごとの役割、機能だけでなく、各町、通りごとに設けられたいくつかの木戸同士の連携が必要である。そのために基本的には通り、道路が真っ直ぐに配置されていないと、木戸の効果が薄れてしまうのである。木戸が効果的に機能するには都市全体に於いて街路、町並の構造が整備されていなければならない。つまり、木戸は一朝一夕に設置できる施設ではない。また、市中の警固は武士が行うが、木戸の管理、維持は町々で行われる。木戸の運営は町衆が行う。町衆の協力がなければ木戸は機能せず、運営できない。つまり、木戸は九州探題が、宋希璟が来たために設置したとする設備ではない。また、そうでなくとも、宋希璟が博多に来たことが博多市中に木戸が作られたきっかけになったということはあり得ないことである。木戸が博多だけに設置されていた施設であればそのような説明も通用するであろうが、木戸は宋希璟が博多に来たことと関係なく、治安のために日本の各都市で設置されていた施設であり、博多だけに構築されていた設備ではない。宋希璟が博多に来た時、木戸が設置されていた、と記していることから明らかにすることができるのは、中世の博多の街路、町並は自然発生的に成立していたのではなく、博多の都市は計画的に構築され、博多の町並がきちんと碁盤の目型に構築されていたということである。

それでは何故に宋希璟は博多についてこのように記したのであろうか。宋希璟が滞在した頃の博多には既に木戸が設けられていたにも係わらず、宋希璟がこのように記したのは、自らを偉く見せようとする夜《や》郎《ろう》自《じ》大《だい》的表現以外の何ものでもない。宋希璟の老松堂日本行録をよく読んでみよう。宋希璟は老松堂日本行録の所々に、好く言えばウイット、ユーモアに富んだ表現をしているともとれるが、率直に言えば夜郎自大的な表現をしている人物である。

また、筥崎八幡宮の田村大宮司家文書の延徳の年号が記されている坪付帳に「寺中入口右方」という記載や、「大きとの出口」という記載がある。[16] 延徳は室町時代の一四八九年〜一四九二年の年号であり、宋希璟が博多に滞在していた一四二〇年より七十年程後になるが、これは聖福寺の寺中町には大木戸が設けられていたことを記している。このような大木戸は勿論、寺中町だけではなく、博多の各通りごとに設けられていたはずである。中世の博多の木戸については限られた史料しか残されていないが、近世の博多についての史料である博多津要録には木戸についての記録は非常に多く記載されている。近世の博多に設けられていた木戸は、或は中世の博多の木戸を継承しているのかもしれない。因みに石橋清助氏が福岡市博物館に寄託されている祇園山笠巡行図屏風がある。この屏風は山笠を描いた絵として、絵の中の山笠のみに注目されているが、絵の中には江戸時代の博多の町が描かれ、その中に木戸が描かれている。江戸時代の木戸であるが、博多の木戸が描かれている唯一の絵である。

福岡市博物館、大庭康時氏、宮本雅明氏の復元図の道路の配置は、冒頭に触れたように博多の大道、博多のメーンストリートと想定されている通り以外は、きちんと碁盤の目状に直交する道路としてではなく、アトランダムに枝分かれしたり、途切れ途切れになっている道路として描かれている。ちゃんとした都市計画、設計の下に整備された道路として描かれてはいない。自然発生的、アトランダムに形成された道路として描かれている。

復元図に画かれているような道路では本来、設置されていたはずの木戸は意味をなさない。復元図の道路は道路や通りとしての機能を全く考慮しないで単なる絵として描き込まれているだけである。博多の道路に木戸が設置されていたことは、博多の道路がきちんと碁盤の目型に構築されていたことを物語っている。

第三節　聖福寺、承天寺の位置とその辻堂口に於ける軍事的役割

博多に於いて大乗寺が鎌倉の極楽寺と同じような役割を担っていたことについては第五章　第三節に於いて明らかにした。辻堂口にあった承天寺も極楽寺と同じような役割を担っていた寺院であったことを確認してみる。そのために辻堂口、承天寺、聖福寺の境内の位置がどのような配置になっていたか、を見てみる。

まず、聖福寺の境内について確認してみる。先に触れたように、筑前国続風土記は「当昔は此寺の境内甚広かりしとかや。……今はむかしにしかすといへとも、寺内猶ひろし。」と記し、聖福寺の境内は、昔は甚だ広かったと記している。福岡市博物館が復元した博多の戦国時代の天文十九年頃とする復元図に於いては、聖福寺の境内は現在の境内よりも西側にかなり広がって描かれている。福岡市博物館の復元図は筑前国続風土記のこのような記述を念頭に置いて復元されたのであろう。筑前国続風土記等が聖福寺の境内の範囲は甚だ広かったとしている時期は、豊臣秀吉が博多の復興を行う以前の時期を念頭に置いているのであろう。聖福寺の境内の範囲が変わって現在の範囲となったとしたら、豊臣秀吉が博多の復興のために町割を行った時期である。また、この後、黒田長政が筑前国の大名となり、博多を城下町の一部に組み込み、そのために博多の町並を作り変えているが、黒田長政による博多の町並の作り変えは聖福寺の境内の範囲には大きな影響はなかったと思われる。従って、現在の聖福寺の境内の範囲は豊臣秀吉による博多の復興による町割以降の範囲が現在に続いているると判断していいであろう。豊臣秀吉の博多の復興以後と中世では、聖福寺の境内の範囲に違いがあったのであろうか。もし、豊臣秀吉の博多の復興以後とそれより前の中世とで聖福寺の境内の範囲が違っているとしたら、どのように違っているのであろうか。境内の総門の位置は、中世と現在とでは違っているのであろうか、

それとも同じであろうか。確認してみよう。

申し遅れたが、今まで総門と言ってきた門は、現在、聖福寺が総門としている門ではない。聖福寺の伽藍の基軸線にある門であり、聖福寺之絵図ではこの門の中に聖福寺と注記しているので、この門が聖福寺を代表する門であるとして総門と判断し、論稿中では総門としているが、現在、聖福寺では勅使門と称している門である。現在、聖福寺が総門と称しているのは、この門の南側に位置している門である。

聖福寺の総門の前には昭和四十一年、町名整理が行われて現在の御供所町となるまで、金屋小路町、桶屋町の町があった。金屋小路町については、天正十四年（一五八六）の中国九州御祓賦《はらいくばり》帳に、

かなやせうし
金谷源六殿
中間丁
手島甚三郎殿⑰

と、かなやせうし＝金屋小路が記載されている。天正十四年は豊臣秀吉が博多の復興を行う前年であり、金屋小路町は既に豊臣秀吉が博多の復興を行う以前に聖福寺の総門の前に存在していた町である。

また、桶屋町については、筥崎八幡宮の田村大宮司家文書の延徳の年号が記されている坪付帳に「おけや　左衛門二郎」という記載がある。⑱左衛門二郎の右肩に記されたおけやは地名を記しているのであり、桶屋町のことである。延徳は室町時代の一四八九年から一四九二年の年号であり、桶屋町は既に室町時代には存在していた町であった。

また、それより新しい史料であるが、同じ筥崎八幡宮の田村大宮司家の「以上天文ノ坪付　永祿二　十月写之、」と記されている坪付帳には次のように記されている。

一〻壱反半　百文代　西門
三郎左衛門

□三反　同　蓮池丁　九郎五郎
□一反　同　ヲケヤ小路　彦四郎
□一反　ハタ板　喜宝六(19)

坪付帳の「ヲケヤ小路 彦四郎」は、桶屋小路、つまり、桶屋町が既に戦国時代の永禄二年（一五五九）十月以前には存在していたことを記している。

以上のように、金屋小路町、桶屋町は豊臣秀吉の博多の復興以前から聖福寺の総門の前にあった町である。現在に続いている町である金屋小路町、桶屋町が豊臣秀吉の博多の復興以前から聖福寺の総門の前に存在していたことは、聖福寺の総門が、豊臣秀吉の博多の復興以前は現在の総門の位置よりも前面の金屋小路町、桶屋町の位置にあったということはあり得ないことであることを物語っている。

先に第一章や、本章　第一節（一）に於いて、大水道の南北に走っている流路や、鎮西探題と櫛田神社の境界の跡である段差が聖福寺の総門を基準としてそれから二町半、三町半の距離で残っていることや、聖福寺の伽藍の基軸線に総門を通り直交する線を基準としていることを明らかにしたが、聖福寺の境内の範囲が変わるということは総門の位置が変わるということであるから、聖福寺の総門の位置が中世と豊臣秀吉の博多の復興以後で変わっているとしたら、現在の聖福寺の総門の位置を基準として、このように二町半、三町半という極めて明解な数値となって検出されることはあり得ないことである。聖福寺の現在の総門の位置を基準として鎌倉時代に構築された大水道の位置や、鎮西探題と櫛田神社の境界が明解な数値で検出できることからも、現在の総門の位置が鎌倉時代の鎮西探題の治世の頃から変わっていないことを証明している。

聖福寺の総門の位置は中世も豊臣秀吉の博多の復興以後も同じ位置である。従って、聖福寺の境内が中世に於いて現在よりも西側の前面に広がっていたことはない。福岡市の博物館等の天文十五年頃と想定する復元図に於いて聖福寺の境内の範囲を現在の総門の位置より前の方にかなり広く描いたり、筑前国続風土記が「当昔は此寺の境内甚広かりしとかや。……今はむかしにしかすといへとも、寺内猶ひろし。」と記しているのは、同寺の境内が西側に広がっていることを記しているのではない。聖福寺の南側は、現在は塔頭の円覚寺の位置までとなっているが、安山借屋牒には中屋敷までを聖福寺の関内としている。中屋敷は現在の妙楽寺の境内がある地域を含み、承天寺と聖福寺の間にある半町の範囲であり、承天寺の北側に接していた。従って、聖福寺の境内の南側は承天寺の境内の北辺までであり、現在の聖福寺の境内の南辺より、半町南側まで広がっていた。

東側は博多の範囲の東側と聖福寺の東側とは重なる。博多の東端は魚町の地蔵堂から一一六間二尺の二二六・八メートルであり、それに二本分の道路の幅を加えた位置になる。この位置は現在、御笠川の博多の対岸となる東岸に近い、御笠川の河中となる。総門から三町の範囲までであり、東側に広がって、御笠川に食み出している旧御供所小学校の敷地、旧西門町の地域の突端を通る線とほぼ同じ位置となって、江戸時代の聖福寺の境内より、平均して半町広くなっている。

北側は江戸時代の境内が寺中町、普賢堂までであったのに対し、その外側にあった魚町、中小路の範囲までであり、伽藍の基軸線から二町半の位置までであり、半町広くなっている。

以上のように、筑前国続風土記が、聖福寺の境内が昔は甚だ広大であったと記していることから、現在の博多の復元図では、聖福寺の境内は現在の境内の西端よりもずっと西側に広げられ、総門はもっと西寄りの位置にあった、と想定されて描かれている。しかし、聖福寺の境内は、現在の総門の位置は創建当初のままであり、聖福寺の境内の西側の範囲は創建当初から現在に至るまで変わっていない。南側、東側、北側が江戸時代や現在の境内の範囲よりもそれぞれ半町広かったことが確認でき、同寺の境内は南側、東側、北側に広がっていたのである。

次に承天寺の境内の位置について、もう一度確認しておく。現在残っている大楠様と博多東の郭門を結ぶ房州堀の跡の線は第二章　第二節　（二）に於いて明らかにしたように、豊臣秀吉の博多の復興の町割の線である。しかし、本章　第一節　（二）、（三）に於いて明らかにしたように、元々の房州堀の北岸は聖福寺の伽藍の基軸線に平行し、それから四町半の位置に構築され、承天寺の境内の南側はこの位置にある房州堀の北岸と接しているから、承天寺の境内の南辺は聖福寺の伽藍の基軸線から四町半の位置にある。そして、その承天寺の境内の南辺の範囲は大楠様と辻堂口、博多東の郭門との間であり、大楠様と辻堂口、博多東の郭門との距離は正確に二町半である。辻堂口、博多東の郭門の位置は聖福寺の総門を通り、伽藍の基軸線に直交する線の半町西側に、これと平行する線上にある。また、承天寺の境内は東西二町半、南北二町半の正方形の範囲であるために、承天寺の境内の西辺はこの線上の二町半である。つまり、承天寺の境内の伽藍の正面である西辺は聖福寺の総門を通り、伽藍の基軸線に直交する線から半町西側の線上となる。

聖福寺の境内の西側が総門の位置であることは言うまでもない。聖福寺の境内が総門を通り、伽藍の基軸線に直交する線から西側に食み出すことはない。承天寺の境内と聖福寺の境内は以上のような位置関係になっており、承天寺の境内の西側は聖福寺の総門が位置している境内の西側に対して半町西側となり、承天寺の境内が半町西側に出て、聖福寺の境内が半町東側となる。両寺は同じラインに並んでいるのではない。博多は半町を単位として碁盤の目型に都市計画されているのであるから、承天寺の前を通る道は辻堂口から真っ直ぐに博多の海岸まで突き抜けている通りであり、聖福寺の前を通る道は承天寺の境内の北西のコーナーから半町東側の境内の北辺に始まり、聖福寺の総門の前を通り、前述の通りの半町東側を平行しながら海岸まで至っている通りであり、辻堂口から承天寺の前を通っている道路と、聖福寺の前を通っている道路は半町のズレがある別々の道路である。四五六頁の図のような位置関係となる。

しかし、現在の聖福寺と承天寺の境内は同じ通りに面して並んでおり、鎌倉時代末から間もない南北朝期の前期の承天寺と聖福寺を描いている聖福寺之絵図でも、承天寺と聖福寺の境内は一直線に並んでいるように描かれている。また、福岡市博物館、大庭康時氏が作成している現在の博多の復元図では全て、承天寺、聖福寺の境内は博多の大道、メーンストリートという同じ通りに面して、直線に並んでいるように復元されている。また、宮本雅明氏の復元図は承天寺の伽藍の基軸線と聖福寺の伽藍の基軸線にズレがあるとして、承天寺の境内と聖福寺の境内の中間で北北西に折れ曲がっている通りとして描いているものの、承天寺と聖福寺の前を通る通りは同じ一本の通りとして描かれている。[20] いずれにしても、現在の博多の復元図では全て、承天寺の境内と聖福寺の境内の前を通る通りは同じ一本の道路として描かれている。

今まで検証してきたことと、聖福寺之絵図に描かれた両寺の位置や現在の博多の復元図に一直線に並んでいるように描かれている両寺の位置、或は同じ通りに面しているように描かれている両寺の絵図とはどちらが正しいのであろうか。聖福寺之絵図に描かれている関内町は安山借屋牒に記された関内町の在り方とおおまかには一致している。しかし、聖福寺之絵図は関内町の実際のあり方を細かい部分では表現していない。恐らく、聖福寺の境内と承天寺の境内との在り方も関内町の描き方と同じような表現方法であり、本来の両寺の在り方を実際のように表現していないで、両寺の境内の位置は、実際は検証してきたように半町のズレがあるにも係わらず、おおまかに表現してしまって、両寺の境内の位置を同じ並びに描いてしまっているのであろう。実際、承天寺の境内の西側が辻堂口の位置の並びにあったことは間違いなく、聖福寺の総門の位置も現在の位置であったことは動かしようのない事実である。

現在の聖福寺と承天寺の境内の並び方をよく見てみよう。両寺は真っ直ぐに一直線に並んでいるのではないことが分かる。承天寺と聖福寺の前を通っている通りは一見、直線であるが、真っ直ぐに一直線に通ってはいない。この通りは辻堂口から承天寺の伽藍の基軸線の前辺りまでは真っ直ぐであるが、それを過ぎると緩やかに東側、つまり、聖福寺よりにカーブしながら聖福寺の境内の西南の角の前に至り、それから北側は一直線となっている。そのカーブの振幅は承天寺の基軸線の前辺りの起点から聖福寺の境内の西南の角の終点の位置までで半町にはならないが、それに近い幅になっている。この通りのこのような在り方は、承天寺と聖福寺の前の通りが、承天寺の前と聖福寺の前では一直線ではなく、半町の間隔があった別々の通りをカーブさせて一本に繋いだ通りであることを物語っている。尚、現在の道路の承天寺の伽藍の基軸線の前辺りを過ぎてから見られるカーブは緩やかに東北東側にカーブしており、宮本雅明氏の復元図が北北西に折れ曲がっているように描いているカーブと逆の方向にカーブしている。

元々半町離れて別々の通りであった二本の通りを一本のこのような通りにしたのは、豊臣秀吉による博多の復興か、黒田氏による城下町の構築の時期であろうが、多分に前者の時期である。いずれにしろ、検証と実際の道路のあり方から聖福寺と承天寺の前を通っている通りは以上のようになっており、聖福寺之絵図に描かれているように聖福寺の境内と承天寺の境内の西側の並びが同じ通りに面し、直線になることはない。聖福寺之絵図は聖福寺の境内と承天寺の境内の西側の並びを本来の在り方と違って省略して直線にしておおまかに描いているのであろう。

江戸時代の絵図には辻堂口から承天寺、聖福寺の前を通っている通りはどのように描かれているのであろうか。江戸時代の絵図を見てみよう。

文化九年（写）と記されている博多町絵図を見てみる。辻堂口から承天寺と聖福寺の前を通って北に至っている通りは江戸時代の絵図では、承天寺の前は直線であるが、それを過ぎると東にカーブして聖福寺の前に至り、また、聖福寺の前から直線となっている。カーブの幅は極めて大きく、はっきりと東寄りにカーブした通りとして描かれている。

文政六年写と記されている博多古図に描かれている通りも同様に承天寺を過ぎると東側にカーブした通りとして描かれている。この絵図の通りのカーブもはっきりと描かれている。

江戸時代の絵図はいずれも承天寺、聖福寺の前を通る通りをこのように描いている。承天寺、聖福寺の前の通りは一直線に描いていていない。承天寺の前と聖福寺の前の通りのこのようなカーブしているあり方からも、元々別々の通りであった通りを、一本にまとめた通りであることを証明している。

承天寺の境内の西側と聖福寺の境内の西側とは同じラインに並んでいるのではなく、承天寺の境内が聖福寺の境内よりも半町西側に出ている配置となっている。このような承天寺の配置は何故であろうか。先に博多の都市の範囲で見たように、博多の南側は辻堂口を挟んで、東側と西側に分けられるが、承天寺の境内は房州堀を前にして博多の東南の角から辻堂口まで博多の南側の東側の全面を占めている配置となっている。このような房州堀と承天寺の境内の配置は博多の南側についての軍事的配慮からであることは言うまでもない。また、承天寺の境内が聖福寺の境内より半町西側に出ている配置も同じ軍事的配慮からである。これは博多の南側からの入り口である辻堂口から真っ直ぐに北に伸びて、博多市中のメーンストリートとなっている通りの入り口を承天寺の境内で押さえるということと、境内の北側から聖福寺の門前に広がっている町並を承天寺の境内で囲んで防禦するという軍事的配慮からこのような配置としているのである。

また、先に見たように博多の東側は、承天寺の境内の東側では同寺の境内の東側が博多の東側となり、聖福寺の境内の東側では同寺の東側が博多の東側となっているが、承天寺の境内の東側は聖福寺の伽藍の基軸線に総門を通り直交する線から二町東側にこの線と平行する線であり、聖福寺の境内の東側は伽藍の基軸線に総門を通り直交する線から三町東側にこの線と平行する線であり、承天寺の東側と聖福寺の東側とは聖福寺の東側が一町東側に張り出した配置となっており、大水道の構造と同じ折れの構造である。このような構造は横矢掛となる構造であり、博多の東側がこのような構造となっているのも軍事的配慮である。

第二章　第二節　（一一）で触れたように、黒田氏の城下町に於いては博多自体が城下町の郭の一つを構成し、博多への南からの入り口として博多東の郭門が設置され、博多東の郭門の東側は承天寺の境内が房州堀と一体となった構造で、城下町福岡の一部を構成していた博多の郭の南側の防衛線を構成していた。このような構造

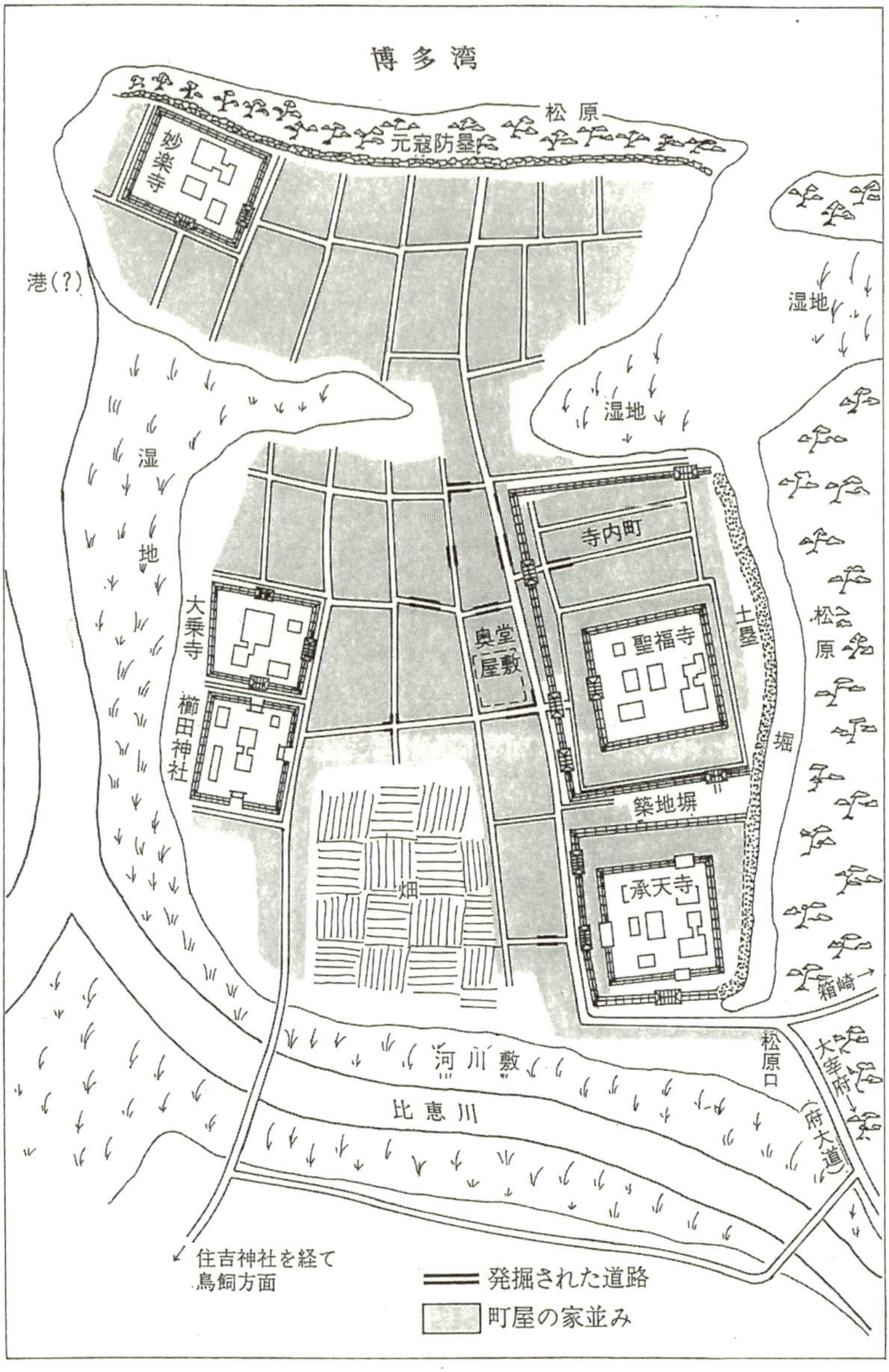

図4 中世後半期「博多」推定復原図(15〜16世紀頃)

大庭康時氏が作製した博多の復元図に描かれている承天寺と聖福寺

承天寺と聖福寺は同じ通りに面して直線状に並んでいる。福岡市博物館の開館記念の図録の復元図も全く同じである。現在の研究者は全て両寺の位置をこのように考えている。尚、博多はこの図のような自然発生的に成立した都市ではなく、432頁の復元図や456頁の復元図のように正確に半町を単位として設計、都市計画された城郭都市である。

大庭康時　大陸に開かれた都市　博多　網野善彦・石井進【編】　中世の風景を読む—7
東シナ海を囲む中世世界　新人物往来社　40頁より

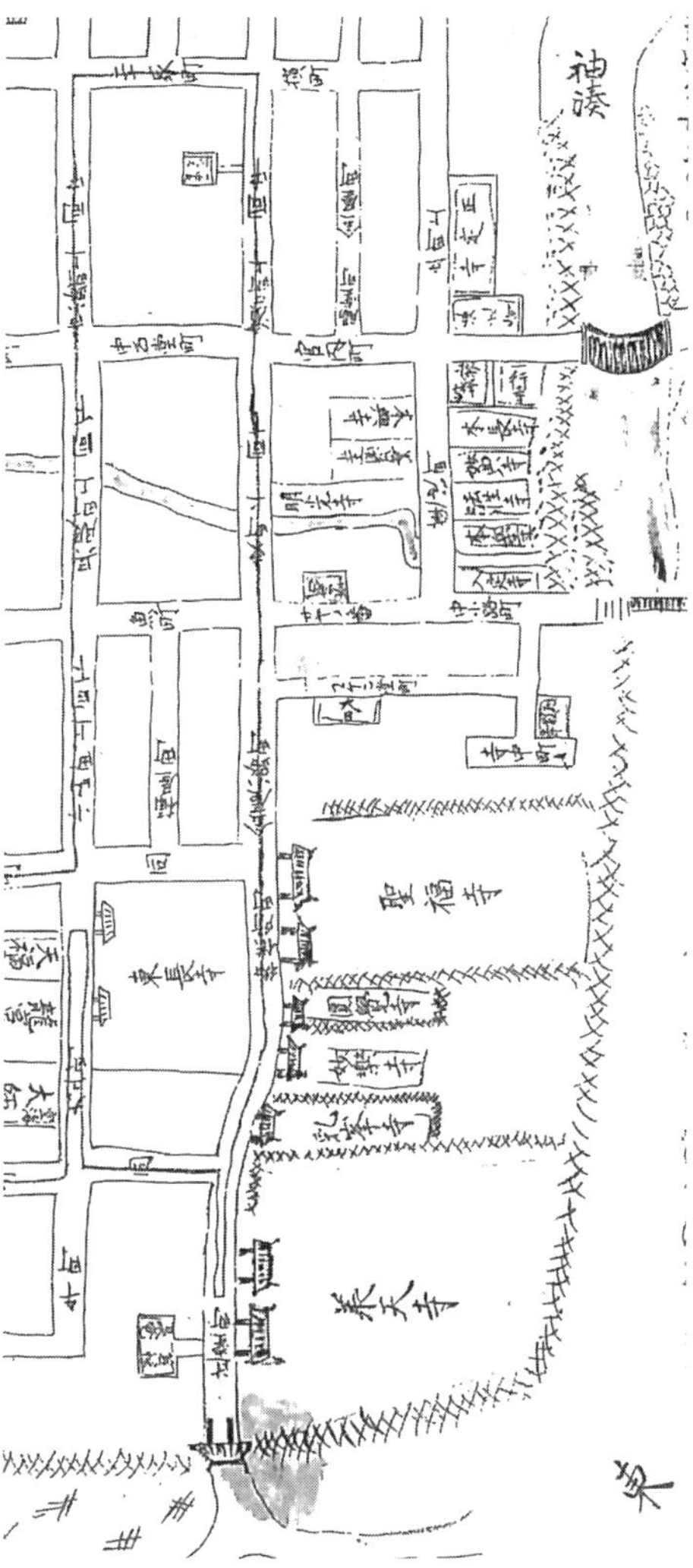

博多古図　文政六年写

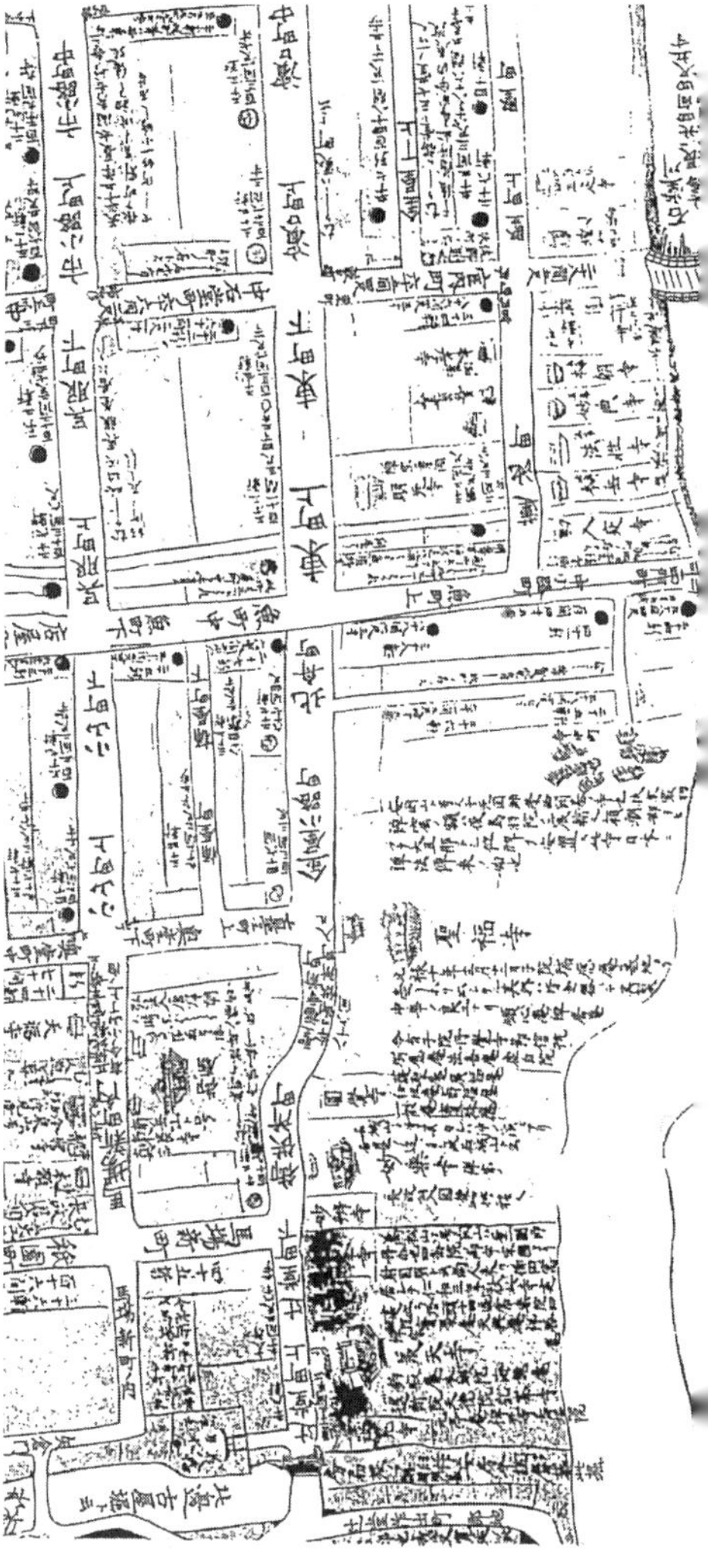

博多町絵図　文化九年（写）

江戸時代の絵図に描かれている辻堂口から承天寺、聖福寺の前を通っている通り

承天寺、聖福寺の前の通りは一直線に描いていない。また、福岡市博物館や大庭康時氏が復元しているように辻堂口から西寄りに向かって走ってはいない。

辻堂口から承天寺と聖福寺の前を通って北に至っている通りは、江戸時代の絵図では、承天寺の前は直線であるが、それを過ぎると東にカーブして聖福寺の前に至り、また、聖福寺の前で直線となっている。

江戸時代の絵図はいずれも承天寺、聖福寺の前を通る通りをこのように描いている。このような道路の通り方は承天寺の前と聖福寺の前の通りは元々それぞれ別々の通りであったが、豊臣秀吉による博多の再興の町割によって一本にまとめられた通りとなっていることを示している。

承天寺と聖福寺の境内の位置関係

承天寺と聖福寺の境内は同じ通りに面して直線状に並んで配置されているように見えるが、両寺の前を通る通は直線ではなく、承天寺の境内を過ぎると東側にカーブしている。元々承天寺の境内の前面は聖福寺の伽藍の基軸線に同寺の総門を通り直交する線、つまり、聖福寺の境内の前面から半町西側にある。承天寺は鎌倉の極楽寺坂口の押さえであった極楽寺のように、辻堂口（松原口）の押さえとしての役割とともに都市内を囲い込み、防禦する施設として配置されている。

は豊臣秀吉の博多の復興や黒田氏の城下町形成で構築されているが、その下地は既に鎌倉幕府・鎮西探題が博多を城郭都市として構築した時期に遡って構築されていた構造である。第五章　第三節　（二）に於いて、櫛田浜口の木戸を構成した大乗寺は鎌倉の極楽寺坂口に於ける極楽寺と同じ役割として配置されていたことを明らかにした。博多の辻堂口に面して存在していた承天寺もそれと同じ役割を担わせられていたことは言うまでもない。勿論、承天寺の境内の役割は南側の防衛を担っているだけでなく、第四章で明らかにしたように聖福寺の境内とその後ろ、東側に構築された土塁と堀等の組み合わせによって東側の防衛も担っていたことは当然であり、承天寺と聖福寺を食い違いに配置しているのも軍事的配慮である。また、元寇防塁の後ろに第二防衛線として聖福寺の伽藍の基軸線から北に四町半の位置に構築され、大水道と称された堀と土塁に接して配置されていた称名寺も、博多の北側に於いて同じ役割を担っていたことは言うまでもない。

第四節　承天寺の成立とその辻堂口に於ける配置

承天寺の成立と辻堂口（松原口）の配置との関係について見てみよう。承天寺は聖福寺と並ぶ博多の大寺で聖一国師円爾弁円を開基とする臨済宗東福寺派の寺院である。現在、一見、承天寺と西大寺律と間に関係は見られない。そのために中世の博多の研究者も、中世史の研究者も承天寺と大乗寺、西大寺律との繋がりに目を向けたことはない。しかし、承天寺について詳細に見てみると同寺は西大寺律と密接な関係にあったことが浮かび上がってくる。

西大寺が西大寺末寺帳に筑前国の末寺として、博多の大乗寺、大宰府の最福寺、安養院、飯盛の神宮寺、江セの長福寺の五箇寺を記していることは第五章　第三節（一）に記した。この中の安養院はどのような寺院であろうか。

現在、安養院について触れている研究者は八尋和泉氏だけであるが、同氏は西大寺の筑前国の末寺の五箇寺について、「筑前には『博多大乗寺』『田村神宮寺』のほかに『安養院』『長福寺』の名があげられているが、その場所も明らかではない。」と説明し、安養院はどこのどのような寺院であるか、不明であるとしている。[21]

筑前国続風土記拾遺に次のような記述がある。

○太宰少弐藤原資頼墓　講堂の北の山中安養院址にあり。古き石塔婆なり。周りに仏像を彫たり。文字等ハ漫滅して見えす。此人生前に安養院を開基せり。依て法名を安養院殿覚仏禅定門と号す。少弐家の始祖なり。[22]

少弐家の始祖である武藤資頼の墓が、同人が観世音寺に開基した安養院にあることを記している。つまり、太宰府の観世音寺に武藤資頼が開基した安養院があることを記している。そして、安養院は武藤資頼の法名である安養院殿覚仏禅定門に因むと記している。西大寺が西大寺末寺帳に筑前国の末寺として記している安養院は武藤資頼が太宰府の観世音寺に開基した安養院である。西大寺末寺帳は安養院がどこにある寺院であるか記していない。しかし、安養院を太宰府の最福寺の次に記していることからも同院が太宰府にある寺院であることを示し、このことからも安養院は武藤資頼が太宰府の観世音寺に開基した安養院であることは疑い得ない。つまり、武藤資頼が観世音寺に開基した安養院は西大寺律の寺院である。

次に筑前国続風土記拾遺が記している承天寺の武藤資頼の画像の讃を見てみよう。

安養院殿太宰少弐藤原資頼画像讃

覚了仏心深信根　万松欝々給孤園　英檀曽捨黄金地　輝古騰今慧日尊

万松山承天禅寺捨地檀越

安養院殿太宰少弐都督

司馬少卿覚仏禅門像

元禄八年春三月承天会中[23]

江戸時代の元禄八年（一六九五）三月の後世に記された画像の讃であるが、これらの記述は聖一国師年譜等に基づいて記されているのであり、その内容は信頼できる。安養院殿太宰少弐都督司馬少卿覚仏こと武藤資頼が「万松山承天禅寺捨地檀越」と、承天寺に土地を寄進した同寺の檀越であったことが記されている。讃は、武藤資頼が「仏心深心根」と慈悲心が深く、「万松欝々」と多くの松が茂っていた松原の地を寄進した。武藤資頼のこのような行為は、昔、森で身寄りのない人々を救済していた長者が、釈迦に帰依して黄金を敷き詰めても釈迦に森を寄進しようとした行為、つまり、私財を投げ打っても森を寄進した「給孤独園（祇園精舎）」の長者と同じような行為であり、現在では仏教教学の地として更に著名である、と讃えている。

太宰府の安養院の開基であった武藤資頼が、讃に記されているように松原に於いて身寄りのない人々の救済を行っていたとすれば、具体的には武藤資頼の支援を受けていた西大寺律の人々が、松原に於いて慈善救済を行っていた行為である。また、「孤園」には町から離れた墓地という意味もあり、松原は墓地でもある。従って、そのような場所には西大寺律の人々が集い、その拠点、つまり、寺院が営まれることは必然であり、武藤資頼は西大寺律を支援するために松原に西大寺律の寺院を創建していたのであろう。

次に筑前国続風土記拾遺が記している承天寺の謝国明像の讃を見てみよう。

承天寺開基檀那謝国明像之讃

按聖一国師年譜曰。天福元年師将入宋域。到于筑前博多津憩于円覚寺。于時博多綱首謝太郎国明帰仰于師懇遇最渥。明年嘉禎元年師入宋歴七寒暑帰朝、博多諸綱首請師館于来迎院。明年秋謝国明於博多東偏擲承天寺請師為第一世。同年宋国径山有災。師勧謝国明化千板贈于径山。宝治二年承天有災。于時師住東福。聞此事赴筑州。謝国明喜師至而一日之中擲殿堂十八宇云云。茲元禄八年之春承天会裏運堂上座来于洛使画工図謝氏像。欲置承天祠堂而請讃。(24)

謝国明像の讃には、同寺は謝国明が博多の東辺に創建し、一二四二年、聖一国師円爾弁円を請い、その開山としたと記されている。この讃は聖一国師の年譜を基にして記されているので、承天寺の創建はこの時期であろう。

ところが武藤資頼は安貞二年（一二二八）八月二十五日に六十九歳で卒去している。聖一国師円爾弁円が承天寺を開基した十五年前に卒去している。円爾弁円が承天寺を開基した年には武藤資頼は既に卒去していたのである。従って、先の画像の讃の記述の武藤資頼が万松欝々の松原の地を寄進して承天寺の檀越となったとする時期と謝国明が聖一国師円爾弁円を請い、その開山とした承天寺の創建の時期とは少しズレてしまう。

武藤資頼が松原であった地を寄進して承天寺の檀越となったとする記述は事実であろう。しかし、武藤資頼は円爾弁円が承天寺を開基する以前に卒去しているから、円爾弁円が承天寺を開基する以前に、武藤資頼が松原の地を寄進して創建されていた寺院があった。その既にあった寺院をそのまま基にして謝国明は円爾弁円を開山として請い、承天寺の創建を行ったということであろう。

聖一国師年譜を基にしている謝国明像の讃には、同人が一二四二年、博多の東辺に承天寺を「刱《はじめる》」と記し、檀那と記してはいるが、檀那の謝国明とともに承天寺が創建される以前に卒去していた武藤資頼も檀越としているのは、謝国明像は武藤資頼が寄進していた万松欝々の松原の地に既に創建されていた寺院を基に創建したことを物語っている。

また、その安養院について筑前国続風土記拾遺は次のように記している。

筑前国中京五山東福寺一派或属他或廃壊寺記

（中略）

一　御笠郡太宰府安養院同右（廃壊）

承天捨地檀越太宰少弐藤原資頼墓処也。資頼弘安元年戊寅五月八日卒。号安養院太宰都督司馬少卿覚仏禅定門。有古墳矣[25]

武藤資頼の卒去を弘安元年五月八日としているのは誤りである。しかし、この記述が承天寺の立場から記されていることは間違いない。この記述は東福寺派の廃壊した寺院の一つとして大宰府の安養院を記し、同院は承天寺の捨地檀越の大宰少弐武藤資頼の墓処であるとしている。捨地檀越とは敷地の寄進者である。円爾弁円が承天寺を開基する以前に卒去していた武藤資頼を承天寺の捨地檀越としているのは武藤資頼が寄進して松原の地に創建されていた寺院の敷地をそのまま基にして承天寺を創建したことの証である。

そして、承天寺の基となった武藤資頼が万松欝々の松原の地に創建していた寺院こそが安養院と同じ西大寺律の寺院であったのである。承天寺の創建には西大寺律とのこのような関係があり、承天寺が後に西大寺律の安養院を末寺とした理由である。承天寺と西大寺律とはこのような繫がりがあり、この繫がりはその後もずっと続いていたのであろう。

川添昭二氏が少弐資頼を承天寺の捨地檀越とすることについて行っている説明は長文である。端的には説明しがたいが、同氏がまとめている部分を記す。

「少弐資頼（あるいは資能）を承天寺建立の捨地檀越という場合の捨地は、以上推測したような大宰府――鎌倉幕府――少弐氏の博多に対する関係の中で考えられる所伝である。もとより、少弐氏の対承天寺関係の直接史料を欠く現状から、捨地の所伝を否定することも可能であることは考慮に入れておかねばならない。」と説明している(26)。

川添昭二氏は少弐資頼が承天寺の捨地檀越であることについて、大宰府の外港であった博多の外交関係から考えなければならないとする一般論的推測をしたり、少弐資頼と承天寺の関係は直接史料を欠き、説明できないために、捨地檀越であることを否定することも可能であることは考慮に入れておかねばならない、と捨地檀越という事実を説明し得えないために、捨地檀越であるとする記述を否定することも考えなければならない、としている。

川添昭二氏は少弐資頼が安養院を創建した西大寺律の信仰者であり、承天寺の創建が西大寺律の寺院を基に創建されたことに気が付かず、何故にそのように記されているのか、理解できなかったのである。

先に第五章　第三節　(五)に於いて、志賀海神社の神宮寺の吉祥寺は大乗寺の管掌下にあって、文殊信仰の拠点となっていたことは見た。その吉祥寺と同寺の管掌下にあった志賀島の寺院について、筑前国続風土記拾遺は次のように記している。

承天寺末寺

一　那珂郡志賀嶋金剛山吉祥寺

志賀大明神之宮司也、支配下有社家若干

一　同郡同所蓮台山荘厳寺(27)
　　吉祥寺末寺
一　同郡志賀嶋勝光寺同右（廃壊）
　　同
一　同郡同所瑠璃光寺同右（廃壊）(28)

吉祥寺とその末寺の勝光寺、瑠璃光寺、志賀島の荘厳寺は承天寺の末寺である、と記している。江戸時代には吉祥寺やそれと関係が深い志賀島の寺院が承天寺の末寺となっているのである。筑前国の西大寺律の中心であった大乗寺が衰退し、江戸時代に本山末寺の制が施行されると、承天寺が大乗寺に替わって志賀島の西大寺律の寺院を末寺化したのである。このことは円爾弁円が開基した承天寺が西大寺律と係わっており、承天寺と西大寺律とが繋がっていた証である。

武藤資頼が寄進して承天寺の境内となった土地は博多の東辺の郊外の松原であり、万松欝々、多くの松が茂っていた松原で、町から離れた墓地であった、土地である。このような地域は第五章　第二節　（二）で説明した称名寺の時衆達が係わっていた海岸の松原と全く同じような地域である。この地域に時衆達が係わっていたことは疑い得ない。

西大寺律が念仏系の寺院を拠点寺院としていったことについては先に見た。金沢の称名寺、鎌倉の極楽寺はその例である。承天寺が建立された博多の東辺の松原で、墓地であった地域は時衆、つまり、念仏僧が係わっていた地域である。そのような念仏僧の活動地域に西大寺律が目を付けたのは当然である。そして、安養院を建立する等信仰者であった武藤資頼が西大寺律に土地を寄進し、そこには西大寺律の寺院が成立していた。承天寺はそれを基にして創建されたのである。承天寺に捨地檀越の少弐資頼と檀那の謝国明がいるのは創建のこのような事情を裏付けている。

博多の西大寺律の寺院である大乗寺が櫛田浜口に於いて、鎌倉の極楽寺坂口の極楽寺と同じ役割を担わされて配置されていたことは先に説明した。承天寺は円爾弁円が臨済宗の寺院として創建した。しかし、同寺は西大寺律の寺院を基として創建されている。このような成立の由来から、承天寺は西大寺律の安養院や志賀島の吉祥寺とその管掌下の寺院を江戸時代に末寺として抱え込んでいるように西大寺律と教学を共修していた性格を残している。鎌倉幕府・鎮西探題はこのように西大寺律と関係していた承天寺に対して、櫛田浜口の押さえとして配置した大乗寺と同じように、博多の南側の出入り口である辻堂口の押さえとしての役割を担わせたのである。承天寺が辻堂口の押さえとして配置されているのは地理的、地形的にたまたま同地域に創建されたからではない。

注

（1）大庭康時　大陸に開かれた都市　博多　網野善彦・石井進〔編〕中世の風景を読む－7　東シナ海を囲む中世世界　新人物往来社　四〇頁
（2）宮本雅明　3・16　境内と門前の港町　図集日本都市史　東京大学出版会　一一七頁　宮本雅明　空間志向の都市史　日本都市史入門Ⅰ　空間　東京大学出版会　六五頁
（3）博多85　福岡市埋蔵文化財調査報告書　第711集　福岡市教育委員会
（4）博多32　福岡市埋蔵文化財調査報告書　第287集　福岡市教育委員会
（5）石城志　巻之十二　雑著　桧垣元吉監修　九州公論社　二〇四頁
（6）博多44　福岡市埋蔵文化財調査報告書　第393集　福岡市教育委員会
（7）大庭康時　大陸に開かれた都市　博多　網野善彦・石井進〔編〕中世の風景を読む－7　東シナ海を囲む中世世界　新人物往来社　四〇頁
（8）筑前国続風土記　巻之四　博多　袖湊　伊藤尾四郎校訂　文献出版　八二頁

（9）筑前国続風土記拾遺　巻之九　博多寺院（下）　栄昌庵　順弘庵　福岡古文書を読む会　文献出版　一二三七頁
（10）筑前国続風土記附録　巻之五　博多　中　福岡古文書を読む会　校訂　文献出版　一三二頁
（11）筑前国続風土記　巻之四　博多　聖福寺　伊藤尾四郎校訂　文献出版　八九頁
（12）村井章介校注　宋希璟　老松堂日本行録　岩波文庫　青四五四－一　六三頁、二〇一頁
（13）佐伯弘次　自治都市　博多　博多学４　甦る中世の博多　朝日新聞福岡本部編　一八〇頁
（14）佐伯弘次　中世都市博多の発展と息浜　川添昭二先生還暦記念会編　日本中世史論攷　文献出版　四三一頁
（15）大庭康時　中世都市「博多」の縁辺　博多研究会誌　第４号　博多研究会
（16）筥崎宮領坪付帳　田村大宮司家文書　筥崎宮史料　一三〇頁
（17）天正十四年中国九州御祓賦帳　神宮文庫所蔵
（18）筥崎宮領坪付帳　田村大宮司家文書　筥崎宮史料　一二九頁
（19）筥崎宮領坪付帳　田村大宮司家文書　筥崎宮史料　一六三・一六四頁
（20）宮本雅明　３・８　禅宗寺院境内と町　図集日本都市史　東京大学出版会　一〇〇頁
（21）八尋和泉　九州西大寺末寺の美術遺品　佛教藝術　一九九号
（22）筑前国続風土記拾遺　巻之十七　御笠郡　三　観世音寺并戒壇院　福岡古文書を読む会　文献出版　四六四・四六五頁
（23）筑前国続風土記拾遺　巻之九　博多寺院（下）　承天寺　福岡古文書を読む会　文献出版　二四九頁
（24）筑前国続風土記拾遺　巻之九　博多寺院（下）　承天寺　福岡古文書を読む会　文献出版　二五〇頁
（25）筑前国続風土記拾遺　巻之九　博多寺院（下）　承天寺　福岡古文書を読む会　文献出版　二五三頁～二六一頁
（26）川添昭二　承天寺の開創と博多綱首謝国明　――鎌倉中期の対外関係と博多――　博多承天寺史補遺　廣渡正利
　　編校訂　文献出版　二〇頁
（27）筑前国続風土記拾遺　巻之九　博多寺院（下）　承天寺　福岡古文書を読む会　文献出版　二五二頁
（28）筑前国続風土記拾遺　巻之九　博多寺院（下）　承天寺　福岡古文書を読む会　文献出版　二五八頁

第七章　鎌倉時代に成立していた博多の町並、聖福寺関内町

――安山借屋牒と魚町の地蔵堂による聖福寺関内町の復元――

第一節　安山借屋牒とその寸法

聖福寺に安山借屋牒という史料がある。安山借屋牒の安山は聖福寺の山号である安国山の略称であり、借屋牒と称しているが実情は聖福寺の関内町からの借地料である地子銭と、大山口夫と小山口夫と称する夫銭の聖福寺の取り立て台帳である。安山借屋牒には聖福寺の関内の町と借地人が記されており、昭和四十一年の町名整理が行われるまで存在していた中小路、魚町、普賢堂等をはじめとした聖福寺界隈の博多の町の在り方を記している。博多の中世の町並について記している極めて貴重な史料である。

安山借屋牒の末尾には次のように記されている。

住山湖心硯鼎東堂（花押）
前住惟新元命西堂（花押）
（異筆）「此帳永祿乱雖失之予住山之後
　返璧也元亀三年十月吉日玄熊（花押）」
　　当寺関内之事以合山衆評百性等召
　出令地検畢仍為後規記置処如件

天文十二年癸卯仲春吉日

慶昌（花押）
元可（花押）
昌初（花押）
昌吉（花押）
崇寿（花押）

関内とは境内のことであり、当寺関内とは聖福寺境内のことであり、聖福寺の境内に形成された町があり、聖福寺関内町と称していた町があった。

また、安山借屋牒の末尾には天文十二年（一五四三）の年号と湖心硯鼎、惟新元命の署名と花押が記されている。湖心硯鼎は大内義隆が派遣した天文七年の遣明船の正使であり、聖福寺の塔頭新篁院の住職として著名な人物である。安山借屋牒は湖心硯鼎が聖福寺の住職であった天文十二年に成立したことを物語っている。更にこの後ろに「此帳永禄乱雖失之予住山之後返璧也」と、安山借屋牒は永禄の戦乱に巻き込まれ紛失したが、玄熊が元亀三年（一五七二）に取り返したと記している。

安山借屋牒はその中に非常に多くの内容を記し、博多の中世についての貴重な史料であり、昭和三十七年、九州大学九州文化史研究所の三木俊秋氏によって九州史料叢書30として公刊された。しかし、現在まで安山借屋牒についての論稿は九州大学文学部教授であった故鏡山猛氏の「中世町割りと条坊遺制（上）」（史淵第百五・百六合輯）と、九州大学芸術工学部教授宮本雅明氏の「禅宗寺院境内と町」（図集日本都市史　3・8東京大学出版会）、「境内と門前の港町」（図集日本都市史　3・16　東京大学出版会）、「空間志向の都市史」（日本都市史入門1　空間　東京大学出版会）、「中世後期博多聖福寺境内の都市空間構成」（小林茂・磯望・佐伯弘次・高倉洋彰編　福岡平野の古環境と遺跡立地　第9章　九州大学出版会）程度の研究しか目に付かない。

また、宮本雅明氏の「禅宗寺院境内と町」、「境内と門前の港町」と「中世後期博多聖福寺境内の都市空間構成」とは内容的には同一である。安山借屋牒が中世の博多の貴重な史料であるにも係わらず、同史料を活用した研究はこの程度である。その理由は安山借屋牒の記載している内容が数字の羅列であり、取っ付き難いためであろう。安山借屋牒は中世の博多の町並や町衆について記している貴重な史料であり、博多学の研究者、とりわけ中世の研究者の間でそれについての検討、研究が更に進化されることを望む。

安山借屋牒には聖福寺の関内の町と、その町の一筆ごとの借地の間口、借地人等、その町並の在り方が記されている。そして前記した鏡山猛氏も宮本雅明氏も安山借屋牒に記された町並の在り方に基づいて聖福寺の関内町の復元をされている。しかし、鏡山猛氏の聖福寺の関内町の復元は一部分であり、聖福寺の関内町の全体像を描き切ってはいないし、安山借屋牒を十分に説明し切っていない部分もある。宮本雅明氏の聖福寺の関内町の復元図は全体的ではあるが、安山借屋牒に記された関内町の在り方を十分に説明し切っているとは言えず、改めて聖福寺の関内町の復元を行う。

安山借屋牒には各町の間数と方向が次のように記されている。

(1)　中小路
　間数　従西至東境　五十二間三尺五寸
　　　　従東至南境　五十五間
　　　　　　　　合　百七間三尺五寸

(2)　普賢堂
　間数　従東至西　五十二間二尺五寸

(3)　窪少路
　間数　内　従南至東　廿五間四尺

外窪少路　外　従南至西　卌五間四尺五寸
　　　　　　　　合　六十一間二尺五寸

(4)　瞥板
　　間数　従西至南　　　　卌八間大間中
　　　　　従南至西　西門之境　廿九間五尺
　　　　　従西門之境至北　　五十三間
　　　　　　　　　　合　百廿間大間中（五尺は欠落）

(5)　魚之町
　　間数　従東至北　六十三間五尺

(6)　中屋敷

(7)　瞥板浦屋敷

(8)　毘舎門堂門前

また、これらの各町の帳付けの初めの頭には、それぞれの町に於ける帳付けの初めの位置が記されている。中小路の帳付けの初めの頭に西、四十筆目の頭に東、瞥板は西、南、東　西門之境、

普賢堂は東、　　　魚之町は東、

窪少路は南、　　　中屋敷は西、

と記されている。

ところで安山借屋牒に記されている一間の長さについて、鏡山猛氏は一間と六尺の表記の区別があるところから、一間は六尺ではないが、一間の長さがいくらであるか不明であるとしているが[1]、宮本雅明氏が安山借屋牒の一間は六尺五寸であることについて既に明らかにされている[2]。安山借屋牒は、宮本雅明氏が明らかにして

いる一間の長さだけでなく、宮本雅明氏が説明されていないその外の寸法の表記もあり、それらについても、どのような寸法であるか、ついでに確認してみる。普賢堂は先に記しているように五十二間二尺五寸と記されている。その普賢堂は三十五筆からなっている。三十五筆を全部抜き出すと以下のとおりである。

普賢堂

千代松	一間一尺	弥次郎	一間一尺	又次郎	一間
善五郎	一間	孫六	一間一尺	新五郎	一間一尺
三郎次郎	一間	新太郎	一間	藤次郎	一間二尺
次郎左衛門	一間二尺	太郎五郎	一間五尺	彦次郎	一間
又四郎	一間	新太郎	一間	弥五郎	一間
与三左衛門	五尺	太郎次郎	一間一尺	平次郎	二間一尺
弥四郎	一間	彦三郎	一間	彦次郎	二間
与次郎	一間	次郎五郎	一間一尺	小三郎	一間二尺
与七郎	五尺	与三次郎	五尺	小三郎	一間五尺
藤五郎	一間	藤次郎	一間	母	一間二尺
藤次郎	一間	徳上	一間	兵衛次郎	二間三尺
		四郎次郎	一間	仙家	十一間五尺
				合計	四十五間四十八尺

三十五筆を合計すると四十五間四十八尺である。そして、この四十五間四十八尺が普賢堂の合計では五十二間二尺五寸と記されているので、一間を六尺五寸として四十五間四十八尺を直してみると、五十二間二尺五寸となり、安山借屋牒に記されている普賢堂の長さの五十二間二尺五寸となる。従って、安山借屋牒の一間は六

尺五寸の長さとなっている。安山借屋牒に記されている一間が六尺五寸の長さであることについて、もう少し見てみる。

窪少路は内窪少路と外窪少路からなっているが、内窪少路は十六筆からなっており、その合計は二十五間四尺と記している。十六筆を一筆ごとに記すと次のとおりである。

内窪少路

次郎衛門	一間四尺	小三郎	一間	又四郎	一間
彦衛門	二間二尺	西蓮寺之道	二間二尺	神四郎	一間四尺
新三郎	一間三尺	左衛門九郎	一間一尺	新九郎	一間一尺
后家	二間五尺	新三郎	五尺	新三郎	五尺
新次郎	四間四尺	后家	五尺		
小八	一間二尺	新五郎	一間		

合　計　十九間四十三尺

これを合計すると十九間四十三尺となる。安山借屋牒は内窪少路の間数を二十五間四尺と記しているので、四十三尺が二十五間四尺とならなければならない。一間を六尺五寸として四十三尺を計算すると、四十三尺は六間四尺となり、十九間四十三尺は十九間＋六間四尺であり、二十五間四尺となり、安山借屋牒の記すとおり二十五間四尺となる。

次に外窪少路について見てみよう。外窪少路は二十八筆からなっており、その合計は三十五間四尺五寸と記している。二十八筆を一筆ごとに記すと以下のようになる。

外窪少路

讃井抱之内	四間二尺	新太郎	一間	小妃	一間

新五郎	一間	孫七	一間	藤七	五尺
藤五郎	一間四尺	又次郎	一間	彦四郎	一間
妙金	一間	母	一間一尺	妙永	一間
新四郎	一間	新太郎	一間一尺	乙尕	一間
平次郎	一間四尺	道仏	五尺	助太郎	一間
新六	一間	乙	一間	勝屋	一間五尺
小四郎	一間	塩屋	一間	六郎次郎	一間三尺
左衛門次郎	一間	七郎次郎	一間二尺	宗用	一間三尺
				能見	二間二尺
				合計	三十間三十七尺

これを合計すると三十間三十七尺となる。三十七尺は一間を六尺五寸で換算すると五間四尺五寸となり、三十間三十七尺は三十間＋五間四尺五寸であり、安山借屋牒に記されているとおり三十五間四尺五寸となる。

以上のように普賢堂、内窪少路、外窪少路の借地の合計は一間を六尺五寸として計算すれば、安山借屋牒に記している町並の長さの合計と一致するので、安山借屋牒は一間を六尺五寸としている。

次に、安山借屋牒の中小路、魚之町、鰭板《はたいた》の間口の表記の中には以下の一覧のような表記が見られる。このような間口の表記は普賢堂、内窪少路、外窪少路の間口の表記には見られない。

町並		地代	町並		地代	町並		地代
中小路	壱間ケ中	三百三文	鰭板	大間中	百廿七文	魚之町	一間ケ中	三百六十文
	一間中	百十三文		一間ケ中	二百六十三文		二間ケ中	六百文
	三間ケ中	七百五十文		一間ケ中	三百文			

間中　　　百十三文
十三間ケ中　三貫三十八文

中小路の一間中という表記は暼板の間中という表記と地代が百十三文で同じであり、同じことを表記したものであるとすることができる。中小路の一間の地代は百八十八文と記されているのが八筆、二百廿五文の地代が三筆記されている。暼板の一間の地代は百八十八文と記されているのが十九筆、二百十文が一筆、百五十七文が一筆、百四十五文が一筆であり、中小路の一間の地代や暼板の一間の地代が中小路の一間中や暼板の間中よりも高い。

また、中小路には四尺で七十五文が一筆、五尺で百四十五文が三筆、暼板には四尺で百八十八文が一筆、五尺で百四十五文が七筆、二尺五寸で七十文が一筆あるが、中小路の一間中で百十三文、暼板の間中で百十三文は中小路や暼板の五尺で百四十五文の地代より安い。従って、中小路の一間中や暼板の間中は間口が五尺以下であると考えられる。中小路に四尺で地代が七十五文という一筆があるが、これは地代が特別な事情で安くなっていると考えられ、この地代は例外であるとすべきである。従って、一間中という表記や間中という表記は間口が五尺以下であるから、一間の半分である。即ち、二分の一間であることを表記したものである。

また、暼板に大間中という表記があるが、これは一間を六尺五寸とするのが、一間を六尺とするのに対する大間である。大間中はその半分という意味の表記であり、一間中、間中の表記も同じことである。

次に中小路の壱間ケ中、暼板の一間ケ中、魚之町の一間ケ中という表記の地代はいずれも先に見た一間の地代よりも高くなっている。先に見た一間の地代には中小路に二百二十五文、暼板に百五十七文、百四十五文というような地代もあるが、一間の地代のほとんどは百八十八文となっている。この一間の地代百八十八文に、先に見た半間の地代百十三文を加えて、一間半の地代を仮定してみると三〇一文となり、中小路の壱間ケ中の地代や、暼板の一間ケ中の地代の一つである三百文にほぼ等しくなり、壱間ケ中の表記は一間＋半間、つまり、一間半の長さであるとすることができる。従って、幣板の十三間ケ中という表記は十三・五間であり、魚之町の二間ケ中という表記は二・五間をそのように表記したものである。

第二節　安山借屋牒の補修

安山借屋牒は九つの町や町並について記している。その九つを安山借屋牒の記載の順序に従って記すと次のようになる。

中小路━普賢堂━窪少路━笞板━魚之町━中屋敷━笞板浦屋敷━小者座之店屋十間━毘舎門堂門前

安山借屋牒のこれらの町の記載の形式は中小路から魚之町まではほぼ同じような形式で統一された形式である。しかし、中屋敷以下の町はそれより前に記されている町のような記載の形式と異なっている。その違いを記すと、

①前記した町の記載の形は全て借地の間口とその下に地料という形であるが、中屋敷は地料と記さず、地銭と記している。

②前記した町は間口一筆ごとに全て一行で記しているが、中屋敷は初めの二筆だけは一筆を一行で記しているが、それ以後及び笞板浦屋敷も、毘舎門堂門前も一行を二つに割って記している。

③前記した町は各町の終りに各町並の長さ、常住納地料、大山口夫、小山口夫等ごとにまとめて記しているが、中屋敷以下は非常に省略した記し方である。

以上のような中小路から魚之町までの帳付けの仕方と、中屋敷以下の帳付けの仕方の違いは何を物語っているのであろうか。

毘舎門堂門前が記されている次の紙からは、安山借屋牒の各町別の地料等の記載が終った後に、間数、常住納地料、給分地料、地料総計等、種目別の総計及びそれら全ての総計が記されている。

その次の紙は住職の湖心硯鼎と前住職の惟新元命の署名がある。

その次の紙は「天文十二年癸卯仲春吉日」の日付けと聖福寺の慶昌以下五名の署名が記されている。

以上で安山借屋牒の記載は終っているが、毘舎門堂門前から後ろの、次の三紙は、安山借屋牒の始めから魚之町までと同じ記し方である。従って、安山借屋牒の始めから魚之町までと、末尾の三紙とは本来の安山借屋牒のままであるとすることができる。

しかし、その中間にある中屋敷、𥱋板浦屋敷、小者座之店屋十間、毘舎門堂門前についてはそれらと記載の形が異なっており、この部分は何らかの事情があって後で補われたのではないかという疑問が生じる。以上の点について少し具体的に見てみよう。

各町別の常住納地料は以下のようになっている。中小路、普賢堂、䆴少路、𥱋板、魚之町で常住納地料と記してある地料は、中屋敷、𥱋板浦屋敷、小者座之店屋十間は常住納分、毘舎門堂門前は単に地料と記しているが、安山借屋牒の末尾の総計ではこれらは全て常住納地料として一括されているので、ここでも一括して常住納地料として記す。

中小路	十三貫三百五十八文	普賢堂	八貫八百六十九文
䆴少路	十貫六百五十二文	𥱋板	十七貫九十三文
魚之町	十三貫八百九十九文	中屋敷	三貫三百廿五文
𥱋板浦屋敷	九百十文	小者座之店屋十間	七百五十文
毘舎門堂門前	一貫二百七十三文		

以上の町別の常住納地料を総計すると七十貫一二九文となる。しかし、安山借屋牒の末尾の常住納地料の総計は「常住納地料　以上六十八貫八百五十六文」と記され、六十八貫八五六文となっている。六十八貫八五六文は町並別の実際の総計である七十貫一二九文から毘舎門堂門前の一貫二七三文を差し引けば六十八貫八五六

文となり、町並別の常住納地料の実際の総計から毘舎門堂門前の一貫二七三文を差し引いた数値である。即ち、安山借屋牒の末尾に記されている町並別の常住納地料には、安山借屋牒の中に毘舎門堂門前の町並が記されているにも係わらず、実際の総計には入れられていない。

このことを大山口夫、小山口夫について確認してみよう。

安山借屋牒には大山口夫を町並別には次のように記している。

中小路	四貫九百廿五文	普賢堂	一貫九百四十六文
窪少路	二貫二百卌四文	瞥板	三貫六百文
魚之町	四貫八十文	中屋敷	九百八十八文
瞥板浦屋敷	記載なし	小者座之店屋十間	記載なし
毘舎門堂門前	弐百四十八文		

安山借屋牒の大山口夫の総計は「大山口夫　総以上　十七貫八百七十三文」と、十七貫八七三文と記されているが、町並別に記された大山口夫の実際の総計は十八貫二十一文となり、これから毘舎門堂門前の弐百四十八文を差し引くと十七貫七七三文となる。安山借屋牒に記した総計の十七貫八七三文には百文だけ不足するが、大山口夫についても毘舎門堂門前の大山口夫は安山借屋牒の末尾の総計には入れられていないとすることができる。百文の不足については、これは多分に計算違いをしたものであり、当時の帳簿でこのような計算違いはよくある例である。

更に小山口夫についても見てみよう。町並別の小山口夫は次のように記されている。

中小路	七貫四百六十文	普賢堂	三貫二百八十三文
窪少路	三貫六百五十五文	瞥板	六貫七百八十一文
魚之町	五貫七百四十八文	中屋敷	一貫四十文

小者座之店屋十間　記載なし
瞥板浦屋敷　記載なし
毘舎門堂門前　四百卌五文

これらの町並別に記された小山口夫の総計は二十八貫四百十二文となるが、安山借屋牒に記された小山口夫の総計は「小山口夫　総以上　廿七貫九百六十七文」と、総計二十七貫九六七文と記されているのであり、町並別の実際の総計二十八貫四一二文より四三五文少ない二十七貫九六七文と記されている。四三五文は毘舎門堂門前の小山口夫の四三五文と一致し、安山借屋牒に記された小山口夫の総計に毘舎門堂門前の分は加えられていないのである。

以上のように安山借屋牒に記された常住納地料、大山口夫、小山口夫の総計には毘舎門堂門前の分は加えられていない。従って、安山借屋牒の毘舎門堂門前の町並は総計が記された後ちに付け加えられた部分である。多分に玄熊が住職であった時に玄熊が付け加えたのであろう。毘舎門堂門前の前の小者座之店屋十間についても「玄熊点検寺納させ候（花押）」と、玄熊の自署による記載もあり、毘舎門堂門前についても玄熊が後ちにこの部分を付け加えたことを窺わせる。但し、玄熊がこの部分を付け加えたのは元亀三年（一五七二）であり、既に山口の大内氏は天文二十年に大内義隆が家臣の陶晴賢に討たれて滅亡し、博多に対する支配力を失くしていた段階である。しかし、それにも係わらず、聖福寺が大山口夫、小山口夫を徴収していたのは、聖福寺が山口の大内氏へ夫銭を納める必要がなくなっていたにも係わらず、従来どおり、それを名目として徴収していたのである。

話を元に戻す。中屋敷、瞥板浦屋敷、小者座之店屋十間等の地料等は安山借屋牒の総計にきちんと加えられている。しかし、先に見たように中屋敷、瞥板浦屋敷の記載の形や用語が、中小路から魚之町までの記載の形や用語と異なっているのは、この部分が欠落してしまい、それを後に補った部分であろう。

また、毘舎門堂門前の常住納地料、大山口夫、小山口夫は安山借屋牒の総計の数値の中に含まれていないが、安山借屋牒の中に小者座之店屋十間の部分に続いて存在しているのは、毘舎門堂門前の部分は元亀三年に付け加えた部分であることを物語っている。

安山借屋牒が成立しているのは天文十二年である。しかし、その安山借屋牒には「此帳永禄乱雖失之予住山之後返璧也　元亀三年十月吉日　玄熊（花押）」と、安山借屋牒は永禄の戦乱で掠奪にあって紛失したが、それを元亀三年に住職の玄熊が取り返したと記している。安山借屋牒が戦乱に捲き込まれて掠奪されたのであれば、当然、元のままの完全な無傷の状態で返されたということはほとんどあり得ない話である。永禄の戦乱で掠奪された聖福寺之絵図も三つに分断されたり、中央部が別筆で描き加えられて修復されている等、損傷していることは第四章　第一節（二）で説明した。安山借屋牒も中屋敷から後の部分が掠奪された際等に損傷し、欠落したと考えても当然ではなかろうか。そして、元亀三年十月、欠落した部分を玄熊が補い、毘舎門堂門前については新しく付け加え、現状の形となったのであろう。

第三節　新発見の延文五年銘の板碑が明らかにする町並の確定と成立
――魚町の地蔵堂と地蔵信仰――

安山借屋牒に魚之町が記されている。魚之町は昭和四十一年の町名整理で周辺の町と統合されて上呉服町となるまで魚町と呼ばれた町である。安山借屋牒は魚之町について、「従東至北」と、町並は東から始まって北に至っているとし、帳付は東から始まり、サヤで終っている。魚之町の町並の北端はサヤと記されて終わっているのである。

サヤとは何であろうか。サヤについては安山借屋牒が記す町並の復元を行われた鏡山猛氏も宮本雅明氏も全く触れられてはいない。博多の中世から近世にかけての研究者は多い。特に最近は博多学と称されて博多の中世や近世初期にかけての研究は盛んである。しかし、これらに於いても安山借屋牒の魚之町に記されているサヤについて触れた論は全くない。また、江戸時代の著名な学者である貝原益軒の筑前国続風土記やそれを補うために青柳種信が編纂した筑前国続風土記拾遺にも全く記されていない。戦国時代の天文十二年に成立した博多の町並や町衆についての最も重要な史料である安山借屋牒に記されている魚之町のサヤについて、江戸時代の学者達は誰も触れていないのである。これらの学者達はあまり意味があるとは考えなかったか、理解できなかったのであろう。ためにこれらの文献を引用している現在の博多の研究者達も安山借屋牒の魚之町に記されたサヤに目を留めていない。博多学と称する学問の底の浅さを象徴する現象である。

安山借屋牒の通常の一筆ごとの記載は次のようになっている。例えば魚之町の始めの記載を記してみる。

魚　之　町

東

一間　　　地料　　二百四十文　　大山口夫　卅八文　　二度　七十六文
　太郎次郎　小夫銭　廿文　　　　五度　　　百文　　合四百十六文
一間一尺　地料　　二百五十文　　山口夫　　四十四文　二度　七十六文
　藤次郎　小夫銭　十八文　　　　五度　　　九十文　合四百十六文
一間二尺　地料　　二百九十文　　山口夫　　四十四文　二度　八十八文
　助衛門　小夫銭　廿四文　　　　五度　　　百廿文　合四百九十八文

と記している。安山借屋牒はこのような記載のパターンが通常である。しかし、サヤはこのようなパターンでは記されていない。サヤの記載がどのようになっているかを記すと、

　サヤ
一間五尺　油一提　護聖院中座油納之

となっており、借地の間口、地料（代）の代りである「油一提」と、それの納め先が記されているだけである。念のためにサヤの記載と同じパターンになっている例が他にないか、安山借屋牒の借地人の記載を見てみると、サヤの記載と同じパターンになっている次の三例を見い出すことができる。

(1)　瞀板
一三間ケ中　地料　三貫三十八文
　妙喜庵
(2)　中屋敷
九間五尺　地銭　九百文
　西蓮寺

(3)　窪少路
二間二尺　地料　五百廿文
西蓮寺之道

以上の三例は地料（地銭）、借地人だけを記し、他の借地人に課している大山口夫の二度分、夫銭（小山口夫）の五度分が課されていない。これらの負担が免除されている。これらが免除されている妙喜庵、西蓮寺はいずれも聖福寺関内の寺院である。また、西蓮寺之道とは西蓮寺に至る通り抜け道であり、西蓮寺の境内と同じ扱いとなっているのであろう。

以上のように地代のみを負担している記載となっているのは聖福寺の関内の寺院である。従って、サヤも聖福寺関内の寺院か、それに類する施設であることが推定できる。サヤがそのような類の施設であるとすると、サヤとは塞であり、即ち、塞の神を祀った施設である。塞の神とは境の神であり、境内の境界や辻に境の神である地蔵や道祖神を祀った祭場が作られた。道祖神の本地は地蔵菩薩であるとされ、地蔵や道祖神を祀るためにそこには地蔵堂が建てられた。魚之町の北端に記されたサヤとは、その地蔵堂のことである。平安時代の後期から地蔵信仰が盛んになり、中世には各地に地蔵堂が建てられた。安山借屋牒の魚之町の北端に記されているサヤとはそのような地蔵堂のことであり、先に見たようにサヤが妙喜庵や西蓮寺等の寺院と同じ扱いを受けているのはそのためである。

現在、魚町、即ち、安山借屋牒に魚之町と記してある町には地蔵堂が存在している。この魚町の地蔵堂こそが安山借屋牒の魚之町にサヤと記されている地蔵堂である。貝原益軒や青柳種信はこの地蔵堂が安山借屋牒にサヤとして記されていることに気が付かなかったのである。また、現在に至るまで中世の博多の研究や聖福寺の研究を行った研究者達も貝原益軒の筑前国続風土記や青柳種信の筑前国続風土記拾遺を主要文献として引用しているために、これらに記載されていなかった中世の地蔵堂が現存し、博多の中世を物語る貴重な歴史的遺構が存在していることに気が付かなかったのである。博多学の研究者の多くがこの地蔵堂の前を通り過ぎたであろうにである。

安山借屋牒に記されている文言で現在、確認できるのは中小路、普賢堂、魚之町の三つの町名と、聖福寺の西門、塔頭の護聖院だけであり、僅かに五件である。しかし、その外に魚之町に記されているサヤが、つまり、地蔵堂は魚町に現存していたのである。サヤは安山借屋牒に記されている文言の中で現在、確認できる六件目の数少ない遺構であり、中世の博多の大変貴重な遺構である。現在、この地蔵堂は魚町の人々による上魚町葛城地蔵尊保存会で管理、運営されている。現在の地蔵堂は、地蔵堂の管理、運営に当っておられる人々の話によれば昭和三十三年、新しく魚町を横切る道路が建設され、その敷地となったために現在地に移転した。元は現在の地蔵堂より十数メートル程離れた魚町の通りの現在、道路となってしまった場所にあったという。当時の地蔵堂の建物とその位置図等が地元の人々に正確に記録されて残っている。

「角川日本地名大辞典　40　福岡県」（角川書店）は昭和六十三年三月の出版である。福岡県の編纂委員は川添昭二・長洋一以下となっている。この辞典の二一六頁の「うおのまち　魚之町」の項に「天文12年の安山借屋牒（聖福寺文書）によると……サヤという人物が抱える1間5尺の屋敷には地代・大山口夫・小山口夫が……」という説明がしてある。サヤを「サヤという人物」と説明している。サヤは魚町の現存している地蔵堂であるが、人物と誤って解釈してしまっている。昭和六十三年三月段階の研究者のサヤについての認識である。

その後、そのサヤについて、佐藤は平成十四年三月発行の「中村学園大学・中村学園大学短期大学部研究紀要」第三十四号に、「聖福寺安山借屋牒に記された関内町の復原　――旧魚町の地蔵堂と新発見の延文5年銘の板碑を中心として――その（一）、その（二）」に於いて、発表、公表した。その論稿が本章である。また、サヤは安山借屋牒に記されている魚町の現存している地蔵堂であること、そこから延文五年銘の板碑を発見したこと等が平成十四年七月六日付で新聞紙上に大きく報道された。これらによって安山借屋牒に記されたサヤが何であるか、明確になった。

その後、平成十六年十月に出版された、有馬学監修・川添昭二編集顧問の「福岡県の地名　日本歴史地名大系41」（平凡社）は、魚町の項の五六四頁に於いて、サヤについて「また前掲安山借屋牒には『魚之町』に『一間五尺　油一提　護聖院中座油納之　サヤ』とあり、これは『サヤノ神』を祀った小堂の敷地を示したものと考えられる。」等と訂正している。魚町の地蔵堂が新聞報道されるに至るまで何人かの研究者が係わっている。そして、その結果、平成十四年七月六日の新聞紙上で報道された。従って、魚町のサヤについての佐藤の紹介、説明を「福岡県の地名　日本歴史地名大系41」（平凡社）の編集顧問、執筆者達が知らなかったことはないはずである。その結果の訂正であろう。辞典という制約があるために本文中に引用文献、出典を記すことができないならば、わざわざ辞典の末に参考文献を記しているのであるから、参考文献内にきちんと記すべきである。

魚町の地蔵堂の地蔵は現在、葛城地蔵である。この地蔵堂について筑前国続風土記は全く何も記していないが、筑前国続風土記拾遺は次のように記している。

葛城地蔵堂　いつれの時より在しにや詳ならす。宝満山伏入峯の時は此所にて勤行有し也。故にしか名を唱へるよしいへり(3)。

筑前国続風土記拾遺は魚町の地蔵堂について、「いつれの時より在しにや詳ならす。」と記し、いつ頃から存在していたのか不明である、そして宝満山の山伏が入峯する時にはこの地蔵堂で勤行したので、山伏達の霊場である大和の葛城山に因んで葛城地蔵という、と記している。魚町の地蔵堂の地蔵が葛城地蔵であることについて、地元の地蔵堂の世話をされている人々が地蔵堂で配布されている由来書にも筑前国続風土記拾遺の記述と似たようなことが記されている。それによれば、宝満山の山伏達が葛城の峯入り修業をする際に必ずこの地蔵堂に来て法華曼荼羅の経文を読むために葛城地蔵と称するようになったと記されている。以上のように魚町の地蔵堂の地蔵は葛城地蔵であり、また、宝満山の山伏達が地蔵堂の前で峯入り行事を行ったとあるが、それはどういうことに由来しているのであろうか。また、そのことから何が分かるのであろうか。それについて見てみる。

後崇光院伏見宮貞成親王の日記である看聞御記に、室町時代の応永年間に山城国の桂の里で起きた熱狂的な地蔵信仰のエピソードが記されている。この事件については速水侑氏の著書「地蔵信仰」（塙新書49）に詳述されているので、同氏の論を借りる。(4) それによれば、とある事件が契機になって山城国の桂の里の地蔵は熱狂的な信仰を受けるようになり、後崇光院伏見宮貞成親王の友人の貴族達もこの桂の里の地蔵に参詣したようである。そして、この地蔵には将軍家や衛府の中間等が風流の行列や金襴緞子《きんらんどんす》の衣装をまとって田植の行列を奉納したり、道具に唐物を用いた山伏の峯入りの様子が奉納された、とあり、室町時代の熱狂的な地蔵信仰の様子が記されている。

つまり、山伏の峯入りとは、本物の山伏が宗教行事として峯入りの前に本物の儀式を行ったのではなく、地蔵に奉納するために山伏姿の行列を行っていたのである。そして、このようなパレードは地蔵信仰が盛んな時期には各地の地蔵堂の前で行われていたのである。

葛城の葛とは桂である。従って、この桂地蔵の前で山伏姿の催し事が行われていたので、山伏、修験道の霊場である葛城と桂とが混同されて伝えられるようになり、桂地蔵が葛城地蔵になってしまったのであろう。尤も、地蔵菩薩信仰と修験道とは結び付きがあり、そのために桂地蔵信仰等が修験道の霊場である葛城の信仰と結びついたのかもしれない。いずれにしろ、中世に魚町の地蔵堂の前でも山伏姿のパレードが行われていたか、或は信仰の盛んな地蔵堂の前で山伏姿のパレードが行われていたために、魚町の地蔵堂の前でも山伏姿のパレードが行われていたとする伝承が出来上がった、と考えられる。また、博多での山伏の活動、霊場に関係しているのが宝満山であり、そのために山伏姿の奉納行列を伝え聞いた人々がそれを宝満山の山伏の活動と結び付けてしまったのであろう。筑前国続風土記拾遺が記している葛城地蔵と宝満山の山伏の峯入り行事との関係は以上のようなことが実状であったのであり、桂地蔵や信仰の盛んな地蔵に山伏姿等のパレードが奉納されていたなどの地蔵祭礼の伝承に由来したものである。いずれにしても筑前国続風土記拾遺が魚町の地蔵堂について記していることは中世、特に室町時代の地蔵信仰が盛んであった一端を伝えたものである。

そしてもう一つ、魚町の地蔵堂がいつ頃から存在していたかについて筑前国続風土記拾遺は「いつれの時にか詳ならす。」と記しているが、魚町の地蔵堂は天文十二年に成立している安山借屋牒にサヤと記された地蔵堂である。従って、魚町の地蔵堂は天文十二年に存在していたことは確かである。また、天文十二年よりどれくらい前に遡ることができるのであろうか。

魚町の地蔵堂には三尊種子板碑や浮彫りの地蔵菩薩石像が保管してある。これらの三尊種子板碑や地蔵菩薩石像は今までその存在が知られていなかった新発見のものである。板碑には延文五年七月廿一日の日付が刻まれている。この延文五年の銘がある板碑が魚町の地蔵堂に立てられていた板碑であることは言うまでもない。従って、魚町の地蔵堂は延文五年には既に存在していたことは間違いない。延文は南北朝時代の北朝年号で、延文五年は西暦一三六〇年である。魚町の地蔵堂は天文十二年に成立した安山借屋牒に記載されているが、それだけではなく、南北朝時代の延文五年には既に存在していたのである。

安山借屋牒にサヤと記された魚町の地蔵堂から、延文五年七月二十一日銘の三尊種子板碑と中世の地蔵菩薩石像を発見したが、その発見の経緯と、それらの紹介をする。博多の鎌倉時代の都市構造や鎮西探題をはじめとした施設を確認したり、安山借屋牒に記された関内町の町並の確認をするために聖福寺の界隈を幾度となく歩き廻っているうちに、魚町の地蔵堂に行き当った。そして、この地蔵堂こそが安山借屋牒に記載されているサヤであることに気が付いた。地蔵堂に入ると、現在、地蔵堂の中には地蔵菩薩が祀られているが、この地蔵菩薩は新しい地蔵菩薩である。安山借屋牒にも記されている中世からの地蔵堂であるはずなのに地蔵菩薩はそのような面影は感じられず、少し失望しかけた。しかし、地蔵菩薩を祀ってある厨子の下に棚があり、念のために棚の中を覗いて、もぐってみると、その中に大小の石が格納してあった。それらの中に花崗岩の高さ九二センチ、幅五五センチのかなり大きい石があり、埃が積っていたが、その埃を払うと三字の種字が顕れた。種子の下にも文字が彫られているが、残念ながら風化がひどく文字は肉眼では判読できなかったが、間違いなく中世の三尊種子板碑であり、かなり大型の板碑であった。

地蔵堂を管理されているのは上魚町葛城地蔵尊保存会の人々である。後日、上魚町葛城地蔵尊保存会の許可を戴くことができたため、拓本を採る準備をして、板碑の埃を払い、水洗いした後に改めて板碑の拓本を採った。その結果、中央、上にキリーク（阿弥陀如来）、右下にサ（観世音菩薩）、左下にサク（勢至菩薩）の種子が彫られており、肉眼で判読できなかった部分は、「延文五年七月廿一日　道空」と判読することができた。博多地区の最古の板碑は御笠川の東岸、博多区千代三丁目に所在する康永三年八月日の年号を有する濡衣塚板碑であり、それに次ぐのは大乗寺跡に所在する康永四年六月二十四日の年号を有する大乗寺地蔵菩薩板碑である。どちらも福岡県文化財に指定されている。魚町の地蔵堂の板碑は延文五年七月二十一日の年号であり、博多地区ではそれらの板碑に次いで三番目に古い板碑であり、博多の歴史を明らかにする貴重な史料であり、文化財である。博多と魚町の古い歴史を証明する大変貴重な文化財である。

また、厨子の下のその他の石を見てみると、それらの石の中に高さ五一センチ、幅三五センチの砂岩があり、その砂岩に地蔵菩薩が浮彫りで彫ってあった。地蔵菩薩はほぼ全身が残っていたが、頭部の半ばよりの少し上部から上が欠けていた。それで厨子の下の石を捜してみると欠けていた部分の石もあり、それを先の地蔵菩薩の身体が彫られていた石と繋いでみると二つの石はちゃんと繋がり、左脇の一部が少し欠けているがほぼ完全な形になった。地蔵菩薩が彫られている砂岩は高さ七二センチ、幅三五センチであり、それに高さ三七センチの地蔵菩薩が右手に錫杖を持った姿で、高さ一四センチの蓮華台の上にいずれも浮彫りで彫られていた。地蔵菩薩の彫り方は明らかに古様であり、中世の地蔵菩薩である。残念ながら年号等は記されておらず、具体的な製作年代は不明である。以上のように安山借屋牒に記された魚町の地蔵堂から、延文五年七月廿一日の日付の三尊種子板碑と中世の地蔵菩薩を発見することができた。中世の聖福寺や、中世の博多の町の歴史を明らかにしてくれる貴重な文化財である延文五年銘の板碑と、中世の地蔵菩薩を発見することができたのである。

平成元年から三年にかけて福岡市教育委員会は福岡市内に存在する板碑を大々的に調査した。そして平成四年、「福岡市の板碑」（福岡市教育委員会編）という調査報告書を作成した。しかし、この調査報告書の中には、旧魚町の地蔵堂の板碑については全く記載がない。また、板碑の調査に当っては福岡市内の寺院、地蔵堂等が主な調査対象であったが、上呉服町の旧魚町の地蔵堂はその調査対象にもなっていない。見落とされてしまっていたのである。

先に述べたように旧魚町の地蔵堂は中世の博多の町並を記している貴重な史料である安山借屋牒にも記されている歴史遺構である。しかし、そのことは中世の博多の研究者等にも全く気付かれず、そのために板碑所在の調査対象にもなっていなかったのである。今まで誰にも気付かれずに埋もれていたこのような貴重な文化財をたまたま発見できたことは、歴史の研究に携る者として幸運の極みである。三尊板碑と地蔵菩薩像は上魚町葛城地蔵保存会の人々によって平成二十一年二月、厨子の下の棚の中から出されて地蔵堂内に立てられて、公開されている。

ついでに記す。「福岡市の板碑」（福岡市教育委員会編）の80には、福岡市中央区警固二丁目七－一に所在する筑紫女学園板碑が収載されているが、この板碑については「福岡市の板碑」の凡例の項に「佐藤鉄太郎氏（当時、筑紫女学園高校教諭）から80の拓本を転載させて頂いた。」、及び五十頁に「（拓影　佐藤鉄太郎）」とのみしか記されていない。

この板碑は現在、福岡市指定有形文化財に指定されているが、この板碑も佐藤が発見したものである。筑紫

魚町の地蔵堂

安山借屋牒に記載されて現在に残っている数少ない博多の貴重な歴史遺産である。本来の地蔵堂の敷地が道路新設に引っかかったため、十数メートル移動している。鎌倉時代から間もない南北朝時代の延文５年７月21日銘の三尊種子板碑を所蔵していることから、南北朝時代の同時期、鎌倉時代には地蔵堂は成立していたことを証明する史料である。

魚町の地蔵堂「延文五年七月廿一日　道空」銘の三尊種子板碑拓影
中央上にキリーク（阿弥陀如来）、右下にサ（観世音菩薩）、左下にサク（勢至菩薩）を刻む。

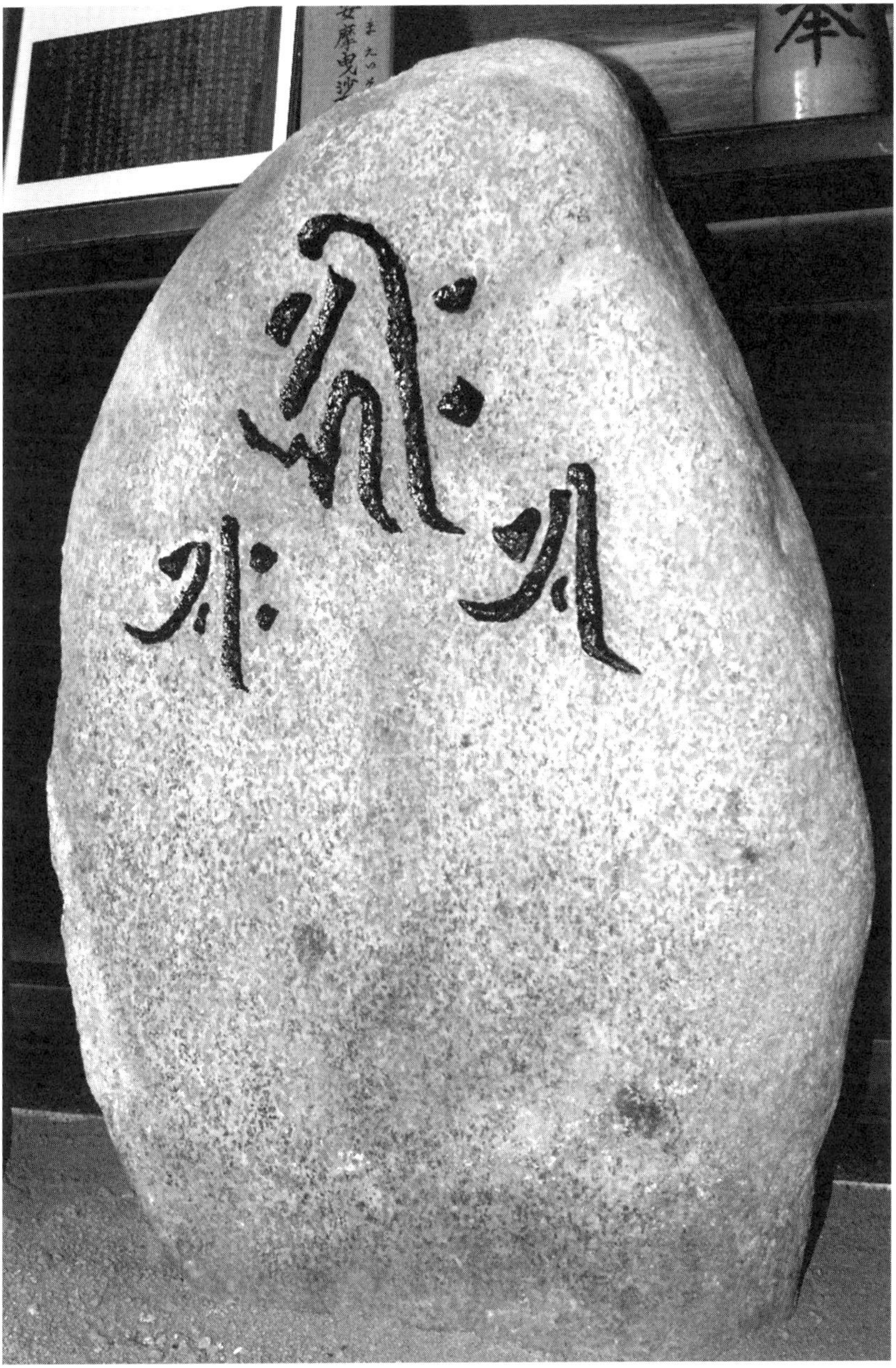

魚町の地蔵堂の南北朝時代の延文５年（1360）７月21日銘の三尊種子板碑
康永３年８月日銘の濡衣塚板碑、康永４年６月24日銘の大乗寺地蔵菩薩板碑に次ぎ、博多では３番目に古い板碑であり、地蔵堂の成立、つまり、魚町の町並の成立が鎌倉時代に遡ることを証明している博多の貴重なモニュメントである。

女学園高校に勤務していた当時、同校内を散策中に躑躅《つつじ》の植え込みの中に存在していた石碑を発見した。石碑をよく見てみると、碑文は非常に鮮明で「明応二天癸　丑五月二日　各霊位為一周忌　施主永堅誌之」と記された碑文と、六十七名に及ぶ被供養者の法名が判読でき、関係史料から、明応元年（一四九二）五月二日、箱崎に於いて少弐政資勢と大内政弘勢とが合戦した時の戦没者の供養碑であることが判明した。後年、当時九州大学文学部教授の川添昭二氏が所用で筑紫女学園高校に来校されたので、同氏に碑と碑文の内容を紹介し、それについての関連史料のコピーと碑文の拓本を献呈した。多分、同氏の教え子で当時福岡市教育委員会に関係した人物がいたので、川添昭二氏がその人物に話し、拓本や関係史料等を託されたので、碑の存在が知られることとなって、福岡市指定有形文化財にも指定された。筑紫女学園板碑と称されて「福岡市の板碑」（福岡市教育委員会編）の80に収載されている碑については以上のような経緯がある。この碑は筑前国続風土記、筑前国続風土記拾遺、太宰管内誌等の江戸時代の地誌には収録されておらず、その他の文献にも全く記されていない。古文書が少ない中世の博多にあっては大変貴重である。

ところで、石城志は濡衣塚の板碑について、「むかしは聖福寺西門のかたはらに在しを、近き世より移して今は筥崎松原の西の橋際、博多の東、石堂口の川の東のかたはら忍池の内にあり。大なる石をしるしとせり。(5)」と記し、聖福寺の西門の所にあったと記している。聖福寺の西門は現在、寺中町より内側の聖福寺の塔頭の幻住庵の傍にあるが、元々はこの位置より離れた別の位置にあった。江戸時代の奥村玉蘭の筑前名所図会に西門が描かれているが、この絵によれば西門は寺中町の外側に、西教寺の境内の西南の隅にある。現在の幻住庵の傍の西門の位置より約五〇メートル程北側に位置している。江戸時代の聖福寺の境内は寺中町を含み、そのような境内の範囲からして、江戸時代の西門は寺中町の外側に位置していたのであろう。

ところで、濡衣塚の板碑が発見されたという聖福寺の西門の位置についてであるが、多田隈豊秋氏は「なお本碑はいま『古跡濡衣塚保存会』によって管理されているが、もと聖福寺西門幻住庵の傍らにあったもので、

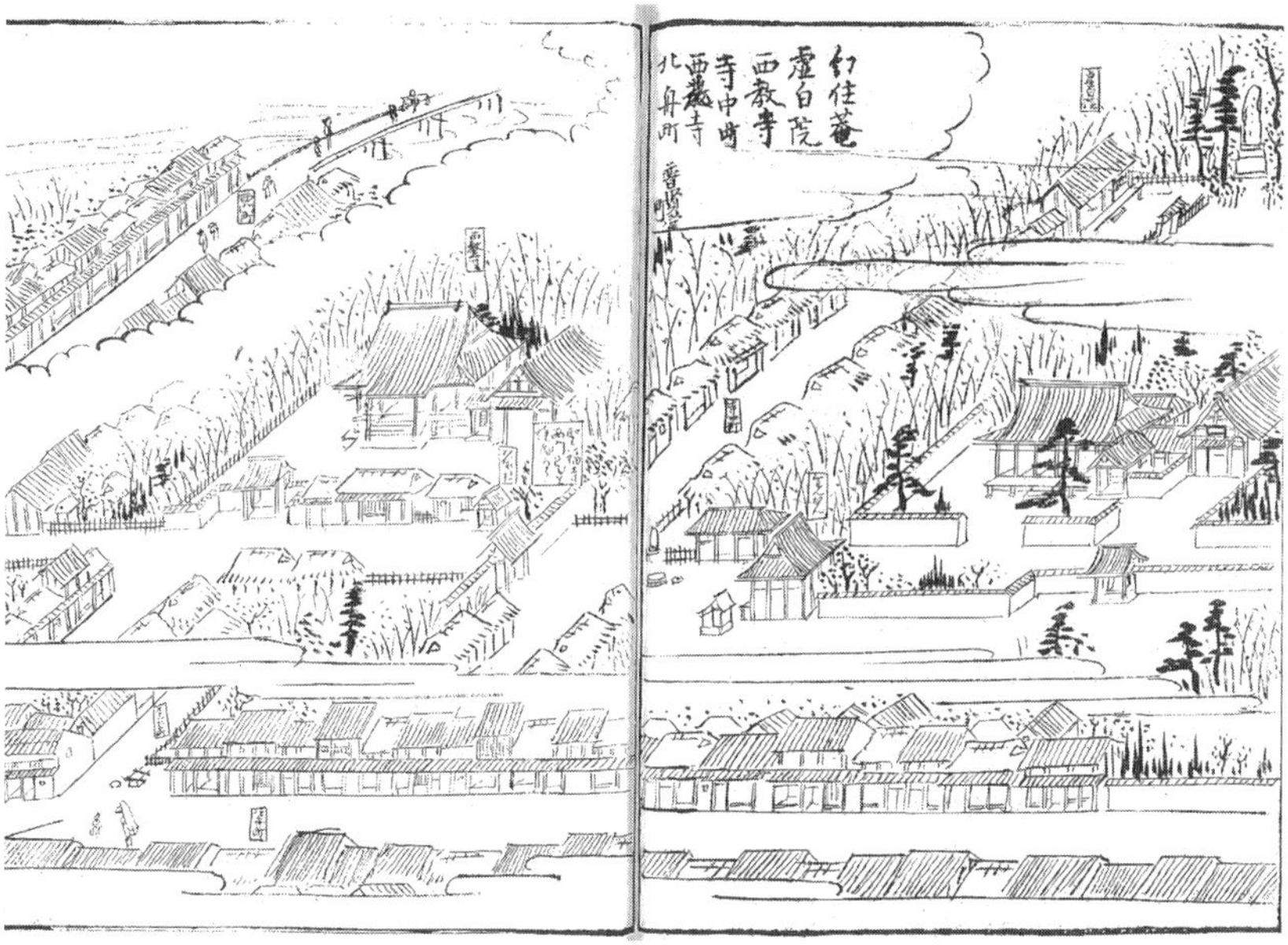

筑前名所図会に描かれている聖福寺西門

江戸時代の聖福寺の西門は短冊に「聖福寺西門　是より境内なり」と記されているように寺中町までが境内であり、寺中町と外側との境界にあり、西教寺の境内の南西の隅にあった。現在の西門は幻住庵の前にあり、江戸時代よりもかなり内側、南側に移されている。
筑前名所図会　福岡市博物館蔵

江戸期に石堂橋の東袖に移され、[6]」と述べられ、その後、川添昭二氏も「いま古跡濡衣塚保存会によって管理されており、……もとは御供所町の聖福寺西門幻住庵の傍にあったもので、[7]」と、濡衣塚の板碑の所在地について述べ、両者ともに、聖福寺の西門は幻住庵の傍に存在すると説明している。多田隈豊秋氏は聖福寺の西門の位置について、石城志が著された江戸時代と現在の位置が違っていることに気付かずに、現在の幻住庵の傍にある西門が元々の聖福寺の西門が所在していた場所であると考えられてしまったのであろう。

川添昭二氏は第五章　第三節　(三)　に於いて大乗寺の地蔵菩薩板碑の出土の経緯を記された時と全く同様に、多田隈豊秋氏が聖福寺の西門は幻住庵の傍にあったと説明したのをそのまま引用して、聖福寺の西門は、聖福寺西門幻住庵の傍と記してしまったのであろう。しかし、多田隈豊秋氏や川添昭二氏が、石城志が記す聖福寺の西門の位置を幻住庵の傍とされていることは間違いであり、江戸時代の聖福寺の西門は寺中町の外側、西教寺の西南の隅に存在していた。

ついでにもう一つだけ、川添昭二氏が濡衣塚の板碑について見落とされていることを記す。川添昭二氏は濡衣塚の板碑が聖福寺西門の傍から御笠川の東岸に移された時期について、「宝永（一七〇四―一七一〇）以前にはすでに石堂橋の東端に移されており、」[8]と、宝永の時期を記されているが、博多津要録の延宝八年（一六八〇）に「石堂口濡衣石垣破損ニ付、」[9]とあり、御笠川のほとり、即ち、東岸の石垣が洪水で破損したことが記され、その東岸は濡衣石垣と呼ばれており、濡衣塚の板碑は宝永年間より前の延宝八年には既に御笠川の東岸に移されていたことを記している。

第四節　鎌倉時代に成立し、現在に残る日本最古の貴重な町並

――聖福寺関内町の魚町、普賢堂、中小路等の町並の復元――

それでは安山借屋牒に記されている聖福寺関内の町に基づいて関内町の復元を行ってみよう。冒頭に記したように昭和四十一年の町名整理が行われて上呉服町となるまで、聖福寺界隈には普賢堂、中小路、魚町等の町が存在していた。これらの町が安山借屋牒に記されている普賢堂、中小路であることは間違いない。また、魚町が安山借屋牒に記されている魚之町であることも間違いない。従って、このような普賢堂、中小路、魚之町は近年まで現存していた。これらの町を参考にして復元してみる。

○普賢堂

普賢堂は現在、聖福寺の北側にあり、安山借屋牒に従東至西と記されているとおり、東西に走っている町並である。江戸時代の縦町ではなく横町である。往古には普賢菩薩を祀った御堂を中心にした町であり、そのために普賢堂と称された町であるという。現在も町の中央部に御堂が存在しており、安山借屋牒に記されている普賢堂は現在の普賢堂の町並と全く同じである。普賢堂の町並の由来となった御堂は元々町並のどこにあったのであろうか。普賢堂の町並の西端二十間四尺は仙界抱の内となっているが、その最も西側に間口十一間五尺の仙家がある。間口十一間五尺は瞥板にある聖福寺の塔頭妙喜庵の間口十三間ケ中には及ばないが、中屋敷の西蓮寺の九間五尺より広く、借地の規模としては極めて大きい。仙家はこうした規模とその呼称から宗教施設である御堂であり、ここが普賢堂の町並の由来である普賢菩薩等を祀っていた御堂であり、その東側八間五尺五寸はその御堂の抱えであったのであろう。

○魚之町（魚町）

魚之町の町並について安山借屋牒は従東至北と記している。普賢堂の町並について安山借屋牒は従東至西と記しており、安山借屋牒に於いて普賢堂と魚之町とでは町並の方向の記し方が異なっていることは、普賢堂と魚之町の町並の方向が異なっているかのように受け取れる。そのためであろうか、宮本雅明氏が関内町の復元をされている図では、普賢堂は現在の町並と同じ方向に復元されているが、魚之町の町並は普賢堂の町並の走りに対して直交した方向とされ、魚之町の町並は南北の方向とされている。先に記したように普賢堂が横町であるのに対して、魚之町は縦町とされている。

魚町の町並は、江戸時代の魚町の町並の方向も、現在の魚町の町並も、普賢堂の通りの北に、普賢堂の町並に平行して通る町並である。安山借屋牒が記している普賢堂の町並の従東至西と魚之町の町並の従東至北は同じ方向に走っている町並を表現している。即ち、ここに記されている至西、至北の西と北とは方位の西と北ではなく、聖福寺からどの位置にあたるかの西と北である。また、聖福寺の僧侶達や、関内町の町衆達が日頃、日常生活の中で観念付けられている地域の位置を示す呼称であろう。魚之町の帳付は東から始まっている。従東至北と記されているとおりである。そしてサヤで終っている。サヤとは先に見たとおり、地蔵堂であり、地蔵堂で終っているのである。魚町の東と、北に記されているサヤ、即ち、地蔵堂を結ぶ町並は、普賢堂の町並と平行している。

普賢堂の町並は聖福寺の伽藍の基軸線に平行して存在しているが、魚之町の町並もこの聖福寺の伽藍の基軸線に平行して存在している。しかし、普賢堂の町並が従東至西と記され、魚之町の町並は従東至北と記されているために、両町は別々の方向に走っているかのように誤解をしてしまう。宮本雅明氏もこのような誤解をされ、先に見たように普賢堂の町並と魚之町の町並が直交するように復元をされているが、それは誤りである。

魚之町には東から四一・五五メートル、サヤから東の方へ七八・九メートルの位置に普賢堂道が記されている。町並の途中に普賢堂道と記してあるのは通りというような町並ではなく、普賢堂の通りへ近道するための通り抜け道があることを物語っている。魚之町の町並は六十三間五尺（一二四・三五メートル）という長い町並であり、そのためにこの町並から普賢堂の町並へ近道するための通り抜け道が作られていたのである。魚之町の町並の中程の位置から普賢堂の通りへ通る場合、わざわざ一度、魚之町の町並の東の端か、北の端へ出て、それから普賢堂の町並へ入り直すというような不便な通り方ではなく、魚之町の方から普賢堂へ通る場合、魚之町の町並の途中に普賢堂への通路を設けておけば、わざわざ町並の端へ一度廻って出て、それから普賢堂の町並に入るようなことをしなくてすむように作られた通り抜け道である。

鏡山猛氏は普賢堂道について、「十七行目の頭書きに普賢堂道とある。……普賢堂道は後述するように東西路であるから、同町の西端を通る南北路をさしたものであろう。」と説明され、普賢堂道を魚之町の西端を通る普賢堂の町並への通りと考えられている。宮本雅明氏も鏡山猛氏と同じ考え方をされて、普賢堂道を普賢堂の町並へ続く通りであると考えられている。鏡山猛氏や宮本雅明氏が表示されているように普賢堂道というのが町並を構成している通りであるとすれば、安山借屋牒では「中小路」、「普賢堂」、「魚之町」等と同じ表記とならなければならない。しかし、普賢堂道はそのような表記ではなく、魚之町の町並の中に一筆で「二間……新太郎……道也」と記し、その頭の上に普賢堂道と注記しているだけである。これは魚之町の町並を構成している四十五筆六十三間五尺の内、新太郎が借地している一筆二間が普賢堂への道であるという表記であり、町並ではない。普賢堂道は魚之町の町並の中間に設けられた普賢堂への通り抜け道である。

このように魚之町の町並の途中に普賢堂の町への通り抜けがあることからも、魚之町の町並と普賢堂の町並とが平行している町並であることを物語っている。二つの町が直交するような縦町と横町というような関係に両町があるならば、近道となるような通り抜け道は必要ないからである。

○中小路

江戸時代の古地図では中小路の町並は魚町の東側に魚町の町並に続き、同じ通りの町並として続いている。昭和四十一年の町名整理までの中小路の町並もこれと同じである。また、町名整理前の魚町の町並は安山借屋牒に記された魚之町の町並と同じである。従って、安山借屋牒に記された中小路の町並もそれに重なる在り方であるとしていいであろう。町名整理までの中小路の町並は、蓮池町の縦の通り（南北の通り）と、魚町の横の通り（東西に走る通り）とがT字形に交わる地点より東側が中小路の通りである。この地点から通りを真っ直ぐに東に進むと御笠川に行き当るが、この間の距離は一町強である。中小路について安山借屋牒は従西至東境　五十二間三尺五寸と記している。東境とは聖福寺の関内町（境内）の東端である。中小路の町並は魚之町の町並の東側に続き、西から始まり、東に進み、聖福寺の関内町（境内）の東端までである。

また、更に中小路は安山借屋牒に従東至南境　五十五間と記されている。先の町並とは別に東から南境に至る五十五間の町並があるのである。安山借屋牒の記し方には特徴があり、原則がある。一つの町並の始めから終りまでを記し、ついでその町並の終りの側から次の町並を記していくという記し方である。従って、中小路の従東の東とは、先の中小路の町並の東端の位置のことであり、南境に至っているというのはこの位置から町並は南に走っているということである。中小路の町並は関内町（境内）の東端まで続き、その位置から南の方向に折れて、関内町の南端までという在り方となっている。

宮本雅明氏は、中小路は西から東端までの町並と、東から南境の町並とが普賢堂の町並と平行して向かい合っている両側町として復元されている。また、鏡山猛氏は中小路の町は魚之町の東側に続く町並とその東端で南に折れている町並に復元されているが、安山借屋牒の中小路の町並について記されている方位や位置をそのままに復元すると、鏡山猛氏の復元が正しい。従西至東境、従東至南境と記されている中小路の町並は宮本雅明氏が復元されているように、西から東に続き、そして東から西に続く両側町であるとはどう解釈しても解釈できない。

○鰭板《はたいた》

鰭板とは板塀のことであるが、この場合は聖福寺の築地塀のことである。従って、鰭板は聖福寺の築地塀に沿った町並である。鰭板の町並について安山借屋牒は、①「従西至南」、②「従南至西　西門之境」、③「従西門之境至北」と三つの町並を記している。①「従西至南」と②「従南至西　西門之境」の町並は、町並の方向から平行した町並である。即ち、①と②の町並は両側町である。更に②の町並の終りは西門の境であり、③の町並の始まりが西門の境であることは、②の町並と③の町並とが西門を基点として接している町並である。また、②の町並の方向は南より「西　西門之境」であり、③の町並の方向は西門の境から北であり、即ち、西から北であるから、②の町並と③の町並とは西門を基点として直角に折れている町並である。②の町並と③の町並の関係は以上のような位置関係になるが、聖福寺の西門は境内の東北の隅にあるので、それを基点にして、町並は聖福寺の築地塀に沿って、②は南から西門の位置へ、③は西門の位置から北へと走る町並となる。また、①の町並と②の町並は平行する両側町であるが、②の町並と、③の町並とが聖福寺の築地塀に直接沿った町並となり、②の町並より長い①の町並が②の町並の外側に、②の町並に向かい合う両側町となる位置関係で存在している。

宮本雅明氏は鰭板の町並について、普賢堂の町並の東側と、宮本雅明氏が中小路と推定された町並の東側に、中小路、普賢堂の町並と直交する町並として、また、聖福寺関内の東北の位置に両側町として復元されているが、安山借屋牒は鰭板の町並を先の①、②、③のように三つの方向に記しており、単純な両側町だけの町並とはならない。また、鰭板の呼称からしても、聖福寺の鰭板、即ち、築地塀に沿った町並でなければならないのに、宮本雅明氏が想定復元されている鰭板の町並は聖福寺の築地塀に沿った町並とはなっていない。

また、鏡山猛氏は鰭板の町並に西門が記されていることから、聖福寺の西門の位置を、現在の聖福寺の西門の位置と別に聖福寺の西北の位置に想定され、鰭板の町並は「寺の西辺にあてて差支なさそうである。」と、い。

　また、筑前名所図会には西教寺の境内の西南の位置に聖福寺の西門が描かれ、また、現在の聖福寺の西門はこの絵の位置と違っているとはいえ、幻住庵の境内の西側と西光寺の境内の東側の間に現存しているにも係わらず、西門をこれらの位置とは全く別の位置の境内の西北に想定されたために、西門を基点としている簀板の町並は本来の簀板の町並と全く違う位置に想定復元されている。

　先に中小路の町並について見た。中小路の町並は従西至東境の町並と、従東至南境の町並の二つの町並とからなっており、東境を基点に西への町並と南への町並があり、直角に折れている町並である。中小路の町並が関内町の東北の隅に一つは西へ、一つは南へ直角に折れた町並となっているのは、その中に簀板の両側町が存在しているためであり、簀板の両側町の外側に中小路の二つの町並が存在しているのである。中小路の町並だけを見ていたら、一つの町並は西へ、もう一つの町並は南へと直角に走る町並が存在するようなことはあり得ないような町並であるが、その中に簀板の両側町を抱え込んだ町並となっており、そのために中小路の町並はその外側に直角に折れた町並となっているのである。

　聖福寺の西門は、安山借屋牒が簀板について、従南至西　西門之境、従西門之境至北と記しているように、関内町の町並がどのようになっていたかを明らかにするポイントの一つである。従って、聖福寺の西門の意味とその位置を確認しておく。

　鏡山猛氏は西門について、「中小路はいまは聖福寺境内外の、……東は石堂川に架せられた西門橋に通ずる西門町につづき、西は魚町につづいている。」、「石堂川に架せられた橋に西門橋と石堂橋がある。」と説明されているから、聖福寺の西門に因む名称である西門橋、西門町、現在の聖福寺の西門の表示である大きな御影石の石柱の門を十分御存知のはずであるのに、現在の西門では簀板の町並については説明が付かないのであろう。

現在の西門を全く無視されて、西門が記されている瞥板の説明の中で、「次に瞥板町は、近世すでに博多の町名から失われているので不明であるが、山門内の道筋とすれば、寺の西辺に相当するのであろうか。このように推定する一つの資料は、同町の帳尻西門を境として、南と北に分かれている記述があるからである。このことから、寺の西辺にあてて差支なさそうである。」と説明されて、現在の西門とは全く別に、西門は聖福寺の西門であるから聖福寺の西辺にあるはずと考えられて、想定復元されている。鏡山猛氏が作製された想定復元図には具体的には西門と図示はされていないが、聖福寺の境内の西辺の門前を通る道に面した北端の位置に二門を想定復元されているので、これらのどちらかが西門とされているのであろう。これらの二門のどちらかが西門であるにしても、これらの門は聖福寺の境内の北西の位置に想定復元されている。

鏡山猛氏が想定復元された西門の位置について触れたついでに、大庭康時氏も聖福寺の西門について説明しているので、それについても見てみよう。[10]同氏は「まず、博多の東西南北を画くする場所の特定を試みる。あらかじめ注しておくが、以下の記述に当たっては、博多湾方向（北西）を北、箱崎方向（北東）を東、太宰府方向（南東）を南、福岡方向（南西）を西とする。なお、この方向が、中世博多住民の方向感覚と一致しているか否かは、明らかでない。」とし、その理由として、「博多の場合、東西南北をどの方位に当てるのか、曖昧である。たとえば、聖福寺の場合、『西門』は北西、『東門』は南東、『南門』は南西に設けられている。」と説明している。

大庭康時氏のこのような聖福寺の方位についての説明は非常に回りくどくて曖昧な表現である。「博多湾方向（北西）を北、箱崎方向（北東）を東、太宰府方向（南東）を南、福岡方向（南西）を西とする。」と表現しているが、博多の位置や聖福寺の位置から、博多湾方向は北、箱崎方向は東、太宰府方向は南、福岡方向は西とした方位の表現で十分であろう。わざわざ北西、北東、南東、南西というような方位で表現する必要はない。そして、「聖福寺の場合、『西門』は北西、『東門』は南東、『南門』は南西に設けられている。」とする表現ではなく、西門は北西でなく西側、東門は南東でなく東側、南門は南西ではなく南側に設けられていると説明をした方が正確である。大庭康時氏が聖福寺の方位についてこのような曖昧な表現をされているのは、現在の聖福寺の西門、東門が実際の西、東の方位と全く違って、西門は西側でなく東側、東門は東側でなく南側にあるために説明が付かないからであろう。

聖福寺の西門は境内の西側ではなく東側にあり、東門は境内の東側ではなく南側にある。実際はこのような位置にある。このような違いの理由は簡単なことである。方位を付けた寺院の門の呼称が実際の方位と違っているのは、寺院の方位と実際の方位は関係ないからである。寺院の方位は伽藍を基準として定める。だから聖福寺の東側にあっても西門であり、南側にあっても東門となるのである。そのことを知らないで方位の名称を付けた寺院の門の方位と実際の方位を一致させようとすると、鏡山猛氏の説明のように実在している聖福寺の西門を無視せざるを得なくなったり、勝手に西門を想定復元して説明したり、大庭康時氏の説明のように無理が生じたりする。中世博多住民の方向感覚が我々と特に違っているはずがないのは言うまでもない。

ところで、瞥板の町名は筥崎八幡宮の田村大宮司家の「以上天文ノ坪付　永禄二　十月写」と記された坪付帳に「ハタ板」と記されているのを最後に見えなくなる[11]。戦国時代までの町名で近世の町には見られなくなってしまう。これは町が消失してしまったのではなく、別の町名に変ってしまったためである。瞥板の町名は聖福寺の築地塀に関係した町並であること、つまり、聖福寺の築地塀に沿った町並である。また、西門を基点とした町並であること。このような瞥板の町並のあり方から、瞥板の町並が町名改正以前にあった町並と重なる地域は寺中町である。

寺中という呼称は先に記した田村大宮司家の延徳（一四八九〜一四九一）の年号が記された坪付帳に「寺中畠分」、「寺中入口」と記されている[12]が、この場合の「寺中」は寺中町とは別であり、安山借屋牒に記している関内という範囲の意味であろう。瞥板の町並があった場所は寺中町の位置である。

○窪少路

窪少路の町並は内窪少路と外窪少路の二つの町並からなっている。内窪少路の町並は従南至東となっており、外窪少路の町並も従南至東となっており、どちらも同じ方向に走っている町並である。従って、両町は平行した町並である。また、両町が平行した町並であることから内窪少路と外窪少路とは同じ通りに面した両側町である。

そして、中小路の町並の一つが東から南境、即ち、南へと続いている町並であるのに対して、窪少路は南から東へと走っている町であり、この中小路の町並と窪少路の町並とは全く逆方向に走っている町である。つまり、この中小路の町並は東が基点となって聖福寺の東（北）側に存在している町である。それに対して窪少路の町並は南が基（起）点となっており、従って、中小路の町並とは逆に聖福寺の南側から始まって東へ続いている町並である。窪少路は内、外ともに聖福寺の南側を基点として続いている町並である。また、内窪少路には「二間二尺　西蓮寺之道」が記されており、内窪少路には西蓮寺への通り抜け道が存在している。西蓮寺は内窪少路を通り抜けた位置、即ち、内窪少路の町並の裏手に当る場所に存在していることになる。

窪少路については、宮本雅明氏は聖福寺の南側の承天寺との間に、聖福寺よりの北側から南側へ内窪少路、外窪少路、西蓮寺と想定復元され、外窪少路、西蓮寺は聖福寺の総門前を通る通りに面する位置に想定復元されている。内窪少路も外窪少路もどちらも安山借屋牒は従南至東としているが、宮本雅明氏が想定復元されている内窪少路、外窪少路の町並であると、町並は従西至南となり、安山借屋牒に記された内窪少路、外窪少路の町並の方向と異なり、宮本雅明氏が想定復元されている内窪少路、外窪少路の町並は安山借屋牒が記述している町並の方向と合わない。安山借屋牒が記している内窪少路、外窪少路の町並は両町並ともに従南至東であり、南は聖福寺の境内の南東の位置であり、東は境内の東北の位置であり、中小路や普賢堂の町並で東と記された位置である。また、このような町並みの関係であるとすれば、内窪少路から西蓮寺へはメーンストリートに出れば簡単に行き来ができ、わざわざ内窪少路に西蓮寺への通り抜け道である西蓮寺道を設ける必要はない。つまり外窪少路、内窪少路、西蓮寺は宮本雅明氏が復元されているような位置関係ではないことが分かる。尚、鏡山猛氏は内窪少路、外窪少路については、「その位置は周囲の関係から、仮に普賢堂の西延長路としておこう。」と述べているだけであり、具体的には説明されていない。

○中屋敷

中屋敷について、宮本雅明氏は中屋敷という名称から聖福寺と承天寺との中間に存在する町であり、このような在り方から中屋敷と称したと述べられている。中屋敷は宮本雅明氏がこのように説明されている在り方であることは間違いない。中屋敷の町並は帳付けでは西から始まっている町並と記されている。承天寺と聖福寺の間にあるという中屋敷の在り方から、町並は西から始まって聖福寺の総門の方に広がっている町並である。つまり、聖福寺の境内の南側に続いている町並である。また、先に内窪少路の町並で見たとおり、内窪少路には西蓮寺之道があり、西蓮寺と内窪少路の町並とは隣接している関係にある。

中屋敷の西側から讃井の屋敷があり、その北側に西蓮寺が記され、その次に、

屋敷分
三百文　九郎次郎　　三百文　彦衛門
三百文　新次郎　　五十文　小八　以上六ヶ所

と、屋敷分の九郎次郎以下小八まで四筆四人が記されており、これらの四筆四人が並んでいる。そして、これら四筆四人は屋敷分と記されている。屋敷分とは言うまでもなく、讃井の屋敷分ということであり、これらは讃井の屋敷の中に含まれている土地という意味である。また、九郎次郎から小八までは四人四筆の記載しかないが、「以上六ケ所」を屋敷分と記している。つまり、讃井の屋敷そのものと西蓮寺の二箇所も屋敷分であるとしているのである。讃井の屋敷は讃井屋敷と西蓮寺の二箇所と、九郎次郎から小八までの四箇所を含めて讃

井の屋敷としているのである。更に中屋敷には「ウラ　讃井屋敷内也　浦也」と記して以下の五箇所が記されている。

一ケ所　四百五十文　兄部二郎左衛門拘分
二ケ所　九百文　点打五郎左衛門拘分
半ケ所　二百廿五文　点打又太郎拘分
半ケ所　三百文　次郎九郎
半ケ所　三百文　点打五郎左衛拘分

以上の土地が「ウラ　讃井屋敷内也　浦也」と記されていることは、これらの土地は讃井屋敷のウラ、浦＝裏にある土地であるが、「讃井屋敷内也」と讃井屋敷の内であるということである。

中屋敷の町並の讃井屋敷そのものと、西蓮寺、九郎次郎から小八までの四箇所は、西蓮寺を含めてこれらは讃井の屋敷の敷地内であり、讃井屋敷、西蓮寺、九郎次郎から小八までの四箇所が西側から東へ並んでいる町並である。また、その裏に兄部《こうべ》の二郎左衛門以下の五筆の土地があるが、これも讃井屋敷の内であるとしている。つまり、中屋敷は町全体が西蓮寺を含めて讃井屋敷を構成している。中屋敷の「屋敷」の名称の由縁はこのように町全体が讃井の屋敷地である。尚、鏡山猛氏は中屋敷については全く記されていない。

○瞥板浦屋敷

瞥板浦屋敷は聖福寺の瞥板、つまり、築地塀に沿った町並であり、また、中屋敷に面した町並であろう。浦屋敷とは中屋敷、即ち、讃井屋敷の裏に面した町並であるということと、聖福寺の裏にある屋敷との二つの意味に取れるが、安山借屋牒は讃井屋敷とその裏の地域を中屋敷とわざわざ屋敷と称しているのに対して、聖福寺の裏に屋敷が存在していたとする記述はない。従って、浦屋敷とは讃井屋敷の裏に面した部分を浦屋敷と称していたのであろう。つまり、瞥板浦屋敷は聖福寺の南側の築地塀に沿った町並で、また、讃井屋敷の裏、後ろにある町並である。

○毘舎門堂門前

毘舎門堂門前は毘舎門天を安置した御堂の門前の町並である。毘舎門天は四天王の一つである多聞天が独立した仏であり、北方を守護する仏である。従って、毘舎門天を安置した御堂は聖福寺の境内の北よりの位置に存在していた可能性が大である。また、毘舎門天が平城京に於いては正面の羅城門に安置され、王城鎮護の神とされたり、鞍馬寺の毘舎門天が平安京の鎮護の神とされたことは有名である。聖福寺の毘舎門天も聖福寺の護りの神であるとともに博多の護りとしての役割も当然あったはずである。とりわけ、元寇という大事件が起き、元軍が博多を標的としていたことは明らかであり、その博多を異敵より守護するという役割も担っていたと考えるべきであろう。毘舎門堂はそのような毘舎門天を安置した御堂であり、また、毘舎門堂門前という呼称からして毘舎門堂は聖福寺の関内に存在しながら、聖福寺の伽藍から独立した御堂であり、聖福寺の関内の北よりの前面、つまり、関内の北西の位置にあったことを窺わせる。

また、毘舎門堂門前が記された安山借屋牒の部分には、

小者座之店屋十間此外魚町之内ニ

(異筆)「店屋分四五間アリ都寺下役飲酒処云々帳之外」

常住納分

(追筆)「但参拾参匁」

一間七十五文充合七百五十文

弐分八厘定之

(異筆)「玄能点検寺納させ候（花押）」

加増代如此（花押）

と記されている。小者座の内に店屋が十間（軒）程と、その外、「此外魚町之内ニ　店屋分四五間アリ」と、

魚町の中にも店屋が四、五軒できて、小者座の各店に一間に付き七十五文の地料を取り立てたことを記している。つまり、この新しくできた店は小者座の内と魚町にできた店であるが、毘舎門堂門前の紙面に追筆で付け加えていることから、毘舎堂門前と魚町とは連続しているか、一体となっていることを物語っている。

更に毘舎門堂門前の地料と大山口夫、小山口夫について、

「大夫弐百四十八文　小夫四百卅五文　中小路之公役ニ準之」

（異筆）
「地料并大小夫銭合一貫九百五文準中小路」

とあり、毘舎門堂門前の地料と、大山口夫、小山口夫の夫銭は中小路に準ずるとしている。中小路は先に見たとおり、魚町（魚之町）の町並と同じ町並で魚町の東側に連なっている町並である。このことからも毘舎門堂門前の町並が魚町や中小路の町並の延長上にある町並であることを物語っている。

また、関内町は聖福寺の築地塀から北側へ鰭板、普賢堂の町並とその北側に魚町の町並が三列に並んでいた。しかし、聖福寺の北側の築地塀に沿っている町並である鰭板は西門を起点として五十三間、これに平行している普賢堂の町並はこの鰭板の町並とほぼ同じ五十二間二尺五寸である。それに対し、その北側にある魚町の町並は普賢堂の町並と平行しているから、町並の東の起点は同じであるが、六十三間五尺と南側の二つの町並に対して十間も長い町並となっている。

更に魚町の町並の西側、つまり、聖福寺の総門が面した通りには小者座之店屋十間（軒）も続いている。この小者座之店屋十軒が町並の長さとしても十間であるとしたら、鰭板、普賢堂の町並に対し、その北側、つまり、関内町の最も外側に位置して、平行している小者座之店屋十間と魚町の町並とで二十間も長い町並となる。町並の起点が同じであるにも係わらず、鰭板、普賢堂の町並に対し、その外側に平行している魚町・小者座之店屋十間の町並が二十間も長い町並となっているのはその内側に何らかの施設があったことを物語っている。

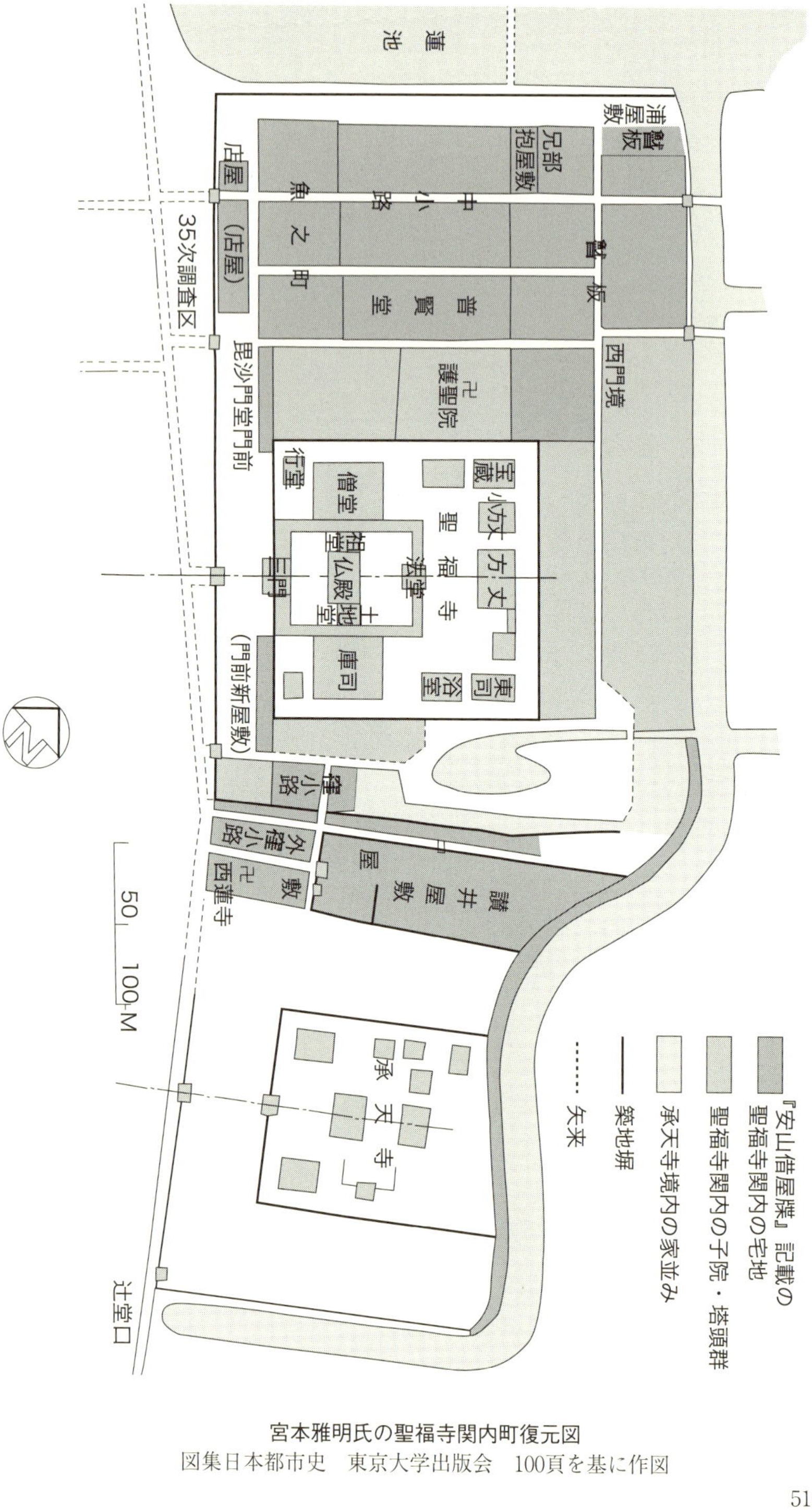

宮本雅明氏の聖福寺関内町復元図
図集日本都市史　東京大学出版会　100頁を基に作図

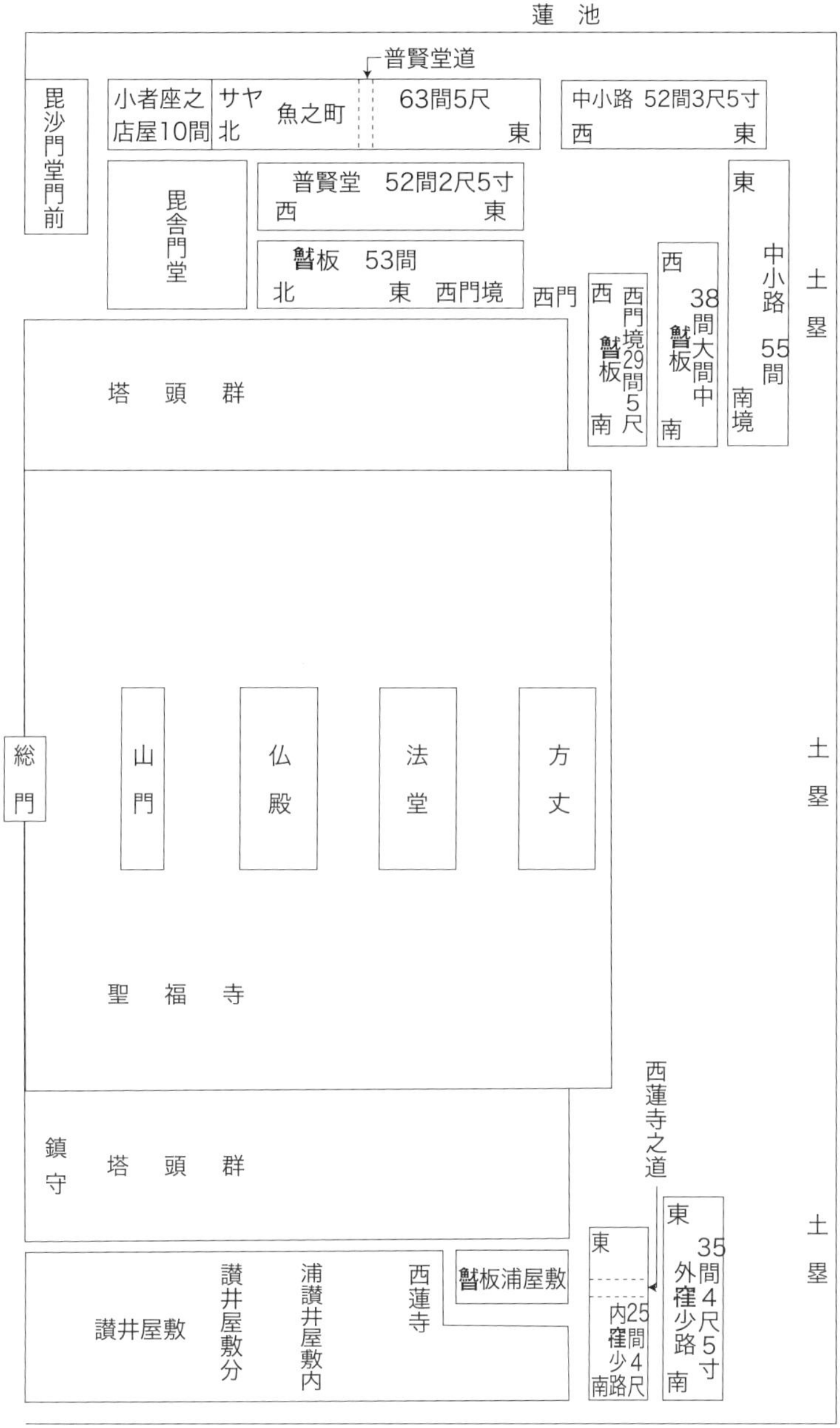

聖福寺の伽藍と安山借屋牒による聖福寺関内町の復元図

総門、山門、仏殿、法堂、方丈の総門、山門、仏殿の間隔は中世当時の間隔のままであると推定されるが、法堂は現在、存在せず、方丈の位置は仏殿よりに縮められて建てられていると推定される。従って、法堂、方丈の位置間隔も総門、山門、仏殿の間隔に戻した。

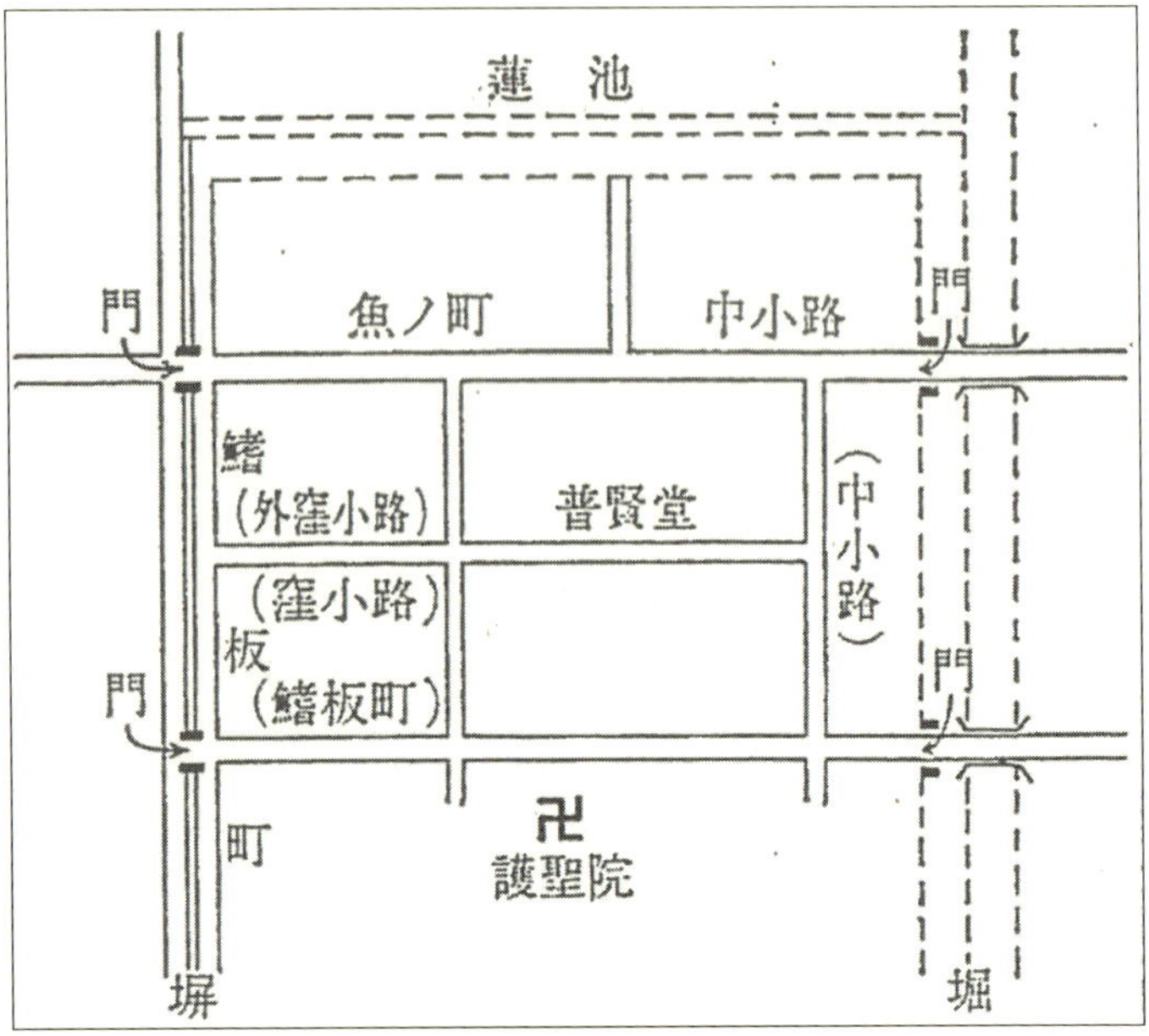

鏡山猛氏の聖福寺関内町復元図
中世町割りと条坊遺制（上）史淵　百五・百六合輯より

つまり、鰭板、普賢堂の町並の西側、聖福寺の総門が面した通りには毘沙門堂があり、その建物を魚町・小者座之店屋十間の町並が囲むように形成されていたことを物語っている。

以上のことから毘舎門堂は聖福寺の関内の西北部、具体的には普賢堂の町並の西側、魚町の町並の南側に位置し、その門前の町並は魚町、中小路の町並に連なっていたとすることができる。

鏡山猛氏は毘舎門堂及び毘舎門堂門前については全く触れられてはいない。宮本雅明氏は、毘舎門堂門前は聖福寺関内の、現在、塔頭の護聖院が存在している寺院群の最も西側に小規模な町並として復元されている。しかし、毘舎門堂の存在については全く触れられていない。

以上、安山借屋牒に記された聖福寺関内町の町並の在り方について見てみた。これらの町並を復元してみると五一一頁の図のようになる。

第五節　鎌倉時代に成立した博多の町並、関内町の町並

関内町の成立はいつ頃であったのであろうか。先に魚町の地蔵堂から延文五年銘の三尊種子板碑を発見したことと、そのことの意義について明らかにした。地蔵堂に延文五年銘の板碑が存在していたことは、地蔵堂が延文五年には既に存在していたことになる。地蔵堂は町並を守護するために、町並の入り口や境界に建てられる。つまり、地蔵堂が存在するということは町並が形成されていたということである。従って、地蔵堂が延文五年に既に存在していたことは魚町の町並がこの時期には既に成立していたことを証明している。

安山借屋牒は天文十二年の成立である。しかし、安山借屋牒に記されている魚町の町並は既に南北朝時代の早い時期に形成されていたのであり、安山借屋牒に記されている中小路、普賢堂等の町も既に魚町と同様にこの時期には成立していたと見ることができる。博多の町が発展したのは一般的に戦国時代であると考えられている。しかし、博多の町は実際にはそれよりずっと前の南北朝時代の早い時期には町並が成立していたのである。

次の史料を見てみよう。

且源意修行志天罷上京都之条、状文顕然也、永仁二年令帰国、改名本静房、規矩寺仁一両年止住、其後宰府西寺并博多北船今寺仁居住、（中略）

文保元年八月廿五日　　遠江守（北条随時）平朝臣（花押）[13]

鎮西探題北条随時の裁許状の中に、明海房源意が永仁二年（一二九四）帰国、その後、博多北船の今寺に居

住したとある。博多の北船は魚町の西に隣接している町である。「角川日本地名大辞典　40　福岡県」（角川書店）は、「きたふね　北船〈博多区〉」の項目に於いて「聖福寺の近隣にある北船の地には今寺なる寺院が存在したことが確かめられる。」[14]と、北船に「今寺」という寺院があったとしているが、今寺は寺院の固有名詞ではなく、正しくは今寺と呼ばれている寺という意味であろう。今寺の今は新しいという意味であり、従って、今寺というのは新しい寺という意味である。何に対して新しいかは言うまでもなく、聖福寺や承天寺等に対してである。いずれにしても魚町に隣接した地域に先年の町名整理でなくなったが、現代に伝えられていた町名の北船という地名が既に成立し、そこに新しい寺院が存在していたのである。このことは、北船に鎌倉時代の永仁年間には町が形成されていたことを窺わせる。永仁年間、魚町に隣接した北船に於いて既に町が形成されていたとしたら、当然、魚町等の関内町も南北朝時代の早い時期以前の鎌倉時代の後期には既に成立していたと考えることができる。

また、康永三年の銘がある濡衣塚の板碑を建立した人々は「接待講衆　合廿七人」とある。当時の地蔵堂は行商人や旅行者が宿泊したり、また、身寄りのない孤児、生活に困窮した人々が頼った施設である。このような地蔵堂を維持したり、これらの人々の面倒を見た、即ち、接待をした人々の仲間が接待講衆である。地蔵堂が建立され、その維持のために講衆が結成されていることは、或る程度の人々が集まる集落が必要である。即ち、町や集落が形成されていることが前提である。以上のように見てくれば、鎌倉幕府滅亡後の間もない延文五年には魚町の地蔵堂が成立していることからも、鎌倉時代の終りには魚町が既に町として成立していたことを物語る。更に関内町の一つである魚町が成立していたとすれば、このことからも聖福寺の他の関内町も既に鎌倉時代の終りには成立していたとすることができる。

博多が都市として形成され、発展したのは漠然と戦国時代であるとされていた。具体的に論証されることもなく、博多の都市としての形態が整ったのは戦国時代であるとされてきた。第一章で明らかにしたように、鎮西探題には鎌倉幕府の侍所、京都の六波羅探題の侍所と同様に、侍所が設置され、博多市中の検断権を管掌していた。このような検断権は博多が鎌倉、京都と同等な大都市であったからこそ、鎌倉幕府は鎮西探題に博多市中のみを取り締まる侍所を設置したのである。博多が都市化されておらず、鎮西探題の館等の施設のみが孤立的に設置されていただけであるとしたら、博多市中を特別区として取り締まる侍所は必要ない。都市としての博多は戦国時代より三百年前の鎌倉時代の後期には既に形成されていた。

鎌倉時代に発展していた都市として鎌倉、京都、博多がある。しかし、鎌倉は鎌倉幕府政権が設置されたが故に形成された政治都市であり、鎌倉幕府の滅亡後は衰退を続け、江戸時代の初めには全く辺鄙《へんぴ》な農村化してしまって、昔日の面影は全くなかったという(15)。従って、都市の町並として鎌倉時代以来、現在に引き続いて残っているのは京都と博多のみである。そして、そのような博多に於いて、鎌倉時代に形成された普賢堂、魚町、中小路等の町並が、昭和四十一年の町名整理まで町名とその町並が残っていた。一部の町並みは豊臣秀吉の博多の復興の町割や黒田氏の城下町構築によって一部変改されてはいるものの、普賢堂、寺中町の町並は鎌倉時代に形成されて以来、六百年にわたって残され、当時のままに現在に引継がれている貴重な町並であり、全国的にも京都と博多にしか残っていない日本最古の極めて貴重な町並である。

第六節　関内町の町衆

安山借屋牒に記載された借地人達について見てみよう。安山借屋牒には三二〇筆以上の借地が記されている。これらの借地に記載された借地人達についてよく見てみると、同じ人物が複数の借地を保有している。どのような人物が、どのように借地を保有しているのであろうか。二筆以上の借地を保有している人物を整理してみると次のようになる。

九筆
新太郎
新三郎
三郎次郎　兄部《こうべ》
八筆
藤次郎
六筆
小四郎
新四郎
又次郎　兄部
次郎三郎
五筆

三筆
与三左衛門　引頭　かち
与三次郎
助四郎
孫次郎
小八　木守
新九郎
太郎次郎
太郎三郎
平次郎
能泉　飯頭
次郎左衛門　兄部　引頭

二筆
弥次郎
九郎次郎
源次郎
源六　木守
后家
五郎四郎
左衛門次郎
新衛門
新八
次郎九郎
四郎次郎

太郎五郎　点打　次郎五郎　四郎三郎
新次郎　藤三郎　調菜　多ゝ
新五郎（尢《は》こさき）　藤五郎　桶大工　太郎左衛門
母　藤左衛門
彦次郎（仙界カ）　八郎三郎
小三郎　彦衛門
四筆　彦七
次郎太郎　調菜　彦七郎
彦三郎　孫七　木守
弥五郎　又太郎　点打
神三郎　与五郎　桶大工カ
与太郎　調菜　与七郎
与次郎
与三郎
与四郎
五郎左衛門　点打
助太郎
助次郎　点打

二筆以上の借地を保有しているのは六十二人であり、この六十二人で二二一筆の借地を保有している。借地は全体で三二〇筆程であり、その内の三分の二を六十二人で保有している。

複数の借地を保有している町民の中で九筆の借地を保有しているのが三人、八筆の借地を保有しているのが一人、六筆の借地を保有しているのが四人と、一人で多数の借地を保有している少数の町衆が注目される。このような町衆達はどのような人達であろうか。

安山借屋牒が成立する前後、天竜寺塔頭妙智院の策彦周良は、天文七年は副使として、天文十六年は正使として入明した。この間の記録である入明記には日明貿易で策彦周良と交わった博多商人が多数記されている。それを記してみると以下のようになる。

神屋主計（一号船船頭）　河上杢左衛門（二号船船頭）　池永宗巴（三号船船頭）
太郎左衛門　源次郎　新兵衛
彦左衛門　孫七郎
永富（主計父）　盛田新左衛門
加斗　林田藤三郎
次郎太郎（主計子息）　二郎左衛門
孫八郎（主計婿）
彦八郎　宗菊
寿禎　新三郎（宗菊子）

以上の町衆の中で安山借屋牒の借地人として記されている人物と同名であるのを挙げてみると、

宗菊子の新三郎　新三郎は九筆
神屋主計子息の次郎太郎　次郎太郎は四筆、調菜
林田藤三郎　藤三郎は三筆、調菜

となる。二筆以上の借地を保有している人物で、入明記に記された博多商人と同一であるのは三名であるが、

たまたま名前が一致しているだけなのか、同一人物であるのか、それを証明する史料は全くない。従って、残念ながらそれ以上のことは不明である。

また、これらの一人で複数の借地を保有している町衆の中には、聖福寺に特定の職能で仕えて聖福寺から給分を与えられている町衆がいる。恐らく本人だけの一代限りではなく、何代かにわたって聖福寺に特定の職能で仕えてきた町衆であろう。これらの町衆を仮に聖福寺の給人と呼んでおく。給人として聖福寺から給分を与えられている職能には、兄部、点打、調菜、引頭、飯頭、能印、木別大工、桶大工、大工、木守、門守、鍛冶大工等がある。これらの給人の職能と、その職能にどのような給人がいるかを確認してみると次のようになる。

[給分名]	[給人名]	[町並]	[間口]	
兄部	三郎次郎	中小路	一間	
		中小路	一間三尺	
	又次郎	中小路	一間五尺	
	次郎左衛門	中小路	四間	居屋敷
	二郎左衛門	中屋敷		
	七郎次郎	外窪少路	一間二尺	
	小妃	外窪少路	一間	
	藤七	外窪少路	五尺	
点打	五郎左衛門	中小路	一間	居屋敷
		中屋敷		
		中屋敷		
	太郎五郎	瞥板	一間二尺	

	又太郎	瞥板	一間一尺	居屋敷
		中屋敷		
	助次郎	瞥板	一間二尺	
能印	太郎五郎	中小路	二間	
	一雲	中小路	二間	
調菜	次郎太郎	魚之町	一間	居屋敷
	小七	中小路	一間三尺	
	勢兵衛	中小路	二間	
	藤三郎	中小路	一間二尺	
	平佐衛門	中小路	一間二尺	
	与太郎	中小路	一間四尺	
	五郎太郎	中小路	一間三尺	
引頭	次郎左衛門	普賢堂	一間二尺	
	又四郎	普賢堂	一間	
	与三左衛門	普賢堂	五尺	
飯頭	能宣	瞥板浦屋敷		
木守	小八	中小路	一間	居屋敷
	清林	瞥板	一間	
	孫七	瞥板	五尺	
	源六	瞥板	一間一尺	

木別大工　次郎左衛門　内窪少路　一間四尺　居屋敷
桶大工　藤五郎　普賢堂　一間
　与五郎　中小路　一間ヶ中　居屋敷
大工
門守
鑑冶大工

聖福寺の給人が複数の借地を保有している町衆の中に多数見られる。例えば九筆の借地を保有している三郎次郎は兄部であり、六筆の借地を保有している又次郎も兄部であり、五筆の借地を保有している太郎五郎は点打である。恐らく、これらの給人は聖福寺に特定の職能で代々仕えてきた聖福寺との関係から、以上のような多数の借地を保有する立場を獲得したのであろう。

関内町の中で中屋敷と呼ばれる地域があった。中屋敷は町並というよりは地域全体が山口の大名大内氏の家臣の讃井氏の屋敷である。中屋敷は讃井氏が屋敷を構えていたので讃井屋敷とも呼ばれていた。讃井氏の先祖は大内氏であり、大内氏の庶流で、山口市内の讃井を本拠地とした大内氏の有力家臣である。文明十年、大内政弘は少弐政資を筑前から駆逐し、博多に滞在した。その時、讃井重昌は守護代の陶弘護の寄子として筑前に同道し、博多に滞在した。讃井氏は大内氏の有力家臣として以後、博多に滞在し、大内氏の博多支配の一翼を担い、博多に屋敷を構えていた。讃井氏には次のような史料がある。

(1)　(花押)　(大内政弘)
下　讃井石見守重昌
可令早領知、筑前国三笠郡府領内七町地野坂三郎跡事
右件地事、所充行也者、岩屋令在城、可令領知之状如件、

(2)

文明十年十月十三日[16]

（花押）　（大内政弘）

下　讃井新左衛門尉護重

可令早領知、筑前国三笠郡府領内漆町地野坂三郎跡事

右、以人所宛行也、者早岩屋令在城、可令領知之状如件、

文明十二年二月九日[17]

讃井重昌は陶弘護の寄子として博多に滞在中に筑前国三笠郡府領内の七町を宛行われ、岩屋城に在城し、岩屋城の守護にも当っていたようであり、重昌の継子であると思われる讃井護重もそのまま岩屋城に在陣していた。讃井氏は大内氏が筑前国を支配するようになった時、大内氏の筑前支配の一翼を担って博多に居住し、屋敷を構えるようになった。その讃井氏の博多の屋敷が中屋敷にあり、讃井屋敷と呼ばれた。

以上のような中屋敷について、もう一度見てみよう、讃井氏は中屋敷の西側に屋敷を構え、その隣に西蓮寺、それらの後ろに四箇所の敷地があり、これらの讃井氏の屋敷、西蓮寺、四箇所の屋敷を含めて「屋敷分」と記載されており、讃井氏の屋敷内であるとされていた。また、その後ろも「ウラ（裏）讃井屋敷内也　浦也」と、先の屋敷分の後ろ、即ち、裏に当たる地域も讃井屋敷の内に含まれていた。

屋敷分には、

九郎次郎　　彦衛門

新次郎　　小八　　木守

の四名が借地を保有していた。そしてその裏は、

二（次）郎左衛門　兄部　五郎左衛門　点打

又太郎　点打　次郎九郎

五郎左衛門　　点打

の抱分となっていた。

屋敷分に借地を保有している四名のうちの一人、小八は聖福寺の給人の木守であり、裏の讃井屋敷内に借地を構えている五名（五郎左衛門は二筆を抱えているので実数は四名である）のうち、次郎九郎を除く四名（実数三名）は聖福寺の給人である。讃井屋敷の内に借地を保有したり、土地を抱えている九名のうち五名（実数四名）は聖福寺の給人である。このことは聖福寺の給人達が大内氏の有力家臣であった讃井氏と積極的に結びつき、讃井氏の被官化したことを窺わせる。讃井氏も先に見たように聖福寺の給人達が聖福寺との代々の職能的な関係から多数の借地の保有を行う等、博多の町衆の中で有力化していることに目を付けて、これら聖福寺の給人達と結びつき、給人達を被官化していたことを窺わせる。

戦国時代に聖福寺は度々合戦に捲き込まれ、掠奪を受けている。そのことについては聖福寺之絵図や安山借屋牒の説明に於いて記した。聖福寺が戦国時代に合戦に捲き込まれて掠奪を受けたのは、単に聖福寺が博多の最大の寺院であるということだけが理由ではないのではなかろうか。聖福寺の歴史に於いて、聖福寺に係わっていた人達が戦国大名の被官化するなど、戦国大名に係わっていたことについては一切触れてはいない。恰も聖福寺は日本最古の禅宗寺院として宗教活動にのみ徹し、世俗から超越した存在であったかのようにイメージ付けられている。しかし、聖福寺に職能で仕えていた給人達、つまり、聖福寺に古くから係わってきた給人達が大内氏の有力家臣であった讃井氏と結びつき被官化し、戦国大名の家臣団に組み込まれていたことを安山借屋牒は物語っている。そしてそのことが、聖福寺が戦国時代の戦乱に捲き込まれ、掠奪にあった理由であろう。

注

（1）鏡山猛　中世町割りと条坊遺制（上）史淵第百五・百六合輯

（2）宮本雅明　小林茂・磯望・佐伯弘次・高倉洋彰編　福岡平野の古環境と遺跡立地　第九章　中世後期博多聖福寺境内の都市空間構成　九州大学出版会　二〇九頁
（3）筑前国続風土記拾遺巻之（六）博多　下　魚町上　福岡古文書を読む会　校訂　文献出版　一六一頁
（4）速水侑　地蔵信仰　塙新書　一四一頁～一四五頁
（5）石城志　巻之五　古墳　濡衣　檜垣元吉監修　九州公論社　四六・四七頁
（6）多田隈豊秋　九州の石塔　財団法人　西日本文化協会　一一二頁
（7）川添昭二　南北朝期博多文化の展開と対外関係　地域における国際化の歴史的展開に関する総合研究　――九州地域における――　平成元年度科学研究費補助金研究成果報告書
（8）川添昭二　南北朝期博多文化の展開と対外関係　地域における国際化の歴史的展開に関する総合研究　――九州地域における――　平成元年度科学研究費補助金研究成果報告書
（9）博多津要録　第一巻　秀村選三、武野要子、東定宣昌、藤本隆士、松下志郎校註　西日本文化協会　一〇九頁
（10）大庭康時　中世都市「博多」の縁辺　博多研究会誌　第4号　博多研究会
（11）筥崎宮史料　田村大宮司文書　一六四頁
（12）筥崎宮史料　田村大宮司文書　一二八頁、一三〇頁
（13）鎌倉遺文　二六三二七　文保元年八月二十五日　鎮西探題北条随時下知状　豊前黒水文書
（14）角川日本地名大辞典　40　福岡県　きたふね　北船〈博多〉角川書店　四六五頁
（15）鎌倉市史　総説編　第二十章　近世の鎌倉（一）三　鎌倉の衰微　五三六～五四〇頁
（16）正任記　山口県史　史料編　中世1　三四八頁
（17）恵良宏　得地保関係資料及び讃井家文書　山口県地方史研究　第26号

おわりに

今日まで研究生活を続けてこられたのは多くの人々の御世話になった御陰である。御世話になった人々に心からお礼を申し上げる。早稲田大学名誉教授瀬野精一郎先生、東京大学大学院教授村井章介先生、皇學館大学名誉教授恵良宏先生、九州産業大学名誉教授木村忠夫先生、九州大学医学部名誉教授水上茂樹先生、福岡市総合図書館長植木とみ子先生、軍事史学会顧問佐藤和夫先生、元福岡県教育センター所長富永勲先生には大変御世話になった。記して御礼申上げます。その外、乗富光義先生御夫妻、森英俊先生、西尾陽太郎先生、中村学園大学学長藤本淳先生には公私を問わず大変御世話になった。

乗富光義先生御夫妻に初めて御目に懸かったのは九州大学文学部の四年生の夏休み中に、将来のことを相談するために杉並区永福町の御自宅に御訪ねした時である。郷土の先輩である先生は東京大学法学部を御卒業され、大蔵省に御勤めになられていた。当時、大蔵省主計局の担当で多忙を極められていたが、一介の学生のためにわざわざ早めに御帰り戴き、相談に乗って戴いた。それ以後、現在に至るまで、事あるごとに先生と御奥様に御相談に乗って戴いている。乗富先生と御奥様の御高情と御高恩に心から感謝するばかりである。

乗富先生が大蔵省大臣官房審議官に在職されていた時、取り残されていく柳川を立て直そうと、市民の有志が先生に柳川市長就任を嘆願した。先生は審議官として省内の前途が約束されていたにも係わらず、有志の熱意にほだされ、それを承知され、市民は先生の柳川市長就任を熱狂的に歓迎した。先生が市長就任後、柳川市の活性化のために実施された施策はそれまで沈滞していた柳川に活力を萌えさせ、柳川市発展の起爆剤となった。現在の柳川市の主要な施設は先生の優れた行政手腕によって創られたものである。

こうした先生の優れた行政手腕のために、先生が国政の場に押されることを恐れた人物の姦計に貶められ、柳川市長二期目の中途で辞職されることとなり、無念極まりない結果になってしまった。先生は清廉潔白な御人柄であり、無私の人であった。先生の高潔で清廉潔白な御人柄は天に誓って一点の曇りもない。何時も郷土柳川市と国家の発展を願われ、何時もそのことを熱く語っておられた。世紀の逸材で郷土の至宝を政治家の姦計に巻き込ませて、ただ手をこまねいて何の御役にも立てなかった己が無念極まりなく、慚愧にたえない。先日、御電話を戴いて、弁護士活動を御始めになられたことを御伺いした。この上もなく嬉しい。乗富先生と御奥様の永年の御高情と御高恩に心から感謝するとともに乗富先生と御奥様の御多幸と御健勝を念じます。

森英俊先生の下を去る時、このまま先生の下で働かせて下さいと先生に御願いしたが、森先生は、君は自分の好きな道に進んだ方がいい。研究がしたいのであれば研究者になった方がいい。自分は君を見守っているだけで十分だと、おっしゃって戴いた。森先生は右手と足に貫通銃創の痕があった。陸軍士官学校を御卒業後、軍務に就かれていた時、包囲されて孤立していた部下の救出に当たられた時の傷である。己を捨てて部下を救う森先生の生き方の証である。

先生は福岡県教育庁の教育センター所長、教育庁次長まで御勤めになった。当時、福岡県の教育長は文部省からの出向であったので先生は実質的な福岡県の教育行政のトップを御勤めになった。森先生の下で働いた人達に先生のことを尋ねると、全ての人達が異口同音に先生の職務に対する厳しさと御人柄の素晴らしさを称えていた。森先生の御人柄と御慧眼は素晴らしいの一言に尽きる。御亡くなりになる直前に、入院されていた病院から皇学館大学から博士号を授与されたことに対する御祝いの御電話を戴いた。先生の御心遣いに感謝するばかりである。生涯で森先生に出会えた仕合せをつくづく有難く感謝し、先生の御高情と御高恩に感謝するばかりである。森先生の端正で颯爽として、且、厳しく鋭い古武士のような御姿が懐かしい。森先生の御冥福を心から御祈り申し上げます。

西尾陽太郎先生に初めて御目に掛かったのは九州大学文学部二年生の日本思想史のゼミであった。文献の読み方、文献の見方等、歴史学の基本を懇切に教えて戴いた。先生の博識と懇切な御指導に驚くばかりであった。それ以後、時々、六本松の教養部にあった先生の研究室に御訪ねしては御話を御伺いしていた。大学院に進んだ後も続いた。先生は教養部を御退職された後、西南学院大学に御移りになられ、教養部長等を御勤めになられたが、時々、西南学院大学に先生の講義を拝聴しに出かけ、講義が終わると先生の研究室に御邪魔したり、六本松の喫茶店に連れていって戴き、御馳走になりながら、「史料は正確に捉えなさい」等々と御教授戴いた。先生の御教授の万分の一も理解し得ないまま、今日に至っているが、「蒙古襲来絵詞と竹崎季長の研究」（錦正社）、本稿等現在迄の研究は先生の御教授の賜物である。

現在も遅々としてではあるが、研究、執筆を続けていることは先生の御学恩と御高情の賜物である。その後、御訪ねしなければと思いつつ、西南学院大学を御退職になられた後ちも御研究の傍ら、点字の翻訳等社会福祉のボランティア活動をされていたことが新聞に報道されていたので、御元気の御様子と御訪ねするのをかまけていたところ、御嬢様から年賀欠礼の御葉書を戴き、先生が御亡くなりになったのを知った。先生の御温顔を二度と拝することができないことを思うと残念でならない。先生の御学恩と御高情に心から感謝申し上げるとともに御冥福を御祈り申し上げます。

また、中村学園大学学長藤本淳先生にはこの上もない御高配と御高情を賜った。人生に於いて藤本先生に出会い、先生に御仕えすることができたことを心から仕合せに思う。藤本淳先生の御高配と御高情には心から感謝するばかりである。

終わりに、元寇研究会について記す。平成十九年、九州大学文学部国史学研究室で同窓だった志賀建一郎先生が久しぶりに研究室に訪ねて来られた。志賀建一郎先生は地元の修猷館高校から九州大学工学部機械系学科に進学されていたが、当時は大学紛争の真っただ中であり、このような世相に危機感を持たれて国史学専攻に転学して来られた。当時の九州大学の学生間では著名であった快男児である。同先生は福岡県立小郡高校の校長等、福岡県立高校の教員を勤められ、福岡県のみならず、九州の教育界のリーダーであり、重鎮となってお
られた。

志賀先生が来訪された目的は、日本の歴史の転換期となった元寇の実像、元寇による影響を受けた日本社会の実像を正確に明らかにする研究を行う等、正しい日本の歴史の研究を行い、それらを学校の教育現場で正確に教授するために「元寇研究会」を創立しようという御提案であった。志賀先生は持ち前のリーダーシップと行動力で二回の準備会を開催して、福岡県をはじめとして九州全域の元・現高校長を中心に瞬く間に元寇研究会を発足させた。顧問に福岡市総合図書館長植木とみ子先生、元県立博多青松高校長・中村学園大学教授藤川祐輔先生、株式会社寺子屋モデル社長山口秀範先生、中村学園大学事務局長渡邉章先生、福岡柔道整復専門学校理事長藤瀬武先生、副会長に志賀建一郎先生、門司学園中学・高校校長・福岡県高等学校歴史研究会長坂口秀俊先生が就任し、志賀建一郎先生が事務局長も兼任することとなり、平成二十年十一月二十四日、沖縄県を除く九州全域と山口県から御参加を戴き、第一回元寇研究会の開催に漕ぎ着け、平成二十一年五月六日、中村学園大学西一号館大講義室に於いて会員及び歴史愛好家三〇〇名が参加し、第一回の公開講演会を開催することができた。元寇研究会の設立に奔走して戴いた志賀建一郎先生、坂口秀俊先生をはじめ、会員の諸先生に心から感謝します。

尚末尾ながら、本書を出版するにあたって格別の御高配を戴いた海鳥社西俊明社長に深く感謝申し上げます。

平成二十一年一月十日

佐藤鉄太郎

や

ら

索　引

〔人名〕

あ

さ

た

な

は

ま

や

ら

わ

〔地名〕

あ

か

さ

た

な

は

ま

や

ら

わ

〔事項〕

あ

さ

た

な

佐藤鉄太郎（さとう・てつたろう）
著者略歴
九州大学文学部史学科国史学専攻卒業
九州大学大学院文学研究科修士課程修了（文学修士）
皇学館大学大学院文学研究科より博士（文学）の学位授与
（論文博第一号）
　題目「蒙古襲来絵詞と竹崎季長の研究」
元寇研究会会長
主要著書
『蒙古襲来絵詞と竹崎季長』（櫂歌書房）
『蒙古襲来絵詞と竹崎季長の研究』（錦正社）

元寇《げんこう》後《ご》の城郭《じようかく》都《と》市《し》博多《はかた》

■

平成22年5月10日　第1刷発行

■

著者　佐藤鉄太郎
発行者　西　俊明
発行所　有限会社海鳥社
〒810－0072　福岡市中央区長浜3丁目1番16号
電話092（771）0132　FAX092（771）2546
印刷・製本　有限会社九州コンピュータ印刷
ISBN948-4-87415-775-6
http://www.kaichosha-f.co.jp
［定価は表紙カバーに表示］